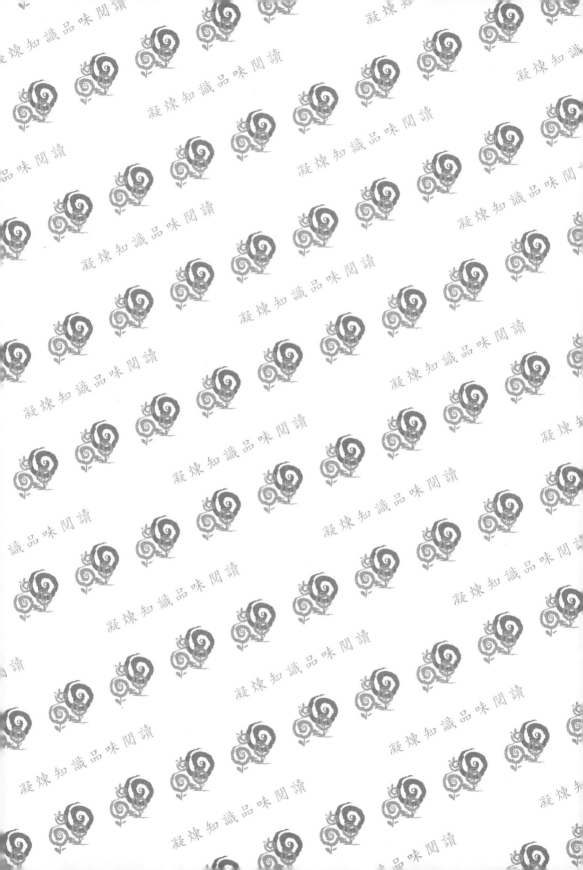

正向心理情意

教與學

鍾聖校　著

五南圖書出版公司 印行

序　言

　　本書是作者將2000年出版的《情意溝通教學理論》全面改寫後的產物，以新的書名——《正向心理情意：教與學》命名，表示更強調情感意志的正向心理成分，所加入的正向心理學議題，包括：情緒管理、情緒創造與幽默；道德情感、德行培育；美感、美育；意志力、復原力與樂觀；靈修與意義創塑等。培養正向的情感意志是每個人的必修課，而合宜的培養是一門高深藝術，德文字根「藝術」（Kunst）一字源於"Können"，在德文中，「能夠」又是和「知道」、「理解」和「認識」這幾個字相關，換言之，預期用合宜的方式培養情感意志，其重要而且必要的條件是——正確地知道、理解和認識。本書加入正向心理學的研究發現，是希望談情感意志不至於受個人生命經驗侷限，幫助讀者持有一份視野較廣的圖像。

　　正向心理學探討的內容原本就與情感意志教學之標的，多所重疊，例如：樂觀、慷慨、堅強或更基礎的情緒穩定、愉悅等等，但心理學在學術上的定位比較是「解釋」，教育學則期許較多的「承擔」。站在教學立場，看正向心理學提供的認識，需加上價值判斷與抉擇，才能幫助個人在生命中發揮實際作用，因此本書對每個議題，除了概念介紹，還扣住意義部分，納入有助文化理解和價值判斷的資料。楊牧谷（2000）曾說：「知識性學問，如哲學、社會學、心理學，目的在解釋人生，信仰則是承擔人生。」培養正向情感意志的過程，只有在認知層面，才可能保持價值中立的姿態，一旦涉及行為操作、生活實踐，必然落入價值判斷，或反映某種信念，故本書並非只

是彙集正向心理的相關資料，四平八穩、巨細靡遺地編輯成冊。相反地，是以一種帶有觀賞人生風景況的敘述方式，儘量呈現這領域人們對重要議題的見解，教你怎麼看不同的說法，包括它們分別回答了什麼問題，突破了什麼瓶頸，但又留下什麼問題，一層層展開敘述，例如：第四章對理性和感性歷史沿革的介紹，深入潛出，娓娓道來，但總為讀者保留一份自行抉擇的空間。

本書各章特點可簡述如下：第一章透過介紹幸福的主要理論，鼓勵讀者提出個人的幸福觀，並從而發展情感意志願景、內涵及信念。同時融入能促進情意教學說明之心理學相關知識，包括正向心理學、教育心理學、行為學習論、神經心理學、感官知覺研究、認知心理學、實用心理學。

第二章的特點是提出：每一個人的自我中有獨特我和聯合我兩大重要部分，作者將之命名為「我的二我觀」，並指出此二我之健全發展與真愛關係密切，從心理學對愛的種類研究，談到真愛的特質及尋求真愛的方向。

第三章的特點是提出：與「健全發展二我」互為因果的「情意四態度」，認為人人皆需被寬容、欣賞和以尊重、關懷的態度對待，並同時用這四種態度對待別人。認識寬容、欣賞是發展任何人之獨一無二獨特我的必要和充分條件，而尊重、關懷是滿足潛在於人內心渴望有所歸屬之聯合我的必要和充分條件。

第四章談理性感性的協調統整，首先從歷史看理性感性的消長，其次從心理學的發現談理性感性關係，最後從教育觀點看理性感性統整的問題。

用樹木來做比喻，上述四章具有架構本書情感意志理念的根莖作用，第五至十章則具有枝葉延伸的意義，根莖枝葉在樹木的成長上其實是互相供應、彼此支援的。第五章談情緒管理、情緒創造與幽默的

培育，第六章談道德情感及德行的培育，第七章說明美感經驗及美感培育，第八章談意志力、復原力與樂觀，第九章談靈修、意義創塑與正向情感意志的養成。心理學視靈修為一個精神聖化的歷程，東西方不同族群或國家社會，皆因文化傳承，各有其精神聖化的主張，第十章上承第九章，進一步以華人熟悉的儒家道家精神聖化說明自力式靈修的主要形式，以基督教精神聖化說明神力式靈修的可能形式，讓讀者能深入文化認識靈修。

　　2000年版被保留的內容，主要是情意課程教學設計和情感意志評量方式。

　　本書可做為自學者和教導者的參考書。對自學者言，各章所介紹的正向心理概念和培育，有助自身品質的提升；對教學者言，最後兩章所提供的專門討論，有助教職的勝任。陳映真（2000）曾指出：「一個好的作品（按：可能是一段對話、一次上課、一本好書、一齣好的影片），應該能讓迷惑的人得以有清醒的認識，讓憂傷的人得安慰，讓絕望的人重新點燃希望的燈火，讓受挫折的人有勇氣再站起來，讓一個受盡侮辱的人得到一些尊嚴……，讓人對於生活的本質有清醒的把握。」本書做為培育正向心理的情意教育一環，在行文中也以此立意，希望有助於安身立命。

　　尼布爾所著的《道德的人與不道德的社會》是美國大學政治或社會學系學生，必讀的參考書。它探討為何一群有道德的人會發展出不道德的社會，尼布爾的看法是：因為裡面存有一丁點的「惡」。一丁點的惡，至終會發酵而醞釀出不道德的社會。不同的精神聖化（靈修）觀點對如何處理「惡」有不同說法，尼布爾認為，哪怕是多麼有道德的人，人人都需要來到宇宙主宰面前，認罪悔改、放下自我、支取其救贖與恩典、活出改變的力量及有智慧的真愛，這是典型的神力式靈修方式。自立式靈修方式，則可能強調己所不欲勿施於人，多行

不義必自斃，人造業必自食其果，人要多結善果以求福報等。

　　人的一生中，無論做什麼，就像1970年代美國民歌手巴伯狄倫（Bob Dylan）的一首歌："You got to serve somebody."（你的一生注定服務某些人）。"serve"（服務）本身是一價值中立的詞彙，黑社會老大有一群服務他（她）的嘍囉，從人生意義來看，人需要在意自己傾一生之力，服務的是什麼：是私慾是公益？是善是惡？是黑暗是光明？無論做自己或別人的服務者，重要的是要有正向態度，配合靈修，以便己立立人，己達達人。而人生無論接觸誰，人我相處，能捐棄成見，付出真愛才好，因為理性不能改變人的冥頑，唯有愛才能改變。本書第二章曾說明，真愛的歷程中一定有酸甜苦辣，一定涉及改變自己，若在愛的關係中，不曾改變自己而侈言自己曾愛過，那麼可能都是別人在容讓你。此外，真愛的付出有時需要奢侈一下，若斤斤計較於自己付出的愛是否能回收，或是否多給了以致不划算，此愛就會變質或難以為繼。本書能順利完成要感謝家人的支持、師友的勉勵及教會弟兄姐妹的祝福。書中若干創見恐有諸多改善空間，尚請方家不吝指正。盼望這本書能豐富我們對正向情感意志的認識和培養，增進我們在真愛人生的航道上有續航力。

鍾聖校

2012年元旦於國立臺北教育大學明德樓

目　錄

以正向心理爲內涵的情意教學

前言

情意訊息無所不在，從身邊的廣告，到文學家的經典著作，稍加留意，幾乎處處都可接收到人們表情達意的說詞。試看下列場景：

場景一：2001年臺北大學生跨校聯誼的海報

花是思念，
咖啡是思念，
思念的肯定是你，
「花言巧語」跨校送花傳情行動。
時間：……，地點：……。

場景二：書局為促進銷售量，印製書卡，並附佳言名句。

生命是黑暗的，除非有熱望。
所有熱望是盲目的，除非有知識。
所有知識是無用的，除非有工作。
所有工作是虛無的，除非有愛。

—— 王鼎鈞（1986）

場景三：整個時代的氛圍—十九世紀英國大文豪狄更斯（1812-1870）
用強烈對比，揭開《雙城記》的第一頁：

這是最好的時代，　也是最壞的時代；
是智慧的時代，　　也是愚蠢的時代；
是信仰的時代，　　也是懷疑的時代；
是光明的季節，　　也是黑暗的季節；
是充滿希望的春天，也是令人絕望的冬天；
我們前途擁有一切，我們前途一無所有；
我們正走向天堂，　我們也走向地獄。

本章分為三部分：一、涵養正向心理的情意教學；二、正向情意教學與幸福人生；三、正向情意教學的心理學基礎，心理學基礎方面，本文將從教育心理學、神經心理學、感官知覺研究、實用心理學及正向心理學等，說明有助情意教學的概念及方法。

第一節　涵養正向心理的情意教學

古往今來，情感意志一直是關心社會、關心教育者不能忽視的議題，而每個時代論到個人危機或集體危機，情感意志的困頓總是首先會被提到：「怒髮衝冠憑欄處，……瀟瀟雨歇……仰天長嘯，壯懷激烈……」，岳飛的滿江紅最能寫出壯志未酬的悲憤；十七世紀英國文豪狄更斯（Charles Dickens, 1812-1870）的《雙城記》，則是以一種詭異的表述開場：「這是最好的時代，也是最壞的時代」；二十一世紀的人類雖擁有更多元、寬容、開放的知識、豐富的資訊，能雙修理性玄祕，能銳意創新學術，但一位香港醫生蔡元雲曾用對偶式語彙，指出二十一世紀有七大弔詭：

1. 高科技但低接觸。
2. 多資訊但無真理。
3. 疑理性而探玄祕。
4. 家庭解體卻期待關係修補。
5. 英雄沒落又沒有父親。
6. 權力不斷轉移但能力衰竭。
7. 經濟起飛但苦難充斥。

有人預言：二十一世紀是精神疾病充斥的世紀，且全球落入三大戰爭：富國與窮國的、男人與女人的、外行人與內行人的，其實這表單還可再增加，如不同信仰族群的……。何以時代進步到可以複製生命，人際關係卻更多破裂，權力遞嬗更易衰竭，社會貧富更懸殊？不同理論解答不一。各時代面對天災人禍等意外，人即使外表鎮定應對，但內心深處苦痛總是那麼真實，甚至忍不住歸諸天地。老子曾云：「天地不仁，以萬物為芻狗。」（道德經第五章）孔夫子面對顏淵死，傷嘆：「噫！天喪予！天喪予！」（論語先進第九），生活中大小失望及困阨，皆考驗著人的情感意志。

當代生活變化莫測，詭異艱難，情感意志易於糾結以致無力，而情感意

志若無法承擔人生際遇，即便位高權重、富貴多金，也會像一輛名牌跑車，汽油不足，除非加油，否則只好任其癱瘓。時代的進步大多表現在科技努力和物質成就，但人類情感意志的成熟，卻不是科技操作可以促進。情意教育或情意教學的提倡，就是想在原本屬於個人私領域的「情意成長」事項上，加一點力量。

一、正向情意教學的意義

情意在教學界絕不陌生，因爲教育可分三大領域——認知、情意、技能，這幾乎是所有上過教育學程者的「順口溜」，是談教學目標或教學評鑑時必然用到的辭彙。「情意教育」即情感意志教育的簡稱，在二十一世紀的教學界，已經是所有開發或未開發國家積極關注的領域。延續二次大戰帶來的驚恐，各國不僅爲生養休息也爲生聚教訓，對國民教育大多注重培養愛國家愛同胞的情懷，因此，情意教育偏重人的社會性發展，內容以教忠教孝的德性教育爲重點，這種現象就反映在1992年聯合國教科文組織，在泰國曼谷召開亞洲情意教育大會的內容中。當時，與會國家包括所有東北亞、東南亞，遠至以色列，所介紹各該國之情感教育實施狀況，大體是以利社會的優良品格爲內涵（UNESCO, 1992）。但隨著科技進步，產業競爭白熱化，經濟起落與股市波動，加重人心壓力，精神衰弱或耗竭者比率增加，諮商及輔導學應運而生，個人心理情意調適的話題成爲關心焦點，以臺灣來說，1980年代中期開始，在政大心理系吳靜吉教授的引介下，類似諮商界使用的會心團體（encounter group）輔導，開始透過當時的諮商專線—「電話張老師」—推廣；而大約同時，歐美各國也有許多教育學者致力於輔導性情意教育，1995年由英國召集的歐洲十二國情意教育會議，在聯合發表的專輯中，德國、義大利、英國皆提出各該國的改革—納入對學生的心理輔導（詳見鍾聖校，2003）。顯然東西方都開始投入促進正向心理的情意教育耕耘。

(一)情意的相關詞彙

情意、情緒、感受、感動、情感、意志等詞彙，在教學場域常被含糊使用，但它們重點不同。

1. 情緒

若以美國研究情緒的泰斗Lazarus等（1962）做的情緒心理實驗爲劃分

點，早期的情緒說比較重視情緒受生理變化影響，如詹姆士—郎格理論（詳見本書第五章說明）。但從1962年發展至今，學者們對情緒的定義，共識性已相當高，大體均指出情緒是因刺激所引起的身心激動狀態，並有下列四項特質：

(1) 伴隨激動狀態而有生理變化，如內分泌改變；

(2) 個體在心理上有主觀感受，如喜、怒、哀、懼；

(3) 個體在行為上有表現反應，如臉部表情、肢體動作；

(4) 具有產生某種動機的作用。

以下用表1-1對照國內外幾位致力於情緒教學研究的學者，對於情緒提出的定義。此表顯示，情緒基本上是一個別經驗，若從不同的觀點切入，定義會約略不同，例如：就心理學觀點而言，情緒是個體受內外在刺激產生的主觀反應，包含內在心理感受、生理反應，及採取之外在行動；就社會學觀點言，情緒儘管是一種自我感受，但存在於個體和他人的互動中，會受環境影響。

表1-1　研究者對情緒的定義示例	
研究者	情緒的定義
Averill（2005）	情緒是一種複雜的主觀和客觀因素之間的交互作用，受到神經系統與荷爾蒙的調節，它可以引起感覺經驗、產生認知歷程、轉化一般的生理適應為警覺狀態，並且能導致行為。
Saarni（1999）	情緒是個體內在的生理反應與認知經驗歷程的交互作用，深受個人過去認知經驗以及對情境之感受與判斷影響。
何長珠*（1997）	情緒是一種內在的情感狀態與生理狀態的交互作用，使得生理狀態整體改變，以便維持個體與環境的平衡。
曹中瑋*（1998）	情緒現象是由內外在的刺激所引發的一種主觀的激動狀態，此狀態是由主觀感受、生理反應、認知評估、表達行為四種成分交互作用而成，並極易因此而產生動機性行為。

*何長珠與曹中瑋皆係師範類型大學諮商輔導領域教授，在1980年代後期就開始研究情緒心理輔導的學人。

2. 感受

感受的英文是「feeling」，從英文來看，「感受」含有經觸覺感知的意思，從中文來看「感受」，意義就不只是觸覺，不只是透過「五種感官」知覺，還包括「心」有所感。今日年輕人對外界提供的訊息，講究有「fu」，就是強調對方要讓自己有感覺或感受，此種感受不能只是「有意識到」而已，還要從「有意識到」進入「被感覺到」。「意識到」是純認知的行為，「感覺到」才動用到情感，但離感動可能還有一大段距離，後者需要「心」的投入，使感受兼有理性的深刻體驗。在學校公布欄上常見祝賀性的海報，十年前這種海報上一般是寫一個大大的「賀！」字，然後再加上說明賀什麼；五年前只寫賀不夠了，要寫「狂賀！」，而近一、二年則需寫「狂！狂！狂！賀！」，似乎這樣才能表現出賀意，打動得了人心。

為何要用疊詞連聲、敲鑼打鼓的方式，才能喚起現代人注意呢？這與感官體驗的閾限有關。「入芝蘭之室，久而不聞其香」，現代人已習慣重口味，故需加碼刺激，才能體會得到。

3. 感動

感動是一生活化詞彙，敘述人們的普遍經驗，但這種經驗是否會被誘發，則因人而異。它涉及個人的生命史，是一個人天生的氣質、後天的遭遇所共同包裹的認知、情緒、興趣、關注、動機等諸多因素，所引發的綜合結果。華人所用的「感動」一詞，英語系人士會以許多語彙來描寫，例如心緒被影響（affected）、心弦被撩撥（touched）、心湖被觸擊（stricken）、意念被移位（moved），來描述這「感動的」現象，相較之下，華人比較是以整合的方式來看待此心理歷程，「感動」就是「感動」，就是那些五味雜陳充塞於胸臆的東西。

感動之所以難研究，除了因為攸關個人生命經驗、生命史，還因為它直接涉及品味，間接涉及美學。法國思想家後結構主義學者波底奧（Pierre Bourdieu）受結構主義和存在主義激烈辯論影響，認為品味是：「有意識或潛意識，明顯或不明顯的植入一種知覺及欣賞模板（module或mode），從而接受或承認一個時期、學派、作者的風格或特色。……收束社會秩序靠律法，收束文化秩序靠品味。」（引自鍾聖校，2000，頁118）分析這段話可知，品味做為一種概念，涉及宗教、道德及形上學的內容領域，品味代表一種實用的預期，去看的能力，是知識的函數，感覺的原案（protocle），使人對外物產生興趣，使人能直覺或感知自己喜歡什麼或不喜歡什麼，使自己在

社會群體的愛憎表現中，占有一個位置，在品味對照中，人會對自己言行的特性，更有所意識。品味判斷深受社會引導，傳統華人南方人愛吃飯，北方人愛吃麵，而現在不分南北，年輕人都愛吃麥當勞；服飾界每年至少一次的時裝秀，引導次年流行，當社會眼光被塑造成「這樣穿才會好看」時，若跟不上，就顯得落伍、不合時宜了。

有關感動的本質是什麼？感動是怎麼引發的？什麼樣的文本比較能夠感動人？需要配合美學的認識才能清楚說明，有關這部分的說明請參見本書第七章。

4. 情感

情感是感受（feelings）和感動的合體，又稱為感情，它們可以共同用喜怒哀樂的情緒（emotion）做為外衣，故談起情感，可以用情緒來指認，當指向情緒部分，即指情感看得到的、具體的部分，如冰山的冰帽或表面的皮膚。談情感也可以跳過情緒（emotion）的表現，直指感官的感覺和內心的觸動，指向心靈深處的沈澱，沈澱的東西可能是帶有審美判斷的感動，也可能帶有道德價值判斷的抉擇。撐著倦容的母親臉上所戴的笑靨，可流露她的情緒，而母親一針一線編織遊子身上衣的動作，則代表她的情感—對子女深厚的母愛。

華人在日常語言中，一般人會基於方便或修辭的需要，而將情感（亦可稱為感情）或與情緒（emotion）、感受（feelings）、心情（mood）或感動等詞混用，如「你傷了我的心」、「你傷了她的情感」、「我的情緒糟透了」、「他感動得哭了」，而教育領域人員則大多靠自己對專業的語感，從上下文脈決定如何使用這些詞。

5. 意志

意志的概念是在近二十年，大約1990年之後才較為清楚的，藉著德國學者Kuhl（1985）和美國學者Corno（1989）先後發表的論文，以volition為內涵的意志才與以will為內涵的意志得以區分。Reber & Reber（2001）在所編心理學辭典，定義will是指能自由選擇或行動之內在能力，相較之下，volition則指在多種可能的選項中，對特定動作項目，加以有意識的抉擇。大致說來：「will」反應出個體渴望的、想要的或意圖的東西，「volition」則是進一步發揮will的行動；will含的動機成分多，volition含的行動持續成分多。

此外，情意也涉及堅守先前做過的承諾，新行為主義者指出，意志的行為機制是抗拒誘惑，以便達成承諾的目標，有關此概念將在第八章說明。

6. 情意

「情意」一詞和「情感或感情」最大的不同在於納入了意志成分，也就是說，「情意」涵蓋情緒、情感、意志。它內含心理及哲學意義，同時亦含價值判斷和抉擇。此過程之進展有三層次：(1) 情緒感受加上對周遭的認知思考後，形成採取行動的意念傾向；(2) 意念傾向受到行動者的生理激發水準、價值判斷、道德修為等綜合影響，繼續發展為達成目標的意志型式；(3) 在繼續發展的過程若遇誘惑，會以信念及堅守承諾的方式面對，若遇到挑戰及挫折，則進一步以整個人具備的抗逆力和復原力面對；是否安然度過，則視當時身心內外及環境狀況而定。

意志的堅持需要有知識基礎，此知識加上情感產生想法做法，進一步形成意義。其重點可用簡式呈現：「知識＋情感→接觸及看待的能力→人事物、自然現象發生意義」。亦即，知識使人的情感意志有知覺和欣賞的基模（scheme），此基模又是進一步去主動接觸，產生新知的潛在條件，缺少知覺和情感基模，會在文字或活動中迷失。

總之，情意是一高度複合的概念，透過感情（feelings）、態度（attitude）、品味（taste）、偏好（preference）、性格（character）、價值觀、抗逆力、信念或信仰，表現於外。

(二)正向情意教育概念的發展

從1970～2010年大約半世紀間，一般談論情意教育多偏重「情感或情緒」的部分，相對忽略「意志」部分（張春興，1995；歐用生，1998；鍾聖校，2000；Beane, 1990）。

Lang等學者用一種兼具列舉法和排除法的方式敘述，指出「情意教育是一種攸關學生感覺、信仰、態度及情緒養成的教育歷程，強調學生情緒、社會生存技巧以及人際關係等非認知層面的發展，並包含學生的道德、心靈及價值觀的建立」（Lang et al., 1998），這個定義雖為歐洲數國廣泛使用，但也沒有明白呈現意志一詞，彷彿建立了態度或價值，意志就跟著來了。

在非洲，有這麼一句話*"It takes a village to raise a child"*即：養育一個孩子，需要全村的力量。但即使以全村名義來做，能否彰顯正向成果，還涉及個人與團體的意志抉擇和堅持。

近二十年（從1990年至今），受益於新行為主義者及一些正向心理學者，努力投入意志研究，在談論教學時，或直接用「意志教育」行文論述，

或間接用培養「抗逆力、復原力」的概念，使如今對意志的內涵及操作，認識較清，亦使所談情意教育不至於偏廢意志部分。

情意教育的發展與諮商輔導工作亦密切關係。Lang et al.（1998）便將輔導界發展出來的策略，應用到情意教育領域，並根據「意圖解決學生問題的深度」，將情意教育分為三類型：

1. 回應性（reaction/cure）

針對學童已然面臨的生理、心理、情緒、行為、社交、道德或心靈等問題，提供各種適當的處理與支援，如輔導、轉介。

2. 預防性（proaction/prevention）

針對學童可能面臨的問題，協助學童預防可能的問題，或進行事前防範，例如：利用團體活動課程教導學生抒發情緒、充實人際交往的技能，或由校方設計推行反毒活動等。

3. 發展性或增能性（developmental/enhancement）

針對積極協助學童全面發展的需要，提供課程或教學，以提升學生自尊心、增進判斷力、促進人際溝通，並鼓勵學生自主學習。

若希望情意教育有效落實，除了加強輔導，或加強環境領導，還需加強精神靈性，向上的引導。亦即，人類深層的價值和靈性，都有一塊需要耕耘的部分，英國及北歐國家，如丹麥，學校的情意教育便受惠於靈性牧養（鍾聖校，2003），臺灣則從1980年代起，為平衡「臺灣錢淹腳目」所造成的價值曲扭，開始有各類讀經班在坊間與學校設立，翟本瑞（2010）在對當前讀經運動的反省專文中便提到，各類讀經課程或以儒家四書五經為教材，或以佛教法師的修行語錄，或以含有基督教《聖經》的經文，進行帶有精神靈修性質的教學，在安定社會浮動的人心方面，不可否認有其貢獻。

綜合言之，情意教育若要發揮安身立命的效果，應不只是情緒的調節或壓力的紓解，亦應涵蓋人生價值觀的建立、意志的鼓舞和靈性的提升，以便生命智慧得到啟發。

二、正向情意教學理論的建構

(一)情意教學的建構條件

情意教學理論的建構有一定的學術規範。美國哥倫比亞大學教育學院教

授賓耐博士（Beane, 1990），曾針對「情意（affect）各領域方案並沒有清楚的定義，彼此間難以做有系統之學術對話現象」，指出若想要整合情意教學的討論，應該要在各家理論中找到共同的談論基礎。他建議十項原則做為各理論之間溝通的架構，筆者認為這些原則可視為一般情意教學理論的建構要素，茲敘述如下：

1. 要定義出情意（affect）究竟是什麼意思，及它與人性其他面相之間的關係。
2. 要能夠與特殊的文化或社會做連結。
3. 要能夠訴說出一種哲學的基礎，該基礎要指出它對於情意的問題，及課程的觀點和立場的來源。
4. 要能說出一套心理學理論，這個理論能夠解釋情意是如何發展的，及如何被影響。
5. 要能定義出什麼是個體發展（personal development）、社會發展及兩者之間的關係。
6. 要能夠訴說該理論中對於公共價值和私人價值間的關係。
7. 對於其形成或形成的歷史，要能夠做一個綜合敘述或回顧（review）。
8. 要能清楚定義它的課程企圖或課程宗旨（intentions）。
9. 要能定義它與其他現存的學校方案之間的關係。
10. 要能描述出一歷程，藉此歷程使有關這個理論是如何進展的討論，能被瞭解。

(二)目前國內提出的情意教學理論

具有上述條件的情意教學理論，無論條件完備與否，大致皆可論述出一套或繪出其理論中重要概念的關係圖。以近十年臺灣所發表的情意教學理論來說，有三位學者嘗試這方面的努力。2004年東華大學教育研究所的唐淑華教授，以「故事討論取向」來建構其情意教學理論基礎（唐淑華，2004），書中提到理論宗旨為：幫助學生樂在學習、培養挫折容忍力，並注重生理和心理的自我接納與瞭解，願與人分享資源，如圖1-1。

圖1-1　唐淑華情意教育理念架構圖

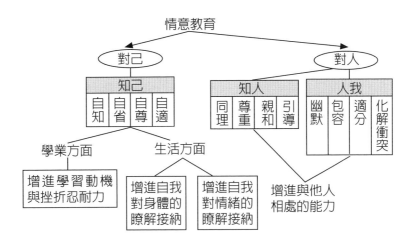

*摘自唐淑華，2004，頁88

鍾聖校（2000）曾提出情意溝通教學理論，重要概念如下圖1-2。

圖1-2　情意溝通教學理論的概念架構

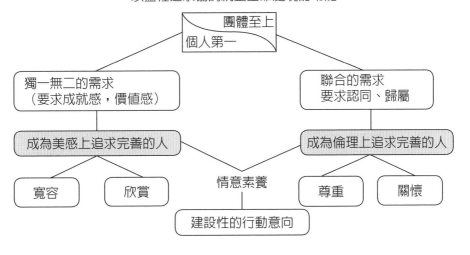

(三)情意教學、情緒教學和情感教學

在教學概念上並非內涵越多越好，情緒教學、情感教學和情意教學，各有所專，各有所長，用完形心理學的觀點來說，「部分的集合並不等於全體」，因此重點在知道彼此的專精與差異。若將情緒教學、情感教學和情意教學的內涵對照起來看，可以說，情感教學是在情緒教學之外再添些東西，而情意教學又是在情感教學上再添些東西，彷彿不斷加碼的投資，添加成分與原來的教學內容，會彼此調整重新聚合，發展成一完整而有機的系統。

綜合言之，情意教學（affection instruction）是涉及情緒、感情（feelings）、態度和意志的教學，內容廣泛。Brown & Taylor（1987）就指出，情意範圍確實無法避免的廣，涵蓋了自尊、態度、動機、道德、焦慮、文化衝擊、抑制、冒險、挫折及容忍力等。其教學不僅需要根據心理學對情緒、感官感受的發現，亦須考量哲學所探討的價值判斷和美感判斷，及神學所談宗教及靈性，以至於成為多領域交會的複雜概念和行動。

第二節　幸福信念與正向情意教學理論

情意教學的實施及實施所根據的理論皆屬信念。情意教學的終極目的是幫助學生安身立命、過幸福生活。本書認為所有從事情意教學的教師，均應逐漸形成自己認同的幸福信念，及達成它的主要教學方式。每個人的信念容有差異，但基於人類共通性和群體生活需要，一般幸福信念的共通處會大於相異處。以下首先說明學界對幸福人生的信念，以便讀者能形成自己的幸福信念，再說明幸福人生可能面對的挑戰，及生命詮釋學提醒的如何觀看及對待人生際遇。

一、幸福人生的信念

幸福信念可分兩大類：狀態幸福或歷程幸福，前者描述享受幸福時呈現的心理狀況，後者則說明在何種活動歷程時會享受幸福。「狀態幸福」可以被陳述為語句式的量表，比對當前狀況與幸福狀況的吻合程度，從而評量出一個人的幸福程度。「歷程幸福」重點在鼓勵人投入某種促成幸福的歷程，

齊克晨米哈意（Csikszentmihalyi, 1990）提出的心流概念即典型歷程幸福。

(一)狀態幸福觀

1. 魏斯曼的快樂及意義兼顧說

　　坊間有一些屬於科普性質的心理學論述，談到便於一般人使用的幸福測量工具，例如聯合報2006年12月31日的A6版，介紹英國心理學家魏斯曼等，曾以八年的時間，針對一千多名受訪者進行有關快樂的問卷調查，其在2003年公布的研究結果，提到一條簡明扼要的快樂公式：快樂=P+5E+3H。研究人員用P代表個人特質（personal characteristics），內含人生觀、適應力與彈性；E代表生存（existence），內含了身體健康、財務狀況與友誼；H代表較高層需求（higher order needs），包括自尊、期望、野心與幽默感，並建議人們可用四個簡易問題測量自己的快樂程度：

(1) 你是個外向、活力充沛、有彈性、願意改變的人嗎？

(2) 你是否擁有正向的人生觀，受到挫折也能快速恢復，而且覺得能夠掌控自己的生活？

(3) 就身體健康、財務狀況、安全感、選擇的自由與社區歸屬感而言，你的基本生活需求是否能夠滿足？

(4) 你是否能得到親朋好友的支持、充分投入自己所做的事、滿足你的期望、參與你所認為有意義的活動？

　　每題答案可就10種程度來看，「1」代表完全不是，「10」代表正是如此，前兩題的得分相加就是P值，第3題得分即E值，第4題得分為H值。套入公式後，得分愈高代表受訪者愈快樂。同篇研究並提到快樂與智力無關，但與生活的詮釋有關。

　　這些測量方法雖不如學術界評量工具嚴謹，但至少讓人覺得有邊可靠。

2. 再思幸福與滿足、快樂、意義等概念的關係

　　魏斯曼的研究可幫助吾人再度審視幸福與滿足、快樂、意義等概念的關係。

(1) 幸福與滿足的關係

　　《不斷幸福論》的作者Klein指出：滿足不能保證幸福，因有些人認為滿足但不覺幸福，有人幸福但不滿足，而人們在評斷生活過得好不好時，常混淆滿足和幸福，例如：上述題目有一半涉及滿足，他認為幸福是在得到某經驗的同時所感受到的，亦即幸福只出現在當下，至於滿足，則是保留在腦海

裡的感受，所以在回顧裡出現（Klein，2004，陳素幸譯，頁284）。兩者好比電影和影評關係，影評用寥寥數語對一部影片作出評斷。但讀者的比喻也許恰好相反，滿足是電影，幸福是影評。故進行評量時須避免作答受各人語言經驗影響。

(2) 幸福與快樂的關係

雖然一般而言，主觀幸福感是快樂的同義詞，主觀幸福感是由「正向情緒」與「一般生活滿意度」所組成。但Diener et al.（2003）認為快樂與幸福感並不是同義字，認為能夠活出具有意義的快樂生活比經驗到「快樂的事物」層次更高，也就是認為「幸福感＝快樂＋意義」。其對意義的概念呼應亞里斯多德的幸福（eudaimonia）觀，認為人除了享受快樂之外，還必須保持真誠、要對生活有感激的回饋、要瞭解日常生活行為的美德與其社會價值，並能依據實際需要與期望的理想目標而活。這種列舉幸福感必須具有的條件，在古典佛教的幸福觀亦可見到。

3. 從「生活感受比較」來看幸福

另一種度量整體幸福狀況的方式為，自評一份含八種生活感受對偶形容詞的題目，這些形容詞分列在一個7點量表的左右兩側（詳見莊曜嘉、黃光國，1981，頁158）。例如：

很空虛的 ← 1　2　3　4　5　6　7 → 很充實的

輕鬆自在的 ← 1　2　3　4　5　6　7 → 緊張焦慮的

若勾選靠近對偶詞之中正向積極的詞，表示比較幸福，若勾選含負面消極被動不滿的詞，表示不太幸福，作答者必須在此連續程度中，勾選一點最符合自己的情形。其他六種生活感受是：很快樂—很不快樂、充滿希望—沒有希望的、能自我發揮的—處處受限的、令人振奮的—令人氣餒的、令人不滿意的—令人滿意的、生活是有意義的—生活是沒有意義的。最後將數字加總，數字愈小表示愈幸福。

(二)古典佛教的幸福因素觀

Goleman（1975）曾分析古典佛教幸福觀，發現該觀點推崇智慧和慈悲，將幸福感建立在修行健康的智慧和慈悲因素上，人若能修行智慧和慈悲中的健康因素，排除不健康的心理因素，就是幸福人生。如下表1-2所示。

表1-2 佛教促進幸福觀的健康和不健康的心理因素			
智慧因素（wisdom factors）		慈悲因素（compassion factors）	
不健康因素	健康因素	不健康因素	健康因素
迷惑妄想	洞識	貪婪	不沾
妄念（false view）	專注	厭惡	不厭惡（nonaversion）
無恥	謙虛	嫉妒	公正（impartiality）
莽撞（recklessness）	謹慎（discretion）	貪慾（avarice）	心情輕鬆（buoyancy）
我執（egoism）	自信	憂愁	柔軟（pliancy）
		退縮（contraction）	能適應
		麻木（torpor）	有效率
		困惑	正直（rectitude）

*引自Compton, 1995, pp.176-181

(三)幸福的正向心理面相觀

Ryff & Keyes（1995）總結正向心理健康文獻，認為幸福感建立在下列六個心理面相，內涵如表1-3：

表1-3 促進幸福感的六個心理面相		
	面相	內涵重點
1	自我接受	(1)正向的自我評量 (2)有能力認識自己的多方面 (3)有勇氣接受自己能力中正負面的特質
2	與他人有正向關係	(1)與他人有密切、溫暖、親密的關係 (2)會關心別人的福利 (3)對別人有同理心和情感

3	自動自發	(1)獨立並能自我決定 (2)有能力抗拒社會壓力 (3)有能力從自身內在調整行為
4	精熟環境	(1)有專精和勝任感 (2)有能力選擇情境和環境以邁向目標
5	生活有目的	(1)對人生有目的感和意義感 (2)生活有方向和目標
6	保持人格成長	(1)有潛力成長並繼續累積潛能 (2)向新經驗開放 (3)在自我認識和工作效力上能與時俱進的改變

(四)促進幸福的價值及實徵研究

Peterson and Seligman（2004）認為擁有能促進創造人格統一（coherence）的美好價值，是幸福之人。美好價值含不同優點、長處（strength）或美德（virtue），依照其使用領域，可區分為認知價值、情緒價值、倫理道德價值、藝術價值、公民價值等類別，他們綜觀不同文化，整理出一份屬於行動面相的價值（Values in Action），簡稱行動價值（VIA），其分類是將二十四種能促進創造人格統一的價值，分別歸入六個核心美德，具有放諸四海皆準的重要性，如第四章第三節表4-5所示。

Sagiv & Schwartz（2000）從價值實徵研究，來探討涉及幸福感認知與情意的價值，並發現有十種價值，他們用來自三所大學的學生和三種文化成人——西德、前東德、和以色列，結果發現具有高度跨文化及跨年齡族群的一致性，其中和「主觀幸福感」（本段簡稱「它」）的關係是——成就、自我指導、嘗試新刺激三者和「它」為正相關，而依附傳統、安全感和「它」則為負相關（pp.71-72）。這十種價值可繪如下圖1-3。

圖1-3　有實徵基礎的促進幸福感的價值模式

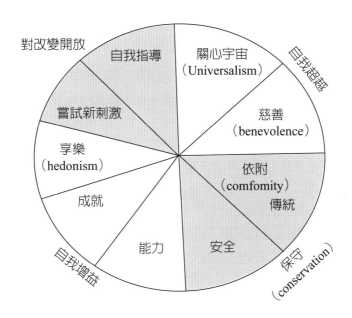

*引自Sagiv & Schwartz,2000, p.71

二、歷程幸福觀

(一)動機目標結合的幸福觀

　　心理學家看帶來幸福感的歷程，認為正向幸福感來自心理需求的滿足，當所努力目標物與自我價值觀的一致性程度愈高，愈能持續投入，便直接能帶給個體滿足感，間接能促進個體的幸福感。由於動機可分內在動機和外在動機，故幸福感歷程的描述，可從自變項為內外在動機，依變項為幸福感，兩者關係著手，其實徵研究的方式即請受試者描述生活中的某些渴望（動機性目標）的重要程度，以及希望獲得它們的程度，再看幸福感有無差異。

　　1. 內在動機：自主、關係、能力、歸屬感。
　　2. 外在動機：財富成功、吸引力、受歡迎。

3. 幸福感：幾項不同的認知、情緒、生理（physical）量表測量。

　　Sheldon等人（1997）用上述研究模式進行研究，結果發現：內在動機比外在動機更能帶來幸福感。

(二)心流概念的幸福觀

　　「心流」（mental flow）是美國芝加哥大學心理系教授Csikszentmihalyi在探討樂趣的本質與條件時提出的概念。在1980與1990年間他與所領導的團隊，在義大利的實驗室中採用經驗取樣法（ESM）以一系列引言描述心流狀態，並詢問正在各場域的工作者，如擠牛奶的酪農婦、修車的底特律汽車修理師傅、正在攀岩的登山專家等等：(1) 工作中正在經歷的心流經驗如何；(2) 頻率與強度；(3) 在哪種活動情境。Csikszentmihalyi（1990）指出，最優經驗來自「從事工作本身即目的」的活動（autotelic activity），其中auto意為self，而telic意為goal，是一種「自為目標」自得其樂的活動。

　　透過心流的概念看一些人的美好生活，會發現共同特點是：完全沈浸在所做的事上，此時專心一致，不理會飢餓、疲乏、不舒服。

　　Csikszentmihalyi（1997）進一步指出，心流式的幸福需要兩方面條件：(1) 對挑戰與能力相符的知覺；(2) 對於所進展的事物有明確的目標與立即的回饋。他用經驗取樣法（ESM）的研究支持這觀點，讓受試者配戴儀器（呼叫器、手錶或掌上型電腦），並在儀器響起時進行「心流經驗」的描述，在一週之中每天透過機器呼叫受試者七至八次，要配戴者對著儀器自行描述當時的：(1) 活動本身在挑戰性與技術的平衡狀況；(2) 認知、情緒與動機狀態；(3) 專心程度、參與及樂趣的狀況。Nakamura & Csikszentmihalyi（2005, p.95）發現只有挑戰與能力的平衡不足以達到心流，如看電視的人（低挑戰、低技能）不算心流，惟有當挑戰與能力屬於高中低三等中的高等時，才會有心流，其概念可繪如下圖1-4。而由圖1-4來看，相對於心流式幸福經驗，人更容易處在其他七種經驗中。

圖1-4　從技能與挑戰看心流經驗與其他經驗的相對位置圖

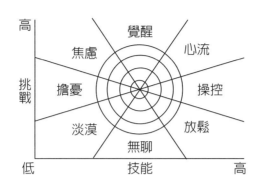

圖中圓心為行動者知覺的挑戰與技巧的平均值，經驗的強度會隨著離圓心的距離愈遠而愈大，心流是指當知覺的挑戰和技巧均高於行動者平均程度時的體驗。淡漠則是兩者均在平均程度以下。

*引自Nakamura & Csikszentmihalyi, 2005, p.95

　　心流概念亦可解釋為何坊間建議的一些增進幸福的經驗性說法，對於已經處於幸福之人可能奏效，但對於不幸福的人可能就如隔靴搔癢，關鍵就在是否合於心流式幸福的兩個規準。以下的十二項建議中（1.讓生活更快樂；2.瞭解持久性的快樂並非來自於成功；3.控制自己的時間；4.行得快樂；5.能夠善用自身的技巧尋求工作與休閒；6.參加真正能運動到身體的活動；7.讓身體在必要的時候充分休息；8.把親密關係擺在第一位；9.不只注意到自己也注意別人；10.寫感恩日記；11.充實自己的精神生活；12.邁向更正面的生活），第3、5、6、7、9、10比較能直接促進幸福，其他則是一些特定價值觀，如1、2、8、12四點，若有效果也是間接的。

(三)基督教的幸福歷程觀

　　基督教的幸福觀強調歷程，認為幸福是存在於時時刻刻依靠永恆不變的上帝來努力行善，才能確保。此見解發軔於奧古斯丁，認為幸福這一目標不可能只靠有限的人努力達到，因為任何有限存在物和外在的善，都不能使人滿足，不能確保人內心的和平，唯有敬畏和依靠上帝的慈愛才能得到。撒種

（2006）曾將其內容分析如下：

1. 要在工作中享福，有衣有食，身體健康。以此解決社會保障體系問題。
2. 相信認罪悔改的心，彼此接納重視，不分階級、膚色、種族，人人平等。以此維護民主和人權的問題。
3. 以敬畏神，靈魂得自由，脫離世俗，肉慾的轄制。以此避免落入物質主義，享樂主義的荒謬。
4. 遵行神的愛的命令，人際和諧，自由博愛。以此避免發生「假藉弱肉強食，適者生存，行爾虞我詐之實」。
5. 確保生命永恆，有終極審判，善有善報，惡有惡報。以此永恆盼望，堅持在世以行善度日，走過艱難。

　　目前許多國家，開始同時注重國民生產毛額（GDP）與國民幸福指數，希望透過國民幸福指數的變化，即每一個百分點的變化，來反映社會進步「能惠及群眾，減少對環境的破壞」的狀況。鑑於許多人是透過宗教靈修來面對人生，本節在狀態幸福觀介紹古典佛教對幸福因素的看法，在歷程幸福觀介紹基督徒的看法，呈現兩種主要宗教觀點的幸福看法，做爲讀者參考。

三、經得起挑戰的人生

　　從歷程幸福觀來看人，並不是天下太平就幸福，反而是要具有某種適當挑戰的生活才幸福。惟，生命遭遇不一定都在自己能力控制範圍內，人所處社會環境特色及生命本身無法測度的命運，常挑戰眞實的人生。

(一)德黑蘭死神的隱喻

　　生命的詭異莫過於奧地利意義治療學派弗蘭克（Frankl，1995，趙可式、沈錦惠譯，頁64），在《活出意義來》書中說的──德黑蘭死神的故事：有一個有財有勢的波斯人，有天和他的僕人在花園中散步，僕人大叫大嚷，說他剛剛碰到死神威脅要取他的命。他請求主人給他一匹健馬，好立即起程，逃到德黑蘭去，當晚就可以抵達。主人答允了，僕人於是縱身上馬，放蹄急馳而去。主人才回到屋裡，就碰上死神，便質問他：「你幹嘛恐嚇我的僕人？」死神答道：「我沒有恐嚇他呀！我只是奇怪他怎麼還在這裡而已。今天晚上，我打算在德黑蘭跟他碰面呢！」

　　「德黑蘭死神」生動隱喻個人有時難逃命運撥弄。

　　2011年3月，日本宮城縣及鄰近地區突遭地震、海嘯與核災三災，一夕間家破人亡。金融大海嘯、突發性的疾病、水、火、車禍、戰爭等意外災害，處處都讓人驚駭，其讓人驚恐及感受難逃的痛苦，不下於遇到德黑蘭死神一般。

(二)時代社會處境之挑戰

　　弗洛姆（F. Formm）曾經從人類的商業關係、經濟目標、資源處理、權威形態等項目，來對比十九、二十世紀人類的危機（Fromm，1982，孫石譯），如表1-4所示。分析此表，似乎是二十世紀較為人道和進步，但其中所提到的二十世紀人們會陷入的不自覺無力感，和擔心變成機器人，可能比十九世紀更恐怖。事實上，二十世紀社群中人的協同合作關係，是為了對別的社群具有更大的競爭力，也就是二十世紀競爭更激烈了。

　　進展到二十一世紀，上述危機更為嚴重，所謂贏家通吃的時代或M型社會，都是激烈競爭的寫照。從工作來說，當今已經出現且未來會日趨明顯的現象是：

1. 工作變多且更隨機。
2. 非例行性工作增加。
3. 在家上班變成主流。

表1-4　弗洛姆（F. Formm）對十九、二十世紀人類危機的分析

	十九世紀	二十世紀
商業關係	剝削、囤積	接納銷售
相待關係	競爭	協同合作
經濟目標	永遠增加盈利（儲蓄置產）	穩定安全的收入
資源處理	剝削	共享散布財富
權威形態	合理與不合理之公開權威	匿名權威輿論及市場權威
心理感受	驕傲、征服感	不自覺的無力感
危機	擔心變成奴隸	擔心變成機器人

＊引自鍾聖校，2000，頁29

4. 不屬於公司的外部群體，不受組織控制，卻對成敗有決定性影響。

5. 人們需花費更多時間在虛擬世界。

6. 沒有下班時間的時代來臨。

7. 組織與組織間、網路與網路間的超連結，使工作永無止境。

8. 人們處在工作狀態的頻率愈來愈高。

9. 發現新事物、創新行銷和學習能力乃致勝關鍵。

10. 工作與家庭無法分割，影響家庭生活。

　　總之，二十一世紀生活變化速度極快，沉沉浮浮，詭異難料，人除非有高度的自治和節制能力，否則生活將更易陷入混亂，情感意志糾結、支離、無力、失落，常常苦悶或徬徨。時代進步可藉知識資訊發達和科技努力做到，但人類自己情感意志的成熟，以致能安身立命，卻不是科技操作可以增進，而有賴適當詮釋生命遭遇並正向面對之。

四、能適當詮釋生命的人生

　　情意教學者若想幫助學習者安身立命，享受幸福人生，不能不知如何詮釋生命議題遭遇，在這方面，狄爾泰的生命解釋學四概念，可提供觀看的架構。

(一)狄爾泰對生命認識的基本看法

　　著名的德國哲學家狄爾泰（W. Dilthey, 1833-1911）在1900年發表的《解釋學的興起》（*Die Entstehung der Hermeneutik*），曾以一個人的世界觀，做為其生命的表現，他這樣表示：世界觀就是人類在面對生命之謎時，產生對人生與世界整體性之直覺（張旺山，1995）。他認為生命之謎包括下列問題：

1. 我從哪裡來？將往何處去？

2. 人生無常，但意志為何又要求恆常？

3. 人受自然法則支配，為何又具有自由意志？

　　狄爾泰認為：人的生命就是知、情、意活動所構成的不可分割體。這個統一體具有時間性，並與自然、社會環境不斷交互作用，狄爾泰認為生命是一切認識的起點和終點，它不能透過其他的方式去認識，而只能由生命本身去瞭解生命。這是狄爾泰詮釋的基本原理。

(二)「體驗—表現—理解」的詮釋環

狄爾泰在其生命解釋學中有四大概念，分別是生命、體驗、表現、理解，其中「體驗—表現—理解」構成生命解釋學的主體生命與精神所創造的世界，稱之為「精神世界」，構成精神世界的細胞即是「體驗」。

1. 體驗

體驗是時間之流中具有生命統一意義的最小單位。經驗和體驗有以下差別：(1) 經驗可以是片斷的，體驗必然是統一的；(2) 經驗不必具有時間性，體驗則必須包含時間；(3) 經驗可以有主客之分，體驗則必然含有親身的投入。

深刻的體驗不能只靠大量感官刺激來堆砌。臺大歷史系黃武雄教授曾表示，要獲得有體驗的感受，不僅需在幼兒、兒童時期有直接體驗的機會，還要隨年紀長大，變成能夠跨越時空，深入人世，以相互印證代替直接體驗。他這樣說：「體驗不是靜態地在歲月之流中經歷一些事物。……它的過程是身體力行去干擾外在事物秩序，觀察干擾之後果與原先預期的有無出入，然後再干擾、再觀察，鍥而不捨直至有了具體的總結，或進一步建立事物新秩序。……故體而不驗算不上體驗，只是身體力行而已，得不到新知。」（黃武雄，1994，頁86-87）簡言之，有「體」並要有「驗」。

漢學家杜維明教授也認為體驗是一種涉及感性和理性的經驗。他說「『身』在中國文化傳統中是十分神聖的。……『身』常與『體』合用，在古代漢語中體之於身，『體』常用作動詞。這樣的詞彙很難翻成英文。和『體』相連的詞很多，如體味、體會、體察、體證、體驗、體恤、體悟等等，用宋明理學來解釋就是受不受用。英文常用embody，亦意味不把人只當身體。從知識的角度來講，有兩種不同的知識，一種是認知的知識，即to know that；一種是知道的知識，即to know how，在中文中是『會』。『會』意味著內化技術，必得經過自身的內化過程，所以與體有關，其中有反省與理性的內在經驗。這才是體會。」（杜維明，1996，頁65）

綜合黃武雄和杜維明的看法，可以說，深刻的感受是有理性和感性交織的體驗得來的。

2. 表現

如果人要把握體驗，必須將它呈現在意識和行為中。人若能意識到體驗，就像一座小島一樣，由生命中深不可測之處浮現出來，這個把握的過

程，便稱之為「表現」。狄爾泰特別重視音樂和詩歌兩種語言，他認為唯其如此，人的內在生命才能找到完備，徹底而可瞭解的表現。睽諸二十一世紀，文字不再獨霸文藝舞臺，許多年輕人用饒舌歌這種另類音樂、街舞這種另類詩歌（肢體語言），傳達體驗，表現自己，亦不外於狄爾泰的說法。

3. 參與互動的理解（又稱再體驗或再現）

狄爾泰所謂的理解，超過吾人一般談認知中的理解，含有在參與文化活動時的互動。人與人之間相互理解的基礎在「共通的人性」和文化中的「客觀精神」，如語言、道德、法律、風俗、生活方式、宗教、藝術、哲學等。故此理解可以看成是投入社會文化的積極正向行動。

五、本書採取的幸福信念

本書作者綜合個人專業與人生經驗，參考文史哲學及心理學的幸福說法，將十年前所發展的情意溝通教學理論（鍾聖校，2000）加以修正充實，在此提出具有成長學習意義的幸福觀，以便做為本書論述正向心理情意教學的基礎，其中關鍵概念間的關係如圖1-5所示。

圖1-5的重要觀點有五：

1. 幸福之人是能真正愛己愛人，因著愛己，能珍重做為「獨特我」的這個自己，在宇宙是唯一的，是能欣賞的；又能珍重做為「聯合我」的這個自己，在宇宙中是有所歸屬的，是能關心的，且獨特我和聯合我能相輔相成。

2. 幸福之人是期許自己能「兼顧」二我需求，對人對己「都」展現寬容、欣賞、尊重、關懷等四種情意態度，詳見第二章第一節三(四)自尊宣言中反映的理想二我。

3. 幸福之人是在真愛的動力下，能靈活地協調統整理性思考和感性感受，面對生活遭遇，使自己的回應具有激發注意、創意思考、適當行動的行為特質。

4. 幸福之人是基於真愛而熱愛生命，致力充實人文素養和情緒素養，從而一生在美感上及倫理上繼續追求完善的人。

圖1-5　促進幸福的正向心理情意關鍵概念圖

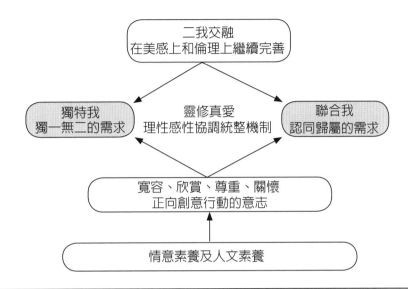

5. 真愛的獲得涉及靈修，靈修的本質是精神聖化，其途徑依個人信念而
　不同，例如，儒家道家等自力式的靈修，追求聖賢境界—仁民愛物；
　又如，基督教等祂力式的信靠上帝靈修，追求聖潔境界—榮神益人。
　　綜合言之，幸福人生的信念需要能夠面對生命無常的挑戰，面對時代艱
難的氛圍，能體驗生活並對生命遭遇做適當詮釋、培養健康的態度，採取促
進人格統整的行動價值。本書相信：積極透過靈修，尋求「真愛」，並因此
「願意被愛並用心學習去愛」，在愛的滋養中，建立正向態度，使自己和別
人在美感上和在倫理上繼續邁向完善，這種人生便是幸福的。

第三節　正向情意教學的心理學基礎

　　心理學論述中可貢獻於情意教學的知識很多，包括教育心理學（發展
論、行為學習論）、神經心理學（生理與情緒運作、大腦與情緒認知）、情
緒心理學、感官心理學、實用心理學（輔導與諮商、心理健康）及近二十年
開始蓬勃的正向心理學等。

一、教育心理學

　　教育心理學理論中和情意教學關係密切的知識，主要見於道德認知判斷發展論、行為派學習論、認知派學習論。

(一)道德認知判斷發展論

　　在發展論中攸關情感意志研究議題的，首推「道德認知判斷」理論，這是哈佛大學教授郭爾堡（L. Kohlberg, 1927-1987）在1984年提出的。主要觀點是人的道德判斷是隨年齡經驗的增長而逐漸發展，且道德認知判斷的取向有順序，呈現三期六階，每期恰好包含兩階。第一期是前道德成規期（preconventional period）包括：(1) 避罰服從取向；(2) 相對功利取向；第二期是道德成規期（conventional period），包括：(3) 尋求認可取向（乖男巧女取向）；(4) 遵守成規取向；第三期是後道德成規期（postconventional period），包括：(5) 社會契約取向；(6) 普遍倫理取向。雖然會做高階的道德認知判斷不一定保證有道德行為，但在培養道德行為時，亦不宜忽略道德認知判斷的成熟度，本書後續篇幅較多介紹道德行為的理論，請參閱第六章。

(二)行為派學習論

　　在行為學習論中，新行為主義者曾提出安思立－羅士林的自我意志控制雙曲線理論（Ainslie-Rachlin model of self-control），對意志教學的方式有極大啟發，詳見第八章的介紹。

(三)認知派學習論

　　認知心理學的核心議題是訊息處理，包括記憶如何在感官記憶、短期記憶和長期記憶間被存取、轉換、喚起。

　　美國Meredith（1993）運用認知心理學學習論的概念，以短期記憶的類比，提出短期情意運作的概念，繪出短期情意運作模式圖，從中可看到情緒、感情、意志的連動關係，及短期記憶運作的痕跡。如圖1-6所示。

　　情意教學是有意圖的實施情意教育，教學行為會短暫處在某時間空間，故引發的情意是短期情意。圖1-6上方之A方格的內在因素，涉及一個人的基本情意基模（schema）的特質，包括年齡、性別、情緒的反應性、對刺激的需求、感官刺激有意義的程度、經驗、知識和智能、動機狀態，和長期情

圖1-6　短期情意運作的心理決策歷程及其因素簡圖

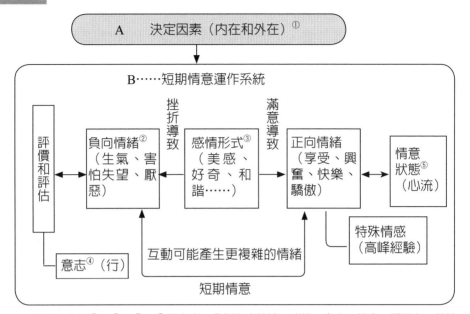

・B方格中上標②、③、④、⑤的文字，分別指出情緒、感情、意志、情意，顯示在一個情意行為系統中，這些涉及情感的項目，是一層一層或一進一進的連環發展的。

*引自Meredith, 1993, p.213

意氣質傾向，用淺白一點的話說，這些特質像是個體對事物做情意反應的老本，它們綜合地構成一個體的情意反應運作基模。A方格的外在因素，則涉及確定和不確定的人際互動因素，教師用心規劃的情意教學課程可算是穩定因素，但走在路上突然被冒失的行人撞倒，則屬不穩定因素。圖1-6下方較大的B方格，則是說明學生心理內部的「短期情意運作」之系統。一個人所接受的情意教學，是在B之短期情意運作系統中處理，並會深淺程度不等地與A之情意資源互動。

二、神經心理學

　　拜神經科學進步之賜，今日對許多情緒感受，諸如：快樂、歡喜、憂鬱等的運作機制有較以往更清楚的認識，比較知道情意學習的可能性及需要之生理或神經運作的條件。以下用三點Stefen Klein在2004年的說法舉例，有興

趣者請直接閱讀該書中文譯本——《不斷幸福論》（Klein，2004，陳素幸譯）之相關篇幅。

(一)快樂可成為習慣，正面情緒可以培養，負面情緒可學習控制

1999年慕尼黑的神經生物學彭賀福（Tobias Bonhoeffer），用一種新式顯微鏡觀察到活神經元的生長情形，並將過程拍成錄影帶。他多次同時給兩個神經元接上電流，模擬兩種類似「爐臺和燙」的信號，半小時後，神經細胞的分支間就長出像樹突次端的突觸來，突觸是一個神經元用來與其他神經元接觸的點，顯示腦神經裡的控制開關之間，已建立新的連結，（引自Klein，2004，陳素幸譯，頁94-95）。此實驗顯示神經元突觸可因受到重複刺激而增生，因此對於學習控制負向情感，及培養正向情緒習慣，可以樂觀。

(二)藥物除了對生理有作用，對心理也頗具影響

藥物會影響原本身體對情感的感受。例如用來戒除「海洛因」毒癮的物質「納洛酮」（Naloxon），服用之後會對所有食物都沒胃口，覺得不好吃，也不想笑；性行為高潮即使做到帶來心跳加速，也不覺有趣味；周遭世界會變得有如機器，沒有什麼感受，甚至會打寒顫，冒出令人發狂的念頭，變得意志薄弱，喪失自我控制力，其感覺可能使人想跳樓（頁158）。此一極端例子，亦可提醒吾人認識即使點滴藥物也會於心情有影響。

(三)「期待」的腦化學作用與心靈「淨化」

大腦中有所謂「期待系統」，這系統與「報酬」（按報酬有獎賞也有報仇／懲罰之意）有關，人在期待所願望的東西時會出現緊張，與緊張有關的神經元細胞，只會在獎賞（按見「惡人」被懲罰也是一種獎賞）即將來臨時才會啟動，刺激這些神經元活動的，不是事物本身，如食物，而是那份因為期待報酬，而報酬真的來了時的快樂或解放。

期待也是一個發揮避免意外事件的控制系統，具有對心情的「淨化」作用（頁136）。它會在兩種情緒對照下，如悲傷和痛苦的對照，產生類似洗滌或清垃圾的效果。古希臘羅馬劇作家強調：悲劇可提供淨化作用，讓觀眾在劇情起伏中，與主角一同經歷快樂、悲傷和痛苦，經歷感受上的雲霄飛車，以致在結尾時，神不知鬼不覺地完成了心靈的「淨化」作用，此淨化中的「享受」，有飽足、有解惑、有釋疑，而這享受是靠著對立性的「缺乏」

產生的。這也是爲何好看的電影總是在「悲傷、痛苦、緊張和期待」的對照下，讓觀眾在劇終之際，慶幸眞實世界的自己是平安幸福的，而喜孜孜地走出劇院，達到心靈洗滌。

三、感官知覺研究

感官知覺對欲望的形成影響極大，人有意念欲望是合理的，甚至是維持生命的必要。Ackerman（1993，莊安祺譯）所著《感官之旅》對這方面有生動的分析，以下簡要說明觸覺、聽覺、共感覺等三方面，與情感意志有重要關係之論點，並鼓勵讀者儘量　去看原書（國內有莊安祺翻譯的中譯本）。

(一)觸覺

人類渴望被觸摸，甚至是以強烈的潛意識渴望存在著。新生兒會因被觸摸而長得比較好，包括體重增加，官能發展也較快健全。

Ackerman在《感官之旅》一書中曾介紹美國普渡大學所進行的一項觸覺研究，該研究讓圖書館中一名女性圖書管理員，在忙著爲借閱者登記出借書籍時，也同時進行一項「潛意識的觸摸」實驗，即儘量不經意地觸摸旁人。例如：在歸還學生借書證時，她假裝不經心地輕輕刷過學生的手，然後由另一人跟著該學生到館外，請他填寫當天圖書館服務的問卷。問卷中的問題有：圖書管理員是否微笑、是否觸摸了他，其實管理員並未微笑，但學生卻說她有，對於觸摸的詢問，學生竟說圖書管理員並未觸摸他。這個實驗持續一整天，整理受試者的反應，不久就顯現出一個型式（pattern）：「被潛意識觸摸的學生對圖書館和日常生活都比未被觸摸的學生滿意得多。」（頁119）

上述研究顯示：人類雖是有領域性的生物，有部落意識，對外族會排斥，但接觸卻在不知不覺中使得我們溫暖。學術界也公認適當的觸摸可提升新生兒的存活率，是兒童健康成長的必需品。而在生活孤獨之際，若能被善意的觸摸，這觸摸可能使我們感受到很久以前，在母親抱著我們、哄我們睡覺時的心滿意足，以致再怎麼輕微的觸撫，輕微到完全沒有意識，也不會被潛意識的心靈放過。

(二)聽覺

聽覺對情意的影響也可從日常語言來說明。人天生愛聽押韻的字，人會故意讓字擬聲，在聽覺上造成雙關語：嘶嘶、唧唧、瑟瑟、潺潺、砰然。音樂會影響整個身體，唱歌時，人不但瞳孔放大，而且腦啡的量也會增加。二次大戰期間，醫學界發現縱使昏迷不醒的病人，也能對音樂作出反應。醫護人員用音樂與殘障兒童溝通，尤其是有多重殘障的兒童，孤僻或有學習障礙的兒童常覺得說話極端困難，但他們若能先以歌曲溝通，再改用言語，困難通常就會減輕。音樂的節奏能刺激人自然的心跳，並使人血壓升高，讓人興奮，音樂也能使人鎮靜。Ackerman（1993，莊安祺譯，頁202）轉述羅克伯的論文「音樂是第二種語言系統，其運作邏輯與人類中央神經系統本身的邏輯密切相關，感受音樂只是反轉其過程」，故有些治療家專精於「音樂中的引導意象」課程，把病人的眼睛蒙起，以音樂引導進入放鬆的狀態，讓有益的意象形成，並以此方法治療癌症病人、老人、情緒不安或心理不健全的病人。音樂是在時間裡移動的藝術（相對於視覺是空間藝術）是動態的藝術，使用各種節奏切分的安排，讓人在形式的限制中盡可能伸展，就如同在監獄中仍能藉音樂想像，享受外界天空翱翔的自由……。Ackerman（1993）引述Thomas Carlyre的話：「所有熱情的語言本身都有音樂性」，提醒吾人：「電影配樂或政治運動者的慷慨陳詞，……都藉助了音樂，使我們這些聽者迅速產生相關的情感。」（頁206）

音樂不僅在治療上已經成為病家配合醫療藥物復健的有效方式，政治上也有作用。臺灣推動尊重多元族群語言的課程多年，使我們更有機會發現不同族群不同的發音方式，會使人們形成地方或國家的認同感。而人們，特別是青年人會用新發明的辭彙製造新鮮，來面對新的挑戰，故談情意學習絕不要忽略聲音對你我的潛在影響。

(三)共感覺

共感覺（synesthesia）是利用人類生理作用中的聯覺現象，即，一種感官的刺激會連帶刺激另一種感官的現象。文創產業者常特意製造多重感覺交織的機會，讓人形成聯覺，如「綠色的氣味、憂傷的藍色、刺耳的紅布條」，讓共感覺發揮作用。許多具有共感覺的人是藝術家，都極富創意，Ackerman（1993，莊安祺譯）便提到寫美育書簡的德國作家席勒，必須嗅著

發霉的蘋果才能在寫文章時找到最正確的字眼，更搞怪的是，英國某位女作家要先在客廳的棺材裡躺一會兒，才有靈感（頁274）。

　　反觀我們的日常生活也不斷經歷自己或別人製造的共感覺衝擊，而每個人多少也體驗到感官知覺的混合。一般人常把低音與暗色聯想在一起，而高音則與明亮的顏色相關。有些人喝茶看報必定要放音樂，否則就談不上享受，這就是訴諸共感覺。近年，共感覺已經成為生產創意的策略，許多拼貼式的歌曲，常混搭古典音樂與現代音樂，例如歌手周傑倫的「青花瓷」，就是一種訴求共感覺的作品。

四、實用心理學

　　本書訴說的實用心理學特指輔導與諮商。輔導與諮商一向致力促進心理健康，曾開發出許多貼近人心、溫暖有效的活動和策略，許多適合中小學生的輔導活動，如感覺輪、玩偶遊戲、「我感覺」的語句完成、釣魚比賽、魔術箱等認識和管理情緒策略，已經在學生輔導工作坊使用多年，詳見黃月霞（1989，頁283-320）的介紹。二十一世紀，全球暖化帶來的大自然災變及金融海嘯等人為災難頻傳，災難心理學、創傷心理學、危機諮商、悲傷諮商、復建諮商等等理論和方法勃興，針對意外人生的危機管理，變得相對重要，輔導與諮商學者以融入生涯規劃與探索等通識課程設計，提出許多實用的生涯變調因應技巧，他們用體會，諸如「最後一根稻草」，強調系統支持的重要，用積極行動，如「造訪陽光」，強調面向陽光成長，陰影就留在背後，用「數算成為倖存者的優點」，來保持生命彈性……等等，皆是情感意志教育實施者實用的參考。

五、正向心理學

(一)正向心理學的內涵

　　正向心理學的宗旨，在探究如何過「健康」或「幸福」的生活。1998年出任美國心理學會主席的馬丁‧賽利格曼（Martin E. Seligman），在正式倡議並定位正向心理學時，曾力陳以往心理學過於強調消極的治療層面，並潛在認定解決立即性的問題和危險具有優先性，為平衡此一偏頗，乃強調正向

心理學因追求三個目標：快活人生、美好人生和有意義人生，需重視正向情緒、正向特質、正向組織三大主題及三者間關聯的探討，並幫助人找出自己的長處和意義。

正向心理學對於健康幸福生活的探討，涵蓋層面相當廣，主觀層面如幸福、滿足、靈性；個人層面如情緒、勇氣、人際技巧、堅毅、價值；團體層面如公民的美德、責任心，同時重視將負面事件轉變為具有正向意義的復原力研究。Snyder & Lopez（2005）曾將眾多學者的研究成果，集結成一本厚達八百多頁的《正向心理學百科全書》（*Handbook of Positive Psychology*），內容包括：心流（mental flow）、快樂、樂觀、真誠、寬恕、憐憫、希望感、復原力（resilience）、幸福感、創造力、愛等課題。由於正向心理學研究的心理特質，或屬於態度，或屬於能力，無論哪一種，皆涉及情感意志，值得深入認識。

(二)正向心理學涉及的正向情感議題

情感意志在教育領域基本上是要講究價值判斷的，亦即要培養的必然是正向的情意態度。在這方面，正向心理學可以提供許多可貴的研究發現，包括概念的澄清和豐富的文獻，以及評量工具的開發。根據2005年版的《正向心理學百科全書》目次，正向心理學所談的正面內容，包括七大層面：關注情緒的、涉及認知的、立足本我的、處理人際的、顧及人類生物性的、特殊因應的及特殊族群與處境的，共分五十五個子題，去掉其中涉及建構正向心理學方法論的部分，剩下內容均直接或間接與情意教學者想要培養的美好態度或德行有關，以下整理之，如表1-5。

探討取向	產生之正向心理課題
以情緒為本	主觀幸福、情緒處理、心流、情緒智商、正向情緒、正向情感、情緒創造、復原力
以認知為本	創造力、自我控制、專注與正向評量、樂觀、渴望求知、解題評估、設定幸福目標
一般因應為本	務實協商、尋求獨特、真誠、勇於真相、謙虛、相信我能、智慧
特殊因應為本	生命故事、尋找益處／提醒益處、失落的正向反應、追求意義、幽默、冥想、希望、靈性尋求
人際為本	加強親密、饒恕、憐憫、感激、愛、同理、利他、道德動機
生物觀點	堅強、正向情感之神經心理基礎、社會結構影響生物、社會支持的生物學
特殊人物	兒童、老人、肢體殘障、身處多元文化族群、工作處境

表1-5　不同探討取向產生之正向心理課題概覽表

* 作者整理自 Synder & Lopez (Eds.), 2005, pp. xi-xiv

獨特我、聯合我與眞愛

前言

　　從事情意教學的教師，最終必須提出自己所認同的何謂幸福人生答案，並以開放的態度持續修正之。基於此，本書提出增進人生幸福的情意教學關鍵概念（詳見本書第一章圖1-5），包括：情意教學理論的宗旨（使每一個體內在獨特我與聯合我健全發展）及目標（培養正向情意協調機制、培養關鍵的情意態度和相關素養）。關鍵態度是指能使二我（獨特我與聯合我）得以健全發展的態度，個體需要在成長歷程中，擁有被良好的關鍵情意態度對待的經驗，且在享受該經驗後能回饋地以之對待他人，如此在施與受的鍛鍊間，使這關鍵態度成為自己生命能流露的特質。本章乃針對健全二我的部分進行說明，文分兩大段：(1) 獨特我和聯合我（以下簡稱二我）的界定及發展；(2) 獨特我聯合我的健全與愛和真愛的關係，以下說明之。

第一節　獨特我、聯合我的界定與發展

　　「我」的分類通常代表人們怎麼觀看「我內涵之間的關聯」。不同理論，說法不一，例如，精神分析論的我，分為「本我、自我、超我」，弗洛伊德（S. Freud, 1856-1939）將「自我」視為降低本我與超我之間緊張不安的「調人」，也就是自我的存在是依附於本我和超我的衝突。阿德勒（A. Adler, 1870-1937）及艾瑞克森（E. Erikson, 1912-1994）則強調自我具有獨特功能，如：能整合生活需求、使個體勝任環境挑戰、尋求與社會環境和諧共處等，促進自我心理學誕生。（按，阿德勒是個體心理學派創始人）。Birthnell（2003）提到有四種我，包括內在我、外在我、社會我及複雜我。內在我、外在我是最基本的我，內在我涉及情緒動機，比外在我更早就開始發展，它專門對具有發展意義的訊號或事件作反應，例如找一個性伴侶、同盟國等等，當其努力失敗時，就會產生情緒通知自己，並產生動機：我這個人有狀況了，要改變。外在我則致力進行它在發展上具有引導路徑的成長，包括自我反省抉擇修正。外在我有時不免要接受內在我的牽連，有時成為內在我情緒的受氣包。此二我的發展若嚴重負向，人會以幻覺（hallucinations）、妄想（delusions）及夢等欺騙別人或自我欺騙方式呈現，

而出現「複雜我」；二我的發展若融入社會文化環境影響力，則以文學、藝術、幽默和宗教信仰等方式，展現其「社會我」。

　　本書是按個人生命「認同」他人生命進入的程度，分為獨特我與聯合我，既是認同，便有思考和想像成分，這想像的二我純粹是存在個人意念中的。二我關係可能相輔相成，也可能有衝突。二我概念亦可見諸Snyder & Lopez（2007）寫給大學生用的正向心理學教科書（Positive Psychology）的「the me/we balance」一章，他們用「me」表示獨特我，用「we」表示聯合我，並將二我分別歸屬個體主義（individualism）和集體主義（collectivism），從兩種主義強調的核心重點和次級重點（emphases）來看二我之特性，茲列如下表2-1。

表2-1　Snyder與Lopez之me/we二我強調的核心重點與次級重點		
個體主義		集體主義
me之核心重點	交疊	we之核心重點
獨立		依賴
獨一無二或渴望出眾		附從或渴望置入（fit in）
分析單位是自我（self）或個別我（individual）		分析單位是他者（others）或團體（group）
me之次級重點	交疊	we之次級重點
追求自我的目標		追求團體的目標
為自己的成功打拼		為團體的成功打拼
從自我之成就得滿足		從團體之成就得滿足
自給自足（personal payoff）		彼此慷慨對待重視公平等
精算付出與利益		無條件重視關係（relatedness）
自發性		責任
短期效益取向的思考		長期效益取向的思考
講究非正式互動		講究正式互動

*作者整理自Snyder & Lopez, 2005, p.447

　　表2-1顯示Snyder & Lopez的二我觀是一種靜態觀，因爲他們將二我用兩種主義性質的理論概念來劃定，但事實上人是活生活不斷變化的，人的思考也在「我自己」和「我們一夥之間」擺盪，故二我如何界定？彼此共榮共存的關係爲何？其實與時間變化中的生命認同和想像有關，以下說明之。

一、獨特我和聯合我的界定

　　作者認爲個別自我中的二我內涵（獨特我與聯合我），是按個人生命中「容讓」或「認同」他人生命進入的程度而定，可從完全不談他人生命的關聯狀態—獨特我，擺盪到充滿他人生命的關聯狀態—聯合我。其中「容讓」可能是有意識的、無意識的，或潛意識的，都是在一「生命關聯」的連續程度上，被識別出來的，會展現在思考、想像或行動。

(一)從容讓生命價值的想像程度看二我

　　Ainsworth-Land（1982，頁17）曾以發展的觀點將心像與創意間的關係，從第一階段的只注意自己感官需求到第四階段涉及關懷的終極型態，列出四種意識層次。本書作者認爲從獨特我到聯合我的意識也大致經歷這四種層次，不同處是此意識乃用在生命價值的認同方面。認同的極致是自我中的獨特我完全認同於一個含有他人生命考量的大我，如表2-2所示（因相較於「認同」，「容讓」更令人有感覺，故本書此處用「容讓」一詞）。

(二)獨特我和聯合我的呈現狀況

　　表2-1顯示二我的呈現有下列七種狀況：

1. 個別我中二我的存在，不是零和遊戲，不是互相排斥，不是你多我少的分配，而是可以互惠共榮，相輔相成的。
2. 第二層次之後就開始有聯合我出現，當自我愈對他人生命有認同和歸屬，聯合我就愈明顯，但獨特我也可以同時很鮮明。
3. 第四層次的生命想像納入了超越於個別我的靈性成分。
4. 聯合我的聯合對象可以是多層次的。每個人可同時歸屬於不同團體，分享多種團體的價值觀或信念。如一個人的聯合我可能參雜著屬於官方某機構的成員、又同時是圖書館義工、是游泳協會會員、是某某宗教信徒、是華語文師資學會成員、是臺灣人、是中華文化的傳人、是女童軍等等。

表2-2　獨特我「容讓」他人生命進入所展現的生命想像層次說明				
獨特我容讓他人生命進入所展現的生命想像（可包含實際操作）				
層次	1	2	3	4
想像特質	自發、基於感官、直接表徵實現	舒適、可預期性、覺察操弄的能力	抽象的、符號的、強加的、比喻的、控制與自發性的	放棄控制、神祕的、有或無意識材料的靈現與接納	
我他生命的相容	滿足生理我、以需求為導向、存活動機、自我的衍生	開始尋求歸屬、自我延伸在其他生命對照下，建構自我及驗證自我意識	分享人我差異、多元人際關係的實現與統整、放棄刻板的控制、對心流經驗開放	自我是團體的部分、超越你我他意識之後設意識、人我意識間的障蔽瓦解	容讓他者的生命充分涉入

*有色塊的部分表示在我/他生命的相容之中，容讓他者生命涉入的範圍

5. 多層次聯合我的表現，主要仍看個體在某時空處境被要求以何種身分蘊含的價值呈現，故多層次的聯合我可能都不相干，可能部分相干，乃至互擾，如觀看世界杯足球賽時，一位加拿大裔澳洲人，他應該為誰加油？加拿大隊加油或澳洲隊？或兩隊都加油？
6. 從想像特質看第四層次的意識，可能清明或更迷惘混亂。
7. 除非人發現有堅定不移的價值信念值得他認同並信守，人的生命價值認同通常會變動，也因此，人的獨特我和聯合我也是變動的。

(三)二我的關係

1. 獨特我的生命價值內涵，是從聯合我轉化而來

聯合我的發展涉及讓社群的生命共識，包括價值觀、對價值的理解和道德規範，成為引導自己人生判斷的依據。聯合我的聯合對象可以是多層次的，每個人可同時歸屬於不同團體，若分享的多種團體價值觀或信念有衝突，例如一個人是電力公司員工，對電力公司推動核能發電應該忠誠，但他所屬讀書會又反對核能發電、主張廢核電，假設在某時某地，這兩個聯合對象同時向他發聲，而其中某一個認同的聯合我聲音特別勝出，他就會展現該

聯合對象的價值判斷或信念。

　　決定哪一個認同或聯合的生命價值會勝出，以致成為獨特我，因素很多，主要是該人的價值觀、天生稟賦、氣質傾向，生活經驗、早年關鍵照顧者的價值觀等，累積的效果成為信念，最終滲入這個人的生命內涵，一旦表現出來，就成為他的鮮明招牌，被標誌為他的獨特我。所以說，獨特我的生命價值內涵是由聯合我轉化而來。

2. 自我中二我認同的生命價值有大小強弱之別

　　聯合我強大，不代表獨特我就被壓縮。聯合我和獨特我都強大，也不代表這個人就非常正向，或這個人品格好，或具有正向效能。任何人頂天立地佇立宇宙中，都有其特殊的生命意義和價值，以他的自我和周圍人的自我形成團體。一個人對團體的想像，及對這團體期許或價值觀的認同，會形成此人的聯合我。從心意來看，念茲在茲於所歸屬社群人們的價值觀或期許，所形成的聯合我是大的。華人流傳在殷商之前的堯舜時代，大禹治水八次經過家門而不入，可以說他這關心百姓居住安危的聯合我很「強」，比他要關心家人好壞狀況的聯合我強。恐怖分子為族群受不平等待遇，身縛炸彈討公道，引爆於熙來攘往的敵國人群中，慷慨就義，死傷慘重，造成國際視聽，其聯合我也大得不得了，雖然對受害者來說一點也不好；「見死不救」、「一毛不拔」之人，關心同胞的聯合我則很小，即使要他奉獻一點點自己的資源來幫助群體也不肯。此種人眼光是專注自己，眼裡只有自己這個獨一無二的獨特我，在他的身分認同裡，缺乏包含他人的聯合我。

3. 多層次聯合我的衝突與二我衝突

　　獨特我與聯合我的分類，旨在說明每個我中包含有兩種我，這二我的強弱與這人一般的良善狀況無關，但與這人會怎麼做決定有關，而多元多層次聯合我間的衝突可能變成二我間的衝突。因為獨特我和聯合我彼此相參，有時多元的聯合我中，某一聯合我的價值會成為獨特我之主要認同，而另一聯合我的價值卻恰好與此價值衝突，就會發生「個體內（即英文的intrapersonal）」聯合我之間的衝突。

　　2007年由美國派拉蒙電影公司出品的真人真事電影《街頭日記》，其中的墨西哥女學生艾娃，是個聰明、漂亮、坦率、有正義感、愛跳舞、率直、活潑、開朗的女孩，這是她的「獨特我」。做為南美洲墨西哥移民，她的內在有著因父親含冤在獄，需要努力出頭為墨西哥族裔爭口氣，且必須忠於南美族裔幫派價值而形成的「聯合我A」；但艾娃同時因班級英文老師古薇爾

（Goodwel）品格教育的影響，認同人類普世性價值：不循私、不畏強梁、不冤枉無辜、不做偽證，以誠實正直待人的價值等，形成了她的「聯合我B」，她在班級全體同學熱心募款，邀請當年納粹大屠殺時，挺身保護猶太人安妮一家的德國女士，到美國與同學座談時，自我中的聯合我B，被大大增強，提升到與原來家族群體優先的「聯合我A」一樣的位置高度，這兩個聯合我的衝突就在因為她是殺人犯（即其墨西哥男友）的目擊證人，必須在法庭指認族人是兇手時達到高潮，也揭曉了哪一個「我」追求的價值勝出。這勝出的聯合我代表的生命價值，成為艾娃獨特我追求的價值。

　　換言之，多元多層次聯合我間的衝突可能變成二我間的衝突，變成究竟要忠於獨特我認同的價值需求，或忠於某一聯合我的價值需求？

二、獨特我及聯合我的發展

(一)生命過程中的認同發展

　　「自我」包括獨特我和聯合我，這二我的成長像銅板的兩面，是在一次次的遭遇中或事件中，靠著自身與別人、際遇、環境的互動，逐步形成。人不斷在變，從長期來看，可說從來沒有所謂「真實的自我」（authentic self）這種東西。每個時代因環境特色，在發展獨特我時，聯合我同時會被修正，發展聯合我時，獨特我也在被修正，二我面對的挑戰及苦悶會俱來，面對的歡愉也俱來，受影響程度可能不同。就全球社會而言，二十世紀末期九〇年代與中期五〇年代，在普世民主和人權的認定上就差別極大。

　　一個人能自覺到自己是獨特的存在，需要兩個條件，一是擁有某種自己才有的特質（獨特性），二是該特質從過去到現在都存在，甚至會延續到未來（同一性），無論那特質是長相、個性、動作或愛好，均可。而人要能建立並持續這包含獨特我和聯合我的自我獨特性和同一性，需經過心理學所謂的認同作用（identification）。

　　認同作用從一開始就涉及他人生命的介入。最早提出認同概念的是弗洛伊德，他相信認同兒童先是將父親視為競爭母親情愛的對象，之後，才將父親視為理想的楷模、認同和學習的對象。艾瑞克森將此概念置入所提出的心理社會發展論，該理論認為人生八期的第五期是（自我）角色認同期，在此時期，人需要建立自我認同，即：我究竟是誰？我要長成什麼樣子？我是

怎樣的人？我要走什麼路？誰的路？人從幼年開始，父母兄弟姊妹對他的價值觀都發生影響，成為他初步社會化的資源，但當年紀漸長，到青春期尋求獨立時，他對於曾經乖乖聽命的價值觀，會產生質疑或抗拒或排斥，此時，認同的來源擴大至家庭外的社群，從學校、幫團、朋黨，到種族、民族、傳統文化，甚至外國流行文化，透過重新審思抉擇，終於形成自己消化過的認同。一方面，因為是「自我」消化而得的，所以有自己個別生命的「獨特性」；一方面，因為所消化的對象是外在環境中的他我價值，所以有他人生命的「聯合性」。

認同過程除了因著自己天然特色，發展出獨特我，也必同時孕育著聯合我，兩者關係是相參雜的，相輔相成的。獨特我強調我的「獨一無二」，聯合我則告訴人們（包括自己和別人）：你我是「一國的」。隸屬同一團體，代表彼此說同樣的話，做同樣的事，暗示彼此需要互相照應、互相幫助。在些過程中，對自己是某社群成員的自覺很重要，特別是要能正確背離所屬族群的價值觀，則不僅意識上要能覺察，且往往得出於價值上痛苦的抉擇。無論如何，從生命史的角度來看，每個人的自我發展歷程都不簡單。

研究華人家族概念與升學概念的社會心理學者（朱瑞玲，1989；楊國樞、鄭伯壎，1987），特別用「集體主義或個體主義取向」來區分一個人的成就動機，以致有所謂的「社會取向」成就動機和「個別我取向」成就動機的分類。用本章的語言來說，若一個人歸屬「社會取向」成就動機，代表那人的聯合我作用強，而屬「個別我取向」成就動機的人，則個別我的作用強。簡單說，個別我的想像是「我」中那個純粹只有已經吸收融入自己當時的生命經驗、只重視自己需要的部分，強調以個人為本位、個人的成功、個人設定的目標、個人偏愛的價值、重視個人的獨立性與自主性。相對的，聯合我則是將上述關心指向當時的外在群體。聯合我的想像是看自己的個別我和群體有關，強調以團體為本位、團體的成功、團體設定的目標、團體偏愛的價值、重視團體的獨立性與自主性。故個別我和聯合我的區分，主要在乎看事情時，將自己生命涉入的範圍。人可以很具有聯合我意識，但沒有什麼道德，例如，一個人可能為非作歹，但非常照顧家族。

(二)獨特我的需求與滋養

根據2009年網路分析工具Pear Analytics的研究發現，Twitter上的發文（或稱推文）有40.5%可被歸類為「無意義的喃喃自語」，接下來則是「閒聊式」對話，占了37.55%的推文。「推文」代表普羅大眾在沒有外在強制要求下自然的發聲，無論所發之「聲」是有意義或無意義，都顯示著人的自然需求。可以說，無意義的喃喃自語表示：人有「獨特我」想表達；而閒聊式的對話則代表：人有「聯合我」渴望溝通。

需求，在某種程度的意義上是指匱乏。匱乏來自於發展過程需求未獲得滿足，或受到不當對待以致心靈受傷，匱乏必須被滿足，受傷需要被醫治，否則耿耿於懷，日久成為佛洛伊德學派所稱：羈押在潛意識中的「情結」（complex），不時隱隱作痛或伺機竄出，企圖求得滿足或平反，以致影響一個人正常的情緒感受和意志判斷及抉擇。匱乏需求的強烈程度，表示需要滿足、滋養出問題的程度，或不足或有傷，皆需要醫治。獨特我需要醫治的兩種情形是：(1) 成長時期受父母或關鍵他人的傷害；(2) 成長過程未能得到寬容和欣賞的對待。

概括言之，獨特我的發展需求和現象有四點值得注意：(1) 獨特我深受成長時期父母或關鍵他人的對待影響；(2) 獨特我需要在成長過程經歷被寬容和欣賞；(3) 「獨特我」的發展需要耐得住憂鬱；(4) 以出名為獨特的速成式滋養讓「獨特性」不持久。以下分段說明。

1. 獨特我受成長期父母或關鍵他人的影響

從諮商角度可以看到人的成長時期，父母或關鍵照顧者對孩子影響之大，大到令人咋舌。在Bradshaw（1998）所著《家庭會傷人》（鄭玉英、趙家玉譯）這本書中，記載有許多受到家庭傷害的故事。例如，受到虐待的孩子如何在幻想中美化父母；承受父母指責、羞辱的孩子，如何把羞愧內化，成為一個沒有羞愧感覺卻十分自貶的成人；孩子如何為了符合家庭系統的需要而長出「假我」；孩子如何為了彌補父母的缺憾而提早結束了童年等等。書中指出父母可能給孩子的傷害，卻無意對父母親情作指控或批判，因為許多父母也曾是家中受傷的孩子，需要被原諒。「受傷者會傷人」（Hurt people hurt people.），在看清家庭傷害系統的來龍去脈後，可以更理解獨特我健康成長之不易。

2. 獨特我需要在成長過程經歷被寬容和欣賞

　　一般社會的對待方式是：「你好，我才對你好」；你犯錯，人家當然責怪你；你不夠好，誰會欣賞你！你即使好，別人可能出於嫉妒，也不會欣賞你！而萬一你犯錯，等著瞧吧，看你怎麼賠！總之，你被被抓到小辮子了，「看你怎麼洗清汙點！」因爲常人很容易犯錯，西諺就有這樣一句話：To err is human.（身爲人，就會犯錯。）因此人的處境就是：常得罪別人，但又常難以真正獲得開罪一方的寬諒。所以人儘量不犯錯，假設犯了，就力圖掩飾或推諉過失，說：「我沒有錯，因爲……」，不然就希望別人也一樣犯這種錯，從此，睜大眼睛檢查別人行爲，一旦那人也被發現犯了，就乘機說一頓，贏回面子，也意味扯平了。

　　上述現象，長此以往，人與人或者儘量活在「井水不犯河水」、「與世無爭」的自保狀態，或者活在努力檢查別人有無犯錯，以報復過往曾有人爲自己的錯「嚴懲」自己的屈辱及痛苦，兩者內在其實都是緊張的：「不能犯錯！」或「犯錯，但不要被抓到！」而且至少表面要夠好，別人才會喜歡自己、欣賞自己，而爲了討別人喜歡、欣賞，遂又違逆自己的特質，應和他人眼光，或做假。這種人不會以寬容欣賞對待自己，更不會以之對待別人。

3. 「獨特我」的發展需耐得住憂鬱

　　「獨特我」在發展成爲自己時，往往面臨「不知自己該發展成什麼獨特我」的憂心、焦急、鬱悶。華人是個重視家族傳統的社會，在發展獨特我方面，歷程通常較爲艱辛。詹偉雄（2010a）用「憂鬱」說明之。他認爲華人集體化的學校教育與個體化標舉的世界觀間之落差，恰恰催生了「憂鬱」這種世代特徵。他說：「憂鬱」是一種進退維谷的心靈狀態，有憂鬱感受的人清楚知道「不要什麼」，卻不清楚「要什麼」。

　　不同於二十世紀或二十世紀以前的父母那一代，當時的年輕人認命地接受社會所派任的「角色」或「責任」，全力以赴，即便中年或有那麼一絲迷惘，但社會給予其角色完成的評價與肯定，終使得他們仍能穩定自信地書寫自己的生命故事。但二十一世紀，華人年輕輩所面臨的則是完全不同的價值觀，即社會已經擺明了「你應該成爲你自己——那個獨一無二又特別的人」，問題是「那個特別的『自我』是什麼？」而「我們又如何感受到『自我』的召喚」，如果「『自我』遲遲不現身，那該怎麼辦？」

　　什麼是確立獨特的方法呢？答案是：「沒有捷徑，但有條件。」條件即是：在成長的歲月，要透過「事件化自我」的過程，經歷被寬容和欣賞，

讓自己天生的獨特，就如沒有一片葉子是相同的那種獨特，能得到滋養和發展。臺灣教育目前已逐步像西方社會，把青春期的高中教育視爲一系列學校創造出的各種遭遇，幫助學生進入事件，於事件中洗禮，並建構起一塊塊「自我」，讓這些自我有機的進行整合。

4. 獨特的速成式滋養讓「獨特性」不持久

飼養雞和放山雞不同，前者成長迅速，但肌肉鬆軟不結實。在個人獨特性的發展上也有所謂速成，相對於速成，需要如「十年寒窗苦讀，一朝金榜題名」的錘鍊。自古以來，華人文化中流傳人生有三不朽：立德、立功、立言，但資源一向有限，因而出名困難，文人要白首窮經，十年寒窗，武人要提著腦袋上沙場立功，老夫子則要一輩子循規蹈矩，以便立德；而到了現代，資源的競爭更嚴峻，無論任何行業要想出頭，必須搶著立名。南方朔（2009a）用「出名文化」形容之，在專欄中指出：立名的渴望使政客搶著發驚世駭俗之言（2006），使明星搶著上報，他認爲立名的競爭，已讓道德倫理原本的白色空間變得越來越灰，只要不是殺人放火，已無事不可爲。明星鬧一點緋聞，劈幾個腿，露一點乳，吸一點安，拍幾張豔照，政客打幾場不致於去坐牢的小架，又有何妨？出名文化與羞恥無關，和名譽的好壞無關，**出名本身只是一種表演**，出了名自然會有人氣，就會上排行榜，這種時尚隱然形成了一種不管好名壞名，只要「出名就是好」的新價值。

(三)聯合我的需求與滋養

概括言之，聯合我的發展需求和現象有五點值得注意：1.需要有人相與的生活環境；2.科技擴增聯合我觸接和展演的舞臺；3.**速成式滋養的聯合我常受限於八卦**；4.後現代「不信任氛圍」考驗聯合我的耐心；5.不適當的外在環境往往鑄成受傷的聯合我。以下分段說明。

1. 需要有人相與的生活環境

適當的生活處境可提供人們互動機會，充實精神的內涵。雖然與人有所關聯會衍生地盤問題，如歷代東西方國家之間、族群之間爲爭資源、爭逐水草等所出現各類型式的壓迫、侵略或戰爭，但「有人相與」還是可滋養聯合我，從而豐富個別我。以下藉用舒國治（2010）的文章：「談臺北好在哪裡」，說明人對社群關聯，皆有其渴望。

「臺北最教人滿意的是，臺北的某種很難言傳的、有點破落戶，卻又南北雜陳、中西合璧的民國感，那股草草成軍、半鄉不城、又土又不土的人文

情質。在臺北最能左右逢源：可以與同樣背景的人衆聊天、談文論藝，從陶淵明、李白，談到美國公路，談到東洋劍道，再談到義大利火腿、……Bob Dylan。……臺北的好是『有與人相與』的機會。可用玩伴稱之，這玩伴不妨是一同坐茶館的，一同騎自行車的，喝紅酒的，聊音樂的，聊旅行的，聊歐美日的，同桌吃飯的，聆聽演唱會的。……在臺北來往的人愈多，則臺北應該愈有意思。許多的城鄉，空氣新鮮、居住寬大、風景清美，卻和人的相與無法太多，就很可惜。」

　　一般而言，世界各國各地、城市鄉村，只要有一些人住久了，這些人都會找到自己與他人來往的方式和機會，包括用卡拉OK唱歌、上facebook、看書、寫書、運動、養身、參加社團、社區活動都好，這方式及機會多寡是相對，豐富或適當是主觀的，關鍵在「就是要有那種有人相與的感覺」。

2. 科技擴大聯合我觸接和展演的舞臺

　　人與人發生來往的方式，隨文明工具而不同。兩千年美國影星湯姆‧漢克斯（Tom Hanks）主演的電影《浩劫重生》（Cast Away），電影中男主角被沖到荒島後，在島上努力存活四年，過著魯賓遜漂流記般的日子，當活命下來後，將一個足球畫上臉龐五官，取名威爾森先生（Mr. Wilson），成爲他朝夕說話分享的對象。可見人會想盡辦法與別人有所關聯。晚近社群網路提供與別人發生關聯的便捷路徑，更擴增自我與別人關聯的舞臺。

　　飛鳥與魚（2009）在〈臉書──想找一個人，於是……宅『栽』在『開心農場』裡……〉一文，生動描述了電腦科技帶來的作息影響：

　　「想找一個人……於是，登錄了目前最優的微網誌噗浪，結果……噗浪取代了原先部落格與MSN的某些功能。想戳朋友，但又不需要他－她即時回應的時候，發一個『日羹』，既不會打擾到友人，也能得到通訊的效果。現在每天都有上千個『o業S』在我的河道中亂竄著！我想找的人不在Plurk上面。聽說，臉書Facebook可以找到更多的人，於是，Facebook又多了一個新的使用者……『/0/』人，還是沒找著！」

　　「但目前生活習慣卻因爲Facebook而做了些許變化，一早上班的第一件事就是……到『Restaurand City』把員工叫了起來，讓小小餐廳開始營業，然後，再到『開心農場』摘下成熟的蔬果，還有咯咯母雞所下的蛋，順便再經過好友們的農場，偷拔幾根蘿蔔……『/0/』最後，再餵一餵『開心水族箱』裡的魚兒們……過去從來不碰Online遊戲的我，這會兒也栽在所提供的小遊戲裡了……遊戲雖然是虛擬的，但，人性是眞實的。沈迷，是因爲數字等級

和慾望的追逐……Welcome to虛擬世界！」

　　網路把人的距離拉近，讓人能夠氣定神閒地聊天、遊戲、互動，不必長途跋涉，舟車勞頓，無論咫尺或天涯，都可藉共同興趣關聯起來。熟悉或陌生，真實或虛假，相交或不認，謙謙君子或偷盜小賊，因著條條無形的鏈條，分分合合，科技已經把聯合我的實質世界擴大到地球村的每一角落。重點是，你要不要加入這虛擬但又能真實的聯合我世界了。

　　詹偉雄（2011）指出報紙雖然提供了「想像共同體」（imagined community），但「臉書」則根本就把自己創造成一個「實質共同體」（realized community）：一個人向他的朋友們發布自己，而他的朋友們則向這個人發布他們自己，按著數字時鐘的分秒排序，「『臉書』組成了現代生活自身」，人們每分每秒的喜怒哀樂、高潮與失落、安慰鼓勵朋友也接受朋友的安慰鼓勵、維繫遠地的友誼、建構深度的親密關係、插科打諢、吐槽無聊、分享網路上各種馬路消息與新鮮事……：當一個人在「臉書」中巡禮著「我們家共同體」時，不僅捕捉了他「在時間中流淌」的本體存在感受，也連結了恰恰好大小的「共同體」。

3. 速成式滋養的聯合我常受限於八卦

　　相對於從前生活不下去的貧窮社會，人們困苦於尋找生活資源，以致聯合我大多缺乏良好的滋養，現代的小康社會，生活無虞的人們卻受苦精神貧乏又怕疏離，為了使聯合我得到滋養，南方朔（2009b）認為人在此時，會努力於追逐八卦。

(1)八卦文化滋養的聯合我

　　人們之所以愛談八卦，也和聯合我需要有社群同伴的精神交流有關。南方朔（2009b）在〈八卦文化 醜聞經濟 表演政治〉一文提到，**因兩種限制──疏離和貧乏，倦怠無聊成了現代人最大的負擔，甚至是一種精神性的病痛**，而八卦是填補這種無聊的最佳妙藥。他這樣解釋：現代人平時相互疏離，共同的話題都找不到幾個。太嚴肅的話題有一定程度的知識門檻，有誰願意把自己搞得太過勞累；而每個人自己私人的苦樂又太過機密，只能和極少密友分享，這時候那種不必知識門檻的八卦，遂成了無聊但似乎有必要的交流最好的題材，甚至成為現代人同輩認同的記號與儀式。人們喜歡同樣的八卦，以便表示是同一國的；如果有個正夯的八卦正在流傳，某人進了辦公室，聽別人嘰嘰咕咕在談而自己矇然無知，插不上嘴，就會覺得跟不上潮流，被別人排斥在外。有了這種被孤立的感覺，回家的路上一定把有關該新

聞人物的八卦書報全都買遍，回家惡補，明天到辦公室就可以赫然變成當前的八卦權威。

(2)八卦潛在地滋養「不尊重」心態

南方朔進一步分析，八卦會潛在地滋養不尊重的心態，複製殘酷或委屈。有人為了出名，刻意或意外成為八卦對象，無論談醜聞或製造醜聞以出名，受傷的常常是自己。人對別人不尊重，即使那人遠在天邊，似乎不會傷到對方，但懷著幸災樂禍的心情看別人出醜，既不是尊重，更不是關懷，不能將心比心就顯得不厚道。

自己製造醜聞的人為何不覺自己受傷呢，關鍵是他們以名聲或錢財替換自己的尊貴身分。尊重談的是尊貴身分問題，人在團體中不被尊敬寶貴，何來尊重？只是一般人習慣不奢求被明顯地表示尊重，因此忽略尊重的重要。就像在馬路上開車，車子能順序流通，實在是駕駛們能尊重先來後到，順序行駛。人與人交往亦然，路上擦肩而過，不相撞，不被吐痰，不被惡搞或惡言相待，都代表這社會人們之間有無言的尊重在運作著，如果隨便會被勒索綁架，就會立即感受到不被尊重的痛苦了。起碼的尊重和關懷，使人有安全感，而足夠的尊重和關懷，使人感恩，並喜歡與之認同和歸屬。

4. 後現代「不信任氛圍」考驗聯合我的耐心

在後現代社會，任何議題只要具有政治意義，也就是涉及利益分配，其活動就有可能成為一場又一場的表演，以便得到利益。許多參與過政治活動的人都不免感嘆：政治活動就是一場又一場的戲。作家紀大偉（2010）半開玩笑半認真地指出，在後現代談「信任」，用詞應改為「後信任」。理由是在這電話詐騙、學校霸凌、選舉疑案，一直到媒體「業配」……，這個信任價值分崩離析的處境，要想辦法過好日子，不能只談「信用」這個價值的光明面，也要談黑暗面，但談黑暗面不是以「秋後算帳」的心態。他強調：雖然不宜全然信任，但在後現代對信任全然的採取犬儒態度，也不實際。做為公民，不必懷疑每一張鈔票、每一通來電、每一個跟我們示好的人臉，但同時，也不要天使般歌詠「信任感是美好的」，因為很多人和事是否值得信任，令人懷疑，人只能在可疑的蘋果中挑選可食的部分。在暴力傷痛發生之後，人們該鑑定傷口，而不是假裝傷害從未發生過；不是只看未來，最好是在反省的詮釋中，兼顧兩邊：一邊是走出悲情，另一邊是回顧悲情，警惕權力的傲慢，防止悲情的後座力——變成另一種侵害力量。

故他強調在後信任的年代，人要**學習耐煩**，花多點耐心解讀訊息，並且

用加倍的耐心去取得他人對我者的信任。

5. 不適當外在環境鑄成受傷的聯合我

　　歷史遭遇及社會環境加諸個人的限制和要求，有時相當反常。天災人禍饑荒戰亂頻仍的地區，生活極其艱難，人與人的關係緊張。雖然正常情形應是人對人會友善，即使是陌生人，若有需要幫助也會伸出援手，但反常情況是，不僅不幫，反而格殺勿論。晚近的恐怖主義自殺炸彈客，綁架毫無瓜葛的異國人士做政治交換的行為，確實是我們這地球的一些地區會出現的真實事件。非洲有些國家的少年，從小就被教導仇恨某些族群，這痛苦變成青少年的宿命，當他們長大也一樣教導下一代，歲歲年年，成為解不開的情結。這些人自我中的聯合我那一塊，反映的不僅是外在世界的情仇，也添加了自己的認同想像，彼此包覆，像雪球一樣越滾越大。

　　而在已開發國家，政治制度算是相當上軌道的國家，如美國，以想像的聯合我為本，配合外在真實次團體文化所發展的「我族」「我群」，在某些州、鎮，從幼年開始就出現，玩遊戲的分組分隊，進一步發展成死黨。Santrock（2001）曾用在班上分組時被提名受歡迎程度將兒童分為在同儕間「受歡迎、被拒絕、被忽視或受爭議」四類，如圖2-1所示，指出在這時期同儕所造成心靈上的影響，比家中父母更大。

圖2-1　兒童在四類受班級同學歡迎或排斥狀況顯示的聯合我處境

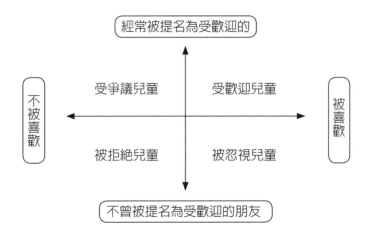

*引自Santrock, 2001, pp.188-189

　　兒童是最不會隱藏人際感受的人。從上述四類兒童處境可感受到聯合我被團體接納或斥拒的驕傲或痛苦。受爭議兒童（controversial children）是經常被提名為我最好的朋友但也常被提名為我不喜歡的人，被忽視兒童（neglected children）是不曾被提名為我最好的朋友但不曾被提名為我不喜歡的人，被拒絕兒童（rejected children）是不曾被提名為我最好的朋友但常被提名為我不喜歡的人。同儕團體無論被稱為幫（clan）或派（sect）或黨（party）或群（group），影響若是正向的，在幫助人的成長上貢獻極大，但若以不法的方式進行，常帶給自己和他人痛苦，甚至喪命。2010年以臺北為背景拍攝的電影《艋舺》，描述一個青少年如何捲進黑道幫派，從涉入勒索、鬥毆開始，到參與槍枝、器械、吸毒等更強烈犯法的行為。各國都有以各種幫派名稱聞名於道上，黑幫、黑道等等，前述電影《街頭日記》學校的二○三班，幾乎所有學生都是被撕裂的族群後裔，他／她們原都有自己理想的獨特我要發展，也有自己嚮往的理想聯合我願能歸屬之，但膚色、語言、口音、習性，使他／她們都被外在客觀環境或團體壓制、脅迫，不能做自己認為對的事，在屈就的情況下，漸漸自己內在想像的聯合我，也翻印了或再版了外在幫派團體的不良言行。

　　簡言之，如何形塑一個正向的、整合獨特我和聯合我的自我，是情意教育工作不能規避的議題。R. Dreikurs在《班級經營與兒童輔導》（Dreikurs，2002，曾瑞真、曾玲珉譯，頁14）一書中，曾提到兒童輔導（亦即處理個別我）與班級經營（亦即處理聯合我的處境）是一體的兩面。兒童的二我偏差行為來自使用了「錯誤目標」，此「錯誤目標」有四：1.想獲取過多的注意（主動—建設型）。2.爭取權力（主動—建設或破壞型）。3.尋求報復（被動—破壞型）或爭取公平（主動—建設型）。4.被無能化或自暴自棄（被動—破壞型）。

　　在小學階段所看到兒童表現的錯誤目標，「獲取過多的注意」可能是最常見的，「尋求報復」的行為則最難改變，也需要最長的時間來改變。

三、健全的獨特我和聯合我

　　健全二我之基本觀念及作法，可從下列議題思考：(一)二我的動態平衡；(二)對所欲聯合之大我的認識；(三)聯合關係中的自由問題；(四)忠貞問題；(五)什麼是理想二我；(六)促進二我健全發展之重要情意概念。

(一)二我是在動態平衡中存在

看了上述各種獨特我亟欲發展並連結的聯合我情形，也許並無所謂完全的健全獨特我和聯合我，即使有，也多半是烏托邦，只存在同情的想像中。雖然世上找不到一個完美的團體，因為無論是國家、社會、學校、家庭或機構，只要有人涉入就不會完美。但有意識的人類發展是靠著邁向理想點點滴滴向上提升的，獨特我需要有目標，使個體發展有努力方向，而美好的聯合我想像，亦需做某種建構，以便放在心思中做與外界互動的衡量，而無論目標或想像都得鼓勵不斷被修正和擴大。2010年底法國影業發行的《人神之間》（*Of God's and men*）就深刻地描繪八名神父面對環境艱難，彼此的個別我和聯合我互相支持的感人互動（詳見第九章第三節二(四)）。

保持被修正的開放態度之所以重要，可藉「永恆的政治問題」這本書來看，該書作者檢討了多種政治思想，發現世界級大師們參與建構的各種主義，雖然都有其站得住腳的論點，但也有可以駁斥的盲點，所以從客觀而論，外在世界從來沒能提供一個具體的美好團體，讓全體人們可以一致肯定並效法之，若有，很快也會因它的強制性，而衍生出缺乏彈性的「惡」來。

(二)獨特我對所欲連結之對象應有適當認識

獨特我在聯合的過程需對所欲連結之對象有適當認識，以免認同想像與實際差距太大，而生齟齬。這現象在男女親密關係的交往中常見，特別是婚姻，不少人慨嘆自己是因誤會而結合，因瞭解而分開。黃維仁博士在親密關係的致命傷中，曾列舉許多要注意的「男女差別」，茲舉出幾點，顯示獨特我在企圖與他者或「你」聯合時，應該有的適當認識。（摘自鍾聖校，2000，頁301-303）

1. 男人在三種事情中可以競爭得很好，運動打仗事業，但在關係的大海，女人能游泳其中，男人卻可能溺斃。
2. 有好的心理疆界，才能允許對方把負面情緒表達出來。
3. 欲連結的雙方需要有精神上或靈性上的操練，追求共同的價值，pray together stay together.
4. 不要將欲連結的人當作救主，而要把對方當作人，彼此間有交流，有施與受。
5. 健全的關係是在外界吸收新經驗帶入親密關係中，彼此都成長。

(三)聯合關係中的自由問題

　　無論男女交往或參與一般社團，獨特我在有意識地想要與他人聯合時，需避免過度聯合的執迷。因反抗納粹而死在監獄的德國神學家潘霍華（A. D. Bonhoefffer, 1892-1945），認為出於天然性情的聯合（communion），又稱團契，容易呈現一種深沈、原始、屬人的慾望，要和別人的心靈做直接的接觸，像肉體感官渴望和別的肉體感官直接結合一樣，不管是在愛的結合中，還是強迫別人納入自己的權勢和影響，人心的妄想是要把這種「我和你」的關係徹底融合，如此一來，個中強者就得意了，足以使弱者崇拜、愛慕、懼怕，屬人的一切關係影響和級別在此都融為一爐。而依照潘霍華的看法（Bonhoeffer, 1999，鄧肇明譯，頁19-22），人與人若要有團契（按：commune強調生命交流，與強調資訊交流的communicate不同），應該是出於聖靈的團契，此種團契從來不是、也絕不可能是「直接的」，其本質是「光」──「我們若在光明中行，如同上帝在光明中，就彼此相交。」（約翰一書1：7）併發出來的是彼此為對方成長而服務犧牲的光明之愛，如此個體間的聯合關係就不會妨礙個體本身的精神自由，因此他們強調要以上帝為中保（中間人）。其他靈修團契，怎麼解決此一問題，請直接參見各該團體的說法。

(四)對所欲聯合之大我的忠貞問題

　　在聯合的追求過程常會遇到忠貞問題。忠貞（loyalty）一詞有二義，(1)以「忠」表示對某人或機構，保持一種全然信任和奉獻的對待態度；(2)以「貞」使自己與所忠貞的對象之聯繫，合乎「正」或「堅毅」。根據漢語辭典解釋上古《易經・乾卦》有「元、亨、利、貞」一詞，其中「貞」代表「求永貞（正）」亦即當時「貞」字已經被假借為「正」，而且在其「端方正言」的涵意中，還帶有意志堅定不移、堅毅的意思。由於甚麼做法是「正」，爭議很大，而歷史上，凡以君臣關係為主軸的社會運作中，自然極重視「忠」。佐藤將之（2010，頁1）便指出「忠貞」往往會發展出忠臣或忠義的概念，以強調對主上的忠誠。而當「忠」與「孝」結合，便更廣義地強調在政治社會中，下屬對長輩或前輩權威的重視。在政治與社會意識濃厚的地方，「忠孝」的概念甚至比「仁」和「義」更重要，並提到在戰國時代，倫理判準是主觀的利君，但何種做法才對君有利爭議極大，因此在「忠」的「諫諍性與服從性」有高度的「曖昧」（頁11）。

　　根據經驗，一般人在信服了某人或某種哲學的道理後，就會對它表示忠貞。一旦人相信了某個想法眞實後，危險是，可能會因情感的緣故而持續對之忠貞，但忠貞必須建立在眞理上，而非情感上。情感容易盲從或濫用。一個人對於他所屬的團體，最能表示忠貞，人會以忠貞待那些對自己好的人，特別是對那些能給他目標、提供他生活所需和使他有身份的，表示忠貞。無法無天的城市幫派份子，以對彼此「忠貞」爲傲，但這種「忠貞」卻犧牲了其他的品格特質，諸如誠實、順服、公義和自制。故眞正的忠貞是用「正當的」（亦即貞的）方式效命於所忠於的對象，若用上述(三)潘霍華的觀點，此「正當」即有聖善光明的上帝介入的正當。

(五)自尊宣言中反映的理想二我

　　讓人樂觀的是，在實際的生活中，可發現許多人活出美好的獨特性和聯合性，故理想仍是可以描繪的，可以試著訴說的。筆者認爲家庭諮商輔導大師薩提爾女士（V. Satir）的自尊宣言，可做爲「統整健全的二我」之理想特質，亦可做爲獨特我和理想我的發展標竿（引自Humpnreys，2000，曾端眞等譯，頁42-43）。該宣言原本並未列點，本書爲突顯其中與二我有關之各細節概念，將內容中展現對自我內在之獨特部分，與展現對待「別人」的部分加以區分，可看到獨特我和聯合我值得尊重的樣式，做爲獨特我（大致共十點）和聯合我（大致共八點）理想形式的參考，如表2-3所示。

表2-3　從尊重來看，自我中獨特我和聯合我的理想發展狀態

獨特我	聯合我（以下敘述句中的「別人」所影射的聯合我具有開放性，會因認同而改變）
1.我對自己獨特的存在驚奇。	1.我對待自己和別人都是無條件的。
2.我一旦離開這世界，永遠不會再有一個相同的我。	2.我擁有自己的思想、想像、企圖心、語言和行爲，不論是正面的或負面的，不論是對別人或自己，我都自我負責。
3.我熱愛、珍惜、讚美並且擁有我的一切。	3.我將誠實坦然面對帶給我痛苦的行爲，但絕不會責怪他人。
4.我熱愛、照顧我身體的每一部分。我將滋養自己、做運動、休息和接受我身體的每一部分。我不希望我的身體和別人的一樣。	4.有許多已經做的事或可能會做的事，我覺得後悔或將會後悔，但是，我決心要從這些經驗中成長，並且學習每天越來越愛自己，也愛別人。

5.我熱愛、珍惜和欣賞自己能力無限的心智。 6.我會犯錯和失敗，但知道無論如何都無損於我驚人的能力。我視犯錯和失敗為進一步學習的機會。 7.我欣賞我的成就和成功，但不會把它們當作是自我價值的指標。我的價值和我所有的行為是獨立的兩件事。 8.我絕對區分我的存在價值和我的行為。 9.不論自己或別人都無法剝奪我的價值和我的獨特性。 10.我將永遠保持其實獨特的我，不讓別人強加不自然的要求予我。	5.無論發生任何事，我不會停止照顧自己或別人。 6.我坦然接受別人認為我對他們造成的痛苦，我對自己的疏忽或引起的傷害負起責任。 7.我知道在這個世界上，我的能力是無止盡的。我能接觸、觀察、感覺、傾聽、思考、想像、說話和做事。我可以非常接近人群。我可以積極創發。我能在似乎是冷漠和殘忍的世界中，尋求意義。 8.我的存在是獨特的、完美的，而且一旦我保持最好的自我狀態，我可以為自己和別人創造一個更好的世界。

*作者整理自Humphreys，2000，曾端貞等譯，頁42-43

　　鑑於以上獨特我和聯合我是相依概念，獨特我的價值內涵部分是由聯合我轉化而來，且認同的生命價值可能是多元多層次的。故聯合我敘述句中的「別人」，其實考驗著每個自我將會聯合的生命價值認同的寬廣或狹窄，愈是具有普世性價值的聯合我，愈具有開放性，所認同和關懷的「別人」就愈廣，也愈能尊重到不同族群的存在。抉擇這某一聯合我生命價值的獨特我，其生命內涵，固然有個別獨特的氣質、良心在支持，也有文化的薰陶（如前所述）。要之，統整健全二我中，獨特我對享有的得以自尊的各種好處，也應想到願意或能分享給別人，以之對待別人，如此方能形成一互動的良性循環。

(六)促進二我健全發展之重要情意概念

　　獨特我與聯合我的內涵與健全發展相關概念，可從二我的彰顯重點、核心需求、概念範疇、理想境界、中介因素、關鍵態度、發展方向及二我關係等八方面來談，如表2-4所示。本章第二節將對表2-4所談的「二我關係」中

表2-4　獨特我與聯合我內涵涉及的相關概念		
	獨特我	聯合我
彰顯重點	個性；小我；異	群性；大我；同
核心需求	獨一無二（個人至上）	歸屬、認同（團體至尊）
概念範疇	涉及美感	涉及倫理
理想境界	精神自由	生命共榮
中介因素	因饒恕而釋懷，因接納而神馳	因敬畏而謙卑，因感恩而去愛
關鍵態度	寬容、欣賞	尊重、關懷
發展方向	在美感上繼續追求完善	在倫理上繼續追求完善
二我關係	透過真愛使獨特我成全聯合我	透過真愛使聯合我成全獨特我

的「真愛」部分，特別說明，並以之做為起點，旁及本書中漸次涉及的其他七方面，使二我的全貌得以被進一步的瞭解。

　　作者發現在重視家族聲望的傳統華人社會，聯合我的壓力很大，個別我常因過於重視群體和諧而難以發展出獨特的我。晚近，雖因全球化競爭強調思考創造，獨特我漸漸有發展空間，但二我本身即二我之間的健全發展，仍有諸多挑戰。概括言之，生命影響生命，曾經被不當對待的生命，大多不知如何適當對待別人，反之，曾感受過自己被真實的關心對待，被良好情感態度對待的人，比較能以良好的情意態度去對待別人；這裡所謂良好不是指社交層面的虛與委蛇，表面應付。茲將二我因曾被關鍵情意態度善待過，感恩的回應，進而以同樣態度善待他人的概念簡圖，繪如圖2-2所示。

　　表2-4及圖2-2中，有關寬容、欣賞、尊重、關懷的情意四態度，因篇幅較大，列在第三章說明討論，以下先敘述他們共同的源頭─真愛。

| 圖2-2 | 二我享受到被真愛以四關鍵態度對待，以之待己待人 |

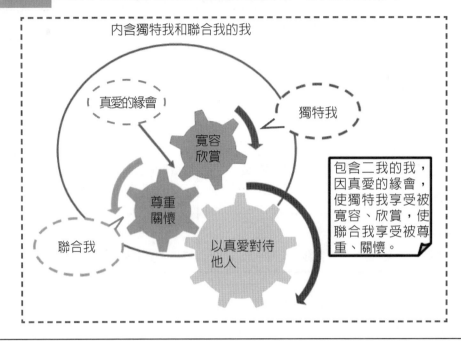

內含獨特我和聯合我的我

真愛的緣會

獨特我

寬容
欣賞

包含二我的我，
因真愛的緣會，
使獨特我享受被
寬容、欣賞，使
聯合我享受被尊
重、關懷。

尊重
關懷

聯合我

以真愛對待
他人

＊獨特我、聯合我及真受的緣會這幾個字用虛線「－－－」框之，表示它們是會隨個體追求或充實而變動的。

第二節　愛、眞愛與二我之健全

一、愛的種類與況味

(一)愛是什麼

　　「情愛」（love）內在含有情也有愛，在每個人的一生，每日的生活中能展現極大力量。因為愛在所有的表現形式當中，無論是孩子、父母、朋友或是浪漫的另外一半，都會使人類關係具有深度，而且愛會使人們在身體上與情感上更靠近他人。愛還有一種力量，即當人們經驗較強烈的愛時，

他們會比較積極的思考自己與世界。Hendrick & Hendrick（1992）曾這樣形容愛情，他們用羅曼蒂克的愛稱之，說：「羅曼蒂克的愛可能對人生並非絕對必要（essential），但對於歡愉（joy）則絕對必要，人生沒有『情愛』會像一部黑白電影，有情節有活動但沒有讓人生充滿活力（vibrancy），提供慶賀（celebration）的東西。」受希臘羅馬文化和希伯來文化影響，西方談「愛」會強調四種愛：1. 親情（希臘文為storge），特別是父母對子女的愛；2. 友情（希臘文為philia）；3. 愛情（eros），指男女戀人間墜入情網而特有的愛；4. 聖愛（希臘文為agape），特別指一種人際交往間或人神之間的捨己之愛（Lewis, 1989）。

若以現代化語言來探討愛的各種面貌，Lee（1973）以色輪比喻「愛的風格」（love styles）相當貼近生活經驗，如表2-5所示：

人們常混淆passionate love和companionate love。Berscheid & Walster（1978）將之區分為：前者是兩個愛人深深受對方吸引，愛的熾熱會使他們在迷戀和痛苦中擺盪，後者是陪伴式的愛，是兩人之間的愛已發展成深深地交織在一起，從熾熱冷卻為彼此映照的寧靜之光（quiet glow）。

表2-5 Lee（1973）提出「愛之色輪」中6種愛的風格	
情愛風格	行為特點
情慾之愛或激情之愛（eros）	以濃情密意的熱愛（passionate love）愛對方，其中摻雜對對方身體相貌的偏好，重視感官或性的滿足
遊戲之愛（platonic eros）	做為愛侶，喜歡相互取悅、遊戲，但不願承諾，不如eros之愛那麼強烈深刻
親友之愛（storge）	屬陪伴式（companionate love）情愛，彼此關心重視對方
現實之愛（pragma）	合作買賣（shopping）之意，以理性實用方式交往朋友，如電腦會友，注重對生活和專業的影響
狂熱之愛（mania）	狂熱之愛（manic love）乃暴風雨式的愛，容易嫉妒，想控制對方，會戲劇性的決裂或和好
利他之愛或聖愛（agape）	無私之愛，願考量對方的益處，犧牲自己利益，成全對方；在西方，完全的利他之愛被保留為神的聖愛

　　曾經對智力提出三元論的心理學家斯坦柏格（R. Sternberg）將前述Lee（1973）愛之色輪的概念加以精緻化，對情愛也提出三元論，指出情愛有三元素：激情（passion）、親密（intimacy）和承諾（commitment）。這三元素彼此相加或相混，可形成七種情愛，分別是喜歡、迷戀、空疏之愛、浪漫愛、熱戀愛、友愛、完美之愛（Sternberg, 1986），可呈現如圖2-3。

　　圖2-3中有七種愛，若從十二點開始，逆時鐘來看，可解析如下：

1. 喜歡之愛（liking）：只有親密感，沒有激情與承諾，有時帶著一點謙卑之情，不會裝腔作勢。人可能會為自己墜入愛河或交上一個同伴而洋洋得意，但喜歡之情卻是保守的，甚至靦腆的。（按：親密強調親近並熟悉的成分）

2. 浪漫之愛（romantic love）：有親密及激情的成分，比熱戀之愛少一些狂熱，加入一些依附性的溫馨，但缺乏承諾。

3. 熱戀之愛（passionate love）：只有激情，是一種在兩人之間全神貫注的狀態，通常伴隨著狂喜、苦惱等激動的心情，其特點為急切渴望和對方在一起，但時間短暫，持續不久，常經歷正負面情緒交雜的愛情三溫暖，如興奮、嫉妒或不安全感。

4. 癡情之愛（fatuous love）：有激情與承諾成分，卻不是親密。

5. 空疏之愛（empty love）：只有承諾，缺乏親密與激情，有疏離之感。

6. 友伴之愛（companionate love）：有親密及承諾的關係，是一種緊密的生命聯繫，會給人舒適與平靜的感覺，特點是兩人之間有深刻而長期的

圖2-3　斯坦伯格的情愛三元倫

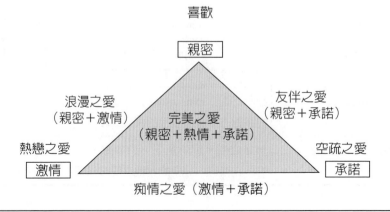

情感依附，無強烈的情緒起伏，即不靠激情，但表現出一種溫暖、親密與會心的感覺。

7. 完美之愛（consummate love）：親密、激情及承諾，三種成分都具備。

(二)兒女的依戀與情人的苦戀

愛情不是「單程路」，健康的情愛必然是雙向的，是彼此陪伴或獻身，彷彿共同投入一個理想，能讓彼此充分表現自己、擴張自我和對方。但人生亦常見單向的情愛關係，常見者有兩種，一為兒女的依戀，一為情人的苦戀。

1. 兒女的依戀

上圖2-3親密中含有依戀，但親密與依戀不同。英國精神病學家John Bowlby認為依戀行為系統可視為是「安全調節系統」（safety regulating system），其主要功能即在親密關係的脈絡下，能增進個體生理和心理上的安全感。他因著關心失去雙親的孤兒，研究他們所受到的分離失落影響，提出依戀理論。簡單說，依戀（Attachment）是指嬰兒與其照顧者間所建立長久而強烈的情感連結；類推之，任何人若自視弱小如嬰兒，得到一位他認為愛他並強大的人照顧，都可形成依戀關係。而人若相信有一位神明在看顧他，也會形成依戀關係。因此，Bowlby（1969）從人的角度，將依戀行為定義為：任何形式的行為，若這行為能導致一個人（簡稱某甲）獲得或維持，與另一個某甲所喜歡並認為是較強壯或聰明的人（簡稱某乙），親近，則這行為就稱為依戀行為。

一直不曾脫離依戀關係而被教養長大的孩子，常常不懂真愛。《臺灣商業周刊第977期》曾以「溺愛戰爭」為主題，透過記者李盈穎、劉承賢、賀先蕙（2006）報導哈佛大學等研究調查「二十一世紀全球父母的難題」，發現：80%的人認為現在的孩子被寵壞；75%的人認為現在小孩比以前做更少家事；只有9%的成人表示有看到孩子「對成人尊重」；三分之二的父母承認自己孩子被寵壞；三分之一以上的老師，無法忍受學生而考慮離職。從前的專家總高唱：給孩子的愛永遠不嫌多；現在的專家則警告，過多的愛會讓孩子失去競爭力！因為被溺愛教出來的孩子的共同特徵是：驕傲、憤怒、懶散、暴食、厭食、陷溺、貪婪等七種人格病徵。

鑑於上述警訊，二十一世紀父母被建議的必修課是認識：「愛，多給容易，給的恰到好處，難！」並學習幫助孩子透過教育，學習去真實的愛人，

而不是沉溺在依戀父母或大人無條件的愛中。

2. 情人的苦戀

　　一些男女戀愛時，若一方付出的愛是屬痴情之愛，含有單純的、強烈的渴慕成分，一旦另一方要求離去，心靈的劇痛，可想而知。從雙魚（2006）所寫〈我們終於分手〉的部分內容可深刻體會。

　　　　我靜坐在窗前一遍遍聽著西貝流士第二交響曲第四樂章。

　　　　感覺自己像是遭了船難的人，躺在海面上，毫無方向，漂流、等死。……我們終於分手。……。

　　　　哪一種比較可悲呢？在當情人時分手，還是做了夫妻後，有天醒來發現再也無所謂了？

　　　　我對你的感情深刻到了一個地步，自己也說不出是什麼，不敢也不想探究，怕是無底深淵。……

　　　　你幾番分手後後悔反覆猶豫，我總是接受，卻又像先知遙遙預見你日後的負心。……

　　　　深夜讓枕頭濕醒，換一面再睡，第二天醒來宿醉般頭痛欲裂。

　　　　如此戀戀不捨的到底是什麼？是你，是那些心靈契合的時刻，還是自己深深投入的歲月與感情？

　　　　再激烈的愛情，過後竟也只剩下恍惚；對鏡相望，難以相信真發生過那樣的事。

　　　　……我這樣難以妥協的人，竟會為你百般委屈自己，原則棄盡。

　　　　……我一拳擊向鏡子，它如蛛網般碎裂開去。更看不清楚了。

　　　　碎鏡中的我是各種不規則的形狀，無一整全，慘不忍睹。

　　　　我諷刺地大笑，背過身去。

　　　　……祢溫柔托住我，……我放聲痛哭起來。

　　戀愛中的激情也許用化學作用比較能解釋。科學家發現，人血液裡流著兩種化學物質，當在體內被刺激、升高時，就會有戀愛的感覺，像心跳加速，甚至偶爾有一點心律不整，然後體溫升高、冒汗之後，整個人會有飄飄欲仙的感覺。戀愛的感覺非常美好，因為我們忽然覺得被注意、被重視，忽然覺得自己很寶貴。但科學家發現好景不常，**這種戀愛的感覺從同一人得到的刺激最長只能維持兩到三年**。

　　以《鐵達尼號》為例，這部淒美的愛情電影，許多人被裡面那種強烈的、激情的愛所震懾。但如果導演讓傑克活下來，三年之後，再把鏡頭拉回這對情侶身上，馮志梅（2006）想像情景有兩種可能：(1)「半夜兩點鐘，小寶寶在隔壁房間哭，這對夫妻躺在床上，如果這時偉大的情聖傑克聽到了卻假裝沒聽到繼續睡」；(2)蘿絲聽到小寶寶哭，正要起來，而傑克把她按下去，說：「親愛的蘿絲，妳繼續睡覺，我去看小孩！」然後把被子一掀，腳踩在冰涼的地板上，到隔壁抱起小娃娃來。

　　第一和第二種反應，哪一個才是真愛呢？答案應該很顯明。

　　馮志梅（2006）強調：真愛不是在浪漫的陽臺上，不是在柔和的音樂舞池裡面體會出來的；真愛是在環境最險惡，在兩個人都極度疲倦，環境最惡劣不順的時候，考驗出來的。而且它絕對需要一個元素：時間！《鐵達尼號》裡面沒有這項元素，傑克與蘿絲之間的愛情沒有受到時間的考驗，所以不能確定說，他們間擁有真愛。

　　真愛是雙向的，依戀者只願意享受所依戀對象提供的愛，距離自己能付出真愛還很遙遠。

(三)成長之愛

1. 弗洛姆談成長之愛

　　對何謂成長之愛，1956年人本心理學家弗洛姆（E. Fromm）在所著《愛的藝術》曾經詮釋：「愛是為你所喜愛的勞動不惜，並看它成長」（Fromm，1969，孟祥森譯），強調成長之愛的關鍵是要為對方勞動不息。詩人羅智成（2000）有一首名為「情詩」的詩作，可以幫助我們感受這種勞動不惜，並看它成長的「真情」，其精到之處如下所摘述。

　　「……說：來啊！我愛你（我想不出代替的話），請照顧我的驕傲與創傷（我找不到比交出他們更真誠的表達），我負你過河，走坎坷的山路，我負你過河，田野狗吠叫的村莊，相信我（唉，多樸素的要求），我負你過河。說：你的期待，是我奮鬥的起始，說：相信我。親愛的，……歡聚喧囂的人潮裡，你何不靠過來，低聲說，說：你在這兒啊？我無時無刻不惦記著你。說，你不髒、不髒，你是我的姓氏與胎記（深深加深了我榮耀與屈辱的意義），說：你殘喪病陋，但我怎能怪你？過去我的父祖就是你，現在，我

們就是你，⋯⋯所以，你何不靠過來，說：等我，忍著點，就在這兒，再給我一天或一千年的時光，我將回到隊伍裡頭，奮鬥、生活，⋯⋯只要我不背棄自己，我就永遠不曾離開你，最久遠最親愛的，理想主義。而我將照顧你寄託的倦容，在每一次你回頭的時刻。所以，你何不站起來，肩起我，說：來！⋯⋯」（羅智成，2000，頁167-174）

　　上述情詩中，真情的發動者和接受者，在詩中有一點撲朔迷離，是一個女人，或是花，或是理想主義，或是母親，或是兒女，或是祖國，或是⋯⋯，讀者可以根據自己的想像體會，重點是那個發出情愛的人，不要怕照顧別人的驕傲與創傷，不要怕擔負所愛之人的重擔，不要怕陪伴人走過艱難，不要怕所愛之人髒，要能將所愛之人視如自己⋯⋯。

2. 魯易斯對四種愛的務實觀點

　　相較於斯坦柏格（R. Sternberg）以科學分析見長的情愛三元論，牛津大學著名的學者、作家及神學家魯易斯（C. S. Lewis, 1898-1963）係以幽默的眼光，介紹四種愛——親情之愛（affection）、朋友之愛（friendship）、戀人之愛（sexual or romantic love）、無私之愛（selfless love）。《四種愛》（Lewis，1989，林爲正譯）一書是他在經歷真摯的婚姻和愛妻死亡，對愛產生更深刻的人生體驗後，留下的思想筆記。他在書中提到一些機智慧點的警語，可整理如表2-6。

　　表2-6可提醒成長之愛的操作要有分寸，不是無限要求愛的快樂或甜蜜。

表2-6　魯易斯對四種愛的分析與提醒	
四種愛	特徵與提醒
親情之愛	1. 親愛之情所擁有的，是一張平凡無華的臉，所以讓平凡無華的臉留在家裡吧（按：指請不要嫌棄）。 2. 人對親愛的索求若無止境，成爲其生活的最高主宰，恨的種子就會發芽滋長，對愛的渴望就會成爲魔。
朋友之愛	1. 戀人是臉對臉的，朋友是肩並肩的。戀人以無遮的身體相向，朋友則以無遮的人格相向。

	2. 本身沒有東西可與別人分享的人，不可能分享到別人什麼。哪裡都不打算去的人，也不可能有人願意當他的旅伴。
戀人之愛	1. 愛情是需要之愛和激賞之愛合一而和諧的東西。 2. 愛情的眞正標誌不是幸福，而是甘願共同承擔不幸。 3. 在各種人類愛中，愛情是最短命的，但它偏偏最喜歡做地久天長的承諾。
無私之愛	1. 此愛最無歧視。 2. 此愛最能承擔。 3. 不願選擇擔驚受怕的人，剩下的唯一去處就是地獄。 4. 拿地上的快樂來強求天國是有害無益的。

二、真愛與二我的關係

　　被視爲尼采（F. W. Nietzsche, 1844-1900）眞正繼承人及二十世紀德國最閃亮的哲學家——馬丁海德格（M. Heidegger, 1889-1976），發揮尼采觀念，讚揚超人強悍的行爲，並視爲高貴美德，這觀念後來成爲德國希特勒政權思想骨幹。二十世紀流亡的德國猶太裔哲學家史特勞斯（Leo Strauss），因猶太身分被逐出德國，在目睹納粹政權殘害自由，二戰生靈塗炭後，成爲反對尼采及海德格思想之隱密的無神論者，他雖然也宣揚「上帝已死」哲學（認爲宇宙眞的沒有什麼道德秩序，善良的誘因，特別是在私生活上，一切都受到允許），但強調人要盡各種努力對抗任何極權主義，其思想影響極大，自承曾是狂妄不羈、放浪形骸、自私自利的情場玩家——葛林（P. Glynn）即是其追隨者之一。但後來因緣際會，葛林覺悟史氏想法也不對，而在1997年出版《上帝科學的證據》一書（Glynn，2003，郭和杰譯），表明發現若不承認良心存在，人就會變得極脆弱，感情及愛情的表達難於完好。同時，他發現另一位與史特勞斯同期的猶太人巴伯（Martin Buber），對於眞愛在你我人際關係上的說法，更具有說服力。

(一)真愛居於「我」和「你」的關係之間

巴柏強調他對感情和愛的見解，不是什麼隱喻，而是事實。重點如下（引自Buber，1991，陳維綱譯，頁36-46）：

1. 情感（feelings）雖伴隨著形而上以及超心理的愛之實體而生，但不構成愛。

   (1) 此一伴隨而來的感情對不同的人而言，可能差異極大；

   (2) 感情是一個人所「擁有」的，愛是發生而來的；

   (3) 感情存在於人身，但人又存在於他或她的愛。

2. 愛是一種宇宙的力量，愛是一個「我」對一個「你」的責任。這種內涵無法存在於任何感情裡。

3. 愛並不依附於一個「我」之上，就像「你」並不只是它的「內容」或是客體一樣。愛是居於「我」和「你」之間的。

   (1) 任何人若不以他的本我來瞭解，就無法瞭解愛，即使他把愛歸因於他所活過、所經驗、享受以及表達過的感情亦然；

   (2) 從最卑微的到最偉大的，不管是生命周遭充滿著幸福安全的可愛人類，還是生命長久以來都背負著世界危難的人，所有的愛侶都一樣，都必須有很大的勇氣與能力去冒這樣的危險：愛一個「人」。

(二)真愛指向目前你與永恆你的對待關係

巴柏指出，真正的「你」，指向的是永恆的「你」。他進一步說：「人際關係的線與永恆的你交會，每個單一的你都只是其投影（按：本書嘗試繪如下圖2-4）。透過每個單一的你，這個基本的字（按：指愛），都在向永恆的你對話。」（頁34）

圖2-4顯示，人最後所有愛的經驗都薈萃於自己（目前的你）如何以真愛面對永恆的自己（永恆的你）。當說到真愛是寓居於「我」和「你」的關係之間時，意思包括真愛涉及自己是否真愛自己，以及自己是否真的愛過別人。

弗洛姆曾說：「十八世紀的人是"I am what I think"；十九世紀的人是"I am what I have"；二十世紀的人是"I am what you desire me"」（引自康來昌，1993，頁19）。二十一世紀的人，可更強烈感受到市場需要決定著人的方向和價值，欲期突破，維持個體與永恆之你保持「愛的對話關係」，將是關鍵途徑。

圖2-4　個體與永恆之你愛的對話關係

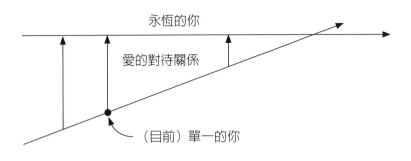

*作者繪自Buber（1991），郭和杰譯，頁34

(三)真愛因靈修理論而不同

　　這世界有否真愛，有些人相信，有些人不信，本書認為真愛是實際行出來的，人願意去實踐就有，不實踐就沒有，真愛的內涵必須自己去充實去追求。因此真愛是一種信念，這信念既存在於靈性追求中，也因著實踐而成為真實，就像英語世界對"real"的定義："The Real means that which is to be realized."（真實意味著那種要被實現出來的東西）靈修是指神聖精神的追求，它可包括華人世界儒家道家佛家等的精神修養，也可以是一神論，如基督教信仰中三位一體的神靈追求。

　　不同的靈修觀點對如何是真愛見解，還是有系統上的不同。例如，基督教認為真愛是樂意饒恕和原諒的，但印度教基於他們對輪迴的看法，則否。對比基督教的寬恕是一個人放棄對別人傷害自己行為的怨恨、生氣、負向批判，並升起同情、慷慨、愛心，以使社會和諧；Menon（2003）指出：「印度人的容忍（Kshama），不是寬恕他人，而在於自己的堅忍，因為印度人無法把惡行和惡人分開，所以不能像基督教的寬恕那樣怨恨惡行，但繼續慈愛其人。印度人相信因果報應，認為根據因果報應，天神也不能原諒一個罪人，只有犯者自己可以無保留地覺悟到自己的不道德，這樣的自覺才能重建其真善，這時黑暗才能被光明的真如所取代，這樣的懺悔才能淨化自身，移去黑暗。因此自己要不心生惡念，否則無從淨化自身；至於犯者，我們無從寬恕，因為誰也無法違背法的『因果報應』。」（p.440）因此，靈修如何能

提供眞愛的楷模或啟示或能力來源，還需視靈修理論而定。

以基督教《聖經》記載之眞愛的定義爲：「愛是恆久忍耐，又有恩慈；愛是不嫉妒，愛是不自誇，不張狂，不做害羞的事，不求自己的益處，不輕易發怒，不計算人的惡，不喜歡不義，只喜歡眞理；凡事包容，凡事相信，凡事盼望，凡事忍耐。愛是永不止息。」（哥林多前書十三章四～八節）區永亮（2009）指出此定義可進一步看到眞愛的特質有下列幾點：

(1) 愛有酸甜苦辣；

(2) 愛一定受傷害；

(3) 愛涉及改變；

(4) 在愛的關係中不曾改變自己的人，可能還沒眞正去愛過；

(5) 愛有時是奢侈的，不能太計較；

(6) 愛不是用廉價的方式來討好對方；

(7) 愛是用英勇和信靠，承擔起不同人的需要，幫助他長大成人。

顯然上述很難做到，故基督徒訴諸他力，就是耶穌基督這外在神明的幫助，並強調要先被上帝愛到了並愛飽了，才能眞正不自誇地謙卑愛人，其機制見本書第十章——他力式靈修與情感意志說明。

三、如何能夠用眞愛相對待

(一)健全的二我發展需要有被愛的經驗

被能主動施愛的人愛到，是健全二我發展的重要條件，在物質和精神方面，人類踽踽努力的前行，才有今日的文明。無論東西方社會，在進步的路程中皆受益於許多典範。華人地區儒釋道三家都有許多聖賢，西方亦然。他們所展現追求眞善美的智慧和勇氣，總是在歷代激勵人們繼續薪火相傳，獨特我和聯合我是孿生子，一個變化總會牽動另一個的發展。就像所有學習都從仿效臨摹開始，再修改創發。在一個甘願、和諧、喜悅、充滿愛心的我中，聯合我的美好極致也可能是獨特我的美好極致，如同十三世紀義大利天主教修士聖法蘭西斯（1182-1226）的祈禱詞，自我勉勵要效法救贖主，去尊重、去關懷眾生，以下引述之。

聖法蘭西斯祈禱詞

> 主啊，使我作祢和平之子，在憎恨之處播下祢的愛；
> 在傷痕之處播下祢寬恕；在懷疑之處播下信心。
> 使我作祢和平之子，在絕望之處播下祢盼望；
> 在黑暗之處播下祢光明；在憂愁之處播下歡愉。
> 哦！主啊，使我少為自己求，少求受安慰，但求安慰人；
> 少求被瞭解，但求瞭解人；少求愛，但求全心付出愛；
> 使我作祢和平之子，在赦免時我們便蒙赦免；
> 在捨去時我們便有所得；在死亡時我們便進入永生。

（引自宇宙光編輯部，2010，頁89）

(二)眞實去愛的學習

　　愛的學習過程要從能經驗或接受被愛，到學習如何去愛。上述祈禱詞並不是溫情的呢喃，歷世歷代世界各地許許多多微小的火光閃爍著，展現人這個族類可能的驚人的美德。二十世紀末在地球戰火最多、悲憤最多的地區——巴勒斯坦就有一例。當時加拿大多倫多大學的一位助理教授G. Feuerverger（1997）將自己在猶太人和阿拉伯人合作開墾的村落，參觀該地的和平學校（School for Peace, SFP）的經驗寫出。這村落是在社會、文化、政治平等和相互尊重的架構下經營的，於1972年以文化交流實驗的名義設立，但直到1978年才有第一戶家庭遷入，其後很快在1980年設立SFP教育專案，以便促進雙方青少年互相尊重。

　　Feuerverger（1997）用多種質性研究蒐集資料的方法，包括錄音、錄影、觀察、深度訪談、軼事記錄等，介紹了和平學校的宗旨和活動方式。1993年以色列教育部鑑於此工作坊在促進兩族群之間的瞭解與溝通相當有效，遂以公費補助青少年去參加其活動。

　　和平學校的課程設計爲三到六個月，每週聚會一次，其中並含有一密集的三天工作坊。每梯次可容納二十四～二十八人，也就是猶太人十二～十四人，阿拉伯十二～十四人，另有兩位輔導員（facilitator），分屬兩族群，參加者可用自己最熟悉的母語自由述說，活動中保障每個人的情緒都是合法的，無論是震驚、恐懼、疑慮都會受到尊重。

　　依Feuerverger的報導，第一次雙方見面，互瞪對方，氣氛緊張，一片死寂，然後猶太人輔導員冷靜地站起來說：「大家來這見面，沒有必要做朋友，只是要吐出（air out）必須探討和解決的問題。」輔導員並自稱兩人在五年前曾一起參加輔導員訓練，但至今仍有痛或強烈的辯論。他們強調要花時間解決，而且沒有任何人能催迫這個歷程。依報導，雙方青少年每次談幾乎都在比賽看誰更可憐，是更有資格的犧牲者。雙方都提供親友被殺、被炸、被射、被燒……等等的慘狀。有一回輔導員忍不住制止一位不斷控訴的青年說：「夠了！該別人說他的傷痛了。」終於，所有成員能夠說出心裡的傷痛讓對方感知到，也發現對方的傷痛自己人也有份其中，而就在那個點上，彼此開始邁前一步：怎樣能和平共處。

　　每個人確認良善操作的方式不同，在華文社會，儒家強調仁者愛人，墨家強調兼善天下，在精神聖化歷程，每個人都會建構自己認同的、理想的聯合我，這建構也會因著個人精神追求的特質和程度而不斷改變。

關鍵的情意四態度

前言

　　身體要保健，保健涉及各類營養，心靈亦然；情感意志需要守護和鍛鍊，就像日日需要運動一樣。情緒教育、道德教育、品格教育、美感教育、靈性教育都是養護情感意志的措施，而本書認為諸般措施的施力點在於培養關鍵的情意態度。

　　態度關乎人對事件、環境各層面的評價反應。在日常用語中，「意見」也常含有評價，「你對這事意見如何？」，隱含「你對這事態度如何，評價如何？」態度和知識的關係為：知識是態度的一部分，但知識主要反映訊息被認知理解的狀態，不含訊息的情緒評價結果，態度則涉及三種向度：認知經驗、情緒經驗（情緒）及行動意向（選擇和行動）。為什麼要談態度？態度的重要性何在？社會心理學家A.Weber指出：「態度的形成是為了摘述行為和簡化行為的選擇。」（Weber，1995，趙居蓮譯，頁124）例如你對性侵害的態度，可以幫助你決定看哪部電影，態度從經驗發展而來，而且引導未來的行為。因此，建立態度可大致界定出情感起伏的幅度和意志的動向。

　　「素養」和態度不同處在於，除了知識層次之外，還涉及生活經驗的累積。知識可以外在於行為，純粹以材料、工具的姿態出現，但素養則讓知識進入認知者的心靈，滲透在其生活和行為中。簡單說，就是不僅認知且因曾實際經歷或身體力行，而呈現出是那個人實際的能力，是經過內化、包涵、滋養，以致進入生命身心靈中的東西。有理想的人才會對現實不滿，有愛心的人才會想減少別人的痛苦。但理想和愛心不走偏鋒，則與對世道人心的認識、經驗素養和價值信念有關。

　　本章上承第二章認為健全的二我是：獨特我能享受精神自由，聯合我能參與生命共榮，並認為達到精神自由的必要條件是寬容，充分條件是欣賞，達到生命共榮的必要條件是尊重，充分條件是關懷；寬容和欣賞主要用在容許自己或別人保有「差異」之處，尊重和關懷主要用在不排斥、不欺壓，相反地能尊敬、敬重，甚至關心對方，圖3-1可簡示此概念。以下分兩節說明之。

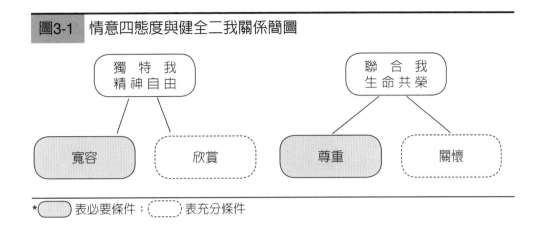

圖3-1　情意四態度與健全二我關係簡圖

*⬭ 表必要條件；⬓ 表充分條件

第一節　健全獨特我的關鍵態度 —— 寬容、欣賞

　　獨特我發展的理想境界是精神自由，欲達到精神自由，在消極方面有必要條件需滿足，在積極方面有充分條件需具備。

一、精神自由的必要條件 —— 寬容

　　寬容的態度是展現精神自由的必要條件，欣賞的態度則是精神自由的充分條件，將兩者加以對照可更清楚彼此面目，如表3-1所示。

(一)寬容的意涵

　　中文「寬容」一詞內含兩個詞彙：「寬大」和「包容」，是針對「與看不慣的人甚至是自己相處」時的用詞。寬容是對人們言行舉止無能或令自己厭惡之處，能無怨無悔的諒解並承擔之，亦即：寬容是容讓人們的行徑在自己生活世界存在，自己能無芥蒂的與之繼續共處、交往，並在此過程，能心平氣和，而非忍氣吞聲或哀怨地以消極方式面對。

	寬容	欣賞
本質	對自己或別人無能的承認、接受、無怨承擔	精神自由而愉悅的關注
情緒	解放、舒展	愉快、欣喜
時機	面對看不慣的自己或別人	遇到值得讚美的事物
阻礙	受傷、偏見、懶散、無生命史觀	嫉妒、無歷史觀、專業素養不夠
美感內涵*	精神自由中的釋懷	精神自由中的悠遊神馳
內在歷程	饒恕、無芥蒂的接觸和經驗	以創造性想像去接觸和經驗
行動要求	具普遍義務性	具選擇性、機會性

表3-1　促成美感上追求完善的態度——寬容與欣賞差異對照表

*本書認為美感的本質是精神自由（引自鍾聖校，2000，頁123）

1. 無怨尤的忍受與承擔

　　依《大英百科全書》的定義，寬容（tolerance）是准許他人有行動或判決的自由，也就是對異於自己的或一般公認的行徑或見解，以心平氣和的、不執偏見的容忍態度面對。一般均將寬容視為對別人的忍受，但寬容並非只是對別人，也包括對自己的無能，隱忍或忍耐，因為從這個字的拉丁原文動詞 "tolerare" 是「承擔」（to bear）來看，顯然這個字表示要承擔些什麼……。若對比於「才幹」（talent）這個字，可發現這兩字在語源上竟出處相同，顯示：寬容即是以某種才幹承受別人無能的處境，當這句話是衝著自己而言時，是指對自己可能才是無能、要被承擔的那個人，能承認、原諒自己並勇於更新、承擔。因此，表現寬容需要有堅強的品格。

　　培基文教基金會（1999）發展的「寬容」品格簡報，曾羅列「寬容」一詞多方面的定義，從中可歸納寬容的本質：

　　(1) 在醫藥上，tolerance是指「耐受性」，是人抵抗藥物或濾過性病毒之傷害能力；

　　(2) 在機械上則翻譯為「容限」（tolerance），是指機器離理想情況仍能運作的上下限；

　　(3) 機器零件的公差（也是tolerance），則是指該零件在不影響機器操作

的情形下，所能接受的誤差。

從上面三個「寬容」的定義，可發現寬容的本質是：因具有同情的理解，進而能承擔處境中某些無能。同情的理解是認識對象的無能，並感同身受該無能而諒解之；承擔是指在面對對方不合自己心意、不合理想的情況下，能繼續以良好態度處理與對方的關係及問題。

當一件物品、一部機器或一個人之寬容度愈大，愈能在不理想的情況下繼續運作。這道理很容易在生活中應證，因為人在團體裡常需承擔別人的無能，如：有些人幾天不洗澡不刷牙，身上有體味；有些人情緒易於激動，個性火爆，必須耐心溝通；有的人會遲到……。而在一國中，不同政黨成員，需要有雅量聽取對方發表南轅北轍的政治見解；家庭中出現擺不平的意見，有了寬容的態度，在相處時，就還是可以心平氣和，若缺乏寬容，就常會不歡而散，或只是暫時按捺心裡的不爽，但會伺機展現厭惡，以便讓自己出口氣。

2. 寬容深處是饒恕

寬容若只是不計較，容易做到。但是不計較有不計較的限度，一般是沒超過自己會計較的限度前，就能寬容（如人忍受噪音的限度，未超過正常的聽覺閾限）。但若超過，特別是太超過，寬容就不像其字面所顯示那麼容易做到了。要能承擔別人的無能，甚至自己的無能，需要具備饒恕性的寬容。饒恕，表明自己能勇敢的正視對方（包含別人和自己）是有錯的，願意原諒或饒恕，表示不再追討對方錯誤，但這樣做可能會造成自己的損失。華人有一習性就是你好我也好，「唉！都是一家人嘛！何必計較！」對於別人可能的錯，用似乎大肚量的方式，輕鬆帶過，殊不知這種方式反而讓對錯模糊，其實自己心裡可能不悅；而此種不計較又可能養大對方的錯誤行為，或誤以為沒關係，心裡不愉快累積到後來爆發，報復性的行為常常讓對方受傷更深，成為雙方反目的禍源。

饒恕的英文是「forgive」，有「再給」的意思；中文「恕」是推己及人，想到自己也不是樣樣都那麼好，就容易饒恕原諒別人，進而心平氣和，再給自己及對方機會，使彼此能繼續來往。

美國前總統柯林頓第一次見到南非前總統曼德拉時，提起當年曼德拉出獄時，他叫醒女兒，起來看電視轉播這個歷史事件，但他看到的是一張寫滿仇恨的臉，柯林頓單刀直入地問曼德拉：「當你走出牢房大門時，攝影機鏡頭對準你的臉部。我從未見過有人這麼生氣，甚至仇恨的表情。我很

好奇，為什麼這些表情在今日的曼德拉臉上消失了？」曼德拉回答說：「我
頗感驚訝，你會觀察到這個部分。我也懊悔攝影機捕捉到我的憤怒。當時我
想，你們奪走我的一切，事業完了，家毀了，朋友死了，現在你們釋放我，
我已一無所有。當然恨啊！」曼德拉接著說：「後來，有一個內在聲音告訴
我：『納爾遜（Nelson，曼德拉的名字），二十七年來，你是他們的囚犯，
現在你是自由人了，別讓他們釋放你成了自由人，你卻把自己關進他們的大
牢裡！』」（引自余磊，2011），這個解釋讓我們明白曼德拉靠著饒恕，走
出了仇恨的「大牢」，讓身體自由的同時，心靈和靈魂也自由，以至於1994
年5月，72歲的曼德拉就任南非第一任全民選出的黑人總統，在典禮中能夠
介紹三位特別來賓，就是他入監時看管他的獄卒，他們也曾殘忍對待過曼德
拉。這個舉動，讓全世界靜下來，曼德拉的胸襟和寬容，令人肅然起敬，
也讓殘酷虐待他二十七年的白人感到慚愧。透過曼德拉的饒恕，雙方都得醫
治、得釋放，此例充分說明人只有完全饒恕自己、他人或敵人，才能成為一
個全然自由的人。

(二)寬容的相關素養——知

1. 在人情世故方面的認識

前已敘述「素養」不僅含有認知成分，也含有因曾實際經歷或身體力
行，而呈現出訓練有素的能力成分。培養寬容涉及的相關素養，就人情世故
的認知言，大致有下列六項：

(1) 認識不寬容的情緒來源和後續行為的關係；

(2) 認識自我中心的不當與超越，發現自己也曾辜負別人，需被饒恕；

(3) 理解自己或別人可能以「受傷的內在小孩」面對世事；

(4) 瞭解資源有限，以致缺乏資源的人容易表現粗魯，甚至鋌而走險的
行為；

(5) 深刻瞭解人性的脆弱，以及人必然死的結局，而能悲憫人生，願意
饒恕；

(6) 瞭解人性的複雜及多樣，而不致用單一的觀點來看待生命。

2. 對生命史強大影響力的認識

生命史涉及各種生活方式、習俗、成規等文化遭遇，和資源分配這類
涉及政治的問題。當我們接觸某個生命，認識其家庭、社會、國家、時代的
背景，才容易成為一個有包容的人。要瞭解這種複雜性，歷史知識是有幫助

的，「史觀」是促進「同情的理解」之途徑，詮釋他人個人的生命歷史，或某社群族群國家的歷史，皆需要有洞燭幽微的敏感以及對自己立場的反省，歷史學者黃仁宇（1995）所著《近代中國的出路》一書，及龍應臺（2009）所著《大江大海1949》一書，在這方面有許多發人深省的見解。許多遭受過其他族群傷害的人，無論是本人或父執輩，大多難以跳脫因國難而有的過度悲情，──一種對現狀不夠理想而生的憤世嫉俗，或恨鐵不成鋼的態度。此態度會投射個人或族群生命史的悲情，以致在情感意志的操作上容易走極端，故需要學習對該生命史涉及的人有所諒解，從而用「立」的角度，去看待歷史、社會及個人處境。

3. 操作寬容還是可以保有是非

寬容一詞很容易造成似是而非的態度，它固然是承擔別人的無能，要接納之，但並非縱容，必要時仍需對不良行為做非暴力的指控與抗議。寬容的定義，重點在承認和尊重別人的信仰和習慣，當中不一定要同意或認同他們，而是指要接受每個人都有權利擁有他自己的看法。並不是強求自己或別人一定要稱許和同意所有個體或組織的信念、價值觀和生活行為。

總之，寬容不是沒有是非對錯，相反的「更應該有」清楚的是非和公義，亦即，雖然要求寬容但仍具備「是非公義」，這也是為何寬容中含有饒恕的行為。有關什麼是「公義」，在尊重部分會有說明。

(三)寬容的相關素養──行

學習要想操作出寬容，需要在學習「同情的理解」之後，進而心裡真實原諒或饒恕需被寬容的對象。其重要方式為透過藝文來培養對人生際遇或處境的想像力及效法曾展現出寬容行為的楷模，此外，還需注意操作寬容需要的平衡。

1. 表現「同情的理解」進而願意饒恕

有了對對方某種無能的認識，接下來是展現寬容的接納態度，這得靠「同情的理解」，因為溝通不是萬靈丹，純認知的溝通結果，常常只是讓自己與人或事物越來越遠。在諮商輔導領域中，有特殊的培養技術，包括能夠傾聽、回應、角色扮演等等，促進感同身受的同理心訓練。本書肯定這種輔導的技術訓練確實能帶出同情的理解，但當事者是否願意或能承擔對方的無能，則是另一回事（作者認為還需靠真愛緣會提供的饒恕才能，這點將在第九章第三節說明）。從心理諮商輔導層面來看，在實踐同情的理解行動時，

需具備下述四關鍵能力：

　　(1) 對自己或他人所承受的痛苦與侮辱的詳細原委，能夠提升感應相通的敏銳度；

　　(2) 能夠把別人視為我們之一；

　　(3) 能夠適當管理情緒，並調節他人情緒；

　　(4) 能建立心理疆界。

　　有關建立心理疆界的概念，在諮商輔導或親密關係（如婚姻）的諮商裡，有許多深刻的討論以及生動的例子，讀者若有興趣，可以參考臺北宇宙光出版，由美國芝加哥大學婚姻諮商博士黃維仁所演講的系列書籍或影音資料（黃維仁，1997）。

2. 透過藝文培養對人生際遇或處境的想像力

　　饒恕性寬容需發揮想像力，經歷詳細描述他人及重述自己的過程，並對之作理性反省。美國實用主義哲學家R. Rorty便指出：「促成人類團結的不是學術研究，而是發揮想像力，要逐漸把別人視為『我們之一』而不是『他們』，承擔這項任務的是民俗學者，記者的報導，小說、散文、戲劇、電影，甚至廣告、漫畫等等。」（Rorty，1998，徐文瑞譯，頁30）

3. 效法楷模，展現饒恕

　　如本書第二章第二節之三(二)所述，以色列和巴勒斯坦邊界和平學校，在最難寬容處展現饒恕性的寬容。

二、精神自由的充分條件——欣賞

(一)欣賞的定義與本質

　　與寬容共同支撐獨特我「在美感上追求完善」的關鍵態度是欣賞，從對比於寬容的特質，如前述表3-1，可以感受欣賞是怎麼一回事。

　　寬容能將人從生氣憤怒不滿的情緒中釋放出來，使人精神不被束縛。欣賞則幫助人的精神優遊於更廣大的精神領域，欣賞的本質是對所遇人事物能表現出不帶功利的讚美，因為態度是讚美的，也因此心情是正向的。

　　人可以欣賞自己所喜歡的，但對自己所嫉妒的、與自己有競爭的、與自己曾意見相左的、或有過瓜葛的人和物，就難以欣賞，以致難以擴大享受精神自由的領域，「漢賊不兩立」使許多人斷然拒絕去看與自己立場相左之

人的美好。若能做到饒恕性寬容，就可進一步釋懷而使精神狀態不彆扭在生氣，也就能開始自由地出發，面對觀看之對象，進行認識或欣賞。

　　簡言之，有寬容墊底的欣賞，會在人際對待上表現注意到別人獨特的特質，即使觀看過程並不能產生精神自由的關注，也無法作無功利的讚美，亦會承認對方的獨特而寬容之。這是為何表3-1在行動義務方面，指出寬容具普遍性，而欣賞具選擇性或機會性。

(二)欣賞與心流

　　從歷程的觀點看欣賞，其本質是精神自由並愉悅的「關注」。精神自由，做為獨特我的美感內涵，指精神不受物慾挾制，理智和情感恰好平衡，有舒適的感覺，而在投入事物時，有類似處於心流那種精神專注的、徜徉於探索的趣味狀態。

1. 關注是一種特殊的心流狀態

　　心流（mental flow）是美國芝加哥大學心理系教授Csikszentmihalyi（1990）在探討樂趣的本質與條件時提出的概念，甚至認為處於心流就是幸福。他領導的研究團隊發現，這種現象在玩樂與工作上都會發生。當行動者的能力和所要做的行動挑戰難度接近平衡時，人才容易進入心流狀態。如果挑戰超過技巧，個體會產生警戒或焦慮；若技巧超過挑戰，則會放鬆甚至無聊。常處於心流的人具有的人格特質，包括：具有好奇心、充滿生活興趣、工作具持續性與低自我中心等。其認知特質有下列六點：

　　(1) 強烈的專心於手邊事情；
　　(2) 行動與知覺融合在一起；
　　(3) 失去自我意識；
　　(4) 有控制感；
　　(5) 有暫時的經驗扭曲（如失去時間感）；
　　(6) 活動的經驗本身便是（內在）酬賞。

　　心流反映出注意力的過程是：專注、知行合一、失去自我意識、對時間流失沒感覺，個體傾向於享受該項活動，或是為了自身之目的來做事（autotelic），而非為了某些外在目標做事。此種基於內在興趣所進行的不功利探索，最合於康德對美感的看法。

2. 欣賞的愉悅不受嫉妒情結束縛

　　匈牙利學者曾著《嫉妒與社會》一書，詳盡地舉出自古而來各種社

會人與人、族群與族群之間，因介意不公平，而出現的各種型式的嫉妒（Schoeck，1995，王祖望等譯）。羅素也明確地表示，近代文明所造成人類的心根本偏向於仇恨，而不偏向友善。之所以偏向仇恨，不僅是因為不滿足，更因覺得人生不公平。因為深切地覺得，或無意識地覺得自己多少失去了人生的意義，發現別人竟保有著「自然」給人享受的美妙事物，自己卻向隅，就不禁悻悻然。從前，人們不過嫉妒鄰居，因為對於其他人的生活情形很少知道。現在，靠著教育和印刷品的傳播，人們抽象地知道很多不同階級的人們的生活。靠電影，知道富翁的生活；靠報紙，知道很多外國的壞事；靠宣傳，知道一切和他們膚色不同者都有下流的行為。不同人種彼此相恨，某一族群憎恨另一族群，以此類推。

羅素呼籲，要從「人類潛意識覺得自己多少失去了人生意義」的絕望中，尋出康莊大道來，文明人必須擴張他的心，好似他曾經擴張他的頭腦一般。他必須學會超越自我，由超越自我而自由自在，像宇宙一樣的無掛無礙。

3. 欣賞含有愉悅的創造性想像

欣賞是一種二度創造，欣賞者在辨識作品的細節時不免會歷數作者對作品的決定，因每個決定其實都蘊藏著作者當初努力的歷程，欣賞的點滴遂帶有層層回溯，迴游回到源頭的意義。此過程因雜夾著欣賞者的個性和眼光，以致是另一種創造，稱二度創造。能夠表現愉悅的創造性想像，需要去除若干「障礙」，同時建立若干「能力」。障礙是指能夠不功利地直觀對象，表現出一種非概念的認知，也就是領悟；能力是指能夠自己試圖直接掌握事物的內在圓滿性，同時增進鑑賞知識，並善用生活經驗加強對事物的洞察。

精神自由的創作性想像亦可見諸日常生活。熟悉之美和激賞之美之所以都會給欣賞中的人愉悅，是因其中總煥發著欣賞所需具有的創造性想像。英國牛津學者C. S. Lewis（1989，林為正譯）曾這樣形容：「就熟悉之美而言，與一熟悉不過的人相處，有如戴溫暖合手的舊手套。」試想，能以「溫暖」「合手」「舊手套」描述看到熟悉之人的美感，這種欣賞確實需要創造性想像，而許多市井小民就是活在這種熟悉之美的創造中，只是說不出來而已，但既享受熟悉之美，其中蘊藏的創造性想像，的確是實實在在存在著的。

(三)欣賞的相關素養──知

1. 認識欣賞的殺手──嫉妒

人若誠心面對自心的黑暗面，必承認造成自己不能欣賞的重大原因是嫉妒。許多大、中、小學生深受其苦，可以說嫉妒是欣賞的殺手。集數學家、哲學家，同時也是文學家於一身的英哲羅素，曾在所著《幸福之路》一書中指出並認為嫉妒的緣由，主要有下列幾項（Russell，1970，水牛出版社編輯部譯，頁59-68）：

嫉妒這種情緒在成人身上和在兒童身上同樣普遍：

(1) 人按理應該在自己的所有中尋快樂，但人們卻因嫉妒，常在別人的所有中找痛苦

因嫉妒心作祟，人如果能夠，便想剝奪別人的利益。但如放任這種情慾滋長，不僅一切的優秀卓越之事，要受其害，連特殊巧藝等最有益的運用，也將蒙其禍。人們儘可以問為何一個醫生能坐著車子去診治病人，而勞工只能步行去上工？對這問題，嫉妒找不到答案。羅素認為，幸而人類天性中還有另一種情感──欽佩──可以做為補償。

(2) 用「比較」的觀念去思想以致嫉妒，是致命的習慣

遇到愉快的事情，人本應當充分享受，如面對鳥語花香的情景，但人一停下來想──比起某人可能遇到的歡愉而開始嫉妒，就發現狀況不愉快了。羅素提到，他的女僕之中曾有一位懷孕時，羅素夫婦體諒她不能再舉重物，立刻所有的女僕都不舉重物了，結果一切工作只好由羅素夫婦親自動手。

(3) 嫉妒的惡習主要是從來不在事情本身上看事情，而在它們的關係上著眼

例如，一個人賺著一筆可以滿足他需要的工資，本應該滿意了，但聽見另一個他認為絕對不比他高明的人賺得比他多兩倍的薪資，不公平的感覺立刻浮上心頭。

(4) 嫉妒和同級的競爭關聯密切

人們對於絕對無法到手的幸運，通常不會嫉妒。在社會階級固定的時代，最低微的階級絕不嫉妒上層各階級。乞丐不會嫉妒百萬富翁，但他們可能嫉妒比自己收穫更多的乞丐。

在曹雪芹的《紅樓夢》中，薛寶釵從一出現，就讓人覺得她是行為豁達、識大體、會說話、體貼人的好姑娘，眾丫頭們也多喜與寶釵玩。但第

二十七回「寶釵撲蝶」顯出她的人品也是有黑暗面的。當天農曆四月二十六日芒種節，也恰是花神退位之日，寶釵想去瀟湘館看黛玉，路上忽見一雙玉色蝴蝶上下翻飛，好不自在。她想撲蝴蝶，一路跟到大觀園的滴翠亭外，這亭四面都是遊廊曲橋，佇立池中水上，亭子四面雕鏤格子糊著紙，寶釵偷聽到亭內寶玉的丫鬟紅玉與墜兒在說賈芸的事情，聽到後來，裡面的人說：「嗳呀！看咱們只顧說話，看有人來悄悄在外頭聽見，不如把這格子窗推開了，便是有人見咱們在這裡，只當我們說頑話呢！」寶釵聽到心中吃驚，想到躲不了了，便故意放重了腳步，「咯吱」一聲，笑著叫道：「顰兒，我看你往哪裡藏！」一面說，一面故意往前趕。那亭內的紅玉、墜兒剛一推窗，只聽寶釵如此說著往前趕，兩個人都唬愣了，寶釵反向她二人笑道：「你們把林姑娘藏在哪裡了？」寶釵的「金蟬脫殼」非常成功，一點也沒有引起懷疑，相反倒是丫鬟擔心黛玉聽見了她們說的話（曹雪芹、高鶚，1984，其庸等校注，頁420-421）。

這段金蟬蛻殼的法子，不選別人恰選黛玉，即使因為她正要去找黛玉，心向如此，問題在既是「金蟬脫殼」，當然不是什麼好事，她就不敢說要找王熙鳳，可見她其實「潛在地嫉妒」黛玉。本書作者引這段目的在表示：沒有任何人是善良、完美的（寶釵其實已經是難得的好姑娘），而人心中只要有一點點罪惡黑暗，當它發揮作用時，有如砒霜，嫉妒情結即其中一種。

2. 能夠區分令人激賞的美和愉悅的美

愉悅之美是因為對自己熟悉的事物不斷接觸、不苛求、欣然處之，而產生的類似情人眼裡出西施的效果，享受愉悅之美者雖知對象可能不符專業標準的美，但自知確實喜歡它，覺得它美；激賞之美含有專業判斷認定的意義，通常是經過具有專業背景之人的認定，認定其中含有優越的特質或相當程度的完美，而賦予讚美和肯定。激賞之美往往需要有同時代專業社群的共通感背書，或歷經時代考驗，經過後代多數人共通感的肯定才成立，東西方偉大的藝術家所留下的藝術作品，可提供許多激賞之美的例證。茲將兩種美的區別，對照如下表3-2。

簡言之，能對愉悅之美和激賞之美加以區別，可以增進生活中對人、對事物流露欣賞，在該要求專業判斷之處，以專業的要求決定有無欣賞的價值，並增進品味。

3. 對欣賞之對象有歷史觀，能夠增加欣賞的可能性

歷史觀能加強吾人對觀賞對象之欣賞能力。龍應臺（1999）曾提到她

表3-2　愉悅之美與激賞之美差異對照

	令人愉悅之美 （enjoyable beauty）	令人激賞之美 （admirable beauty）
本質	自己感覺喜愛（含善之成分）	透過專業認識的喜愛 （含眞之成分）
內涵	因純粹觀賞，而得無功利之快樂	因對象含有內在優越的特質或完美 程度而讚美、喜歡
判斷者	任何人	具有高等偏好能力的專家、評判者
判斷依據	不知道對象是否美，但自知喜歡它	洞悉力、智慧
判斷行為	非概念性的凝思或領悟 （apprehension）	有概念的認知，能從多項中挑選， 能區別內在優越性
發生可能性	熟悉，因不斷接觸、不苛求而欣然處之	持續的觀賞及反省
普遍性	無普遍性，只有個別性	互爲主觀性

*引自鍾聖校，2000，頁134

對一株其貌不揚的沙漠玫瑰，產生欣賞的歷程。沙漠玫瑰原來是一種在以色列地區，長在沙漠的地衣，呈針葉，有點像松枝的形狀，在枯乾時像死掉的草，隨便一把，乾如沙，很醜，很難看。但當把它整個泡在水裡，七、八天便會完全復活，成爲有玫瑰形、濃綠色、豐潤飽滿的地衣，至此，沙漠玫瑰的美是驚天動地的。龍應臺因此感嘆：「我們能夠對它欣賞只有一個原因：我們知道它的起點在哪裡。」（頁14）

(四)欣賞的相關素養——行

1. 培養對奧祕的敬畏

英國經驗主義哲學家大衛・休謨（David Hume）認爲，解決人類嫉妒情結的解藥是在想到每一個人最終都會死，康德則認爲是感恩（引自Schoeck，1995，王祖望等譯，頁183-189），「死」會讓人對生命和大自然不可知的奧祕產生敬畏，「發現每個人都會死」，不僅能讓人意識到原來所嫉妒的東西相對於生命，是多麼瑣碎的事，因而很快放掉嫉妒，並能助人進

一步發現自己竟還活著，能享受空氣、日光、水和大自然的美，又是一件多麼值得感恩的事，以致對生活種種能更容易地從欣賞角度看待。

美學論及欣賞也強調敬畏，敬畏通常發生在我們遭遇碰觸到無法描述的神祕經驗，或美的或神聖的經驗。依照Plutchik（1980）提出的情緒輪，敬畏是驚異（surprise）和恐懼（fear）的聯合產物；Otto（1977）認為還應該加上神祕的元素，特別是來自宗教經驗的神祕。Keltner & Haidt（2003）則將敬畏定義為：是一種深沈的驚奇（deep appreciative wonder），且通常是對被視為具有宇宙性意義的、至大、至美或至複雜的現象，所產生的驚奇；能刺激產生這種感覺的，不外是大自然、藝術或人類某些特殊經驗。弔詭的是，在這些經驗發生之際，人的自我感（the sense of self）通常會縮小，因為突然發現自己只是那宇宙的一小部分，且在同時，感受到自己全然被那至大至美或特殊的經驗所占滿，以致有一種和宇宙的連結感（a sense of connection）。

在Otto（1977）所著的書《神聖的概念》（*The Idea of the Holy*）提到，敬畏是一種宗教情懷，其出現的脈絡有如神祕顫慄（mysterium tremendum）或在神祕上帝面前的顫抖。Compton（2005）則分析說，敬畏的情感是負向情感和正向情感以一種獨特的方式連結時，才會產生的一種超越兩者的情感，其中正向情感是感恩，負向情感是畏懼，故增進敬畏而生的感恩之心，對於欣賞態度的培養是有益的。

2. 認識展現積極欣賞的楷模

若想表現超越嫉妒的行為，除了需認識由於資源有限，以及資源的分配無法完全公平，因而在與人交往過程中容易產生衝突或嫉妒情緒，還要有彷彿親身經歷的練達。臺灣春暉影業公司代理的法國1990年代「老師上課了」一系列電視影集中，《夢中的老虎》這一部，特別有益於認識如何超越嫉妒。該片將西方神話故事「聖喬治屠龍」詮釋為：其實是「屠自己心中驕傲和嫉妒之龍」，影片結束於主角願意屠龍——「去除」自己心中嫉妒同學的「龍」，而與他所競爭的對象成為莫逆之交。

學生可透過諸如上述影片，瞭解自己不能欣賞別人的原因，往往是對資源不足的害怕及嫉妒心理。一旦清楚嫉妒情結的緣由，功利之心較容易放開。

3. 培養對激賞之美的欣賞能力

實際地多看、多聽、多接觸，是培養欣賞「激賞之美」能力的不二法門。依照表3-2享受「愉悅之美」的能力，主要在打破嫉妒的心理，藉經常

接觸，使彼此熟悉有好感，便會自然產生，但涉及激賞之美的「能力」，需要實際地多看、多聽、多接觸藝文活動和專家見解，才能鍛鍊出來。

第二節　健全聯合我的關鍵態度 —— 尊重、關懷

尊重與關懷貴在能於人和人相互歸屬、結合的團體中切實表現出來，其關聯與差異，如表3-3所示。

一、生命共榮的必要條件 —— 尊重

尊重在中文裡可從「尊」和「重」來看，《漢語大詞典》記載，「尊」是對對方的敬稱，一方面視對方為尊貴、顯要之意，一方面也顯示對自己要謹言慎行，展現莊重、自重的人格期許。「尊」本身即含有「重」的意思，尊、重兩字連用，採取意義上的重疊，表示加強語氣。

(一)尊重的本質 —— 崇敬生命

尊重的本質要從英文來看。一般英文的尊重是respect，但培基文教基金會研發的品格講義，採用的不是respect而是deference。查一般英文字典「respect」是因仰慕或欣賞某人某物的美好特質或成就而產生的感受（a feeling of admiration for somebody/something because of their good qualities

表3-3　促成倫理上追求完善的態度 —— 尊重與關懷差異對照表		
	尊重	關懷
本質	以崇敬生命達成生命共處	以分享生命促進生命共榮
情緒	謙虛、重視	憐恤、疼愛
時機	遇到喜愛與不喜愛的對象	遇到喜愛的對象
阻礙	恩怨情結、選擇性價值、濫權	自我中心、資源不足
倫理內涵	不欺壓、不歧視、公平、正義	愛心、奉獻
行為要求	具普遍性	具選擇性

*引自鍾聖校，2000，頁123

or achievements），或指有禮貌的順服別人的意見、盼望或判斷（polite behaviour towards or care for somebody/something that you think is important），它含有兩層意思：(1) 有禮貌地尊敬；(2) 配合別人意願的特質。deference 特指第二層的意思，即謙卑地順從或謙卑的尊敬（Humble submission and respect）。「deference」這個字的字根—defero，指的是挪開某樣東西，與 concedo（順從某樣事物）、concede（讓步）之字根意義相同，故 defer 有「聽從」之意。在爭論中讓步需要有很強的品格特質，即使對方表現不理想或從自己的觀點看是錯的，也要讓別人有空間決定自己的喜好，讓他有表達意見的自由，甚至有繼續展現其行為的機會。deference 式的尊重，其行動雖不必然是遵從、聽從、依從，但在不漠視法律和不違反道德基本原則的前提下，總是要尊重對方生命存在或抉擇結果的事實，給予對方發表的或行動的空間，以致顯得好像是聽從了、順從了，但仍會努力爭取以和平的溝通方式或改變對方的行動，使事情變更好。印度甘地以不合作運動爭取印度獨立，以及美國馬丁路德金恩爭取黑人民權，就展現了這種典範。

能夠操作「deference」式的尊重，原因來自對生命的敬重，包含敬畏生命和重視生命，其行動面是在生命和平共存的前提下構想合乎理性和法律的行動，故本書將尊重的本質定為「崇敬生命」。

由於資源有限，而人又往往貪婪、自私且拒絕相互理解，在人的自由中遂並存著自身的侷限　性和會錯性，受苦因而是人類整體能力不足的顯示。人的內心常常處於兩面作戰，一方面要向惡宣戰，一方面要防備自己成為惡的代理。在此情境下，人需要做好面對生命弔詭和考驗靈魂的準備。南方朔（1993，頁94）曾表示：「人需要保持敬畏之心，它不是讓人因而變得無能和無為，而是只有敬畏者才能更加掌握住生命情境中隱而不彰的各種祕密，而只有謙卑和敬畏才會慈悲。……受苦才會轉變成我們可以專用的生命給養……使受苦不再延續。」故「尊重」之所以要被強調，其實是針對最不想尊重對方，實在不喜歡、不認同對方時，還要能表現或實踐。這是為何表3-3要說，做為情意態度，我們可以要求所有人對別人要尊重，即：在行為表現方面，尊重具普遍性，而不必對所有人都表現關懷，即所有人可以選擇性的關懷某些人（關懷具選擇性）。

(二)尊重的相關素養——知

資源分配的公正與否是一事實問題。因此尊重的底層涉及正義和公平的

關鍵概念。有關正義和公正，歷來學者有諸多討論，《永恆的政治問題》第四版一書的作者丁德（G. Tinder）對何以人類生而平等，曾提出兩種幾乎相反的理由，一是因人值得受到尊重，所以是平等的；一是因人皆脆弱、慾望受困、受到卑視，所以是平等的。以下先簡述生而平等的概念，再陳述正義和公平之概念。

1.「生而平等」的理由

(1) 人人因值得受到尊重因而是平等的

在哲學上最早捍衛平等觀念的希臘人主要是後期的斯多亞克學派（Stoics），他們相信宇宙是具有神性的人組成的，因為每個人都能瞭解整個宇宙秩序所蘊涵的基本道德約束力量，因此人類被認為是生而平等的，而人和神的關係也是平等的（詳見Tinder，1994，張保民譯，頁64）。丁德進一步指出，基督教也認為平等並不是用體力、智力或其他可見的特性來衡量，而是源於上帝的恩典及全知全能。因為每個人都是神所創造，而每一個人也都背叛了他的本性，需要上帝來拯救。因此，在上帝重臨世界所帶來的榮耀與希望之中，所有天生或人為的不平等都會去除（頁64）。

(2) 人人皆因脆弱、慾望受困，受到鄙視，因而是平等的

在所有偉大的政治思想家中，霍布斯（Tomas Hobbes, 1588-1679）特別主張：在純粹世俗可見的特徵方面，人類基本上還是平等的。根據霍布斯的看法，「人們與其說是同樣受到敬重，不如說他們是同樣遭受鄙視。」（引自Tinder, 1994，張保民譯，頁65）人們的平等性在於大家都有共同的人性弱點及慾望，也都同樣地必須面對死亡。霍布斯甚至以一種鄙夷的態度指出，死亡是使得人人平等的根本力量，因為任何人都可能殺死另外一個人。我們不只全部面對死亡，也都有著拚命地設法延長自己壽命的自私慾望，這就是所有人類的共同之處，也因為如此，人類才有可能組織成一個符合全體利益的社會。

2. 認識正義的概念

正義是尊重的倫理內涵之一，用日常語言說，正義就是「對不對」的問題。Tinder（1994）指出，正義至少涉及下列四種想法（頁59-88）：

(1) 人類生而平等，而且天生平等地擁有自然權利。當正義與否的決定是建立在人類天生所具有的自然需要與權利時，正義與否所根據的是「什麼對人類是真正的善與惡」。

(2) 謀殺、傷害、搶劫、綁架、誹謗、毀約、誤囚、奴役、暴虐、偽

證、偷竊等行為，以及許多其他觸犯道德法或民權法的行為，都是不正義的，因它們都獨犯了自然權利或法律權利。

(3) 不正義的行為至少包含下列各權利之侵犯：如不正當地謀殺他人（剝奪一個人生存的權利）；不正當的傷害、拷打、攻擊與毆打，損害他人的健康（剝奪一個人健康生活的權利）；錯誤囚禁、奴役、暴力設限（侵犯一個人自由的權利）；誹謗、偽證與偷竊，拿走一個人所正當擁有的東西，包括名譽（剝奪一個人追求精神美善及自然權與法權所應擁有的財產）；致人於窮困潦倒，使他沒有足夠的財富以過平常人的生活（剝奪人要求正當的經濟物質的自然權力）。

(4) 上面 (3) 所述行為之所以不正義，乃在於它們侵犯了權利。一個人所生活的環境，以及從其他人或從國家所得到的對待，若有助於他對幸福的追求，那種環境或對待就是合乎正義的；若無助於幸福的追求，反而損害、妨礙或挫折他對幸福的追求，那種環境或對待就不是合乎正義的。

3. 認識公平的概念

公平是尊重的倫理內涵之一，常聞「不患寡而患不均」，均即「公平」，人間事物怎樣處理才公平，是最不容易得到共識的議題，Tinder（1994）指出，合乎正義地要求「公平」，至少涉及下列五種想法（張保民譯，頁59-82）：

(1) 不應該有差別待遇時，不公平即不正義

當無法以正義加以解釋的差別待遇發生時，公平問題便發生了。一個女人能跟男人做同樣的工作，以及履行同樣的任務，而且做得同樣好時，所得報酬卻比男人低，便是不正義的差別待遇，因為它是不公平的，它不平等地對待平等；所以不公平是不正義的。

(2) 應該有差別待遇時，強求公平即不正義

需要差別待遇時，若不實行，是不公平，也因此是不正義，反之亦然。

(3) 應考慮給予差別待遇時，若不實行差別待遇，就是不公平、不正義

例如，不給那些做得多的人更多報酬，就是不公平。小孩對這種不公平最敏感。當雙親分配家務雜事給小孩，對完成工作以及未完成工作或做得少的小孩一律給予平等的報酬，通常完成工作的小孩會因其父母所明顯表示出的不正義感到不滿，甚至邊哭邊喊：「那是不公平的。」

(4)**在物資或勞務的交換過程，當一個人所接受的比他應得的還少或比他應得的還多時，不公平就發生在這種人與人之間的轉換之中**

例如，肉販在秤盤上欺騙他的顧客，並向顧客要求不公平的價格。雇主因雇員急切需要工作而付給較少的工資，就犯了不公平的不正義。

(5)**除了交換之外，不公平的情事也發生在分配過程中**

當兩位士兵表現了超越職責所要求的英雄行為，而個別獲得國家榮譽獎章，這樣的獎賞就是公平的分配。但當兩個人做了同樣勇敢的工作，其中一人卻得到比另一個人更少的榮譽褒揚，這樣的榮譽分配就是明顯的不公平與不正義。

(三)尊重的相關素養──行

香港學者龔立人（2008，頁10）指出，人有相互性，所以要尊重，並認為尊重可以俾益只強調單一價值的缺失。他用寬容來舉例：「一種只強調寬容的文明可能將人的文明摧毀」，「野蠻不在於聲大或粗魯，而在於他以一種控制意識與人相處。文明是理解人際相處的相互性，包括對人的禮貌、與人合作、對自由和平等的相信，並願意為他人的福祉著想。文明不等於讓每個人都可以選擇他們生活的方式，因為文明是一個關係性詞彙。在肯定知識之外還需要對靈性生命作培育，以致能體驗在人的相互性中所需要的尊重和委身。」

尊重行為的反面─不尊重，可以在操縱行為上看得特別清楚。人若能夠因操縱別人獲得巨大的私人利益，但卻自我約束不這樣做，就會特別顯出尊重對方的美德。二十一世紀已邁入第二個十年，「價值多元」已經是社會的現實，達成共識不是一蹴可幾的事，但不應就此採用操縱民意的方式來為自己辯護，因為操縱民意只會加深不瞭解，是對弱勢的一種欺負。父母對子女要有信任和尊重，要有保持溝通和指導。同樣道理，人與人之間要學會尊重但有對話，放下操縱，保持溝通或引導。

1. 學習紀律

待人接物的紀律包括：一般人物和親人間的禮貌；培養積極經營衝突的能力；實踐非暴力主義。

(1)待人接物的紀律

有紀律代表能不逞一時之快，承擔責任、忠於真相、保持平衡，即便談戀愛，也能夠做到合理的給和不給、讚美和批評、合理的爭執、對立、鼓

勵、敦促和安慰。所謂合理是一種判斷，需用心也要用腦，合理的深刻基礎是自律、自制、自尊，有延宕滿足的能力，在互相衝突的需要間，取得平衡，其最高原則是放棄，要放棄固有的行為模式。

此紀律包括自尊，因為在尊重的內涵及表現中，含有自尊。Humphreys（2000，曾瑞真、曾玲珉譯）曾引用D. C. Briggs之語，說明自尊對尊重他人的重要。

> 「一個人的自我評價會影響他對朋友的選擇、與人相處的方式、結婚對象，以及成就，也會影響他的創造力、人格的統整與穩定，甚至影響他是否可成為領導者。自我價值感塑造了一個人的個性，決定其性向和能力的發揮。他看待自己的態度直接影響一生的生活。事實上，自尊是注定我們一生尷尬或失敗的主要泉源。」（頁23）

由於自尊主要來自孩童時期與父母、教師和其他重要成人的關係，因此改變自尊，需要覺察並改善自己童年的親子關係（或回憶），可閱讀本書第二章曾介紹的Bradshaw（1998，鄭玉英、趙家玉譯）所著《家庭會傷人》一書。

因為低自尊是由「關係」所致，因此其改變之主要途徑也是透過「關係」。但此關係對成人而言，是指改善與自己的關係，甚至與「神」的關係，而不宜祈求於人或依賴他人。成人若依賴與他人的關係來增加安全感，會造成心理學上所謂依附，是不健康的表現，往往導致諸如批評、控制、操縱、占有等破壞性行為。基督徒遇創傷以致造成低自尊，在進行深度治療時，常被鼓勵積極建立與神的密切關係，鼓勵完全的交託、信靠，重新認識神的慈愛、信實、可靠，認識自己在神眼中是極珍貴的、獨一無二的，由神按祂的旨意做成更新生命的工作。凡此亦都屬於紀律的操練。

(2)親人間亦需注意禮貌

親人間亦需注意禮貌，表示實質的尊重。真正的尊重必須不把對方當做「神」，而要把對方當做「人」，彼此之間有尊重、有禮貌。英國文學家C. S. Lewis曾撰文提醒「親人間禮節之必要」（Lewis，1989，林為正譯，頁44-45），值得吾人注意，其主要觀點是：①家居禮節與社交禮儀有所不同，但基本原則卻是相同的：「誰也不可以隨心所欲」。禮貌是有「規則」

可循的，例如不能無禮地插嘴、斷然地反駁或隨便取笑；②親人之間不拘禮節並非因為不需要它。相反地，親情在最純良的時候，其間所表現的禮貌，將是極其微妙、敏感的深刻，非公共禮儀所能相比。在公共場合，有外在禮儀就可以。但是在家裡，所要做到的，卻是這些禮節的「真正涵義」。Lewis更明白指出，要是有人一從舞會或酒會回來，便把禮節拋諸腦後，那麼，他在外頭也不會有什麼真正的禮貌可言，「這種人只是在模仿那些有禮貌的人罷了。」此言一針見血地道出，在真正的尊重上，人們還有很多要學習的。

2. 培養積極經營衝突的能力

重視邊緣地位對中心地位正當性的意見挑戰。尊重與民主素養有密切關係，而民主與耐心溝通、積極經營衝突的能力有關。把事物簡化、兩極化，是人們常用的方法，它的便利之處在於能夠清楚地分出「非我族類」的異我之分，可滿足人類天性上自我定位安全感的需要。

但任何一個中心都有邊緣存在，時刻挑戰其正統性與正當性。龍應臺（1999）曾依據正義的背景理論（background justification）表示，人們會爭取什麼權利，需要看當時當地的背景而定。她認為：「以九〇年代來說，所要爭取的權利在如何保障少數人不受權利侵害和腐蝕，要克服的是小市民的種種弱點，個人才是黑暗真正的來源。因此對人的期待是考慮他是否能承擔責任，能否容忍異己，進而尊重別人，……人與人相處時，任何一方都無權霸占另一方的表達方式。因此，民主的基礎是尊重，民主不只是選舉制度而已，更是一種內涵和素養。「人怎麼對待人」才是民主的素質，固然某些人特別值得以溫暖、關心來對待，但所有的人都值得以尊重的方式來對待。」（頁213-215），這段引言其實也是臺灣邁入千禧年後值得努力的方向。

3. 避免濫用意見自由，毀謗他人

社會上有許多介於毀謗和意見自由的行為，例如，主管不喜歡其屬下宣稱他去某處「嫖妓」、不喜歡離職人員指責他們「貪贓枉法」、法院庭長不喜歡律師評鑑他們「不適任」、控訴他們的「能力差勁」等。這些案例中，有人主張言論自由，表達他所不喜歡的事，有些人自覺名譽受損，希望訴諸法律，討回「公道」。林鈺雄（1998）曾提到法律做為社會控制的力量及共同價值的底限，所關切的是要推行哪種價值才能恢復社會秩序，使人各得其所，在這方面，林鈺雄指出六點值得我們注意的觀念：

(1) 林鈺雄說：「任何地方的法律都開始於某人正幹某件事情，而他人

卻不喜歡。」由此看來，法律的目的便在於對一方所引起，而為另一方所怨恨的混亂加以控制。成功的法律，是能連到「復合」功能的法律。

(2) 法律不可能全然保障口無遮攔，即便如市長這般的公眾人物，也應有免於不實指控的名譽尊嚴；但另一方面，法律也不可能權充言論警總，打壓不受歡迎的見解，縱使是庸庸碌碌的小市民，也應有表達其對施政不滿的意見自由。法律必須有一套保障與制裁的規範準則，一來避免信口開河，二來防止寒蟬效應。

(3) 「保障與制裁的法律準則何在？」一言以蔽之，乃區別「意見」與「事實」。原則上，「陳述意見」應受法律保障；「捏造事實」則應受法律制裁。「意見陳述」是個人主觀看法的對外表現，可以是好是壞、是精闢是無聊，但沒有所謂的「真偽」可言。

(4) 「意見」乃價值判斷，反映的是見仁見智的「品味」高低而已，這是言論自由保障的底線，法律絕不能以「品味太低」為由而發動制裁。

(5) 法律的目的，不在於維持所謂的高級品味。當有人公開指控某政府團隊「貪贓枉法」時，問題層次由表達意見邁入宣稱事實，此時，自覺名譽因此受損的任何一個人，即為誹謗罪適合的「被害人」，被宣稱事實的真或偽，也成為誹謗官司應行具體審查的事項。

(6) 試想，當所有的人都可以憑空杜撰，公開指責他人嫖妓、強姦、貪污或強盜時，人們的生存價值與名譽尊嚴何所依附？司法者的任務在貫徹法律的基本價值，使其產生真有穩定性與確定性的規範效力，使人們既不會尊嚴淪喪，也不致噤若寒蟬。

4. 實踐非暴力主義

曾捍衛甚至實踐非暴力主義的近代人物，例如小說家托爾斯泰（Leo Tolstoy, 1828-1910）、印度獨立功臣甘地（Mohandas Gandhi, 1869-1948）及美國黑人民權運動領袖金恩（Martin Luther King, 1929-1968），所代表的觀點中最根本的是：非暴力主義並不等於「不抵抗主義」。在以非暴力主義對待不正義的理由方面，《永恆的政治問題》一書作者G. Tinder曾經指出幾點意見，並提醒在重申非暴力原則時，處理問題亦需要技巧（Tinder，1994，張保民譯，頁209-211），以下簡述其觀點：

(1) 不抵抗主義意味著對一切不公不義及暴力的低頭，而非暴力主義則是一種反抗的方式。不抵抗主義意味著放棄所有關於手段與目的的考量，而非暴力主義則需要設計精密的戰略。不抵抗主義是拒絕使用任何力量，而非

暴力主義只是拒絕使用暴力，但目的卻在以其他方式說服他人。

(2) 採取非暴力主義的原則代表我們可以塑造歷史，而且不僅不需用到大量的暴力，甚至可以完全不用暴力。

(3) 暴力是種具有腐蝕性又功敗垂成的工具，總是和狂妄及仇恨之情結成一夥，會摧毀發表有耐性、愛心之言論或對話的可能性。

(4) 非暴力主義即使是在衝突已經出現後，還是努力打開一條通往和諧人際關係的道路。非暴力主義異於暴力之處，在於以謙卑而非狂妄為出發點，並以尊重對待抗爭的對手，其目標並不在於擊垮對方，而在於喚醒對方的良知，因而為雙方的對話鋪平了道路。

(6) 非暴力主義是有耐性的，它在人們想要相互殘殺的氣氛下，製造一種勇於對話的開放心態。

(7) 非暴力主義的本質不在於其技巧，而在於激發這些技巧的精神——謙卑與愛心。技巧則視情況而不同，「實用」最重要，而有些技巧是傳統的，例如遊行、公共集會、杯葛等等。

(8) 非暴力主義的成功實施，需要一種領袖人物——不僅精於策劃適當的技巧，而且擁有吸引群眾參與的魅力，並常常在面對不斷地挑釁時，毫無狂妄之形象或仇恨之情緒。領導美國黑人民權運動的金恩博士便有此特質，詳見本章附錄3-1。

上述觀點有助於區分意見自由與表達尊重的底限。總之，就尊重的態度來講，如果我們不能欣賞別人，至少我們要自問是否能夠寬容和尊重別人，而真正要達成尊重並不是僅只尊重那些我們喜歡，或者是處境高雅、擁有資源的人。事實上，我們需要對所有人都給予起碼的尊重，給他基本人權，承認他有自由的權利，認同他有追求幸福的權利（除非他侵害我們）。

(四)認識尊重的楷模

楷模可提供感動和學習實例。舉例來說，本書認為法國1990年代發行的「老師上課了」系列電視影集中，《學校保衛戰》一片以積極經營衝突的能力，展現明顯的尊重態度。該片有關尊重情節方面的大意是：法國孟薩小學因學生人數太少，面臨與鎮上聖安德小學併校的命運，幾經協調，都無法得到讓孟薩小學老師家長滿意的解決方式，代課老師維克多此時建議應該聽聽學生本身的想法，引發學生想進一步認識居民的意見。維克多老師利用上課時教民主和極權制度的過程，讓學生認識、瞭解民意的重要，恰巧當地電視

臺想製播併校議題，於是該班學生就展開社區民眾意見訪問，從設計題目、決定哪些訪問對象、練習怎麼問、怎麼說、注意訪問時的禮貌，到發傳單鼓勵社區居民收看轉播節目等等，整個過程和平理性，且訪問還跨足到聖安德小學所屬的村落，包括村長居民等，力求訪問報導內容的平衡。每個被訪問者在此過程中都受到尊重，學生也學到如何尊重弱勢，學到如何協調不同利益者的意見，找到雙方可雙贏的解決之道。

二、生命共榮的充分條件——關懷

(一)關懷的本質——為所喜歡的，勞動不息並看它成長

　　「關懷」態度的本質筆者認為即「成長之愛」，亦即本書第二章第二節一之(三)所提弗洛姆（E. Fromm）所謂「成長之愛」：「為所喜歡的勞動不息，並看它成長。」此定義與一般定義不一樣之處在於它明確指出，真正的關懷是一種行動，且這行動是要讓被愛的對象有所成長，一般的愛或關懷則是暫時做一點討好對方的事，如請吃飯、看電影，或請他玩，贈送禮物（玫瑰花、巧克力等），或代「勞」等。但是依弗洛姆的定義，真正的愛及關懷其實是「服務和奉獻」。難怪我們最後所歌頌的最偉大的愛常是母愛，因為大部分母親是那樣長年不辭辛勞地，默默地為我們付出，心甘情願地承擔生活瑣事，只為了看我們成長。許多母親不知道如何表現對孩子的奉承和討好，但是她們永遠在家裡做忠實的後盾，當我們面臨曲終人散，在絢麗活動結束之後，回到家裡，媽媽總是那位不多話，奉上一碗熱騰騰的湯或麵讓我們休息、得到安慰的人，而如果在生活中缺乏這樣的人，即使在舞臺上得到熱烈的掌聲，當落幕時，我們就會感到沒有歸屬，以及沒有人真正支持我們。

(二)關懷的相關素養——知

　　關懷涉及資源的分享或供應，爭奪資源常是衝突的緣由，因資源有限，爭奪有時難以避免，惶論關懷，故深入認識關懷的對立面——爭奪，有助於生命共榮。Wilson曾在《人性是什麼——人類本性》一書（Wilson，1984，宋文里譯）探討人類的攻擊問題，指出攻擊有七種原因，並指出領域性是攻擊的變相，而種族本位主義是刻意劃分敵我之別，他最後提醒，理性是戰爭

的休止符。以下根據其要義，敘述衝突之可能與解決之道（頁90-109）。

1. 從攻擊的七類原因看衝突之可能

攻擊在各物種間實際包含著意義含混的一系列反應。攻擊至少可以區分為七類：(1) 對領域的保衛或征服；(2) 在組織良好的群體中確立支配權；(3) 性的攻擊；(4) 斷奶時期的敵意舉動；(5) 對獵物的攻擊；(6) 對入侵者的抵抗性攻擊；(7) 為強化社會規則而施行的道德性及秩序性的攻擊。

2. 衝突和領域性的關係

領域性（territoriality）是攻擊行為各種變相中的一種。領域之內總是包含有若干資源，通常是：穩定的食物來源、蔭蔽的居處、性表演的空間以及產卵的地點等。資源的有限性對於相互競爭的個體來說，又會影響族群的成長，所以每一個文化都訂有特別的規則，以保全個人的財產與空間。例如，人們到一個新社區，在進入別人的家庭之前，無論是訪客或遊人，總會做出一連串辨認的儀式，包括招引一下別人的注意、向鄰人致問候之意，或對於他們可能引來的攪擾而向鄰人致歉等等。

3. 衝突與敵我之別、種族本位

在大多數好戰政策背後的推動力，乃是種族本位主義，也就是個體對其同宗同族人的一種非理性的誇大忠貞。Wilson認為，一般說來，原始人把世界截然地劃分成兩部分，即：(1) 近的環境──包括家庭、自己所住的村莊、親族、朋友、豢養的動物、巫師們；以及(2) 較遠的世界──鄰近的村莊、部落間的聯盟、敵人、野獸和鬼魂。而人類具有強大的先天傾向，會以非理性的方式去反映外來的威脅，也會為了獲得廣泛的安全感而把敵意升高到某一地步，足以全面包圍威脅之來源（頁93）。人們傾向於對陌生人的舉動感到深深畏懼，且總以攻擊的方式來解決衝突。

4. 理性最終是戰爭的休止符

從上述三種論點看來，人類是傾向會戰爭的，人類雖已不再是狩獵者，不必再以矛箭石斧來解決爭端，但不表示人們已將「爭奪」消除，如果要想讓它們潛伏不起，必須學習把深藏於人類本性中的暴力傾向加以調解乃至消除。歷代的科學家、大文學家、某些極有成就的企業家，以及理想的人道主義者們，多多少少都在下意識地做著這樣的事情。E. Wilson與前述主張非暴力主義的G. Tinder一樣，認為人類需學習慢慢走向人類共同的福祉。

(三)發展關懷行爲的重要條件

1. 互惠利他是人類和平共存的途徑

Gribbin & Gribbin（1996，陳瑞清譯）在所著《生而爲人》中有一段介紹互惠利他的文字指出人和平共存的途徑，內容對衝突之解決頗有啓發性，此處簡述其觀點（頁304-305）：

(1) 互惠利他行爲乃是社會生物學上的重要主題，整個人類社會的運行也是以此行爲爲基礎。社會上的經濟活動得以進行，是因爲人們願意相信彼此的承諾。

(2) 利他者（奉獻者）所付出的代價很小，但受益者卻因此得到莫大的好處，利他行爲與人類有密切的關聯，……一位失足落水者，因旁人協助而撿回一條命，這種情況在人類社會中屢見不鮮。每個人在看到別人溺水時反應都不相同，有人勇於救人，有人置之不理，這種行爲模式就像高矮胖瘦各不相同一樣，有各種不同的形式，但不管人類眞有多少種行爲模式，救人之心仍是每個人的天性。……，人類祖先因生活型態而演化出自我犧牲的行爲，如今，我們的細胞中也擁有這些祖先們所傳承下來最優秀的基因。

2. 關懷做爲一種利他行爲有三條件

Gribbin & Gribbin認爲一物種要操作出關懷行爲有三條件（頁306）：

(1) **長壽**

人若不夠長壽，則無法形成互惠行爲。

(2) **與身邊的不同族群培養良好的互動關係**

人在一生中必須有絕大部分的時間在同一地點，形成一個穩定的社會群體，以便與相同的小族群培養互動關係。在這小社會裡，互惠者及騙子只占少數。如果能夠培養出更有效率的溝通方式，便會居於有利的談判地位，以確保「今日我助你一分，明日你還我一分」的原則。

(3) **具備智力和語言能力**

智力和語言使人類成爲最有效率的互惠利他主義者，並因此而經得起「天擇」之考驗。所以各國都努力加強其國民教育中的語言教學和智力的各種增進方式。

(四)關懷的相關素養──行

1.關懷的行動即投入生命時間資源，參與陪伴分享

由於愛是為所喜歡的勞動不息，並看它成長，因此愛是需要付出的。而付出的東西不僅包括物質還包括精神，尤其是時間；一些父母在愛護孩子方面只想到提供物質資源，實際上也許孩子更需要的是父母的陪伴以及親自的帶領。陪伴需要時間，而時間就是生命，因此愛永遠要面臨它的限制，就是時間這種資源的有限，許多父母在兒女長大後，才後悔沒有即時教導；有些兒女在父母老去才感嘆「子欲養而親不在」。資源有限讓我們有時候感到關懷和愛是不能夠隨心所欲浪費的。

2.關懷必須出於真愛，因此對真愛者的要求，也適用於對關懷者的要求。

如關懷的滋味有酸甜苦辣，關懷者難免受傷害，關懷的行動涉及改變，包括關懷者的策略要能改變……等等，請參見第2章第2節之二的相關內容。

(五)關懷的楷模

「理不能改變人，愛才能改變人」。愛需要學習，關懷亦然。有許多人的愛和關心不得其門，在討論「婚姻殺手」或「特殊愛戀的痛苦」中常常可以看到失敗例子，但也可在婚姻諮商輔導機構的出版物看到成功案例，以及具體的方法、輔導方式。例如黃維仁（1997）由臺北宇宙光出版的「假日生活廣場演講」系列錄音，提到許多這方面的案例。透過案例可發覺，真正要關懷和愛護對方是一件終身要學習的功課。

愛是比關懷更強烈的字眼。愛需要榜樣，一些深刻感人的事蹟，自然真實，有喚起人效法的功能，例如海倫‧凱勒的老師安妮‧蘇利文之所以能以極大的愛心教導海倫‧凱勒，是因她自己小時也因心理障礙而在精神病院被一位愛心人士悉心地照顧。

另外，許多影片亦流露感人至深的愛或關懷，表現在朋友間、親戚間，或陌生人間。就親情而言，影片《羅倫佐的油》生動地描述一對父母如何投注一生精力拯救他們罹患腦髓質病的孩子，包括從對科學完全陌生，到投入科學研究，開發醫療技術，到最後研發出治病藥方，嘉惠世界患病兒童。由於它是一個真實故事，深刻感人之外，也給人無限啟發。

附註3-1：馬丁‧路德‧金恩的非暴力主義事蹟

以下是美國Philip Yancey所著《恩典多奇異》書中，有關金恩（Martin Luther King, Jr., 1929-1968）牧師爭取美國黑人民權的行為，表現出尊重的與非暴力對抗的好榜樣，茲摘述其內容如下：

> 我（P. Yancey）在種族主義濃厚的氣氛裡長大，現在（1999年）五十歲不到，卻清楚記得美國南方是如何執行徹底的種族分隔政策。……我……看著電視轉播金恩牧師與南方警員、警犬、消防水龍搏鬥，……他刻意找那些凶惡的警員，製造對立場面，被打、被囚，也甘心忍受其他暴行，因為他相信，只有讓漠不關心的社會，親眼看見種族主義的邪惡，舉國上下才會聲援他。……他在《伯明罕牢獄來鴻》記錄了自己與饒恕的掙扎。監獄外面，許多人譴責他是共產黨，群眾在呼喊「吊死那個黑鬼！」警察則對那些手無寸鐵聲援他的人揮之以警棍。金恩牧師寫道，他要禁食好幾天，才能達到饒恕仇敵的屬靈境地。

金恩牧師迫使罪惡現形，想要激起舉國憤慨的意識，他的這種觀念，不是我跟我同輩人所能理解的。歷史學家指出，有一件事，可說是最終贏得大眾支持黑人民權運動最重要的一刻。那是在阿拉巴馬州賽爾瑪城（Selma）的一座橋上，一個名叫克拉克（Jim Clark）的警長任憑他的手下攻擊毫無戒備的黑人遊行隊伍。……美國ABC電視臺中斷週日長片《紐倫堡大審》，從阿拉巴馬州現場轉播，多數美國人第一次看到這些鏡頭，驚恐地發覺竟然與他們看的那部有關納粹的電影這麼相像。八天後，詹森總統把「1965年投票權利法案」交付美國國會。

金恩牧師發展出一套以恩典，而非以槍彈作戰的精密策略。他從不拒絕與他的敵手會面。他反對政策，卻不反對人。更重要的是，他以非暴力手段反擊暴力手段，以愛反擊仇恨。金恩牧師說：「我們不要為了滿足自由的饑渴，而去喝苦毒與仇恨的杯。」金恩牧師並勉勵跟隨他的人：「我們絕不容許滿有生機的抗議行動，淪落為暴力行動。我們要一而再、再而三地，以靈魂的力量抗衡身體的力量，進入那最高的境界。」（註：金恩於1968年遇刺身亡）（Yancey，1999，徐成德譯，頁151-152）

理性感性的協調統整

前言

　　理性感性概念源自西方，其內涵有特殊的學術發展脈絡，華人社會在清末洋務運動開始後，社會逐漸開始用理性感性一詞，例如說「這人很理性或……感性」，但因文化特質和語言習慣，華人用這兩詞偏向於當形容詞使用，且理性用得較廣，日久名詞化，遂出現諸如：「拜託！用用你的理性」，「你這人究竟有沒有理性啊！」而不會說：「拜託！用用你的感性」，「你這人究竟有沒有感性啊！」人們大多會用「理性」一詞表示能用「邏輯的、合乎道理」的方式，說或做一件事，強調不是胡來的，或感情用事的亂說或做，而用「感性」來表示一個人「感受性」強，很容易流露情感或被情感打動，「他用感性的語氣，要我……」。因感性在華人的心理學和教育研究文獻中，很難找到探討它的文章，雖然美育的研究文獻有一些（詳見胡敏中，1997），顯示做爲教學研究的概念，這個辭彙的模糊性較高，故本節在說明感性時，爲行文順暢，有時會用情感一詞代替之。

　　本章分三節說明，第一節談理性感性的優位沿革，第二節從心理學和價值觀的研究看理性感性，第三節從教育觀點看理性感性的協調統整。

第一節　理性感性的優位沿革

　　理性感性在日常語言中負載著不同意涵，整理如表4-1。時代不同，對理性感性的強調也不同，早年受「科學報國」口號的影響，社會強調理性，近年受文化和創作設計產業及選舉文化影響，社會普遍強調感性。

表4-1　理性感性的日常用語意涵		
	感性	理性
語言強調	感受性強	思考力強
規準	觸及感官、感覺	合乎邏輯推理
誤用	氾濫，情緒用事	不知變通、冷血、殘酷、刻板
大腦偏用	右腦	左腦
訴求	打動人心、激發動機、活力	節制衝動、精密計算、無失誤

　　韋伯（M. Weber）說，任何一種理性所創造的事業，背後都有情感因子支撐。例如，資本主義是以新教徒的宗教信仰精神，做為支撐的背後力量。其實，理性知覺中有情感成分，同樣感性知覺中有理性成分，但兩者成分孰大，以致居優勢地位，因人因時代而不同。將理性感性對立起來討論，基本上是西方學界傳統，以下簡述之。

一、理性優位的沿革

　　理性在現代之所以享有厚望，根源有二：一是科技的神武，一是對傳統宗教的盲目偏執與部落主義的反感。以下述其梗概。

(一)理性優位的初期信念

1. 推崇理性的邏輯和規律

　　一個理性者最普遍的特徵是：使用邏輯、通則、計畫和規則來進行思考判斷和推論。當理性與情感同時被提到時，最常見、聽見的說法是：「人要理性，以免情緒衝動。若理性不能駕馭情感衝動，小心後悔莫及！」這種重視理性的說法，由來已久，希臘三哲就已經很明顯。蘇格拉底所使用的「產婆術」是建立在理性思考上，柏拉圖的理想治國者為哲學家皇帝，明顯地高舉理性，亞里斯多德（Aristotle, 384-322 B.C. 1990）則明白地將人的靈魂分為兩種：理性和非理性，又將非理性分為素樸的生命（vegetative life）和帶著嗜好慾望的生命（appetitive and desiring element）。嗜好及慾望內蘊著情感，表現於外，可遵從理性，也可不從。黃藿（1996）認為亞氏主張人生的任務是過理性的生活，也就是讓自己所有的行為與情感表現都遵循理性的指導，讓理性做釐清、整理、批評，做情感和慾望的主人。

2. 理性主義試圖建構本體世界觀

　　理性在西方學界討論「真理」（truth）時具有核心的地位，除了因希臘三哲之外，中世紀對神學的反動也增加理性的許多籌碼。理性主義者曾一度嘗試要建構出本體世界觀。

　　為什麼要談本體世界？簡單的說，談本體世界為的是要談現象世界的統一問題。為何要談本體世界與現象世界的統一？原來，西方世界自古希臘以來，極為關注的問題是：「我們如何知道自己所思所想，確實是真的或是對的。」理性主義、經驗主義、科學主義、建構主義等等，對此都提出一套看

法，因為有這些學術上的理論假設，後世研究學問的你我，才能如此輕鬆的交談各種理論。但在盧梭和康德所處的十八世紀，西方為掙脫中世紀神學影響，需要處理「如何藉本體世界」，或「是否需要藉本體世界的觀念」，來保證所言不虛。

本體世界（noumenal world）指的是專門討論意義和價值觀念的世界。本體世界討論愛、自由和意義等問題，例如：「是否有所謂真正的人？」、「人做為人的意義是什麼？」回答這類問題時，需要假定本體世界中存在或不存在一個有位格的絕對實體（reality）。如果相信宇宙最初有一具生命意志的實體存在，做為「理想範型」，且該實體能保證何為真理（就像一個小孩說話對否，要看「知他一舉一動且具有全知能力的父母」是否肯定，藉他父母的全知，來保證所思所想是對的），則依照信心與邏輯推演，人必須要向之負責，有志於使所言所行與其旨意相符，就像柏拉圖說的：人只是此一「理想範型」的模本，人要活得像人，就得活得像「祂」所設定的。當然，我們也可以假定這有位格的絕對實體並不存在，依此假定和邏輯推衍，則人只不過是一部靠機率之偶然所形成的東西，是具有機械作用的生命體，能表現機械的功能。人不會問也不必問諸如：「我要怎樣成為真正的人？這樣做或這樣過日子有意義嗎？」等等屬乎本體論的問題。

西方自文藝復興運動以來，知識界向上承襲亞里斯多德的看法，力圖從希伯來神學觀和信仰勢力之籠罩獨立出來，故格外強調人的理性作用（reason），並相信用理性思考即能發掘並確定真理，笛卡兒的「我思故我在」，清晰並有力地表達當時人對理智思考的推崇，「理性」一度成為人之所以為人的本質。亞里斯多德所說：「人是理性的動物」，被許多人視為判斷人之所以為人的準據，以便有別於來自神性或上天啟示的說法。康德亦主張理性在位階上高於感性，理性要對自我的「非理性」和「感性」，提供秩序且引導方向。啟蒙運動和地理大發現，緊接著文藝復興運動，進一步將理性推上高峰，接著的工業革命則讓人對理性運作的力量產生無限遐想，舉凡思考、判斷、解決各式問題，到生產、製造、發明等等都訴諸理性，而當進化論的假說提出後，人們更習慣以理性所思考並推導的機械論，來解釋一切。

總之，自啟蒙運動以來，西方社會一直想塑造一個符合人類設計的世界，並把這樣的創作視為不可置疑的天職（vocation）。在「知識即權力」、「權力即控制之鑰」的理念前導下，加上科學、工藝、技術，人類遂

史無前例地信心滿滿了。

(二)從理性優位的樂觀到悲觀

理性主義的思想家原本都對理性抱樂觀態度，如康德（Immanuel Kant, 1724-1814）提出來本體世界（noumenal world）、現象世界（phenomenal world）的觀念，從思到行，從心理動念到手裡操作，人大多都曾感受到好像有兩個世界存在，一是思想或聯想能觸及的非具體世界，一是感官可觸摸的具體世界，康德等學者就致力於兩者的統一，其中本體世界指向意義和價值的觀念，而相對的現象世界是有重量、可度量、外在的世界、科學的世界，只是康德一直未能找到所要找的統一機制，也就無法解決兩世界如何統一的問題。

一般理性主義者是不假定在本體界有一「位格」（按：可以用有主格、受格、所有格形態出現之三位一體的神來忖想）的實體存在，因爲那樣就要承認一種有愛、有恨、有主動、有被動、有喜怒哀樂、有賞罰意志的神明存在。這對於才從中世紀神學思想解放出來的西方學者，不啻是在自找束縛，再投宗教教義的羅網，當然寧可放棄所謂絕對眞理的想法，也因此學者們需解決如何使自己對現象界的說法，能被保證爲眞的問題。對於這問題，根據薛華（Schaeffer，1997，梁祖永等譯，頁155）的看法，黑格爾（Georg Wilhelm Hegel, 1770-1831）是用進行式的辯證思維來解決。其說法爲：宇宙是逐漸呈現出來的，人對宇宙的瞭解也是如此，沒有一個命題足以將實有的眞相全部說出，而每一個命題所包含眞理的核心，便有一種相反的論證（antithesis），簡稱爲「反」，以另一種眞相的姿態呈現而和「正」的論證（thesis）互相對照並存。因爲此兩者都包含著眞理，當正和反成立後，一個「合」（synthesis）便產生了，於是新的命題又出現了。新的命題說明一個新的狀態，當中又出現同樣的對立形勢，周而復始地「正反合」，就這樣無休止地發展下去，黑格爾就認爲宇宙以及人對宇宙的瞭解，是在這種辯證方式下得以明朗。簡言之，「宇宙帶著它的意識，也就是人，一起演化」（頁156），問題是，因這推理畢竟只是一種信念，並不是絕對令人信服的解釋，故秉持理性優位的想法進行思考，其實無法保證人類的出路。

(三)理性極致帶來的「泛所有活命觀」

有趣的是，理性極致會帶來一種薛華所謂的「泛所有活命觀」（paneverything-ism）。他認為，否定本體世界有意志形式的位格存在，必然落入機械的宇宙觀，並預測此種觀點最後必用決定論和縮減論來解釋人的一切行為，在這種論調下，自由和選擇只是假象而已。人會怎樣看待自己，決定於宇宙始源的問題，包括理性感性的認知，如果認為萬物是從無（nothing）產生出來的，此「無」是真正的「無」，薛華稱之為「無中之無」（nothing-nothing）（引自頁158），那麼就必然導致後現代生機論的出現，並進一步出現二十一世紀的泛神論（pantheism）的論調及信仰。此泛神論的「神」也許是某種帶能量或能夠產生能量的東西，但總不是有意志的生命形式，或所謂「位格」的存在。

後現代人們傾向使用廣義的「神」這個字，來代表上述那種終極的（utimate）、本源的、「非」位格的存在。相較於早期的泛神論，其論述精緻且有一些實徵科學研究根據，例如科學界對氣功的研究，形成後現代生機論（vitalism），此論是對機械論勢力的反動，在它籠罩下另闢蹊徑，開始盛行。生機論認為凡生命體都有一種特殊的生命力，這種生命力無法用物理或化學的作用解釋，有些人稱之為「靈魂」，其實古希臘哲學家亞里斯多德就相信此特殊生命力。

為避免「泛神論」中的「神」字可能被誤解為是「有位格」的，也就是使人意會到有某一具生命的位格存在，薛華建議用更準確的字：「泛所有物（活命）論」（pan-everythingism）來命名，並認為目前最現代的思想是：「萬有都是從原子或分子或具能量的微粒開始，宇宙萬物包括生命和人，都是從這些微粒因著機緣碰撞、遇合而形成的。現代人憑著信心，認為藉「非位格」的東西、時間、機緣三者，便可出現整個宇宙和宇宙的東西，而人最終要努力的價值，即是「人類生物性的生命延續」（頁160）。

綜合言之，理性雖不再占有像早期亞里斯多德等那樣推崇的地位，理性仍是論說任何事物不能不訴諸的一種能力。今日有關理性的討論議題各式各樣，單從發展史，就有諸如：文藝復興的理性、啟蒙運動時期的理性、理性的高舉與自主、法國大革命時期的理性女神、理性與前現代的哲學、希臘傳統的理性與科學、理性與存在主義、東方思想如何忽視理性、反理性運動中的理性……等等議題，從這些議題可知理性概念在生活世界扎根之深，作用之大，以致有關感性的論述也是要從它談起。

二、感性優位的沿革

感性做爲一種思考的構念或操作的實體，是如何在理性籠罩的啓蒙運動後迅速躍升的呢？以下藉西方學術史的發展來說明。

(一)黑格爾正反合思想爲感性優位奠基

回顧學術歷史，可以說，黑格爾正反合思想爲感性優位鋪了一條康莊大道。他將理性主義者康德（Immanuel Kant, 1724-1814）所無法彌合的本體世界和現象世界，用「時間」來做解決，在歷史洪流時間終了時，「合」是什麼就是什麼。這種辯證做法是將所有特定立場都相對化，認爲眞理只在合中發現，而不是在反中發現，眞理和道德正義只是在歷史之流中一種「合」的結果。現在「反」即是：如果某些事情是錯的，那麼事情的反面就是對的。黑格爾就用正反合的辯證方式，來看宇宙及人的演化。

正反合的思維方式，使今日這一代在解決問題時，都喜歡「從合著手」，放棄對於絕對眞理的追求，亦即人們心中思想的眞理沒有了。這種思維導致理性靠邊站，感性優位，社會上開始瀰漫的是齊克果主義。

(二)齊克果開啓的感性優位

1. 強調信心跳躍的感性

早期對感性的看法就是非理性，這種說法原本有污蔑、排斥之嫌，但當西方中世紀後期，理性主義者走向悲觀論調，對理性特別有反感的齊克果（Soen Kierkegaard, 1813-1855）將希望寄託在不同於理性的各種東西，總其名曰「非理性」，薛華指出齊克果認爲這些非理性才可能提供救治世道人心，故置感性於優先地位，放在「上層」，而理性帶來悲觀，放在圖示的下層（繪自Schaeffer，1997，梁祖永等譯，頁136）：

```
非理性＝信心→樂觀
　理性→悲觀
```

世俗的和宗教的齊克果主義思想家，將「理性導致悲觀」這種觀念推至高峰。人需要在理性以外的上層（upper level），才能找到能帶來樂觀的價值和意義，非理性意味著要做「信心的跳躍」（leap of faith），就是不要藉

理性去尋找意義。齊克果主義會帶來以二分法（dichotomy）看人的傾向。所謂二分法是以兩個截然分割的系統看事情，兩個系統之間沒有交集。其中一個系統屬於意義和價值範疇，一個屬理性的範疇；理性屬下層，人要擺脫理性轉而在上層尋求樂觀的可能。

2. 感性強調個體與殊相

從世俗化層面來說，感性優位的態度是以個體愛好、欲望和感受為優先的態度，薛華認為西方感性優位的發展是從兩方面著力：

首先，在藝術領域開花結果，藉著藝術一向強調殊相的特質，顛覆掉柏拉圖所曾指出的：「如果沒有絕對（absolute），『殊相』，也就是『個體』（the individuals, the particulars, the details）便沒有意義」的說法（頁137）。所謂殊相，可用我們周圍個別的東西來解說，例如，沙灘上一塊一塊石頭是許多殊相，整個沙灘也可以是一個殊相；我是由許多分子組成的，分子是殊相，我是一個個別的人，也是殊相。

其次，透過哲學向人們宣導，接著由繪畫、音樂和一般文化推展，再後是神學接棒，最終帶來了「割裂」。割裂在梵谷（V. V. Gogh, 1853-1890）、塞尚（P. Ce'zanne, 1839-1906）、高更（P. Gauguin, 1848-1903）、秀拉（G. Seurat, 1859-1891）等後期印象派畫家的畫作中已可看到端倪，一般有識之士雖想回到實在（reality），回到個別事物後面的絕對那裡，希望解決失去了「共相」的缺憾，但整個社會氛圍流露的人生哲學是割裂的觀點，從藝術作品可以很清楚的看到。與畢卡索齊名的法國著名畫家杜象（M. Duchamp, 1887-1968）曾畫一幅「下樓梯的裸女」，呈現徹底消失的人的形象。現代繪畫技巧並非都放棄想表達人性溫和的一面，乃進展的趨勢，是把人性漸漸地割成一片片（fragmented reality），用杜象的話說，就是「把割裂當實在」（頁139）。杜象將這意念繪在畫布上，又堅持畫中的她們也同時是個有血有肉的人時，便進一步引導人們進入一個能深刻感受「無意義和荒謬」的境界去。

由上述可以感受到，畫家的作品很成功地表彰對虛無世界的「抗議」，但也同時「鼓吹」了這世界的荒謬和無意義。個人的感受成為所代言世界的真實。感受即真實。

三、從爭鋒的理性感性優位到樂活優位

　　當理性對因果關係的思維不能提供可令人信服的解釋時，付出的代價有兩方面：一是對於是非曲直抱著輕佻的態度，另一是要在感性決定的狀況中找法則，因此出現在理性之外找規律做為依託，其結果是找到各種殊相的型式（pattern）。型式或類型說一多，又造成派別林立，必須藉助理性思維排難解紛的局面，於是理性參雜在感性中說話判斷，構成一幅理性尾大不掉、理性不被人類承認，但又被置入所有思考判斷行動，循環地找真理的圖像。其結果是：理性或感性論述，最終都會落入眾聲喧嘩的無奈，而判斷真偽只能訴諸論事者的喜歡。

　　可以確定的是，採用「喜歡就對了」的感性優先態度來面對人生，其結果必走上輕視理性，躍入所謂「樂活優位」的道路。

(一)理性無力衍生意志優位

　　行善是一種實踐。實踐需要理性，而理性主義從柏拉圖、文藝復興以至於黑格爾，長達兩千多年的理性哲學所倡導的知識論，大抵認為人之機靈聰明是以理性為首腦，人是理性的動物，似乎只要人的理性知道到什麼是善，就會自動行出善來。存在主義的創始人，十九世紀丹麥神學家齊克果（Soen Kierkegaard, 1813-1855）卻持反對意見，他認為理性主義發展出來的只是教條式的教導，主張人是意志的動物而不是理性的動物；理性是靜態的，只知道一些知識，但自己動不起來，在理性與行動之間其實是靠「意志」在做決定，意志才是指揮行為的主人，也就是「意志才是涉及實踐的首要品質」。

(二)意志無力衍生「樂活優位」

　　意志的支撐來自理性的肯定或感性的熱情投入，但當理性感性都無力時，意志也只能變成類似第三輪鼓聲──「一鼓作氣、再而衰、三而竭」，也就是到最後意志也無以為繼了。上面提到理性發展到後來，是出現所謂「泛所有活命觀」，活著最重要；而感性發展到後來，則是認為要在純屬機率的、荒謬而無意義的人生，自尋生路。因此按照沙特等存在主義學者的見解，最合邏輯的結果就是人在「意志」上要如何自殺，因為清楚最終都要一死，彷彿要藉強調自殺，來反襯應該好好決定怎麼活著，以便最終走向死亡。故無論從重視理性發展或感性發展來看，最終都落入走向快樂過一生的

「樂活優位」。樂活強調好玩，後現代的「小花碎不」現象，就是一明顯的例子。

1.「小花碎不」的時代來臨

吳靜吉2008年12月曾在國立臺北教育大學講述新世代特徵，他以「小花碎不」來形容二十一世紀年輕人特徵。

(1) 小——不再重視大、偉大、偉人的論述，也不想做偉人……等。

(2) 花——喜歡遊戲、胡鬧、有趣、可愛、俏皮。

(3) 碎——愛顛覆、反叛、不受約束、愛質疑、搞一點小革命。

(4) 不——不要壓力、漫不經心耍酷、不理睬、不鳥主義。

2. 虛擬世界的好玩經驗

開心農場之所以大受歡迎，與其好玩關係密切。玩家分析開心農場會受到熱烈歡迎，主因是扣緊人際互動，還能短期紓壓。在網路的世界裡，你可以是真實的自己，也可以是虛假的別人，你可以交朋友，也可以不理人，你可以是謙謙君子，還可以是偷盜小賊。以下由admin（2009）所寫〈我是個快樂的小神偷〉可見一斑。

> 搭上了沒事偷著樂的賊船QQ群後，似乎日子比以前更白駒過隙，但過得快樂了很多。不知何時，賊船中興起了好友買賣遊戲。一幫賊真正做起了人販子的生意。今天你折磨了誰，今天你安撫了誰，今天誰給你掙了多少錢，今天誰又讓你賠了多少錢，一時之間，「奴隸買賣」在賊船中大興其道。然而隨著主人們財富資產的積累和折磨方式越來越多……，但這種也許是少了一份刺激。在尿素姐說她終於解放了的時候，這幫人早已又開始盯上了另一種搶車位的遊戲。

3. 感性奔放，尋找舞臺

在速成的社會好玩優先的現象，從電音三太子更可以透徹地看到。臺北藝術大學教授邱坤良（2009）便分析，原本民間節令祭祀活動中，聚落、社群出錢出力，組織表演隊伍（陣頭）的傳統由來已久，也是民間技藝保存、薪傳、展演的平臺。但到了後現代，因每個人都想從節慶社會活動找到自己的角色與位置，即使沒有參與音樂、戲劇或歌舞、雜技表演，亦可能扮演扛藝閣、撐繡旗、抬鼓架或跑腿，來打雜，極少當個純看熱鬧的旁觀者。此種

業餘性、自發性的參與精神，卻使各地廟會節慶形成矛盾的現象：在地性、難度較高的陣頭，如十三腔、南管消失；外來的職業藝人成為迎熱鬧的主力，簡單、花俏的陣頭大行其道……，以近幾年異軍突起的三太子來說，配合現代電子音樂，由「七星步」到「方塊步」，再變成韓國偶像團體的sorry sorry舞，加上山本頭、奶嘴、墨鏡、直排輪、機車，超炫超酷，便完成了它的「現代化」……。

四、理性感性無力，樂活失焦

改編自馬利奧喬丹努的小說《黑盒子》的電影《越獄風雲》，故事敘述一個駭人聽聞的實驗。一位致力心理研究的科學家，集聚一群自願參與實驗的普通人，並分成兩組，進行「獄卒」與「囚犯」的角色扮演，以模擬一週的監獄生活，目的在觀察整個實驗過程中，這些人的互動方式與情緒變化。一開始，大夥聯誼般嘻嘻哈哈，不認真看待這個實驗……，慢慢的，扮演獄卒的一方，開始嘗試使用這些權力，發現不難玩、食髓知味後……，甚而濫用權力、動用私刑，乃至發洩莫名的情緒……。最後是面對失控的局面，犯人群起反抗……，難以壓制暴動，導致科學家全被獄卒扮演者囚禁，實驗負責人慘遭殺害，一座模擬性質的監獄，竟比真實的監獄更充斥殺戮之氣……，就像高汀W. Golding在1954年所寫《蒼蠅王》小說中所說：「人類產生邪惡就像蜜蜂釀蜜。」（引自齊宏偉，2010，頁20）

《越獄風雲》這部電影呈現普通人長久置身封閉空間下，身心層層顯現的殺戮本質，以及「權慾」與「復仇」這兩種可大可小的人性劣根性，如何在特定的制度下迅速滋長，以致難以收拾。它也提醒我們：好玩的風險是弄假成真或擦槍走火。

綜合言之，理性絕對退位，帶來感性優位；片面的理性感性優位，帶來樂活優位之理性及感性無力，造成權力意志控制。學術上儘管討論得熱烈，上述理性價值或感性價值，它們本身卻不是真或善的可靠指引，歷史顯示無論基於理性或感性的熱情，都未能解放教條主義、偏見、殘忍的心靈。除非藉靈修使兩者聖化（靈修部分見第九章和第十章），亦難有依憑，故古今中外，大多數人對理性和感性一般仍是以理性的功能揭露世界真相為何，以有節制的感性力量，去鼓舞激發，並透過靈修期望能適當地藉言語及行動回應世界或創造新局。

第二節　從心理價值看理性感性

從心理學和價值觀看理性感性呈現的問題，是一協調問題。理性感性兩種心理運作方式不同，並受著不被自己所知的潛在歷程影響，而價值衝突則凸顯理性價值、感性價值的對立，以下說明之。

一、從心理運作看理性感性之不同

(一)Epstein的理性和感性系統運作說

筆者曾指出，每當理性概念運作，就會有相應對的「感性或感受」與之對照，這感受是綜合過去的生活經驗而出現的（鍾聖校，2000）。這種說法有心理學的根據，因為照認知論的看法，情緒經驗可被視為一種「特殊的認知結構形式」（particular types of cognitive structure），這認知結構的作用是評價，由一組包含有限數目的「成分」或向度（dimension）來表徵。Frijda（1987）已發現情緒的評價向度（appraisal dimensions）中，至少有七種是有明顯作用的，包括：(1) 影響（impact）；(2) 趣味；(3) 全面性；(4) 確定性；(5) 不確定性；(6) 責任性；(7) 關聯性（詳見本書第五章第一節情緒部分）。換言之，理性每次運作時，需要與過去綜合的認知經驗對照一番，這綜合經驗，蘊含了上述七種向度的評價結果，「包裹」在情緒表徵之下，從外面看，是這人的喜怒哀樂愛恨等感受，殊不知其中埋藏著個人隱晦但仍活動的生命經驗史。這歷史總結成為或「趨前」，或「向後」的力量，在呈現或表達上與理性極為不同。Epstein曾整理理性和感性系統之差異對照表（Birtchnell, 2003, p.60），如表4-2。

表4-2　Epstein的理性和感性系統差異對照表

理性系統	感性系統
·分析	·整全
·理智導向	·快樂－痛苦導向
·邏輯式連結（logical connections）	·聯合式連結（associationistic connections）

‧抽象表徵 ‧訊息處理慢	‧意象、隱喻、敘說 ‧訊息處理迅速
‧容易改變 ‧高度分化 ‧高度統整	‧改變有難度 ‧能類化的情況較廣 ‧在某些方面像死黨般統整
‧主動並具有意識 ‧要求證據	‧被動且屬前意識（preconscious） ‧其理有明顯自明之效（self-evidently valid）
‧藉評價（appraisal）進行調整	‧被過去經驗所調整

上表4-2顯示，理性和感性做為心理實體，其各相關的運作大為不同。

(二)Birtchnell的「內在感性與外在理性」二我說

依照Birtchnell（2003）在"*The Two of Me*"一書中闡揚的二我說，認為：相對於人類理性自我反省心靈的出現時間，人類的情緒和動機傾向是更早之前演化來的。他用「內在我」和「外在我」做為個體維持生存（survival）、繁衍（reproduction）和關聯（relating）的官能，其中內在我是對具有演化意義的訊號或事件作回應，例如找一個性伴侶、同盟國等等，藉著產生正向情感來確定。而當內在我的努力失敗，開始失控時，就會發出情緒訊號並通知外在我：自己已經溢出軌道了。外在我因此常是內在我情緒的受體，外在我在忙著進行演化上具有促進成長的理性活動時，不免要接受內在我的牽連，綜合形成一個人的問題。

表4-3	Birtchell的外在理性我和內在感性我功能比較							
外在我 （理性）	有時 間感	有目的 之嘗試	有計劃 的修正	有累積 的學習	語言 分析	理性 思考	控制 意識	人我 意識	區分 對錯
內在我 （感性）	立即 想要	不經思 考發作	潛意識 求生存	自然型 態辨識	感官 記憶	直覺 選擇	自動 意識	本能 情緒	自我 中心

*Birtchell的理性我和感性我原文直譯是外在我和內在我，本書加入理性感性，乃以其「意」翻譯。（整理自Birtchell, 2003, pp.15-39）

　　由於感性大腦所意識到的感受，能讓我們變得更有彈性。人最好既會運用外在理性做思考，也能善用內在感性我的認知作用，即：在沒有語言情況下也能做各種思考，藉非論述性文字的型態辨識、記憶和對相似性的再認（recognition），能知覺事物的關聯（connections）。

二、從神經心理學看理性感性的運作

(一)感性覺察常先於理性認知

　　從神經心理的運作來看，一些認知行為上的不統整來自身體感覺比認知快，感性覺察常先於理性認知。德國科普作家S. Klein在《不斷幸福論》書中曾介紹葡萄牙裔的美國科學家達馬修（Antonio Damasio）和他太太的實驗，他們曾經用簡單方式，展現情緒是在身體內先發生而在認知上後覺察的。其方法為（Klein，2004，陳素幸譯，頁38-40）：

1. 讓受試玩一種「愛德華紙牌測驗」的賭博遊戲，並在身上接測謊器。
2. 遊戲者從兩疊蓋著的紙牌中抽出一張牌。
3. 抽到好牌會得適量獎金，或稍微有小的損失；抽到壞牌，則可能得到一大筆獎金，或是一筆很大的損失。
4. 重複抽牌。

　　上述實驗安排的結果，發現大約抽了十次後，受試者開始想避開壞牌，每當他們的手伸向看起來是壞牌的牌組時，測謊器就測出微微的緊張出汗，但這時受試者既不知道也沒察覺自己身體出現這些反應，直到大約抽了五十幾張牌時，受試者才說他們覺得自己對那疊壞牌有反感；再久一點後，大約在八十次抽牌，受試者才能說出他們為何出現這種感受，並解釋這場遊戲原則。

　　理性涉及大腦的認知與計算功能，受限於生物與物質世界的緩慢速度，上述實驗可讓我們感受到理性充其量不過是一「緩慢的微處理器」，無法掌握全部的真相。

(二)理性運作受潛在歷程影響

　　理性運作其實受到自己所不知的潛在歷程影響，著名的實徵研究可說明這點。

1. 隱藏的說服

造成理性難以名副其實地「理性運作」的因素很多，最難以防範的首推潛在慾望的作祟。行銷的專業人士注意到潛在知覺對消費者的影響，以致常藉刻意操弄產生諸如古典制約效果，來促銷產品。例如，電影院故意給觀眾看一個一閃而過的廣告——「喝可樂」或「吃爆米花」，促使觀眾去買這些零食（LeDoux，2001，洪蘭譯）。事實上，早在行為主義古典制約論提出後，廣告業就常常利用操弄線索來提示情緒，說服消費者購買其產品。暢銷書《隱藏的說服者》作者派克（Packard, 1957）便表示：當被說服的人不知道自己在被別人影響時，說服的效力最好。這也是為什麼文藝性的表達，特別是透過視聽媒體，說服力比口頭說教有效。

2. 暴露效應

心理學有一項著名的關於「單純暴露效應」（mere exposure effect）的實驗，可清楚說明潛在歷程對理性感性抉擇的影響。它是指：假如受試者暴露在一個新奇的視覺刺激之下（例如中文字），然後請他們對這個已看過的刺激和另一個完全沒有看過的新刺激做選擇，結果是受試者都喜歡先前看過的刺激。這項實驗表明：只要暴露在刺激之下，就足以產生偏好（LeDoux，2001，洪蘭譯，頁66）。由此可以理解為何社會新聞那樣容易影響人的價值判斷，實在是人在潛意識已經認同新訊息。進一步想，也就難怪現代人活得那麼辛苦，因為拉扯的力量太多太大，且許多是互相衝突矛盾的訊息。希望自己能善用理性情感的人，實應警惕自己潛在地正吸收著什麼訊息，或被什麼訊息左右。

3. 重複效應

Klein（2004）曾引述慕尼黑神經生物學家彭賀福（Tobias Bonhoeffer）在1999年腦神經傳導實驗的發現，指出我們所感知到、覺察到、思考到的一切都會改變腦部，刺激會產生新的傳導路線，因此神經元即使沒有收到「理性意識」決定「去學習那項事物」的指令，「學習」也會在某種程度自動發生，可以說「重複」是學習的關鍵（引自Klein，2004，陳素幸譯，頁94-95）。此實驗顯示重複是學習的關鍵之外，重複也是行為的關鍵，神經元被刺激的頻率愈高，愈是會產生持續性的連結，而經常出現的感受會深植腦海，感受會在腦中留下痕跡，久之成為習慣，不經思考就會反應或行動，造成日常生活中所見到理性不敵感性的現象。

三、從價值研究看理性和感性之協調

(一)有關理性感性價值存在的實徵研究

在Razdevsek-Pucko & Polak（1998）的書中，曾介紹東歐國家斯洛維尼亞的盧碧雅納大學（University of Ljubljana）心理系教授Janek Musek 的價值研究，從1993年開始，他用因素分析法調查人們對各種價值重要性的評定，分三次對十八至八十歲不同年齡層男女施測，所詢問的價值從原先二十二個擴大為三十七個，後來更擴大到五十四個。受試人數和被分析價值數如表4-4。

結果發現，一百三十三位受試對三十七個價值的評定（rating），經過因素分析，所抽出的十種因素，可以解釋全部變異量的76%，而若將全部五十四種價值、一百九十八位受試者的反應全部計算在內，可以解釋九個因素。所有這些因素或價值取向可以再被整合成一個具有兩種超價值面相（two value super-dimensions）的階層結構（頁146），其內涵如圖4-1所示。

從圖4-1可發現，感性衍生的價值基本且單純，包括：快樂、力量、感官、地位等四種價值型式（four categories of value types）；理性衍生的價值則複雜且多元，包括：含在道德價值中的忠誠、民主和傳統價值，以及含在實踐圓滿價值中的宗教、文化、概念和自我實現等，從圖4-1由上而下第三層開始計算，共九種價值取向（nine value orientations）。

上述九種價值取向，是人類文明演進過程彌足珍貴的果實，但理性思考是否如科技成就那樣耀眼，以致可相信它在我們日常生活中隨時扮演重大決定角色呢？依據1997年7月號《美國心理學家雜誌》（*American Psychologist*）「意志和行為」專號，人一生中平均所做有意識思考決定的行為，不超過全生涯使用心理能量的5%，可見理性思考相對於其他生活適應方式，如經驗法則，亦即順著快樂、力量、感官、地位等四種感性價值型式做判斷抉擇，是相當微弱的。

表4-4　參與歷次價值因素分析的受試人數和被分析價值數摘要表			
價值數	22	37	54
受試人數	90	133	198

圖4-1 因素分析所得感性與理性價值內涵對照圖

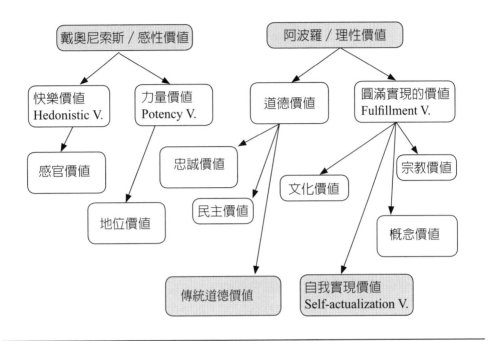

*引自Razdevsek-Pucko & Polak, 1998, p.117

(二)後現代使理性感性「不統整」正常化

本書強調的「統整」是指在組織中，任何兩造之間關係和諧且正直的狀態。以下說明為何後現代價值觀強化社會和人格的不統整現象。

1.理性感性不統整的普遍

依據統計，2005年全美網路上被查詢得最多的一個字是「integrity」，其義為統整或正直。不統整肇因於對衝突或矛盾解決方式的見解。其中衝突（conflict）是指兩個需求或目標朝不同的方向拉扯，而由於其方向不同，常引起個體的猶豫，導致焦慮，衝突雖不見得會帶來知行或言行不一，但確實增加此類行為表現的機率。

奧地利格氏塔心理學家勒溫（Kurt Lewin），曾研究團體規範及角色對團體分子行為態度的影響，認為人類主要的衝突有三種型式：雙趨衝突、雙避衝突與趨避衝突（Lewin, 1948）。雙趨衝突，如俗話「魚與熊掌不能得

兼」，兩者都想要，但只能擇一；雙避衝突，則如遇到搶匪問：「要錢還是要命？」失去金錢和失去生命皆人所不願，卻必須接受其一；趨避衝突，則如許多女生又想吃又怕胖，「既期待又怕受傷害」。衝突總讓人難受，必須想法子解套；後現代人們大體是以特殊的價值詮釋方法，試圖消解之。

2.後現代社會鼓吹不確定和分裂的價值

後現代社會產生的時間雖然尚無明確的分界點，但大多數公認為二十世紀六〇年代。這「新的」的社會特徵與之前的，可能有些重疊，但後現代大師哈山（I. Hassan）所指認的十個特徵（①不確定性；②分裂性；③非神聖化；④無自我性；⑤無深度性；⑥不可呈現性；⑦不可表象性；⑧反諷；⑨雜交；⑩狂歡性）中有兩個：不確定性和分裂性，的確是使它有別於現代社會的重要性質（引自李奉儒，1996，頁30-41）。

(1) 不確定性：後現代主義並不確定應做或要做什麼事物，一切事物都是相對的，各種不確定性滲透人的行為、思想及解釋之中，從而建構人類社會；

(2) 分裂性：分裂性是不確定性的來源，後現代主義相信斷裂的碎片，對於任何形式的總體結合而言，可能是好的，故對要求「統整」，持反對攻擊的立場。

3. 現代人難逃後現代價值的影響

一個參與全球性競爭的國家，只要大量透過「數位化科技溝通」傳播，無論屬於下述哪種發展階段，都可能出現後現代社會現象，包括採取在後現代瀰漫的價值觀。

(1) 在經濟上走過現代化歷程的已開發國家。它們是從強調人在生產線上從事細密分工及人透過機械製造器物，轉變成採用電腦自動化程式控制生產的一切，再進而以數位化科技溝通、傳播、管理；

(2) 正在開發國家。這種國家雖未走過現代化歷程，但也已經採用數位化科技溝通傳播管理；

(3) 以跳躍式進入採用電腦自動化程式，控制生產一切的未開發國家。

(三)後現代價值觀強化的三類經驗

後現代價值觀的特性，加劇人們產生理性情感不統整的經驗，此經驗又可分為三種：拼湊式經驗、假經驗或虛擬經驗、犬儒經驗。但這三種都被詮釋正常化了。

1. 拼湊式經驗（collage experience）

拜科技之賜，目前人類的生活經驗類似兒童的拼貼圖畫，大眾傳播媒體將各種經驗無遠弗屆地傳送進入人的生命，以致時時刻刻經驗到的情緒，可能大異；從養電子雞到打電玩，人可藉電腦進入虛擬世界，虛擬如真實，以致出現很多假經驗。周小仙（2009）在〈開心農場背後的寂寞〉一文曾說：「忙碌的現代人，藉由虛擬的田地耕種（按：打發寂寞），但開心務農的背後，卻是速食社會被迫遠離人群的寂寞。說來諷刺，縱使開心農場紅遍全臺，但有多少『農友』曾親臨真實農地，俯身感受土壤自然散發的清香？開心農場不只種田方式改變，……連……反而是從田地生長，經土地親吻的鮮蔬，逐漸消失於餐盤中。」研究發現：目前人不講究事情真實否，而在意是否經驗過，誤認尊重經驗，是對各種離奇的事不加批判，真假不分、多才好，對不統整習以為常，亦即拼湊式經驗已經被接受為正常的行為。

2. 假經驗

香港學者溫偉耀（1998）於所著《濁世清流》一書中提到：拜數位化科技之賜，現代開始流行的「虛擬性真實」（virtual reality, VR），這個詞更為直率而貼切的譯名應該是「假經驗」，這些經驗的「刺激性」往往比真經驗更為真實，即使經驗的本身是假的，但「經驗刺激性」是真實的。舉例來說，玩VR電腦遊戲的人，只要戴上頭盔，眼睛專注在電腦螢幕上，用手按鍵選擇有關項目後，整個人的思想便可以進入電腦的時空（cyber space）。如果按鍵選擇了往古堡、戰勝巨龍的武士程式，當戴上頭盔後，便可看見自己身穿著鐵甲，手握著矛，還會看見面前屹立著一座古堡，左右環視，可看見周圍特殊景物，巨龍潛伏其中，感覺極為真實。溫偉耀這樣寫道：「我深信這種遊戲在未來的數年會越來越受歡迎，因為這是一種不需要付出代價的刺激遊戲。」（頁25）證諸今日在網路臉書的電玩「開心農場」，此言果然不虛。

溫偉耀進一步指出：「將來會有越來越多這種『假的真』，這些經驗會帶給人們強烈的感覺，但經驗本身並不是真實的東西。心理學家已告訴我們，這樣的心境會令現代人越來越不信任經驗，漸漸不知道什麼是真？什麼是假？孩童可以很容易使死了的電子雞復活，生、死、病、餓、開心、不開心、哭、笑、痛、危險……，這些東西越來越抽離於我們傳統人直接的感覺。」（頁26-27）

然而追逐上述現象，人們將會越來越願意信任一些不一定可以被證實的

經驗，明明是假的經驗，也願意相信，也會特別樂意接受和探索一些過去的人會覺得無聊的經驗。

3. 犬儒心態

後現代人士對資源分配的反應，大致有三部曲：從積極爭取到消極賴皮到犬儒心態。積極爭取訴求的內容和方式很多，其中有種訴求是爭取權益，方法極多，有正當而適當的，有奇巧曲折甚至歪理強行的。

(1) 犬儒首部曲─耿耿於懷各種不公平現象

臺大教授石之瑜（2008）曾指出：「如果人在受迫害剝奪的情境之中，感覺社會欠他們無窮，尋求彌補或討公平的行動，也會無止盡，某些矛盾的事便會忍不住做。」武俠小說中各門派，常因恩怨，長期彼此尋釁報復，是典型的表現。石之瑜進一步指出，這種行為會導致兩種需避免的偏差，一是：以週期性矛盾的情感與認知，說服自己沒有錯誤或不當行為，並常常操演這種行為，帶來的結果是產生「人格問題」；另一可能是：如果理性情感沒有矛盾，則需小心帶來的結果是產生「道德問題」，最終導致犬儒心態。

(2) 犬儒二部曲─憤世嫉俗

犬儒心態是指犬儒主義者所懷的心思和態度。這種心態特徵是愛譏誚嘲諷，憤世嫉俗，玩世不恭。從憤世嫉俗到玩世不恭，犬儒一詞的演變十分微妙。一般來說，憤世嫉俗總是理想主義的，玩世不恭則是徹底的非理想主義，為何徹底的理想主義者竟轉變為徹底的無理想主義，有關犬儒主義被廣為引用的名言是哈理斯（S. J. Harris, 1917-1986）所說：「犬儒不只是在過去飽嘗辛酸，犬儒是對未來過早地失去希望。」許多憤世嫉俗的理想主義者在看待世界時，缺少程度意識或分寸感，對他人缺少設身處地的同情理解，不承認各種價值之間的緊張與衝突，這樣，他們很容易把世界看成一片漆黑，由此便使自己陷入悲觀失望，再進而懷疑和否認美好價值的存在，最終則是放棄理想，放棄追求。

具犬儒心態特色的想法是：世界既是一場大荒謬、大玩笑，我亦唯有以荒謬和玩笑對待之。一個理想主義者總是在現實中屢屢碰壁之後才變成犬儒的，他們在行為上以怪異和反常的行為向現有的秩序、制度、觀念、習俗挑戰，精神上則躲進個人的心靈深處尋求寧靜和快樂。犬儒主義者的出現也有可同情之處，它反映心理缺乏足夠的力量與信念，不相信真善美能被自己和集體的努力創造出來，而這種信念不足是與缺乏集體的奧援有關。若現實的困境不能被傳達到公共空間，私下的議論無法轉化成公開表達的辯論，缺乏

社會組織來將不滿轉化成正常的行動，公開性、組織性的集體力量就無法形成，此時人們只將不滿發爲嘲諷了。

(3) 犬儒三部曲一在嘲諷中滿足改善現實的欲望

許知遠（2010）指出，在二十一世紀，許多人生活在一個二元世界裡，人們可以在餐桌上、在閒談時咒罵與譏諷現行的體制，甚至變成了一項娛樂，但有些社會在公共場域很難看到、聽到這種不滿，到處是國家富強、和諧社會的讚歌。社會似乎進入一種狀態，人們對問題會表示不滿、充滿譏笑，卻又很少人準備眞的改變它。當整個社會陷在犬儒主義的氛圍時，嘲諷便足夠產生滿足，似乎在嘲諷中，人們自認已經改變了現實。

第三節　從教育觀點看理性感性的統整

教育有三規準：合認知性、合價值性，及合自願性，教育工作者從某方面來說必須是樂觀的，如此才能幫助受教者面對並解決問題。如前所述，本節所謂「統整」，是指在一個能靈活協調的組織體中各成分能諧和並正直。就人性中的理性和感性而言，教育工作者首先要建立下列知能：

一、肯定理性需要感性的奧援；二、去除對理性感性統整的有關迷思；三、認識理性抉擇的侷限性；四、認識信念評價中介於理性和感性運作；五、能以「合普遍良心價值」的信念來評價，六、能善用理性感性之上的靈性畫面。

一、肯定理性需要感性的奧援

有關理性運作和感性運作彼此關係的說法，可從理性必須有情感才能實質地運作來談。這方面大致有四種觀點，包括：引導一推動觀、需要觀、交融觀和涉入觀。

(一)引導一推動觀

美國著名的精神科醫生韋約翰（John White）從生命教育的立場指出，「我們理智上相信的事物，往往對我們並非那麼眞實。例如，可能知道高速駕駛危險，但仍超速開車；知道自己該節食，卻仍安慰自己吃點炸薯條無

妨。有時我們需要脈搏加速，經歷頗大的情緒起伏才能真正面對現實。」（White，1997，盧家定譯，頁132）他認為適宜的情感能推動我們，使我們依照所理解之事做出反應。韋約翰的這種觀點可稱之為「引導—推動觀」。

(二)需要觀

英國教育哲學家Peters（1973）則提出「需要觀」，認為理性至少需要三種情感支持：

1. 喜愛系統分類與秩序；
2. 喜愛通則以及清楚、透徹、一致的說法；
3. 反對訴諸權威、武斷或不經思考就盲目接受的習性。

(三)交融觀

不同於Peters提出之「需要觀」，Scheffler（1991）提出的是「交融觀」，他用「合理性的熱情」（rational passions）這項概念來說明理性含帶情感，認為一個理性者，其認知過程不僅合乎理性思考和規準，而且還帶有特殊熱情——理性熱情，像是對真理的熱愛、對謊言的輕視、對於推理正確性的關注等，理性熱情加上思考、行動、評價的行為組型，即稱為理性性格。

(四)涉入觀

Little（1995）則提出比Scheffler「理性熱情」更強烈的情感觀，姑且稱為「涉入觀」。她主張：若想要探究真相，一定得從情感涉入的立場去理解，例如，必須有關懷、關心、愛、生氣、討厭、憤慨等等，認為它們不僅有助於理性思考的視野，根本就是運作的必要條件。至此，讀者將發現那些似乎原屬理性要加以節制的負向情緒，如生氣、討厭、憤慨，也並非都是不好的東西。換言之，為了明瞭真相，理性運作必須涉入處境，也因而同時含帶情感。

從以上論述來看，無論對理性感性關係持引導—推動觀、需要觀、交融觀或涉入觀，理智必須有情感才能實質地運作。

二、澄清對於理性情感統整之迷思

　　促進理性感性協調統整，避免人格分裂，是從事情意教育工作者必然關心的議題，但有兩個迷思需廓清。

(一)迷思一：理性情感是獨立實體，可直接磋商協調

　　人看待事物往往有種擬人化的傾向，類似皮亞傑理論所說前學齡孩童的萬物有靈論，對於能自己做出動作或移動的物件，會傾向認為有生靈在其中。人對於理性感性兩造（即這兩種心理實體）的感覺也是如此，使用此二概念時容易假設為感性可以被理性節制。在生活的實踐方面，通常理性的功能重點在揭露世界真相為何，感性慾望的重點在推動現象或改變現象。若比較理性和感性運作的效果，似乎是理性比感性較受到信任、被接受且被看好，以致人們常提醒彼此：在讓自己的感性出馬前，最好先給自己一點時間，用理性三思之，以便適當地回應世界。然而，在實踐的世界，理性思考並不像一般深信的那樣智慧，以致總能居高節制情感，做出漂亮的、智慧的、明智的抉擇。

　　歷代皆有將理性感性兩者視為獨立的實體，彼此不包含對方的想法。這種將理性感性兩者視為獨立實體的觀念，在晚近已修正為互相滲透對方，但理性感性兩者仍不能單純地靠彼此同化、順應，達成協調乃至統整，原因在於理性感性的協調，決定於評價機制所根據的價值信念。

(二)迷思二：理性感性深植於個人內在

　　人從自己的思維和意志操作的經驗，視理性感性兩者原屬個人內在的心理實體，人們心中皆有一把尺，各憑良心作判斷。但人畢竟身處社會，生活其中，柴米油鹽樣樣都與他人發生關係，故理性感性之操作必然是被置於一種處境，受著處境中的文化價值、規範、禁忌等觀念影響。人之理性情感固然深植於個人內在，但人成長於社會，在相當程度上，人其實無法獨立自主，其表達方式深受外在影響或操控。

三、理性抉擇有效的侷限性

(一)不一定有志竟成

在東西方都有諺語表示「有志竟成」（Where there is a will, there is a way），然而理性抉擇發為意志，在行動中是否真的具有這麼大的影響力值得懷疑。許多基督徒明白，人常常是「立志行善由得我，只是行出來由不得我」（羅馬書），他們認為若行得出來，多是靠神的恩典。人們通常以為可依靠有理性意識的意志（conscious will），但目前心理學家發現，理性行為並不像我們所認為的，真正在行為過程中扮演主導地位，Wegner & Wheatley（1999）曾經分析指出：有意識的理性抉擇含有三種前提，即優先性、持續性、排他性。

1. 優先性

有意識的理性抉擇是有思考的，是依據思考而行動的，就優先性而言，指該思考是要在某一段適當時機中，出現在行動前面。

2. 持續性

有意識的理性抉擇，其思考是與行動相配合（compatible）。

3. 排他性

有意識的理性抉擇其思考是明顯行動的唯一原因。

(二)理性抉擇之影響非想像那麼直接

上述Wegner & Wheatley所探討有意識意志行為的行動路徑，顯示思考對行動並不如想像那麼直接，可從圖4-2看到。

圖4-2顯示，行動的無意識路徑可直接影響行動，是行動的實際原因路徑之一。但透過理性思考，其途徑需要經過多重轉折，包括在圖4-2左上邊，先由無意識的路徑上升，促成思考的無意識原因，然後再透過實際的原因路徑產生思考，再由思考跨越意識性抉擇經驗產生的明顯原因路徑，最後產生行動，如果一個思考導致行動，需要繞過這樣迂迴的途徑，顯然它與行動的無意識路徑相比，在影響實際行動方面速度較慢，因此這兩位學者的看法是：「真正我們的思考抉擇是受無意識習慣的影響。」

圖4-2 思考抉擇的理性意識和無意識路徑

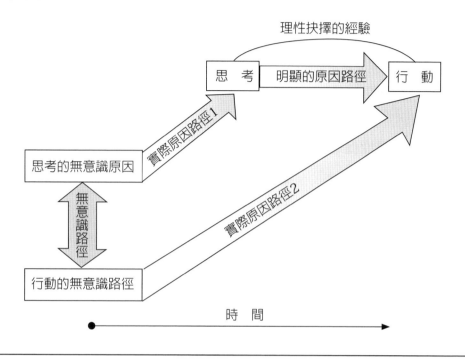

*引自Wegner & wheatley, 1999, p.483

四、以信念的評價機制中介理性和感性

(一)統整理性感性之信念和語言的關係

　　理性在對狀況進行評價時，其實深受價值和信念影響。理智絕不是像其詞彙顯示的那麼理性，它並不是中性的概念，Peters（1973）就表明：它是公共程序的內化，涉及批評、產生異例，和提出不同觀點的程序，它的傳播媒介是語言。而如何讓這語言發揮理性作用，是各階段教育努力的重點。舉例來說，根據Peters的見解，西方社會在培養理性中運作的情感時，主要力量放在杜絕錯誤或厭惡武斷，如：厭惡不相干的事物、厭惡私人特別的請託、厭惡專斷的命令、質疑訴諸權威、質疑神旨，或質疑傳統的情感。東方則比較注重理性思考內的實際內容。

　　理性感性評價機制的內涵是價值信念，而影響價值信念的重要管道，除身體五官、古典制約之外，最常見的是語言。當語言表述為命題，又能促使人相信它是真的時候，就成功地蛻變成信念，成為評價的依據。Little（1995）提出之相信和信念的定義，即表達了這種看法：

1. 「相信」是對於命題有一種「認為它是對的」之態度。
2. 「信念」的方向是嘗試回應世界的樣貌，認為自己有義務考量和回應命題內容的真實性。

(二)追求能促進理性感性統整的價值內涵

　　理性感性統整的前提是信念中的價值內涵，它們會影響協調統整的努力及結果。美好價值，簡單的說，是不同優點、長處（strength）或美德（virtue），依照其使用領域，可區分為認知價值、情緒價值、倫理道德價值、藝術價值、公民價值等等類別，以及能促進創造人格統一（coherence）的價值。例如，Peterson and Seligman（2004）綜觀各種不同說法，提出的一份「行動面相的價值」（Values in Action），簡稱「行動價值」（VIA），其分類是將二十四種能促進人格統一的價值，分別歸入六個核心美德，茲整理其內容如表4-5所示。

　　表4-5只是一個促進統整的價值信念例子，不同的精神追求、精神聖化或靈修歷程，得到的評價內涵也會不同。要言之，對於價值採取的信念，會影響理性情感統整狀況。

表4-5　能促進人格統一幸福的行動價值摘要表					
智慧與知識	節制	人道精神	公義	勇氣	超越
・對世界感興趣	・自我控制	・富有人性	・市民素養	・勇敢堅持	・能欣賞美
・愛好學習	・節省	・仁慈	・公平	・誠實	・能欣賞卓越
・心靈開放	・謙遜	・有愛心	・人性領導	・人格統整	・幽默會玩
・有創造力	・饒恕憐憫	・社會智能		・熱心有活力	・有宗教性希望感
・有視野遠見					・具宗教性會感恩

(三)承認人的價值信念與良心抉擇有關

　　理性評價機制的形式主要是依照邏輯、使用通則、計畫、遵循規則，進行推論判斷。感性的評價機制則是對事件做一種規範性判斷（Calhoun, 1984）。規則和規範的內容是社會化過程的重要議題，無論認知教育或情感教育都需要能促進人的評價，使之基於適當的信念，並盡可能免於迷思的、混淆的信念。人會接受哪些價值薰陶、教養，雖與接觸的人事物和環境的機遇有關，但人仍然可以順著良心慎重抉擇。

　　人的信念常無法跳出自我的窠臼，無法從有長遠或有高度的視野做評價。例如，T. Molnor在1982年出版的National Review曾提到沙特（Jean Paul Sartre, 1905-1980）在晚年思想有了改變，曾表示：「我不覺得自己是機械碰撞的結果，也不覺得自己是滄海之一粟，而是一位智慧者的特意設計。」在1980年臨終前，他對自己的醫生，一位天主教徒懺悔：「我很後悔留下這麼多作品，影響年輕的一代（按：指價值觀）。他們把那些思想看得太認真了！」而沙特的存在主義朋友及同儕，對他這番話，一方面不知所措，一方面也刻意掩飾，說：「我想他得了老年癡呆症吧！」（引自陳慶真，2002，頁141-142）沙特的懺悔啟示吾人，接受外在價值成為自己信念時，應該謹慎。不是「名人」說的就算，照單全收可能付出沈重的代價。

　　綜合言之，做為理性情感評價機制內涵的價值信念，是理性情感協調統整的決定性因素。可惜的是，基於美好的價值和信念去進行評價，並不是人類天生的氣質。一個人若處於嫉妒的心靈結構中，其所有的信念會被操縱成符合他那時的心情，而社會群眾的口味也會被商業廣告塑造，例如香港媒體觀察家曾這樣評論：「香港人的社會似乎越來越對事實不感興趣，只喜歡聽八卦新聞，最好就是娛樂到死。」（王乃福，2006，頁12）鑑於評價的規範最終是透過語言傳達，Little（1995）便主張為提升理性感性的評價能力，應重視語言。她鼓勵人們要用心去體會敘說者的描述，以便提升對其價值取向的瞭解，藉多看多讀的學習，認識不同處境中可能發生的情感及處理方式，從而加強鑑別力。做了上述努力，剩下的就靠信念堅持，有時命運或運氣會讓人經歷一些非凡的事，甚至苦難，若能憑著自己靈修抉擇相信的信念，順著良心走下去，自然能走出路來。

五、以「合普遍良心價值」的信念來評價

(一)丹麥事件的提醒心——實踐言論自由時，必須尊重不同的信仰

　　根據王嘉源（2006）綜合外電報導提到，丹麥《日德蘭郵報》率先刊登穆罕默德的漫畫，引發回教世界的不滿，印尼強硬回教組織「捍衛回教陣線」抗議群眾，甚至闖入丹麥大使館所在的辦公大樓，發洩心中的不滿。引發的風波越演越烈，歐洲多家報紙紛紛轉載漫畫，聲言要捍衛新聞自由，使得這一爭執進一步激化，甚至被人形容為世俗派西方民主政體與伊斯蘭教社會之間的一場「文明衝突」。

　　據說答應丹麥《日德蘭日報》邀請的十二位漫畫家，在知悉阿拉伯回教世界人民的激烈反應後，非常懊惱，他們畫漫畫的酬勞不過臺幣一千餘元，卻遭致這樣大的韃伐，而且是在素以言論自由著稱的歐洲發生，簡直匪夷所思。因為據稱，基督教信奉的耶穌基督被侮辱的頻率，在美國是每「週」發生的，在歐洲則根本是每「日」出現的。怎麼歐洲人在自己社會實踐個人的言論權利，竟然爆發成整個中東世界對歐洲世界的憤怒？

　　胡晴舫（2006）指出：伊斯蘭信仰能將信徒緊密連結，無論是感情、信仰或生活方式，都讓全世界穆斯林如同來自同一個家庭，以致客觀上，一個穆斯林雖得到所處之當地政府（如德國、法國、丹麥等）的善待，如發給綠卡、護照約定、提供工作或工作機會保障，他們主觀的宗教情感，及客觀的在移民社會的邊緣處境，很容易引導他們回頭尋找自己的情感歸屬，而不是當地移民社會所給的理性契約。對於2006年意外風波的癥結點，胡晴舫用「溢出文本框架的社會討論」概括，也就是歐洲媒體堅持在自己社會的言論習慣，卻未意料自己的討論文本流落到歐洲之外，被遙遠的「他者」知道，冒犯了他者的文化尊嚴。

　　這樣看來，理性情感協調統整需要在處境中被考驗，看看理性是「只能做」歸納和演繹推論的能力，或是「還能結合」在特定時空應有的恰當情感，包括同情的理解，從而帶出一種清楚可辨、含有對事件正當的判斷，並發展為動機，構成進一步的行動。

　　總之，理性情感兩者都需要被置於一種處境，讓處境中的文化價值、規範、禁忌等觀念中介或主導。溢出文本框架之理性情感對話不是雞同鴨講，

就是容易帶來誤解。

(二)透過教育學習如何看待「道德的人但不道德的社會」

1. 避免一切理性思考以利益為導向

有首歌的歌詞是這樣：「……每個人都是大陸土地的一部分，屬於不可分割的整體。」在個人主義的時代，我們常常會說那是某人自己的問題，但人生的基本事實是：我們彼此相屬，互相影響，也彼此依賴。當人心情不好、不想理會別人時，周遭都會受影響。簡言之，抽離處境，理性情感皆不可能適當運作。

尼布爾（R. Niebuhr, 1892-1972）曾著《道德的人與不道德的社會》一書，論到集體的道德比個人的道德更為薄弱，國家民族種族和階級等，這些社會的集體都是自私自利自大和僞善，如果我們以為每個人都行善，社會就會成為一個道德的社會，尼布爾說那是一種迷思，因為人在利益衝突時就可能變臉，甚至變成死對頭，此時惟有靠良心堅持（Niebuhr，1982，楊繽譯）。良心如何堅持呢？一般說來，是靠教育提供的人類奮鬥歷史中，各種美善的範例和信念。

2. 提醒人可以用正向理性思考、創意方式面對不如意

以正向理性思考處理人生困頓，並非否認負面情感，如恐懼或悲傷。恐懼或悲傷不一定是缺陷，重點在如何處理；若處理的方式恰當，有時反而是到達幸福彼岸的橋頭堡。John White指出，對事物有適切的情緒反應才是身心健康的指標（White，1997，盧家定譯，頁140）。鑑於情感反應必須與現實相稱──恐懼是為危險，悲傷是為受苦，喜樂是為我們能更好的掌握美善的本質，人在面對現實許多不公不義及令人擔憂的事，當然應該恐懼或悲傷。但需要相信總能以「正向態度」度過的信念支持，2005年紅透東西方的奇幻小說《哈利波特》，在2011年上映完結篇時，結局就隱含著總是倚靠正向力量必能勝過邪惡勢力。

(三)肯定「瞭解彼此界線」的重要

延續上述穆斯林漫畫事件提供的爭論，可知對一個價值情境，可能有不同的詮釋，當兩個人或兩種人面對相同的情境，有著相同的道德條件，卻又有不同的反應時，表示他們以不同的方式概念化情境，以不同的觀點來理解情境。胡晴舫（2006）歸納回教徒的想法，主要是：「你所謂的言論自

由傳統是你家的事，就像我的神聖信仰是我家的事，我們的家規就是你不得做出污蔑回教徒的行徑，我並沒有要求你遵守伊斯蘭教義，我只求你別碰不屬於你的文化系統，你不懂，可以，但至少學會尊重。」（中國時報2006.2.8.A15版）當雙方論點均言之成理卻出現對話死局，原因可能是雙方都鎖在自己的社會脈絡裡，根本沒有意願進入對方的社會脈絡，忽視對方的禁忌。這種不被理解不能溝通的困境，日久，自然逐漸累積出更多負向情感。

(四)認同需要在文化接觸中，學會瞥見彼此並相遇

學會瞥見彼此，指能透過網路等先做知識性認識，然後，學會怎樣「相遇」，即真實的進行交往。當歐洲媒體以「言論自由」為自己的立場捍衛、辯護說：「我們有權醜化上帝」、「我們是生活在大思想家伏爾泰（已故法國著名的文學家、無神論者）的國度，而不是精神領袖霍梅尼（已故依朗的回教精神領袖）的國度。」他們表現的，是用自己的信念做為自己的神，在為自己發言。胡晴舫據此指出單純依賴自身理智情感協調之不足，她這樣說：「知識常帶給人虛假的自信，以為擁有解讀全世界的能力，當文化資訊開始流竄，固然開啟了對話之門，也同時打開各扇通往誤解的窗子。挑選自己習慣的資訊，用來鞏固自己既有的偏見。」（中國時報2006.2.8.A15版）在真實的生活世界，人需真誠而且迫切地學習相處之道。

六、善用理性感性之上的靈性面相

前述價值信念的建立和調整涉及機遇問題，機遇表示有靈性層面的努力或邂逅。靈性是一種包含理性和感性的精神聖化歷程。成熟的理性感性統整指標之一，是能接受人以適當超越式靈修方式，面對苦痛或不如意。（有關靈修之深入探討，詳見第九及第十章）

(一)藉靈性使「恐懼」發揮正向效果，讓理性感性有所節制

Little（1995）曾大膽地指出：一個人若無法在道德上知道「當他做壞事會被懲罰，卻開始使用道德字眼時，這個人總是無法真正瞭解『壞』的意義，所以對環境中的善與惡都無法正確回應，也無法自主分辨情境是殘酷的或仁慈的」（p.128）。假如懲罰是「不作惡」的必要條件，懲罰豈不也是

「恐懼作惡」的必要條件？行爲主義的負增強效果能夠發揮，就是建立在對懲罰的恐懼，而促成人表現出好行爲。

　　法學院學生在考慮有關涉及心理上不能控制自己行爲的法律時，通常會提出一些假設性法律測驗問題，來驗證被告「無法自制的程度」。問題包括：殺人的衝動能否受到控制？例如，有一種爲「警員在視線內出現」的問題：「假如殺人犯有殺人的衝動時，州警在他視線範圍內出現，他會怎樣？答案是：在那一刻，本來無法抗拒的衝動很容易就可以制服。」此測驗表示，人在擔心行動將發生對自己不善的後果時，會調整行爲使符合社會規範（White，1997，盧家定譯，頁136-137）。故《嫉妒與社會》的作者H. Schoeck乾脆表示：人之所以能表現道德行爲，是因懼怕觸犯禁忌（Schoeck，1995，王祖望等譯）。由此看來，恐懼其實有正面的功能。

(二)藉靈性使敬畏發揮正向效果，促進理性感性統整

　　負向情感，特別是敬畏，有時不僅需要且是好的，當恐懼應當恐懼的，像天主教神父所說「聖畏」（按：指敬畏聖潔而善良的神）而不是「奴畏」（按：指怕可能傷害你的惡人以致討好他），則恐懼實在是好的。在基督教《聖經》中常看到兩個名詞：敬畏和敬虔。敬畏是指心靈內在的態度，敬虔是表現出來的外在行爲。一位匿名基督徒說：「當傳道人不把罪稱爲「罪」時，人們就開始向罪拋媚眼。」（When preachers do not call sin, sin, the people begin to wink at sin!）基督徒認爲：若有敬畏聖潔和良善之神的心，就不願或不敢犯罪，以免得罪祂，失去祂的眷顧和愛護；敬虔則是在外表的言行、舉止、動作上，要有合乎眞善美及愛心的行爲。傳統儒家亦強調「敬重」的工夫，如居處恭、執事敬、敬事而信等。人們其實相當受益於訓練有素的敬畏，否則生活中各種潛在的危險，將因疏忽怠慢而釀成大禍，小則醫生護士開錯處方、抓錯藥，致病人於黃泉；大則投資公司資料輸入錯誤，掀起個人或全球金融大恐慌。

情緒管理、情緒創造與幽默感

前言

　　情緒經常被認為帶有強大力量，「潛伏的情緒足以顛覆有序生活」、「情緒是一種擾動」……依Averill（1980）的統計，在日常生活語言中，具負面涵義的情緒字眼數量大約是正面涵義的一至二倍，似乎人的負面情緒比正面情緒多而且細膩，以至於要用比較多的詞彙來形容，故談到情緒管理，通常立即想到的是負向情緒管理。但如果在該有負向情緒反應卻沒表現時，也會引來非議，例如，曾任臺北市文化局局長（2000-2008）的龍應臺（1984）曾寫一文「中國人你為何不生氣」，想要激發一個似乎麻木族群的感覺。缺乏情緒體驗的世界是平淡無味的，Lazarus（1991）就賦予情緒極高的價值，他這樣比喻：如果生活是編織物，則情緒就是它的顏色。

　　的確，情緒賦予日常溝通色彩，有情緒成分介入的談話是生動鮮明的，反之則令人感到沈悶無趣。美國史蒂芬‧史匹柏（Steven Spielberg）2001年導演的《AI人工智慧》這部電影中的機器人，因為只被賦予唯一一種正向情緒——「喜歡」媽媽，其結果是招來別人的嫉妒，帶來殺身之禍，這雖是虛構的故事，卻顯示出只有一種情緒是災難，可以說，沒有情緒的人不能算是真正的人。

　　人天生有喜、怒、哀、樂、愛、惡、欲的感受，若能善用這些情緒，以適當的行為表現，甚至加入創意，能創造情緒，不僅有益個體心理健康，更有助人際和諧。基於幽默是情緒創造的重要方式，本章文分二節，第一節說明情緒管理和情緒創造的意涵與方法，第二節說明幽默感及其培育。

第一節　情緒管理與情緒創造的意涵與方法

　　目前教學界對情緒的共識為：情緒是一組複雜的主客觀因素交互作用的產物，受到神經系統和荷爾蒙系統的調節，並有下列功能：(1) 能引起感情經驗，諸如警覺、愉悅或不快樂等情感；(2) 能產生認知歷程，諸如與情緒有關的知覺、評價和分類作用；(3) 能活化一般的生理適應，成為警覺狀態；(4) 能激發行為，這些行為通常是表達的、適應的及目標導向的。

一、重要的情緒理論

　　情緒理論的發軔可上溯到十九世紀末，經二十世紀上半葉到1970年代，在這段時間，心理學家對情緒的說法變化很大，從情緒進化說、情緒生理論，到情緒行為論、情緒精神分析說、情緒下視丘理論等。可將其大要對照如表5-1。

(一)1970年代之前通行的各種情緒理論

表5-1　　1970年代前重要的情緒理論基本觀念	
主要理論	基本觀念
1. 普魯契克的情緒進化觀（Plutchik, 1977）	接受達爾文在1872年提出的情緒進化觀，認為情緒表現是一種適應環境的方式，具有求生存及發出訊號的溝通功能。
2. 詹郎二氏情緒理論（The James-Lange theory of emotion，引自Arnold, 1968）	情緒發生之正確順序是：知覺→身體變化→情緒，亦即因為哭，而悲傷；因為發抖，才害怕。
3. 情緒的行為論（Watson, 1930）	人類雖有三種遺傳來的基本情緒，即恐懼、憤怒、愛，但人類情緒的類型會因制約反應而改變。成人對情緒刺激的反應與嬰兒大不相同。
4. 拉帕波特的精神分析說（Rapaport, 1961）	早在1926年佛洛伊德就表示，壓抑是一種強烈的防衛方式。潛意識所控制的情緒是一種源自本能量的釋放過程，拉帕波特則進一步指出，情緒的發生除了是一種心理能量的釋放之外，也常是不同的驅力癥結互相衝突的結果。這裡的癥結是指個人持有某種觀念時，所產生的豐富的心理能量，故情緒含有潛意識及意識中的自我成分，以符號（symbol）出現。
5. 堪農—巴德「情緒下視丘論」（引自Papez, 1938）	帕柏芝曾引述「堪農－巴德的視丘情緒論」（The Cannon-Bard theory of emotion）認為，情緒的生理變化應由邊緣系統（limbic system）的「下視丘」所指揮，而非「視丘」。情緒反應包含「行為」（情緒表現）及「感受」（情緒體驗或主觀感覺）兩部分，兩者可以分離。腦皮質調節情緒感受，下視丘指揮情緒表現。

　　表5-1中特別值得一提的是詹郎二氏情緒理論（the James-Lange theory of emotion），這理論是美國心理學家詹姆士（W. James）和丹麥生理學家郎格（K. G. Longe）分別於1884及1885年提出的，後人紀念他們開創性地強調情緒的生理面相，因此予以合稱（Arnold, 1968）。過去一般人對情緒的看法是：人在心理上先知覺到某些事實，引起情緒，然後這情緒再引發各種身體上的反應。詹姆士卻認為此順序有誤，應是身體的變化直接跟隨著對事物的知覺，之後，因這些身體變化產生的情感才是情緒。換言之，人是先逃跑然後才害怕，人是先臉紅才害羞。詹姆士對情緒的主張意味著：有種狀況是從感覺器官接受器所傳回的刺激，如刺耳的聲音，先引發身體臟器肌肉等明顯可感受的生理變化，如呼吸急促、心跳加快等，以及行為變化，如發抖、尖叫、逃跑……，當大腦新皮質解讀到這些生理變化，才產生情緒的感知，如驚訝、害怕、憤怒等。但要充分說明這點還有待大腦神經生理學的進步，這點大約到1990年後，D. Goleman於1995年出版《EQ》（*Emotion Intelligence*）一書，才充分為世人所認識（Goleman，1996，張美惠譯）。

(二)情緒的認知論與情緒評價

1. 情緒的認知論重點

(1) 情緒含有認知層面，情緒與認知功能密切相關；

(2) 情緒的「認知」是指，有機體對可能引起情緒作用之刺激或情境，產生知覺、解釋、評價及判斷的過程；

(3) 經由對情緒認知評價，即可決定情緒是否發生或如何發生；

(4) 藉由增強有機體認知評價的能力，即可決定情緒，表現更加合宜；

(5) 影響個人認知評價有個人因素及環境因素，包括價值、信念、人格特質、社會期望等。

2. 情緒的評價

　　情緒經驗也可被視為一種「特殊的認知結構形式」（particular types of cognitive structure）。這認知結構的作用是評價，由一組包含有限數目的「成分」—用「價」（valence）或向度（dimension）—來表徵。「價」原本屬化學研究領域的概念，用於說明原子核外的成分—電子量和核內成分——質子量，是否平衡，如果電子數少一，則為正一價，後來用於說明藥物效果的評比，當效果一樣，就稱為等價。此概念被推廣用到生活中法律的對價關係，例如判斷一頭牛等於三萬隻雞的價值。情緒心理學者借用此概念探討情緒之

評價，試圖解釋情緒間的差距（split），由於英美學術界習慣使用"Valence"即「價」一詞，故許多談論成分的研究場域仍保留該字。

Frijda（1987）曾將情緒評價的價或向度，區分為十四種，經實徵研究確定其中七種是有明顯作用的，這七種向度名稱與作用如下：

(1) **影響**（impact）**的向度**

是和實際事件之發生與否有關的變項，亦是改變這些變項重要性評量有關的變項。「出乎意料」（unexpectedness）這種情緒，負載有影響因素（impact factor），並被認為是激發警覺（arousal）的核心元素。「期待性努力」（anticipated effort）、「緊急」（urgency）也含有「影響」因素。

(2) **趣味性的向度**

趣味性（interestingness）是和「有興趣」這種情緒相應的評價。趣味性與「注意的活動」（attentional activity）及「新奇性」是一樣的。

(3) **全面性的向度**

可被假定為能解釋焦慮和恐懼間的差異，焦慮即具有全面性。

(4) **確定性的向度**

確定性（certainty）出現在愉快、涉及未來及失而復得的情緒上，它與影響性因素的內容很像，也與「期待檢查」之結果相似。

(5) **不確定性的向度**

在恐懼、害羞、緊張和懷疑等情緒中有相當分量，尤其是恐懼。

(6) **責任性的向度**

對別人的責任感在憤怒中很明顯，在對自己的心情和憂傷中亦有分量。在罪惡感和驕傲中也有責任成分。

(7) **關聯性的向度**

在「涉及重要關係」及「不在意或中性事件」這類情緒變項中，都發現關聯性（relevance）成分。荷蘭人在表達絕望（desperate）、興高采烈（elated）和悲慘（miserable）這類情緒的字，特別帶有「涉及重要關切」的向度。

(三)情緒的社會互動論

從社會互動論看情緒有下列三點意義：

(1) 情緒只有在特殊的社會文化背景中，才能顯出意義來。相同的情緒在不同文化背景下，即有相異的使用時機及作用；

(2) 情緒不能純由自身發動，而是在社會情境中經人際互動過程，將別人對自己的態度或評價（有真實的，也有個人想像的）反射回來的結果；

(3) 情緒表現有天生的社會互動功能，是人際溝通的重要媒介。以便適應環境，增加個人的生存機會。

Averill（1980）曾以類似下圖5-1的方式，說明情緒反應受到社會規範和個人期望兩層面的互動影響。

圖5-1可解說如下：

1. 情緒反應絕非單純的反射動作，也不是自然而然、必然發生的。

2. 情緒評價含有五個過程，分別為社會層面的社會規範、社會防衛，及心理層面的個人規範、個人防衛等四個過程，再加上個人認知及生理變化的中介過程。

3. 情緒之是否表現，會考慮到是否符合社會規範或個人規範，若符合則表現之，若不符則出現防衛，可能會改變行為以符合該規範。

4. 情緒會因評價過程而表現不同反應，如工具性行為反應、表現性行為反應、生理變化及主觀感受，這些反應不一定互相排斥，有時會一起發生。

阿弗瑞爾的情緒社會互動模式，相當強調社會規範和個人規範的影響，

圖5-1　情緒反應與社會規範、個人期望之互動

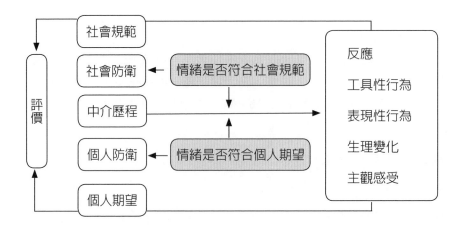

可提醒人們注意，若情緒反應受壓抑的狀態，長期下來易導致身心問題。雖然其理論似乎忽略了「直覺判斷」，但事實上當形成個人或社會防衛時，已不是個人原來眞實的情緒感受了。

(四)情緒的神經心理論

1. 情緒在神經系統的傳導路徑

　　McCraty & Rees（2009）利用圖5-2說明情緒訊息在腦部的主要傳導方式，以心臟與心血管系統的訊息爲例，需經過延髓、腦下皮質到大腦皮質。在延腦部份的孤束核（NTS）十分重要，它會將接收自迷走神經、臉部、味覺、或最後防線區（Area postrema）傳來的訊息，直接傳導至杏仁核、下視丘及視丘，同時亦通知臂旁叢結（parabrachial complex）、或「中腦導水管周圍灰質」（periaqueductal gray, PAG）。杏仁核在接收訊息方面，主要負責

圖5-2	情緒傳導從心臟與心血管系統發出訊息至大腦皮質的輸入路徑

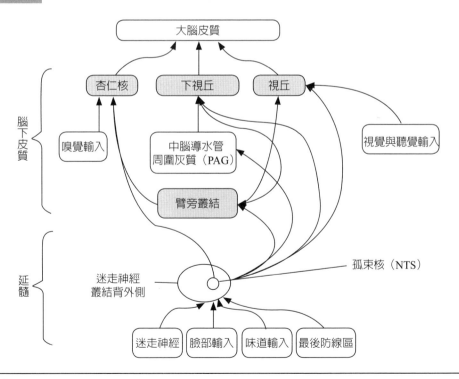

*引自McCraty & Rees, 2009, p.530

發出危險訊號，下視丘所處理的主要是動機性需求訊號，包活性慾、觸覺、溫覺、飢渴等，視丘則主要處理體覺、痛覺和醒覺（睡眠或清醒）的訊息，視丘也負責將所有看到聽到等各種管道來的訊息整合起來，上傳到大腦皮質，讓大腦皮質解讀或詮釋。最後防線區提供的訊息是有關血液監測、食物中毒、移動時的不舒服和嘔吐等，PAG則提供有關害怕或焦慮、陣痛、戰或逃、以及情感的防衛的訊息。

2. 大腦邊緣系統涉及的情緒作用

邊緣系統位於腦中的副皮質區（subcortical regions），由一群埋在顳部（即兩鬢處）的結構所組成，形成腦半球的邊緣及內表層，故稱邊緣系統。包括視丘（thalamus）、下視丘（hypothalamus）、杏仁核（amyg-dala）、扣帶迴（cingulate gyrus）及腦中的海馬迴（hippocampus），邊緣系統與相關之大腦構造位置如圖5-3所示。

高曼（Daniel Goleman, 1996）曾著《情緒智商》（*EQ, Emotion Quotion*）

圖5-3　邊緣系統與相關之大腦構造位置圖

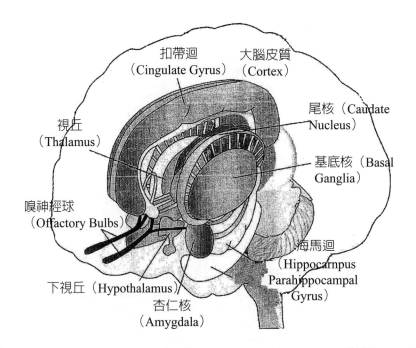

---

*引自King, A. M., & Davison, G. C. et al., 2009

一書，喚起世人對生活世界情緒威力的認識。他在書中特別提到邊緣系統中的杏仁核和海馬迴，用生動的比喻，說明兩者作用不同但唇齒相依，在實際生活的提醒上，很值得參考。

(1) 作用有如保全公司的杏仁核

高曼（Goleman，1996，張美惠譯）用保全公司比喻杏仁核，並這樣介紹：「杏仁核的設計有點像保全公司，只要保全系統被啓動，立刻發出警訊。……假設觸動的是恐懼的警鈴，杏仁核會將警訊傳給腦部各主要部位，促使分泌打或逃的賀爾蒙，動員運動中樞，激活循環系統、肌肉與消化系統。另外也發出訊息給腦幹，使臉部露出驚怖的表情，肌肉僵凝、心跳加速、血壓升高、呼吸減緩。同時將注意力專注在引發恐懼的來源，動員肌肉隨時準備做因應。

因爲連接杏仁核與視丘的捷徑完全繞過新皮質，人也可能在不自覺的狀況下，在杏仁核中儲存了一些記憶與反應模式，高曼便提到：「曾有心理學家做實驗，以極快的速度在實驗者前閃過幾何圖形，速度之快使他們根本未察覺看到任何的圖形，但之後實驗者卻會對其中若干奇特的圖形特別偏好。實驗結果顯示，杏仁核似乎儲存著人們未意識到的印象與記憶。」

(2) 作用有如客觀事實紀錄簿的海馬迴

海馬迴的功能相對於杏仁核，提供的是比較理性的紀錄，高曼這樣說明：「海馬迴的主要功能是提供明確的情境記憶……，其記憶的是客觀的事實，杏仁核則爲事實增添情緒的意涵。假設我們在公路上差點撞上對面車道的來車，海馬迴會記住這個事情的所有細節，包括當時路況、同車的人、對車的車型等，但使我們以後每次碰到類似的狀況都會產生焦慮感的是杏仁核。」（頁36）

(3) 從大腦構造也可解釋情緒性別差異的部分原因

黃維仁博士（1997）曾引用心理學上對左右腦側化功能的說法，指出兩性在感覺和語言表達上的差異。他提到腦會影響思考行爲，左半腦和右半腦間有胼胝體的連線，男性出生時因男性賀爾蒙的酸性沖洗，連線較少，女性是左右腦同時運作，男性是前後運作，所以男性較易專心。又聽和表達能力主要在左腦，感覺能力主要在右腦，女性心中有感覺，因連線多，能找到話語表達，一面表達一面產生感覺，男性則有感覺，好不容易在左腦找到一個字，說出來時，感覺已蕩然無存。這種說法亦可供對情緒表達問題的瞭解。

3. 與執行自由意志有關的前扣帶迴（anterior cingulate）

在圖5-3中有一標示在上方大腦皮質內側的「扣帶迴」之前方的部位—前扣帶迴，也是與情意關係密切，在Rita Carter著《大腦的祕密檔案》書中提到：大腦的前扣帶迴可說是每個人感受到內在所謂「我」的地方。這部位在執行自由意志時會亮起來，負責「集中注意力到不好的內在刺激上」，鴉片之所以能夠止痛，即是因為它能使前扣帶迴的激發降低。前扣帶迴有可能會「將注意力鎖在痛苦的記憶上」，了然於此，便可解釋為什麼一般治療不快樂的方式對憂鬱症患者無效，因為換個地方，如去旅遊渡假，並不能改變腦內前扣帶迴的活動。

前扣帶迴能使我們注意力集中在我們思考的事情上，它的相關部位—前扣帶迴皮質，深藏在腦溝之中，當一個人感到疼痛時，前扣帶迴皮質會大量活化而明亮起來，當我們意識到痛苦情緒時，它也會活化。故進一步說，前扣帶迴是個與情緒和注意力有關的地方，是產生意識痛覺所必需。（Carter，2002，洪蘭譯）。

在圖5-3海馬迴下方有一段標示為Parahippocampal Gyrus的彎曲部位，可譯為「海馬迴邊緣」，它也是與記憶有關。（按：英文para乃邊緣或靠近的意思）。

二、情緒管理的意涵

從教育觀點看，情緒管理的重點在促進情緒適應，其內容可循序分為下述四項：

(1) 認識情緒：認識情緒的特色；
(2) 覺察情緒：覺察自己的情緒和他人的情緒；
(3) 表達情緒：學習表達與調適分離或失喪焦慮，表達渴望被愛的情緒、學習適當抒發情緒的方法；
(4) 尋求方法技巧：解決人際間的問題，根本地處理情緒。

情緒管理除了從教育的學習觀點看，亦可從心理機制或工商界營利需要來看，以下說明之。

(一)Frijda的情緒認知評價提供的管理預測

情緒管理的可能性建立在下述認知上。Frijda（1987）研究發現，當人

能將自己的情緒狀態用一個準確的情緒字彙標示出來（denoted），就表示他已潛在地運用特殊的鑑定（appraisal）結構和行動準備模式，完成了一個具有因果的情緒作用。有關情緒評價的因果，可摘要敘述如下：

1. 一個有趣的事件若能增進自我肯定，便能引發有活力的感覺狀態或行為方式。
2. 不能控制的事件或通常不能控制的情境，亦即當一個人無法確知他能應付時，會引發逃避或恐懼。
3. 一事件特別是如果預期不到或無法控制，而此事件有重要性或能增進自我肯定，會引發一種同在（be-with）的或快樂的傾向。
4. 一事件若能增進自我肯定，會喚起注意及快樂，或是有活力感覺的狀態。
5. 不愉快事件通常導致拒絕。
6. 過去了的事件或多或少讓人傾向於不關心。
7. 不愉快或無法控制的事件引發生氣或增加對抗的傾向。
8. 可控制事件若是應由別人負責，而你插手，可能導致被宰制或被冒犯的感覺。
9. 不愉快事件雖不致造成對期待的打擊，但如果讓人感覺不能應付，會導致悲慘的感覺，並造成臣服的傾向。
10. 有趣事件導致精神旺盛、興奮或騷動，或有活力的感覺狀態。
11. 能導致自我肯定的事件，特別是涉及預期及自己能應付的想法，會引發熱情洋溢、充滿活力或自由活動（或快樂）。
12. 當什麼事都沒有發生，尤其狀況並非不愉快，但卻是不清楚或不能經營，會導致被動或鬆弛。
13. 事件若使一個人感覺他不能應付，又顯得無法控制，尤其是如果會令人沮喪，則會引發禁止的行為或恐懼。
14. 不能經營的事件傾向於導致對如何行動產生不確定性，或造成緊張、失望。
15. 預期可能發生什麼，但又覺自己不敢面對，傾向導致臉紅。
16. 使人能自由活動並感到可控制的愉快情境，可引發閒適或放鬆。
17. 事件，尤其當它不在眼前，若感覺到不能應付，會導致冷漠、壓抑或憂愁。

(二)時間向度中情緒敏感與情緒調節消長的管理概念

　　上述情緒認知評價提供的管理，是針對情緒狀態而言，但Koole（2009）認為情緒狀態只是表象，真正管理要做的事為情緒反應。他以多方面文獻的支持，強調情緒反應是圍繞著幾個基本向度組成的，包括價（valence，其意義在第一節一之(二)2解釋過）、激發狀態（arousal）、和趨－避（approach-avoidance）。情緒調整與心情調整、面對壓力（coping the stress）及情感調整（affect regulation）等幾個名詞，在概念上大同小異，均致力於調整「核心情感」（core affect）。所謂核心情感指的就是：感覺好或壞、變得有活力或更微弱的基本狀態（basic states）。

　　從時間向度揭開情緒反應的變化，會發現「情緒調整」的本質是在做「關掉」（offset）情緒反應的事，而「情緒敏感」是在做「打開」（onset）情緒反應的事。這兩個概念也可以用Lazarus（1991）所提的「初級評量」（primary appraisals）和「次級評量」（secondary appraisals）來說明，也就是人們對一情緒事件最初的反應是情緒敏感，當時間多一點時，反應就自然轉變成經過調節的了，因此也可以說情緒調節是個體根據一認定標準（a given standard），對較低層次歷程做的監控和調校（adjust）。它們的消長可從圖5-4來看。

圖5-4　時間向度中情緒敏感與情緒調整關係模式

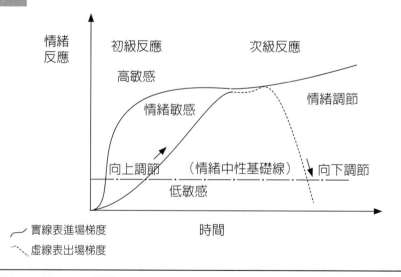

*參考Koole, 2009, p.8繪製

上圖5-4中「情緒敏感」由「進場的漸變梯度」（entry gradient）代表，其陡峭性表示情緒反應的強度，影響情緒敏感的變因，包含所有可能影響個體最初對處境做情緒反應的東西，例如，人所遭遇的刺激特質、個人特質和廣大的生活處境；「情緒調節」在圖5-4中則以「出場的漸變梯度」（exit gradient）代表，是用情緒反應回到中性基礎線（neutral baseline）的線條陡峭性表示，影響情緒調整的變因，是這個人繼續面對情境時，會進一步想到的有影響力的東西，包括刺激特質、個人特質和生活處境的特質。在情緒調整曲線中有兩種可能，上行的調整（up-regulation）意味著情緒反應可能更激烈，下行的調整（down-regulation）則表示情緒反應可能恢復平靜。

(三)正向情緒增廣論的管理概念

正向心理學強調區分情緒的正向及負向。前者是個人判斷情緒刺激於己有利而「趨向」，後者為個人判斷於己不利而「逃避」；前者是愉快的，後者是不愉快的；前者也稱為積極的情緒，後者為消極的情緒。

一般而言，負向情緒應儘量　消除，因此有所謂「消除假說」（Undo Hypothesis）。其觀點認為，長期維持負向情緒所產生的生理反應，會造成心血管活動的疾病，而這類心血管的活動程度，可藉正向情緒的中介而降低，並快速的回復到初始狀態（Tomaka, et al., 1997）。

Fredrickson（2001）對於如何建立積極的正向情緒，進一步提出一種「廣建理論」，內含兩個假說，一是「增廣假說」，一是「建立假說」。增廣假說認為：長期使情緒維持在良好狀態，透過正向情緒對思考—行為技能可產生增廣效果；建立假說認為：建立各種個人可長期利用的資源，包括將生理、社會、智能、心理等資源結合起來，可發生上升螺旋效應（upward spiral effect），促進應付未來挑戰，也因此可預測未來會再度經驗到正向情緒。其圖如下圖5-5：

圖5-5　正向情緒增廣理論的假設性模式

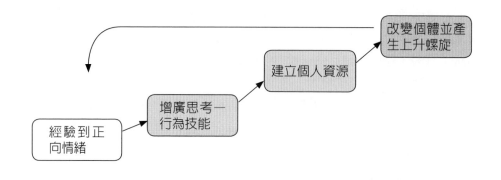

*引自Fredrickson, 2001, p.124.

　　從增廣論可看到消除負向情緒是前哨工作，無論是用怎樣的情緒調整或管理或創造，其最後最徹底的改善方式為建立正向的情緒資源。

(四)情緒勞動的情緒管理概念

　　工商心理學界曾發展一種適合說明組織工作需特別注重情緒管理的概念——情緒勞動，以之做為對聘用人員的要求。早期稱「情緒勞動」為「情緒工作」，意指「個人試圖改變情緒或感覺之程度或品質，所採取的行動」。之後，隨著資本主義顧客至上的觀念流行，情緒勞動轉變成有益於獲得財力的一種勞務形式。Hochschild（1983）在所發表〈將人類情感商業化〉（commercialization of human feelings）一文指出，一般共識的情緒勞動定義是：個人致力於情感的管理，以便在公眾面前，創造一個大家可以看到的表情或身體動作，並將之分為兩個重要內涵：

　　1.引發特定的情緒：呈現出應該出現、卻不存在的情緒，如強顏歡笑。
　　2.克制特定的情緒：抑制住不該出現、卻已存在的情緒，如忍氣吞聲。

　　如果情緒勞動可當作生產工具，則用更主動並藝術的手法表現情緒勞動，豈不生財更多，因此從情緒管理意義的情緒勞動，可跨越到情緒創造。情緒創造不僅有益於個人，也有益於產業開發。從個人的情緒表現創新到娛樂事業的開創，小丑等演藝界或電影事業都涉及情緒創造。

三、情緒創造的意涵

(一)情緒創造的定義

　　情緒創造（emotional creativity）概念源自 J. R. Averill發表之文章 Emotional Creativity-Toward "Spiritualizing the Passions"（Averill, 2005），從副標題可看出：情緒創造是將情緒的「熱情」導向更具「精神」內涵的歷程。若將情緒創造當作一種情緒處理來看，其內涵包括兩方面，一是消極的在個體或群體面對情緒刺激時，能突破一向習慣的反應模式，以新奇、有效並眞實的方式呈現情緒反應，表達情緒；一是在面對缺乏情緒感受時，能積極製造情境，使自己或別人經歷新奇、有效、眞實的情緒。情緒表達的創造性處理，涉及一般認知活動運作，要在合乎情緒的新奇、有效和眞實三規準上，開發無限可能。此能力強調個體會用不同於舊有的情緒表現方式，在當下情境脈絡中有效果的呈現，不僅符合個體自身眞實的情緒感受，也同時開拓自己情緒表現的新天地。

(二)情緒創造的三個規準

　　Averill（2005）將情緒創造的改變歷程分爲兩期，一爲情緒準備期（preparation），另一爲情緒驗證期（verification）。情緒準備期是指個體要對情緒這件事有所認識及興趣，包括至少先會使用一些情緒詞彙，以及喜歡談一些情緒處理的話題。情緒驗證期則強調要判斷情緒表現方式是否合乎三項規準——新奇（novelty）、有效（effectiveness）與眞實（authenticity）。以下說明之。

1. 新奇（novelty）

　　個體的情緒不落於俗套，能發展出嶄新的表達形式，帶來信念上的改變。

2. 有效性（effectiveness）

　　指個體能有效的活用已有的情緒或情緒組合來面對問題、處理問題，「有效」包含「有價值」或具有正向意義。因表現情緒行爲雖然可求新求變，但仍需要具備「價值」，以免只爲了求新而不忌傷害，違反身心健康，故具創意的情緒需符合「有效性」。

3. 真實性（authenticity）

指創意的情緒表現確實能夠符合於真誠表達個人的信念和價值。

從情緒創造的觀點看，只要表達適當，正負向情緒其實均有相當的價值。如同本章在首頁提到的「如果在該有負向情緒反應卻沒表現時，也會引來非議」。阿諾德（Arnold, 1960）便認為，情緒表現得當，對人格成長便有助益，在正向情緒方面，如求知慾、合作、同情心、同理心、愛美、工作的樂趣、大笑（歡笑）、宗教敬畏的或敬虔的情緒等；在負向情緒方面，如羞愧、自責、罪惡感、害怕受責罰等。

(三)情緒創造和情緒管理的關係

1. 情緒創造以情緒處理為基礎

進行情緒管理時，若處理的方式具有新穎性、真實性和有效性，就進入情緒創造了。

2. 情緒創造強調積極的情緒處理

一般情緒教學主要從增進情緒智能觀點著手，目的在透過教育讓個體能從自我情緒的覺察、反省，進而控制、管理自己的情緒，進展為察覺、同理他人的情緒，發展良好的情緒表達能力，促進個體社會生活的圓滿。從某方面來說，情緒創造的概念是早期情緒智力（emotional intelligence）理論下的產物。Averill（2005）進一步強調的情緒創造想法是一種社會情緒適應觀的延伸，除了重視在社會處境中表達適當情緒，更主張發揮創意，用新穎和有效的方式使情緒生活更豐富。

(四)情緒創造可分為「創造性的情緒處理」和「積極情緒的創造」兩類

「創造性的情緒處理」是針對已發生的情緒事件，必須加以處理時採用的概念，此概念稍具被動意味，含有事情發生了，才不能不面對或收拾的意思。「積極情緒的創造」，則比較是指當天下太平，個體也能主動用一些點子或做些事，讓情緒生活更多彩多姿，以增進自己或別人的幸福感。例如在放學時刻，回家進門用異乎平常的方式對父母打招呼，讓父母驚喜，也讓自己心情更美妙等。

「創造性的情緒處理」和「積極情緒的創造」可以同時存在於生活中，

以「共時並存」的關係俱進，或以先學好創意地面對不得不處理的情緒，直到表現卓越，然後再發展積極情緒的創造或製造，來豐富情緒生活，此時兩者在時間向度上是以「接續」的關係進展，這兩種關係可用下圖5-6說明。

圖5-6　新奇、有效與真實的情緒學習進程中，兩種情緒創造的並存與接續關係

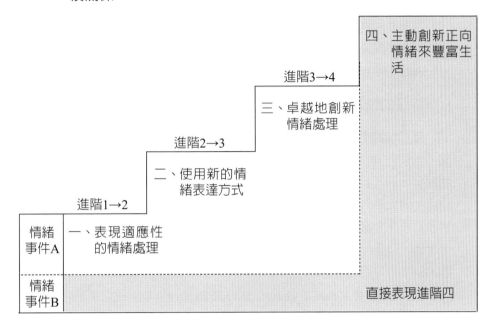

四、情緒管理與情緒創造的方法

　　無論情緒管理或情緒創造的運作均涉及情緒調節，Koole（2009）認為情緒調節的各種策略，包括產生的某種情緒方案，不外是要訴諸注意力、知識和身體動作，而以下所有談到的各種情緒管理或情緒創造的策略，皆不離此三方面。

(一)一般的情緒管理策略

一般的情緒管理，重點大致為建議改善情緒的方式，包括下述七種：

1. 適度宣洩、表達、或調整情緒。
2. 盡情發洩法。
3. 適度向相關的人表達自己的情緒。
4. 透過非語文的肢體語言表達。
5. 書寫情緒筆記。
6. 找人訴說並積極聆聽與同理他人的情緒溝通和問題解決法。
7. 透過「會心團體」（encounter group）紓解並涵養。

(二)特殊的情緒教學方案──益友方案

鑑於情緒教育之重要，許多國家、專家或基金會會提出不同的教學方案。目前已在許多國家被引用，並有實徵資料顯示，在學習情緒處理方面相當有效的「益友方案」（Friends Program），很值得推薦。它是任教於澳洲昆士蘭大學教育研究所的寶拉巴瑞特（Paula Barrett）教授所創發（Barrett, 2008），此方案以頭字語──朋友（中文翻譯成益友方案）命名，內容有四大步驟，但為好記而加上一些串場性的字母，形成有利學習效果的鼓舞性語言，頭字語分別為friends的七個字母。

F: Feeling; R: Relax; I: you can do it; E: Explore solutions;

N: Now reward yourself; D: Don't forget to practice; S: Smile.

在七個字母蘊含的教學活動中真有實質影響的是前面的四種：

1. Feeling（感受情緒）：感受一下你現在的情緒，正面的負面的都可以，重要是真實的。
2. Relax（放鬆）：引導學生用各種實際的方式放鬆，包括奶昔式呼吸、做幾個拮抗式動作，如捏緊拳頭再放鬆拳頭；轉動肩膀；引導想像，如想像置身躺臥在大自然，很放鬆和舒服，並進一步想這時候會聽到什麼聲音，海潮輕拍沙岸的聲音或清風吹拂過樹梢的聲音，或小溪潺潺流過石塊隙縫的聲音；另可想像看到的畫面，雲飄過上空，小鳥飛過樹梢，兔子躲在洞裡……。
3. You can do it（你做得到）：這是向自己喊話，鼓舞自己做得到。
4. Explore solutions（探索解決之道）。

　　採取益友方案進行教學時，其實只要做到前四項即可，第五項是提醒學生如果做到上述四項，要自我獎勵；第六項提醒要常常實踐；第七項則是提醒對自己時常微笑。

　　巴瑞特教授曾於2008年12月間親自在臺北新店國小做教學演示，說明在探索解決之道方面，可採用她特別設計適合幫助兒童整理思緒的捷思（heuristic）表格，如下表5-2所示，其下圖5-7為巴瑞特教授當時進行示範教學時的場景。

表5-2　促進學童區別紅色思考綠色思考表格			
技巧 思考種類	方法策略1	……	方法策略n
紅色思考			
綠色思考			

　　圖5-7中拿到紅色襪子的學童，針對教師請學生提供的情緒困擾問題，發表屬於不好的紅色策略，紅色代表要停止使用，就像行車遇到紅燈需停駛，綠燈才能行駛。另一批同學則帶著綠色襪子，準備當教師問可以使用何種建設性的解決策略時，提供建議。根據研究發現（Barrett, 2008），學生經此思考討論，在情緒管理方面，都比未上課者好得多。

圖5-7　巴瑞特教授示範益友方案判斷「紅綠思考」教學

(三)擴大情緒經歷的社會性活動 —— 一般團體討論發表活動

英國教師Sue Roffey（2006）重視學童在親密團體中互動發展的情緒素養，她以特殊教育界常用的所謂circle time，中文可譯為「小組時間」，來進行許多情緒教學活動，提供之策略頗具啟發性，以下說明幾種（Roffey, 2006, pp.63-65）。

1. 語句完成（sentence completions）

這是在「小組時間」每個人發表自己所寫好的語句，題目配合不同議題和年級設計，例如：

(1) 好的感覺是＿＿＿＿＿＿＿＿＿＿＿＿；

(2) 今天我感覺＿＿＿＿＿＿＿＿＿＿；

(3) 當人們＿＿＿時，情緒會覺得＿＿＿＿＿＿＿＿＿；

(4) 我會感覺最好，當我＿＿＿＿＿＿＿＿＿＿＿；

(5) 有些事物，如＿＿＿＿＿＿，能讓我的情緒好；

(6) 我在＿＿＿＿＿＿，我感覺自己最投入。

2. 「安靜聆聽踩中線」

此活動被稱silent statement，意思是「不用說話的表達」，聽老師講一個行為狀況，如果符合或做過，就站到中線上，其例如下（又本書第二章第一節一(三)之3介紹聯合我的電影《街頭日記》，片中有一情節教師就是用此法成功拉近學生間的距離）：

(1) 你曾經有過覺得自己做得還不錯的情緒；

(2) 當你能完全投入做某件事時，會覺得快樂；

(3) 你對自己能把一件事做得好有自信；

(4) 你是一個樂觀的人——盡可能看到事情的光明面；

(5) 去年發生一些事讓你覺得悲傷；

(6) 你曾經為別人的事，覺得很傷心。

3. 與同伴分享情緒（兩兩成伴，討論下列答案）

(1) 發現兩樣你們都覺得會引發情緒的東西；

(2) 發現兩樣別人做或說會使你覺得情緒好過一點的事；

(3) 發現你們都曾被某件事誘發的情緒；

(4) 發現能使你們在感到生氣、沮喪、失望時，都覺得情緒好些的事。

4. 分享照片中的感受

讓學生畫出今天覺得的情緒感覺，然後與同伴分享（不必限制兩人一組）——可在分享前做猜猜看的活動，每個人猜另一人會分享什麼樣的情緒，以及會怎麼說。此活動亦可延伸討論——是否將情緒拿出來談一談，會使情緒不一樣？

教師還可善用其他許多情緒分享的活動，幫助學生發現彼此都是情緒管理和創造的同路人，並不孤單。

(四)擴大情緒經歷的社會性活動 —— 遊戲活動

活用遊戲可改善情緒。Izard（1977）曾提出一個有關兒童的遊戲與情緒之間關係的觀點。其基本假設是，兒童運用重複的遊戲來幫助自己應付具有壓抑性的情境，藉此試著去控制可能的焦慮。遊戲的功能在整合情緒的各種組成，並因此在一個較成熟人格的發展上扮演重要的角色。可以說，先是情緒激發了和維持了遊戲的作用，接著這些遊戲又反過來影響情緒。Izard經由提出一系列的命題來發展這些觀點，但他也提醒，最好將這些命題視為有待驗證的假設。

1. 情緒是促進遊戲的首要動機系統。
2. 認知與情緒間的交互作用使得遊戲活躍起來，並因此刺激智力的發展。
3. 情緒與高驅力狀態之間的交互作用，可能具有破壞和歪曲遊戲的作用。
4. 遊戲主要是經由興趣和享樂這些基本情緒所增強。
5. 如果興趣所激起的遊戲受到阻礙，將會產生負向的情緒；至於負向情緒的型態，則是由兒童的性格以及阻礙的性質所共同決定。例如，有時候導致憤怒，有時候則導致焦慮。
6. 興趣與憤怒之間的交互作用導致攻擊性的遊戲。
7. 兒童在社會的退縮程度或投入程度是取決於羞愧和害羞，以及對所從事事情的舉動和享樂彼此之間的相對平衡。
8. 如果是低程度的恐懼在擺動，兒童的興趣和興奮將會提高；然而，高程度的恐懼則會壓抑興趣，從而減少遊戲。
9. 厭惡會導致兒童避開活動。

(五)口說或書寫情緒故事

1. 情緒書寫有益情緒改善

「口說情緒」原本是自然的方法，但若自己生氣的對象，恰是平時生活中相處的人，就不好說了，因此學界重新發現這方法的重要，並刻意設計使用它，並命名為「說寫情緒故事」（Emotional Storytelling）。活動牽涉幾個步驟，重點在揭露一樁情緒變化，其確切步驟是1989年德州大學的心理學家Jamie Pennebaker 創用的，故又被稱為Pennebaker範例。這些步驟被用在描述有關失業、疾病的診斷，以及關係的分離所產生的情緒。結果發現：(1) 情緒書寫對於有高敵意的人（典型的管理情緒上有個人的困難）比低敵意的人，有較多促進免疫功能的反應；(2) 有高情感表達困難的人，如對辨認和理解有困難者（Alexithmia）比低情感表達困難的人，經驗到較有益的效果。基於此，心理學家認為應該教導學生視情緒書寫為正向改變的重要因素。日記因此變為不只是成長的標誌而已。認同此見解的人，可鼓勵學生自己做個小實驗，書寫心情日記，或書寫做一個高情緒智能者的一天，並可積極變化活動內容，例如加上拜訪祖父母活動，而在拜訪後再書寫情緒日記。

2. 部落格的情緒書寫功能

日記的內容描述的多半是寫日記者的遭遇，日記常常記載了個人遭遇的挫折、疑難、失敗、憤怒。部落格做為網路日記的一種型態，在情緒管理和創造的作用上，會有許多因便利的科技帶來的好處（當然亦可能有壞處，需避免之），詳見坊間有關部落格的介紹。

五、鼓勵情緒創造的教學注意事項

因情緒管理和情緒創造有「共時並存」也有「接續」的關聯，若要專注情緒創造的培養，宜注意下列要項：

(一)重視準備度的建立

從情緒方面來說，情緒準備度教學的重點在於引導學生對自己與他人情緒的覺察，瞭解自己情緒反應的原因，並省思情緒反應。

從創造力來說，應該建立對創造的認識。Ericsson & Charness（1994，頁725-747）曾對卓越與創造的運作加以區分，如表5-3所示。

表5-3	卓越與創造在運作上之異同比較表	
	卓越	創造
同	大量的知識基礎	大量的知識基礎
	承諾	承諾
	實踐：持續一致（consistent） 　　　刻意努力（deliberate） 　　　10年寒窗（Ten-year rule）	實踐：持續一致 　　　刻意努力 　　　10年寒窗
異	以一般的正向態度面對挑戰	對經驗的開放、思考有彈性、能忍受模糊、能忍受挫折、獨立、具內在動機、願意重新思考問題

　　由表5-3可知，教師在引導學生進行情緒創造之前自己須先對情緒和創造的特質有所認識，創造與卓越主要之不同在於十年努力原則中，創造需要具備一些特殊條件，包括：對經驗的開放、思考有彈性、能忍受模糊、能忍受挫折、獨立、具內在動機、願意重新思考問題。

(二)從四方面激發「新奇」的多樣性

1. 嘗試重新感受經驗：在某一種情緒狀況下，個體心裡可能有其他的情緒產生；看到畫、舞蹈或聽到故事、音樂，心裡是否也可能有其他的感受。
2. 嘗試瞭解情境的限制：瞭解情境是產生創造的重要前提，可增加另謀途徑的機率。
3. 嘗試重新界定現在的問題：思考問題可以如何重新界定。
4. 嘗試以不同的情緒處理方式，面對情緒事件。

(三)適當衡量「情緒創造」的品質

　　本書作者曾建議用兩個面相分析創造作品的層次（鍾聖校，1990a）：一是根據其想法的原創性來看，一是根據其表達方式的品質來看。這兩個向度可交織出四個象限，所有作品（如果可將情緒創造的成果視為作品），都可以在四個象限上找到它的創造地位。想法的原創性或新奇的發展向度，可從普通直覺到不尋常的直覺；有效品質的發展向度可從普通到精緻，其內容如表5-4所示。

表5-4 判斷情緒創造品質的四層次對照表

品質 有效 ↘ 新奇	普通直覺 （低度新奇）	不尋常直覺 （高度新奇）
表達方式高明 （高有效性）	情緒處理：老練但平凡	情緒處理：有創意並卓越
表達方式普通 （低有效性）	情緒處理：老套粗糙	情緒處理：新式但嫌粗糙

表5-4中若干名詞需進一步定義和解釋。

1. 直覺：將累積的知識和經驗做整體的大量反應。
2. 不尋常的直覺：指有意向地和獨特的直覺。
3. 有效：對眼前要做的情緒反應或情緒問題有良好的表達方式或解決之道。
4. 高明：指在追求理想和完美的心態下，有卓越的方法使做為的品質更有價值。
5. 新奇性：與自己比或別人比較，有新穎奇特或不曾出現過，有具原創性（originality）的意思。

表5-4能提供類似問題解決中的捷思巧門，可做為教師評定學生情緒表達是否卓越的利器，但使用本表，有一先決條件，就是教師必須對學生一般情緒反應有所瞭解，才比較能確定學生的反應，在有效性或適當性方面是普通或高明。

第二節　幽默感及其培育

　　幽默是情緒創造的一種方式。人的生活處境不見得都那麼順遂，對於困境，若能以化解困阨帶來歡笑的「幽默」面對，實在是情緒處理或情緒創造的高手。「幽默」是生活中不退流行的渴望。在古今中外，提到面對人生困頓的對策，總少不了幽默。幽默不僅具有化解不愉快經驗的好處，更有增添生活歡愉的妙處，因此處在痛苦中的人需要它，處在平順中的人也需要它。

一、幽默感的意涵

(一)認知觀點的幽默

要能說出一個得體的幽默，需要兼具情意和認知兩方面的素養。認知面特指刻意營造的機智，此機智不僅有賴於一種思想，亦有賴於一種語言上的組合。

陳學志（2004）綜合各家說法，對幽默一詞提出以下的定義：

「幽默是一組特定的刺激，能引起好玩的特質，個體覺知幽默刺激後，能產生認知或情緒上的經驗，並產生外在可觀察到的反應，除了能理解幽默的意義外，並能依情境的變化創造出好笑的事件。」

幽默敘述與嚴肅散文最明顯的不同，是其概念偏向用銳利、簡潔的字眼傳達，避諱冗長敘述、對話沈悶，以免無趣。

Robinson（1977）曾經從認知取向幽默的結構與要素進行剖析，他認為：幽默的要素大致上有以下四類：

1. 驚訝／荒謬／不和諧（surprise/absurdity/incongruity）

一個笑話必須具有某些出乎意料之外的急轉彎，讓人感到驚愕不已，但是又非常荒謬的切合故事的情況。他將我們的思緒帶到某一點，猝然一推，推到萬沒想到的故事的拐彎處，矛盾卻又有趣，這幾乎是當前所有幽默理論都強調的要素。

2. 雙重意義（double meaning）

雙重意義指涉的是故事意義的模棱兩可，可做兩樣解釋。說故事的人把聽者的心思引到一條路上，然而，在明白可識的意義中卻又隱隱鋪墊著另一層隱喻、趣味或諷刺，只消他者輕輕的點撥，或聽者轉個彎兒去想，箇中的意涵與趣味便如雲開日現一樣，托襯出來。

3. 語言遊戲（play on words）

語言遊戲指涉的幽默要素大致上是基於語文上的意義折返、倒錯、雙關、相對、逆轉等運作，而形成雙關語、機智語、打油詩、俏皮話、詼諧話、同音異字或同字異詞等等橫溢的妙趣。

4. 誇張（exaggeration）

誇張是把事情極力誇大，超過常態範圍之外，但繼而一想又甚為合理，於是幽默的情趣便油然衍生。誇張指涉的取向有兩種，一個是放大，另一個

是縮小，藉此令他人感到難為情，而衍生教育（或教訓）的意涵。

幽默的運作模式，可從陳學志（1991）提出的認知歷程的「反向合意」模式概括瞭解，他認為幽默認知歷程含有四階段：

1. 衍生隱含命題階段

個體在接收到幽默刺激時，會先依據舊有的基模對此現象做一個自我理解，即隱含命題階段。

2. 失諧階段

倘若幽默中的「關鍵語句」不在個人基模中可預測的範圍內，則「關鍵語句」便會引發個體的失諧反應。

3. 逆溯推論階段

個體在產生失諧反應後，會試圖由「關鍵語句」的陳述或線索來進行「逆溯推論」，產生「逆溯命題」，若能找出語義和情境和諧的解釋，便能解決先前的失諧反應。

4. 否定隱含命題階段

在此一階段，個體會發現在「逆溯命題」和「隱含命題」並不一致時，其認知機制便會自動否定或調整原先的「隱含命題」，同時，個體也會產生好笑的感覺，幽默的感覺便油然而生了。

幽默者能做到上述各階段的思考推理，顯見十分機智。人工智慧大師Minsky就曾說：「幽默是一種經過計算的越界行為，這種行為就像游擊隊一樣，透過侵犯邊界來顯示他對邊界的一清二楚。」（引自Perkins，2001，林志懋譯）

(二)情意觀點的幽默 —— 好笑之外的情感

有些人原本個性嚴肅，不苟言笑，雖然對人類處境感到悲觀，但是面對的態度相當積極，因此總是表面一副「鐵肩擔道義，鼎力挽乾坤」的模樣，但骨子裡很擔心，並不快樂。他們或許很羨慕會說笑話或幽默的人，私下也試圖背幾篇笑話，在必要場合「露」一下，製造歡愉的印象，但大部分情形是：弄巧成拙，反而要別人用幽默的方式為之解危。可見幽默有其生命情調的成分。這成分是喜歡好玩而且在處境窘迫時仍能玩，包括開自己玩笑。

1. 情意性幽默之定義

本書作者認為幽默的情意性定義是：「面對一個具有挑戰的生活處境，

無論是平順或是尷尬、困難，甚至是厭惡的情境，能在其中看到可欣賞或可原諒、可幫助之處，以一種聰明並好玩的方式回應之，並在此歷程中展現良善、機智、誠實的特質，使人感受到不僅日子過得去，而且倍增信心，相信日子總是可以用一種創意性的聰明，快樂地甚至自我解嘲、詼諧地過下去。」

2. 情意性幽默的內涵態度

本書作者認爲在寬容、欣賞、尊重、關懷四種情意態度之下，再加上幽默的認知技巧，情意性幽默便呼之欲出。試以下表5-5說明。

表5-5顯示：情意性幽默首先滋生於寬大良善，繼之爲安全感再加一些嬉遊的態度，是在困境不太大時，能以超越困境的心情，以好玩的心情，欣賞之，甚至嘲笑之。它帶有正向的肯定意味，即便面對困厄，也有一種深層的安全感，幫助他度過。若困厄係肇因於縱慾無度，則得先悔改，接受被饒恕並自我饒恕之後，所享有精神自由的釋放感，就能恢復原先天眞放心能遊玩的心境。因此幽默的情懷，不可能是絕望、沮喪、灰暗、了無生氣，相反地，它傳達著感謝、希望、光明、有出路，以致總是帶著些許歡欣的色調（hue）。這是爲什麼無分男女老少，人人都喜歡幽默。它帶出精神自由、不受束縛、可以賞玩、可以享受的訊息。

然而，在慾望失控的社會，誰能眞正與人相處，欣賞人生呢？幽默並非純粹苦中作樂或十分表面地展現幽默技巧，我們不常在社會的誇耀中見到情意性幽默，反而比較常在具有安全感、能放心面對人生者身上看到。事實上，能經常表現幽默情意的人，是不否認自己的處境時而困窘，卻能放心享受生命的人。

表5-5　情意性幽默的關鍵成分及其情意底蘊一覽表			
情　意　性　幽　默			
關鍵成分	寬大（寬容）	良善（尊重、關懷）	安全感（放心、欣賞）	嬉戲（好玩、詼諧、欣賞）
情意底蘊	承認人皆可憐，受苦於虛榮、僞善，需要良善之救贖，彼此饒恕。	承認人皆可相信有良善的他者或天道，藉其幫助，活出良善。	因著相信美善，能有安全感地、精神自由地面對尷尬或災殃。	因著對生命終極成敗的交託，能以好玩的方式面對情境，特別是困境或厭惡的情意。

*引自鍾聖校，2004b，頁8

　　上乘的幽默，是在面對尷尬或痛苦的場合時，能巧妙地以積極有趣的方式維護自己生命的「尊貴」（一般華人稱為尊嚴），在小處防範別人越界，或用不著痕跡的方式教導對方要懂尊重，此種積極作用的彰顯，是建立在知道自己和別人均為獨一無二之個體，均值得重視，以致均需要以應有的禮貌和尊敬對待。因此，幽默不僅能顯出其良善特質，它所發揮的尊重，甚至能收到防患未然的教育效果。

　　惟，當災難太大，很難幽默，若勉強為之，反而顯得輕浮。許多幽默的認知或創意訓練忽略這點，以致說出來，有時反而顯得殘忍。曾有一張獲得「世界新聞攝影獎」的照片，呈現中國大陸河南省愛滋村中病患的困境。對於照片中盡在不言的困苦，唯有直接用哀痛、悲憫，或誠懇地表示關懷面對之，而不宜用具有嬉戲性質（playfulness）的幽默面對之。此時若急於說一些笑話表示幽默，不查場景，就會顯得殘酷。

　　2009年間，臺灣臺中市長胡志強說，他認為的幽默必須具備四個要素：善意、趣味、情境與知識，其中又以善意最重要。他說，幽默是一種利他的觀念，是為了讓他人開心，從他人的笑容中得到快樂，使人與人的相處氣氛更和諧。他舉例，曾有位美國參議員看見一名女星，衝口就說：「妳是歌星吧？！唱首歌來聽聽。」女星回應說：「你是參議員吧？！說個謊來聽聽。」據說，邱吉爾曾遇其政敵，該女士有回在議會與邱辯論，氣得說：「如果我是你太太，一定在你的酒裡下毒。」邱吉爾反唇相譏：「如果我是你的丈夫，我一定一口喝下去。」邱吉爾在此展現了成全別人讓別人開心的幽默，並機智地，彷彿意外一般，讓對方顯得幼稚可笑。

(三)幽默與超越的關係

1. 幽默與承擔

　　Kuiper等人（2004）認為，幽默並不總是最佳解藥（Humor is not always the best medicine.）。他們曾將幽默類型分為：積極正向的巧思型和消極負向的粗魯型與過分型。當有人說：「幽默是容許犯錯的，不必要美好的結局。」可能是指消極負向的類別。但筆者認為，若戲謔的結果是「虐」之，則該幽默的對象大多不是自己；即便是自己，也可能是可忍受的、沒有犯錯的景況。

　　幽默之所以能助人把小的、無心的、無傷大雅的失誤當有趣而笑一笑，實在是因為幽默的生產者特別能「承擔」（也就是挽救）無傷大雅的失誤，

並機智好玩地轉化之爲幽默，其中當然含有默默的關懷。例如雷根總統夫人南西曾在陪伴雷根在基金會演講，上臺時不小心摔一跤，衆保鑣緊張向前扶起，情狀尷尬，雷根這時竟微笑對跌倒的太太說：「Honey，我們不是說好，這動作等我演講完再做嗎？」此言一出，臺下一片掌聲。

對「良善的上天」有信心的人，相信總能以善勝惡，以希望代替失望。相信人難免出錯，危機潛伏的人生旅途，天道（或上帝）是幽默的，會散發溫潤的光輝，助人欣然奔赴下一旅程。

2. 幽默與自我僞善的嘲諷

另有所謂伸張終極良善（關懷）的幽默，是以超越的眼光看待人間的虛榮和僞善。

常看幽默笑話的人大多會同意：越對道德規範造成挑戰和批判的，越能引人發笑。爲何要用幽默的、笑的方式來鍼砭道德規範呢？笑，難道是治療虛榮的特殊方法？哈佛大學校牧E. Trueblood曾引用卡西雷爾（Ernst Cassirer）之言，回答如下：「我們始終生活在這個受限制的世界上，但在笑意中，我們不再被這個世界所侷限、輕蔑，而笑使僞善溶解，成了一種釋放。」（引自Trueblood，2000，徐亞蘭、王小玲譯，頁48）

Trueblood並指出：「一個不能笑的人，在本質上是可笑的，也就是驕傲的。」（頁47）又認爲，「我們多少是個僞君子的事實，是大部分人苦惱的源頭，而僞君子是最容易受到嘲笑的。……神的幽默，其終極目的是要使人類得到救贖。任何社會若不在暗地裡『自我揶揄』一番，必然不會健全。」（頁60）

其實人人多少都帶著些僞君子的成分，因爲沒有哪個人的本相能符合他想努力裝作的樣子。這讓我們想到：人是多麼有限和卑微啊！然而，如果「全然除去」那些極力的裝作，必然會更加墮落。同樣，任何人若不能對自己的行爲自我反省，或看看自己內心是否因爲玩弄手段而招致失敗，就如Trueblood所說：「必然會走向不健康的途徑。」（頁54）由此看來，天道有常，允許嘲笑，甚至上帝自己也使用，以便指出我們的弱點，但其目的卻是爲了要醫治。《聖經》有個幽默是上帝容讓自己的約櫃被擄。在舊約《聖經》撒母耳記上，提到上帝的約櫃被擄，在異邦被人像「不受歡迎又要奉養的高堂老母被送來送去」的情節（撒母耳記第四～六章）。有位牧師對此竟說：「我們的上帝眞幽默！這段故事可以好好寫一篇『約櫃流浪記』。」表示眞正關懷人不是要人處處「逞強」，而是深刻瞭解人是「脆弱的」，瞭解

脆弱是要被關心，而不是用嚴格到不講人情的要求箝制。

二、幽默感的培養

(一)幽默的培養模式

　　幽默是值得經營的，九十七學年度臺北縣國中綜合活動輔導團幽默研習營，陳學志曾提供幽默的培養模式，如圖5-8所示：

　　圖5-8顯示一套幽默課程應兼顧五方面：幽默態度、幽默表達、幽默理解、幽默應用及幽默反應。研習營中強調下列五點注意事項（引自林小麗，2004）：

1. 幽默態度是指幫助學生認知幽默是值得經營的事，在生活中多培養正向情緒、多體會捕捉描述生活的快樂與美好，能分辨好的與不好的幽默與笑話。
2. 幽默表達是讓學生瞭解表達途徑可以透過多方面，如文字、肢體表情、聲音腔調等。
3. 幽默理解則指出為增進對笑話的欣賞、表達，要學習分辨好的笑話和不宜的笑話，體會幽默常要具有能跳出現實框架和脈絡來看事物的眼光。
4. 幽默應用則強調手中要有「藥包」，要蒐集一些笑話當老本，一個笑話至少說給五個不同的人聽，增加熟稔度。

圖5-8　幽默的培養模式

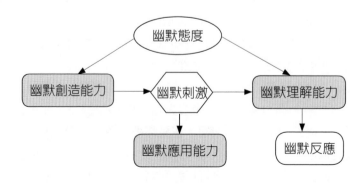

---

5. 幽默反應，包括：笑話不是用來作智育的比賽。說與聽笑話的倫理，如，說的人當以日行一善的心態樂意說或學著說，而聽的人不打岔、不說聽過、聽完一定要大笑、不指導等，最好是能開懷大笑給對方回饋。

林小麗（2004）曾指出，幽默教學者自己要具備開放的條件，包括：(1) 教學者應以身教示範，上課能製造活潑氣氛；(2) 教學者應主動開放自我，願意自己糗自己；(3) 教學者對幽默具備正向態度；(4) 教學者能不斷進修與練習幽默；(5) 教學者應與周遭朋友以幽默方式互動，隨身攜帶一兩個常說的笑話，分享笑話，互相刺激成長。

(二)幽默的教學策略

鄭聖敏（2001）曾引述Monson和Cornett提出的發展學生幽默感策略，共有二十五種，很實用，茲舉其中較直接有效的十種，供作參考：

1. 分析幽默的歷史發展，以及總統或當代名人的幽默感。
2. 每週至少展示一則笑話，在教室裡鼓勵學生展示幽默。
3. 選擇一些幽默的單張漫畫，先隱藏其標題，讓學生創造一些有趣的話題。
4. 讓學生每週固定從電視、報章雜誌，甚至同伴、親友中，蒐集笑話及各種代表的作品，並在課堂上呈現出來。
5. 成立幽默資源中心，讓學生依其年齡和閱讀技巧，閱讀一些幽默雜誌、故事和書籍。
6. 讓學生嘗試回憶一些發生在生活周遭有趣的事，記下其中的人物、事件。
7. 讓學生瞭解一些笑話慣用形式，並嘗試寫笑話。
8. 可蒐集日曆或書籍、卡片上所附的笑話或雙關語。
9. 讓同學彼此分享笑話，並記錄下來編成一本教室笑話集，供學生隨時使用。
10. 將個人蒐集的笑話寫在卡片上集中，讓每名學生都可選擇、練習。

道德情感及品格培育

第一節　道德情感

華人講究情理兼備，且重「情」更勝於重「理」。《論語・庸也篇》中記載，子曰：「知之者，不如好之者；好之者，不如樂之者。」意思是：知道要「遵守綱常倫理的正道」，不如知道它好；知道它好，不如喜歡它，起而去行它。顯然古代華人就知道道德情感的重要，而古希臘人亦然，他們的幸福觀是：「幸福快樂相當於活得好且行得好。」（Being happy is equivalent to living well and acting well.）而亞里斯多德的幸福觀則是：「幸福快樂是心靈的行動，且此行動符合完美之德行。」（Happiness is an act of soul in accordance with perfect virtue.）兩者皆強調道德在幸福生活中的關鍵地位。後現代是注重感性的時代，因此道德情感是教育界談道德促進時不能忽視的概念。

2005年出版的《正向心理學手冊》（Snyder & Lopez, 2005），有篇文章討論道德動機的來源，認為人基於同情心、道德親密感和道德的美好感，以致表現出道德（Schulman, 2005），相當有參考價值，而本書作者將2004年所寫的文章（鍾聖校，2004a）擴寫，再參考多方面論述，認為一般而言，有四種道德情感能促進人們實踐道德行為，分別是：對利益或名譽的喜好、對禁忌的害怕、對不道德的羞愧，和對他人的感恩，以下說明之。

一、從正向道德動機論看道德情感

人類不同於其他生物，在生存的軌跡中，開闢了獨特的進步路徑，因為人有道德情感，會在人際相處中關心品格、關心美德，以致在道德上邁出巨大步伐。

Schulman（2005）指出道德動機有三個不同且獨立的來源：(1) 同理心；(2) 道德親密感；(3) 道德原則的美好感。淺顯的說，人之所以會變得有道德，乃因：(1) 人能體會並想改善別人的感情，特別是他們的痛苦；(2) 人天生會受善良的道德模範感動，願向之靠近並享受親密；(3) 人天生喜愛「好的」東西，包括崇高的道德原則和理想，願意承諾或承認個人對和錯的標準。由於Schulman採用的說法都是與表現良好行為有關，故可名之為「正向道德情感之動機說」。

(一)道德的同理心

同理心（empathy）是指我們看到別人受苦時，心裡也會難過和不忍心，同理心含有同情心，但比同情心更深沉，能想像自己處在別人的「心理位置」，感受到他或她的悲傷，如同自己在感受一樣，而同時又很清楚自己與那人不同。Hoffman（1977）便指出，大部分幼兒在第十八個月開始就會自然地發展出同情。Young, Fox, & Zahn-Waxler（1999）的研究也指出：此年齡幼兒在父母或兄弟姐妹看起來悲傷時，也會顯得憂慮和悲傷，並會做點事來讓他們感覺好一點，例如：分享他們的「棉被」或「橡皮奶嘴」等。

嚴格的說，幼兒的同理心反應，比較類似於反射行為，是不用學習就能對其他人的情感狀態做反應。故當幼兒處於同理別人的難受狀態時，自己也會像掉進漩渦裡，難以被他人安慰，直到離開痛苦的來源，才會真正放心，能再開心。換言之，幼兒的同情心雖具有感同身受的表現，卻不成熟，是那種一起跳進水裡被溺的難受，缺乏在岸上救助的能力。

(二)道德的親密感

概括地說，道德親密感是指：人天生會被善良的道德模範所感動。

對於父母、導師、政治或宗教人物，甚至是虛構人物的善行，在沒有人提示之下，兒童也會自發地愛它乃至欣賞它。對於許多故事或電視、電影呈現的美好人物，如英國C. S. Lewis在1950年代創作的奇幻兒童小說《納尼亞傳奇》裡的三兄妹，或2010年代好萊塢電影《蝙蝠俠》，兒童會渴望像他們那樣，或覺得自己屬他們的陣營，希望也能表現出令人敬佩的行為。男孩和女孩的英雄人物，常屬於能展現俠客支援角色的人。Sears, Maccoby, & Levin（1957）發現，兒童會在遊戲或幻想時，扮演心目中的英雄人物，內化他們的喜好，展現分毫不差的身分，包括穿他們的服裝、學他們的動作和口氣。

由於道德親密感的存在，道義上的模範，無論是真實的或虛構的，像慈愛的祖父母、關雲長、甘地、猶太拉比、佛陀或耶穌基督等等，常會透過兒童的生活變為兒童的愛慕，引導和激勵兒童表達出他們最好的自我。

大部分成人也保留有這種向美好道德形象看齊的傾向，例如臺灣的慈濟人，認同慈濟法師的價值觀並參與其活動，感覺嵌入一個道德共同體，此道德共同體為許多慈濟人提供一個自豪的來源，感到與有榮焉；而基督徒除了視自己為透過十字架恩惠成為天父上帝的兒女，亦以效法基督耶穌在世上的

美好言行，努力實踐來榮耀神彼此互勉。

(三)道德原則的美好感

　　道德的美好感是指對道德原則和理想行為的愛慕。概括地說，人們的道德標準大多被其「道德原則的想像」所維持，道德原則的想像使人自然地相信天地良心存在，可以預見道德美好的實現，以致堅持實踐道德原則，期盼帶來一個更完美的世界。道德信條，就像「當你希望人怎樣對待你，你也要怎樣待人」或「己所不欲，勿施於人」，通常可以在相當大的範圍或情境，影響一個人的行為。一旦這種標準被建立，人會嘗試使其行動與原則一致，而當達不到時，會在自我肯定上扣分，感到慚愧或內疚。當然，特殊情形例外。

　　心理學家（如Turiel, 1983）就發現：兒童從三歲起就能自動發展對與錯的原則。兒童似乎不必教，就知道傷害是壞的，而幫助是好的，即使兒童並未總是喜歡表現好行為，也會承認人應該幫助別人，不應傷害別人。Turiel（1983）曾做一實驗，詢問幼稚園的三歲小孩：「如果規定只能在教室的某一邊吃東西，而有人違反規定，你會怎麼說？」幼兒會說：「不行。」然後告訴他：「如果老師剛才說這是可以的呢？」他會回答：「行，那沒關係。」接著問他，如果你想坐椅子，可以把小明推走嗎？幼兒會說：「不可以。」（即使他有時會推擠一下別人）然後再問：「如果老師剛才說這是可以的呢？」他會回答：「不，老師沒有說（按，指老師不會這樣說）。」這一系列研究顯示，兒童似乎自己就能明白：應該有所謂「導致不傷害」的法則（rule），且這些規則不必基於權威者的教導。

　　概括的說，道德原則的傾向是：人似乎擁有內在承認的、不變的道德規則，這些規則不同於其他可變動的習俗規範（如習慣規定應該在哪兒吃東西），後者是可變動的。換言之，兒童較能接受其父母執行的道德規則，如「不可偷竊」（注意：非不再偷竊），勝於接受約定的習俗規則，如有關家務的規則。

(四)道德情感動機論的特點

　　上述良善道德動機論對三種道德情感的發現，主要是來自研究兒童，特別是幼兒，其特點是從幼兒和兒童的研究發現，指出人天生具有愛好「道德美」的情感，但並不保證後來在漫長的人生旅途上會實踐道德行為。

　　例如，在同情心方面，隨著年齡長大懂事、生活經驗和教育的影響，兒童和成人開始「不認為」每個人都是值得同情的。Cassell （2005）便提到：若看到的痛苦是涉及敵人或競爭對手的，就不容易引發同情。相對地，人會揣測別人也會如此對待自己，同理心逐越來越具「特定性」，在對象上也越來越具「區別性」。Feshbach & Feshbach（1969）、Roberts & Strayer（1996）等諸研究，皆支持：我們傾向於幫助和保護那些對我們曾表現同理心的人，也不太會去做傷害他們的事；反之卻不然，我們可能認為：曾傷害我們的敵人或競爭對手受苦是「罪有應得」。

　　又如，在道德愛好感方面，由於人所處實際社會的價值不一定是理想的、主流的、講究美德的價值，甚至是反社會秩序的價值，例如吉普賽人的一些社群，或某些黑道幫派。而上述天生的道德感經過特定社會培育過程，可能曲扭或變形，例如，從狂熱的恐怖主義分子來看，真正的正義或道德，是應該對某些對象執行恐怖的暴力行動。這些現象顯示：探討支撐人們實踐道德行為的情感時，不能只偏限　於正向道德情感的動機說。

二、從理性計算角度看道德情感──名利感

(一)道德名利感的內涵

　　道德的名利感是指人之所以操作某道德行為，是基於該行為能產生對自己最有利益的結果，無論是增進自己或社會的實質利益──財富或精神價值（名譽）。這種從結果來衡量好壞的判斷，有英國學者邊沁（H. Bentham, 1748-1832）主張的功利原則（the principal of utility）加持，發展為功利主義道德論，強調「謀求最大多數人的最大幸福」，才是善，才是道德，又稱效益論（utilitarianism）。功利主義道德雖然用幸福來界定道德，但因幸福太抽象，且一般人的幸福觀多來自物質或權利的享受，對普羅大眾而言，功利原則演變成注重名與利。

　　主張道德先天演化論概念的學者R. Dawkins，對道德情感的見解，也頗具名利感。其觀點大致為：人之願意信守道德、表現道德行為，乃因兩個自利性基本原因（Dawkins, 1976）：

1. 人性是自利的。個體可因理性自利而使自己的基因廣泛散布，其自利的對象是個體本身。

2.人在做選擇時會自覺或不自覺的追求「極大化其利益」。

　　道德先天演化論者認為人會做自利的選擇，主要來自演化的機制，此機制彷彿先天銘印在人體中。人的基本自利行為單位是「基因」，而非生物個體或族群，生物僅是基因的載體，目的是延續和散播基因本身。無論自利是表現在群體中，以「硬性的利他」（hard-core altruism），犧牲小我、完成大我，或以「柔性的利他」（soft-core altruism），只做對自己有利益的事，利他其實都是為了自利（詳見Wilson, 1975）。

　　基於名利感的理性利益計算，在經濟學中也有許多的擁護者。經濟學所提出的「有意識的極大化人類利益」觀點，和上述演化觀點非常相似，都含有：極大化、競爭、不自覺的理性、成本、投資、自利、求存（survival）和均衡等概念。在重視道德的理由方面，演化觀點落腳於「不自覺的極大化基因」，而道德名利觀則強調「個人乃至社會利益」的經濟學計算模式，兩者都不談社會正義。但經濟學之父，也就是以國富論名聞天下的蘇格蘭學者亞當‧史密斯（Adam Smith, 確切的出生年代不可考，卒於1790年）則巧妙地在資本主義論述中結合利己和利他，認為真正資本主義的市場經濟應該是一個講道德的經濟。做為《國富論》和《道德情感論》（*The theory of moral sentimentals*）兩書的作者，他認為同情心與自利心是並存的，同情心為無私的愛心，他認為人的同情心、良心、宗教、義務感、正義、仁慈、博愛與克己，是構成資本主義的基礎。美國經濟學家傅利曼（Milton Friedman）在1976年接受諾貝爾經濟學獎時，曾說：「不讀亞當史密斯撰寫的《國富論》，不知道怎樣才叫『利己』，讀了亞當史密斯撰寫的《道德情感論》，方知『利他』才是問心無愧的利己。」（MLA Style, 2011）2011年5月下旬在臺灣發生的食品濫用塑化劑事件，嚴重傷害消費者對食品的信心，雖然改善，也一度使臺灣食品和生技產業品牌蒙羞，顯示亞當史密斯所謂「道德才是支撐資本市場運作的靈魂」，確實所言不虛。

(二)道德名利感的特點

　　從道德名利感出發的道德實踐特點，雖然相當貼近人心經驗，但卻是不穩定的。因為理性計算必隨環境需要而不同，以外遇為例，在傳統社會，外遇常被撻伐，但林毓凱（2007）以資本主義社會特色為由，主張人們應該接受它。其理由為：處在資本主義對於勞動力日漸攀升的要求下，高度社會流動的現代伴侶，比較難維繫過去那種需要「高度專注、從一而終」的情愛

關係，甚至呼籲應正視外遇有其社會結構的條件與誘因。林毓凱因此主張：不要再困於社會主流道德，要將外遇（包括小三、劈腿、多重戀愛）視爲一種個人的、人格的、道德問題，必須打開「多樣的愛情倫理或關係」，來軟化傳統道德束縛的緊張。當然相對地，也有人堅持：在面對資本主社會壓力時，固守一夫一妻婚姻價值觀的道德，才能眞正享受長期的幸福。

　　出於名利感的道德實踐另有一奇特現象是，就一個人而言，可能因名利感顧及大我利益，而願意犧牲小我，顯出其爲道德人，但一群人組成的道德社會團體，卻可能會因爭取群體利益而操作殘酷的行爲，以致成了不道德的社會，遂出現「道德的人與不道德的社會」這種弔詭，基督教神學家尼布爾（R. Niebuhr, 1892-1971）就曾以它爲名稱寫過一書，鍼砭道德的僞善（Niebuhr，1982，楊繽譯）。中古時期惡名昭彰的十軍東征和二十一世紀開始出現的恐怖主義自殺炸彈客，便是這類例子。尼布爾還寫過一篇著名的〈寧靜之禱〉（serenity prayer）祈禱文：「Father, give us courage to change what must be altered, serenity to accept what cannot be helped, and the insight to know the one from the other.」（神，求你賜我勇氣，去改變我能改變的，賜我寧靜的心，去接受我所不能改變的，並賜我智慧去分辨兩者），顯然道德名利感還需要配合智慧的計算，才可能表現合宜的行爲。

三、從壓力角度看道德情感——禁忌感及羞恥心

(一)道德禁忌感的內涵

　　奧地利學者Schoeck（1995，王祖望等譯）在專書《嫉妒與社會》中，特別討論到不公平帶來的嫉妒及其衍生的道德問題，文中提到哈佛教授郭爾堡（L. Kolhburg, 1927-1987）的道德認知判斷發展論（參見第一章第三節之一），指出郭氏道德兩難的討論並不能確保人們表現道德行爲，對於人之所以會表現道德行爲，Schoeck特別強調的因素是「禁忌」。

　　任何組織的紀律或規章，對其成員皆有規範效用，說得強烈一點即禁忌。考察各種勸人爲善的宗教，都有信徒必須遵守的戒律，猶太教、回教、基督教各有其誡律，做爲最基本的行爲憲章，佛教或道教亦有大大小小的清規。從歷史來看，幾乎各時代各國皆係透過規範管理眾人的行爲，所謂國有國法、家有家規，法律主要是針對已經嚴重違反社會大眾所認定的行爲，所

訂出權利、義務、賞罰、賠償等條款，可以說是明文規定的道德，不遵守當然要祭出懲罰。一般道德則屬約定成俗，未言明的規範，若違反它，通常只是遭受疵議或口頭的譴責，但對於重視名譽的人而言，其傷害或打擊有甚於一般「施之夏楚」的懲罰，甚至「千夫所指，無疾而死」。

禁忌做為促成道德行為的運作機制，可簡述如下：

1. 禁忌感會帶來罪惡感（一種我做，我就錯了，我會（或已）獨犯法律或規條的感覺）。
2. 禁忌感的道德情緒引起心中立即的罪惡感，進而扮演一個「增強」自我抑制能力的角色。
3. 禁忌感使人認為可能因犯罪受罰，因而抑制眼前被放大的誘惑。
4. 禁忌感使人表現好行為。

禁忌感之所以能激發人實踐道德，還可以從道德承諾如何能被信守來衡量。張榮富（2007）在「從道德演化的賽局模型與名譽模型談道德教育」一文曾指出：道德承諾問題中最困難的地方就是在創造一個「可信的威脅」或「可信的承諾」。可信的承諾是指：這個被做出的承諾，對涉及到的人而言，是具有可信度的，也就是有信用的。可信的威脅是指：這個被做出的承諾，對涉及到的人而言，是具有威脅以致產生害怕的情感——害怕自己若沒有做出道德行為，可能受到懲罰。出於名利感的道德人士，最關心的是「追求極大化自利」，而非什麼「承諾」或「威脅」，出於禁忌感的道德人士，因自己知道有外在「可信的威脅」存在，就不敢做壞事，又因知道有外在「可信的承諾」，而願意不做壞事。

進一步說，使禁忌感發揮道德作用的情感，除了「害怕」威脅之外，還有基於名譽的「羞恥」。

(二)道德羞恥感的內涵

羞恥心與罪惡感關係密切，因西方基督教神學是建立在「罪惡被救贖」的信念上，故發展出「罪感文化」，但東方包括中國、韓國和日本，是建立在儒家維護家族名聲的「羞惡」信念上，故發展出「恥感文化」。朱岑樓（1992）在所著《從社會個人與文化的關係談中國人性格的恥感取向》，便指出羞恥心是華人實踐道德行為的重要動機。

影響二十世紀西方學者們對羞恥心討論的大師，是德國現象學兼倫理學家馬克思・謝勒（Max Scheler, 1874-1928），他在弗洛伊德理論當道，眾人

撻罰羞恥感（shame）與罪惡感（quilt）傷害人格發展的年代，特別強調羞恥的正向功能。

　　弗洛伊德將「羞恥」看成是性壓抑的機制，是一種對禁制的檢查力量，有如政府機構對傷風敗俗文字的檢查。從社會心理學家艾瑞克森（Erikson, 1968）對人生社會心理八階的命名，將第二階定名為「自主對羞恥懷疑」（autonomy vs. shame and doubt），第三階定名為「創發對罪咎」（initiative vs. guilt），可看出：罪惡感是當人具有更大的能動性時（指第二階到第三階的成長壯大），對自己不好現象更為強烈的譴責。

　　但謝勒不同意弗氏對羞恥感的貶抑，反而認為羞恥能提供一種自我保護的作用（self-protection），這保護作用是在不好的事情尚未造成傷害前，就因認知覺察，通告危險，使人免於從事破壞自己價值的行動。由於謝勒注重羞恥在情感作用上的先備意義，特別稱之為「先備情感」（pre-feeling），以便強調羞恥心所發揮的預告效果，可以激發個體啟動保護自我的機制，使自我維持理想和標準，避免墮落，以免淪為別人的笑柄。他這樣說：

　　　「羞恥所保全的是生命整體（the unity of life），使精神存在的真實自我，不至於被感官肉慾的本能力量淹沒。羞恥不是自我欺騙的形式，正好相反，是剷除自我欺騙的力量，是自我探索的先驅。」（引自俞懿嫻，2007，頁446）。

　　謝勒這番話，頗能呼應華人對羞恥心的看重。春秋時代大政治家管仲宣稱：「禮、義、廉、恥，國之四維，四維不張，國乃滅亡。」（管子・牧民）。孔子在《論語・為政篇》第三也說：「道之以政，齊之以刑，民免而無恥；道之以德，齊之以禮，有恥且格。」格是「正」的意思。《中庸》則提到「知恥近乎勇」。華夏族群數千年來，透過「羞惡、慎獨、內省、正己」等功夫，維繫人們遵守道德規範，表現美好德行，依靠的主要就是羞恥心發揮的正向功能。

(三)禁忌感和羞恥心的特點

　　以禁忌嚇阻違反道德的行為，無論是否真做了違反道德之事，或有無被發現，都會引發負面情感，重則為罪惡感，輕則為羞恥心。謝勒所極力主張的羞恥心，在維護道德上固然有其正面作用，但引發的負面相關心理

情緒，也不能小覷。Kekes（1988）曾統計，羞恥與屈辱（humiliation）、難堪（embarrassment）、遺憾（regret）、苦惱（chagrin）、不安（discomposure）、悔恨（remorse）、罪疚（quilt）、丟臉（disgrace）、不光彩（dishonor）等感受難分難解，雖然懷著羞恥的人可能會裝模作樣或假正經（prudishness），但不會真驕傲；用羞恥心做道德推手，是建立在加諸過錯、弱點、無能、愚蠢可笑、無理、名譽掃地、可恥等等標記之後的產物，如此才能警戒人們。但經驗告訴我們，相對於慾望的誘惑，它在東窗事發前的警惕力量可能不足，但犯過後，付出的代價實在太大，羞恥的人往往失去自尊（self-respect）、自重（self-esteem），落入自卑（inferiority）。後現代人的應對策略是：乾脆廢掉所有道德戒律，來個百無禁忌，且顛覆各種價值，從創新來看各種突破尺度的行為，故禁忌和羞恥做為道德維繫力量，已經日趨疲弱，而有賴於正向心理──如下一節要說的感恩心，來鼓舞道德行為。

四、從報答角度看道德情感──感恩心

(一)感恩情緒的特效

　　大街小巷常看到提醒人「常懷感恩心」的標語，人在日常生活也多半會經驗到：在莫名其妙煩惱時，若試著「去想或去數算」仍有不少事情值得感恩，心中烏雲就頓然散開。感恩實在有維持生命平靜、愉悅，以至能繼續行善的妙效。人是否會感恩，關乎他能不能思考還擁有的、值得「珍惜」的人事物，例如，對某些人而言，失去財富，但想到還有健康的身體，就可以感恩；失去健康，但想到曾擁有許多美麗的回憶，並現在還能思考、分享、能關心別人，就很感恩。

　　英文中的感謝（thank）一字，是從體貼或周到（thoughtfulness）演變而來，感謝之情是對自己恩人（benefactor）的作為，採取珍重的思考（favorable thought）。感恩（gratitude）則從拉丁文 "gratra" 演變而來，Pruyser（1976）發現：凡是含有這字根的字彙，都和仁慈、慷慨、恩賜、施與受的美好、及免費得到一切有關（頁69）。就心理意義來說，感恩代表有種世界真美好的驚奇、感謝、和對人生之喜悅的情感。通常，愈會想到別人對自己的好，就愈能感恩。可惜的是，許多人不會珍惜所得好處，還真

得靠處處懸掛的標語來提醒。有哲學家皇帝稱譽的古羅馬皇帝奧理略（M. Aurelius, 121-180A.D.）便在其傳世名著《沉思錄》中提醒說：

「別把你所沒有的東西，想成已擁有了似的，

不如看看你擁有什麼最珍貴的東西，

並想想倘若沒有了它們，你會多麼苦苦渴望它們。」（Aurelius，盛世教育譯，2011）

(二)感恩需要同理心

　　嫉妒的受恩者是不會感恩的。驕傲的受恩者是不會感恩的。太自卑的受恩者是不會感恩的。受助者若覺得自己處境不公平，則即使幫助者掏心掏肺，受助者也不會感恩，反而認為是幫助者操作社會制度得了好處，造成自己要被幫助的局面；雖然有些不公平的社會確實有此現象，但這狀況也不能無限上綱。

　　促使人們不會無限上綱地否認感恩，或能積極地表示感恩的情緒，就是同理心。Lazarus & Lazarus（1994）所說：「感恩基本上是一種同理心的情緒。」（Gratitude is essentially an empathetic emotion.）

　　感恩之所以不容易，考其原因，大多是受恩者的自卑心作祟，不能接受自己的處境。許多深受別人幫助且在過程無啥齟齬的人，對於曾被幫助一事，並不感謝，反而有一種疏離，在眼神的一抹，或口氣的一絲中透露出來。他們對當年必須受助的處境覺得不公平、不能坦然接受。《嫉妒與社會》一書的作者Schoeck發現，許多被養父母悉心愛護的養子女，長大竟然惡待照顧者，因為他們恨為什麼是「我」要被「你或你們」照顧（Schoeck，1995，王祖望等譯）。曾任美國駐印度大使的哈佛大學教授（J. Galbraith）在所著《不確定的年代》，提到被殖民經驗使貧窮國家和富有國家間的關係很微妙，當時他投身印度的經濟發展事業中很熱心地給予建議，認為能協助解決長久以來的饑餓，是很意義的工作，但日後方知當年共事的印度朋友寫書談到這段經驗時，竟全然沒有感恩之情，反而有種受幫助不是滋味、欲撇清關係，惡意曲解別人的助人動機（Galbraith，1986，徐淑真譯，頁128-129）。

　　真誠的感恩其實需要有同理心，否則曾受助的受苦之人可能更厭惡痛恨

受苦，以至於反而更鄙視正在受苦的人，刻意要與當年受助「劃清界線」。而唯有受過苦，並在走過痛苦的過程中，體會到自己原本不配，但竟然被幫助，這種人才會真實感恩。此種感恩的底層是同理心（empathy），同理誰呢？同理什麼呢？同理——受苦者，包括當年受苦的自己；同理——受苦不是羞恥；同理——受苦雖需要幫助，但知道在這罪惡的世界，「能得幫助」並非天經地義的事，故若能被幫助，是非常非常值得感恩的事。

(三)感恩需要謙卑

感恩中含有謙卑（humility）的素質，不懂謙卑的人難以保持無論在何時、何種處境都能感恩。謙卑含有對道德運氣（moral luck）的認識。龔立人（2010，頁82）曾引述Tomas. Nagel所舉的例子：「同樣是酒醉駕車的人，一個撞死了正在橫過馬路的路人，但另一個卻沒有，因為在他開車的路段，沒有遇上人橫過馬路，縱使酒醉駕車是不對的，但運氣卻對他們的道德責任有決定性的影響，前者要受良心譴責及法律制裁，後者卻不需要。」此例說明道德論斷有特殊處境需要考慮，因此，一個懂得道德運氣概念的人，會比較謙卑。謙卑的人不一定說得出「道德運氣」這名詞，但因真實知道自己並非像自己所想那麼好，只是各種試煉未到，不只是上述駕車而已，這種人便能受益於感恩，並因此種感恩而更遵行道德。

(四)以感恩行善的特點

1. 感恩助人心情好，但不保證遵行道德

人際相處，道德名譽之所以被重視，是因它傳達「這個人可靠」的訊息，人際間承諾或契約需要信用，名譽常是提供對方信任的依據。但提出道德情緒理論的社會學家Frank（1988）指出：在具有名譽聲望的人中，不可避免的會有僥倖之徒，這些僥倖者想利用大家的善意，從中牟利。僥倖者可以是好學生、好太太、好爸爸、好同學、好同事或好的主管等等，當人們「發覺自己正受苦於被別人的道德承諾欺騙」時，其道德行為會受兩種特殊的報酬機制——物質報酬理性計算和心理情緒感受——所引導，若兩種趨力是衝突的，則理性計算的趨力經常是輸家，當此之際，感恩才是弭平苦痛的良藥。因為感恩連帶具有同理心和謙卑，外加道德運氣的考量，能夠克制心中想「立即懲罰對方帶來的快感」，回復心境的和平。法蘭克便認為：感恩有可能是確保道德承諾及避免假道德的欺騙，最節約的機制。

2. 感恩的操作常缺乏普遍性

人對感恩的操作，一般而言，很自然會符合比例原則。針對某一次被幫助的事件，報答一次；若兩次被助，報答兩次……以此類推，報答後便了結所欠人情。但若報恩對象給的恩很大，如「父母之恩昊天罔極」，則甚至會因感恩而肝腦塗地的為對方效命，對方要求自己做什麼就做什麼，做殺手亦有可能。江湖上，許多黑幫分子就有這種恩情的糾纏。

感恩心最好是基礎於正信的宗教價值觀，較容易產生質量好的感恩行為，並比較能長期發揮力量，操作道德行為。

五、個人與團體道德情感的互動

陳秉璋、陳信木（1988）曾介紹威斯特馬克（E. Westermanck, 1862-1939），在1932年發表的感性主義道德論。該理論重視道德實踐的生存環境和條件，指出從個人的道德情感（a moral feeling）演變成團體的道德情感之歷程，本書作者根據他們的說明，將威氏的概念繪如圖6-1。

圖6-1　根據Westermanck概念繪製個人與社會道德情感互動圖

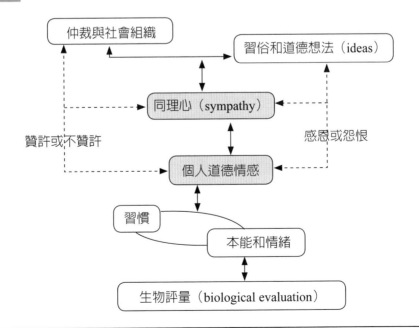

*作者繪自陳秉璋、陳信木，1988，頁105-106

　　威斯特馬克的分析系統指出：人類在特定生存條件或環境下，為了生存而產生各式各樣的互動形式，敵對、仇視、衝突、對抗、容忍、合作或整合等，在同一社會的長期經驗累積下，由於個人對特殊道德行動的贊許或不贊許（feelings of approval or disapproval of particular acts）及感恩和怨恨的（emotions of gratitude and resentment）情緒作用，一方面在個人內在性格上逐漸由純粹生物人的本能與情緒反應，轉化為帶有人性好壞或對錯的情感或同理心（sentiments or sympathy）；另方面，由於個人的對錯情感或同理心之外在交流與互動，逐漸形成習慣性或大家所共同認可的行為，就是道德情感或判斷，成為該族群的特徵，稱為民族道德情操。

　　當絕大部分的人民都明顯的具有某種集體道德情感時，該社會就會產生講求對該紀律、法律和秩序的強烈嗜好，這種偏好會擴大而延長到該民族的文學與藝術領域，因而產生一種時代性道德典範，反過來影響個人的道德情感。2011年的日本，在三一一地震、海嘯、核災中，其人民表現高度的道德和勇氣，守法和紀律，贏得舉世的尊敬和佩服。但反例也有，同樣在2011年，五月下旬發生三位穆斯林青年以石刑處死同村女孩的悲劇，他們以違逆伊斯蘭教法為理由，將一週前參加烏克蘭選美活動獲獎的十九歲女孩，綁架到樹林深處，用亂石砸死（詳見黃文正，中國時報2011.6.1.報導）。此事件顯示個人道德情感的力量是用在正向鼓勵或負向懲罰，其實深受團體道德情感影響。

第二節　品格培育

　　以下說明：一、品格培育的意義；二、培育品格涉及的架構和元素；三、從道德情感看品格培育；四、藉正信宗教培養德行。

一、品格培育的意義

　　「培育」含有「培養」和「教育」二方面涵義，在本書中凡涉及用「教育」一詞時，偏向指施教者刻意提供有形及系統的教導措施，「培養」則泛指所有的教養努力。以下行文視前後文強調之概念，有時用「品格培育」，有時用「品格教育」稱之。

　　本段說明：(一)品格與道德、德行、品德、倫理的關係；(二)品格培育與道德教育、德行教育、品德教育的關係。

(一)品格與品德、道德、德行、倫理的關係

　　品格的主要內涵是一組關聯的德行，可以說德行是品格的元素或元件，以下從德行出發，談它與相關之名詞。

1. 德行與品格、品德的細微差異

　　德行、品德、品格三者相同處在於談論的都涉及「人」這個生靈存在。因為「品」涉及所談事物的整體性，就人而言，就是一個人的整全性，品德及品格含有「品」這個字，所以二詞的重點在指出所談的和「人」有關；德行的重點則在表示關心什麼樣的道德行為才合乎人的本質，以及此本質所蘊含之目的（telos），麥金太爾（MacIntyre, 1985）認為，德行能將人從「人即如此」分別出來，亦即德行可以讓人實現他做為人的目的。有德行，不僅表示知道「什麼是好」，還要知道「如何『行』出好」，如此才算是有生命的全人（按：並非指要完美才是全人）。龔立人（2010）進一步指出：由於要明白人的目的，需要透過人的行為來認識，故聆聽與批判，包括批判自己，是表現出德行的根本。他用「勇氣」這個德行來舉例：若要具體瞭解什麼是勇氣，就需要從一個有勇氣並實踐勇氣的人身上認識和向他學習。

2. 德行與道德、倫理的重疊關係

　　德行的意義，可從它與道德、倫理用法的區別談起。「道德」涉及社會既定的行為規範或價值理念的體系，人們日常談道德，消極目標在避免為惡，或造成人際間相互傷害，積極目標則在增進個人或社會的幸福。卓越的道德被稱為「德行」（virtue），特別能增進個人或社會的幸福。故德行可以說是當人們積極的看待道德時，便可能使用的概念。「倫理」（ethics）是指一套管控行為的公認信念，此信念與社會的行為規範、價值理念有關，故倫理也被定義為探討普遍的道德原理，可用於多種領域，如談論生命倫理、家庭倫理、專業倫理、生態倫理等。要幫助人明白倫理和道德的不同，最簡單的方式是告訴他，在批評一個人「不道德」時，不能說他「不倫理」。針對道德議題所討論的管控行為信念，可發展為道德倫理學；針對美德議題所討論的控管行為信念，可發展為德行倫理學（virtue ethics）。德行倫理學發源於古希臘，二十世紀以來受到學界重視，蓬勃發展，與道德倫理學體系中的義務論（deontology）、效益論（utilitarianism），鼎足而三，相互輝映。

(二)從德行教育、道德教育、品德教育到品格教育

　　德行（virtue）做爲教育詞彙，其特定度（specificity）比道德強，也就是所談的更具有針對性，特指道德卓越的狀況（Virtue is moral excellence.），它有助於提升個體和集體的幸福，故「virtue」也常被翻譯成美德，其相反是邪惡（vice），換言之，德行是美德，「德行教育可說是美德教育」。「品格」一詞的英文是「character」，此字源於希臘文「Charassein」，意思是在金屬或石頭等材料上鑄印標記，顯示其特色或歸屬，品格教育與人之所以爲人有關，故「品格教育」含有使學童發展成爲整全的個體，並且是具有德行的好人之意。MacIntyre（1985, p. 219）強調德性是人之所以爲人的關鍵：「德行不僅維持道德操作，且能使我們在實踐道德時，獲得內在善。」Macintyre的意思是：德行本身不僅表示我們會克服所遭遇的傷害、危險、誘惑及分心，德行也在它本身那種對善的渴求（quest）之中，支撐著我們，促使我們願意去克服傷害、危險、分心及誘惑，且在此歷程中，使我們更加瞭解我們自己、何爲道德、何爲善。林建福（2006）根據這觀點，進一步指出「德行是含有抉擇在當中的品格狀態」。站在教育立場，當然希望教導學童做有益於個體幸福和集體幸福的抉擇，並眞的表現出來，故德行教育不像道德教育，受道德認知判斷諸影響，道德教學可能花較多時間針對現有道德觀念做討論、質疑，甚至顛覆，德行教學則可能花較多時間在落實怎樣實踐美德。

　　綜合言之，做爲日常生活詞彙，品德和品格可以交換使用，例如說某人品德不錯和品格不錯，差別只在個人對用語的語感或習慣不同，他們皆有「人的個性（character）」加上「德行」之意，可以說品格和品德都是指人格的德行狀態。在國民教育階段，學校或教育當局，究竟會用「品德教育、品格教育或德行教育」哪一種名稱呢？端視方案設計者的用詞偏好而定，其本質大體一樣，都重在「幫助學童實做一個有品德（即美好道德）的人」。但德行教育這詞的音韻唸起來不太順口，較少學校會對學生或學生家長宣布：本校注重實施德行教育……云云，而當一所學校宣稱重視實施品德或品格教育時，表示其方案重點在培養有具體行動的德行，非廣義的道德，並隱含其德行教育是重視身教，指向培養一個健全好人的教育。

二、培育品格涉及的德行架構和元素

　　在社會價值多元化、管與教日益困難、學生上學被霸凌機率增加的現實狀況下，家長選擇中小學校的條件，已經悄悄從「升學率高優先」轉變成「培育品格優先」，各國小紛紛推出品格教育或某些德行教育方案，期許給家長和學生一份安心和希望。德行需要以成組的方式進行，才能在品格上發揮效果，因此實施涉及架構及元素的考量。

(一)品格需要有組合性之德行支撐才易於辨識

　　品格通常是針對人而言，隨著人的角色、身分、地位而被賦予不同的期許，社會對教師品格的要求，和對KTV裡點播音樂的DJ品格要求不同；一校的老師和工友在家長學生心中，品格要求也會不同，差異反映在德行組合上。德行若個別列舉起來，可多到數百上千種，有意思的是，生活中德行的彰顯，有如粽子，提起來便是一掛掛的，亦即德行因彼此相關，是以組合的方式在生活角色中展現，如此方顯出一個人的品格狀況。故德行教育會因品格要求不同，有不同的德行名目，並因此產生不同的內容和方法。

　　舉例來說，培基文教基金會（1999）所編寫的品格教育教材，在2005年全世界已有十七個國家，超過2,500所學校使用，就是針對德行組合的特點進行設計的。他們從成家立業、己立立人的觀點，整理出具有品格的七類人物，包括：(1) 遠見者（visionary）；(2) 教導者；(3) 服務者（server）；(4) 管理者（organizer）；(5) 協調者（mediator）；(6) 理想家；(7) 供應者，然後，再確定各該類型優良品格者所具有的7種德行組合，故總共確定49項德行之品格內涵，並為每一德行提出清楚的定義，最後考慮如何教導。以下用表6-1說明管理者所需的德行組合，讀者若對其他六種品格類型人物的德行內涵有興趣，可逕參考培基文教基金會的相關出版。

表6-1　有優良品格的管理者所需具備之德行組合

管理者的定義：能勾劃願景並運用資源以求達成目標的人

德行名稱	定義	相反的態度和行為
井然有序	隨時整頓自己與環境，追求理想成效	紊亂（Confusion）
主動	看到事情不待別人開口就著手去做	懈怠（Idleness）

盡責	明白別人的期望並切實做到	馬虎（Unreliability）
謙卑	認定個人成就都應歸功於別人	驕傲（Pride）
果斷	認清關鍵所在，作成困難決定	拖延（Procrastination）
決心	決意不計阻力，在時限內完成正確目標	優柔寡斷（Faintheartedness）
忠貞	在艱難時刻，仍堅守向服務對象的承諾	不忠（Unfaithfulness）

表6-1亦可用圖表示，從圖6-2更易見到品格和德行的關係。當然圖6-2的個別德行也可以稱爲品格，但這與日常綜合說某人有品格，內涵範圍是不同的。

國民中小學校在推行品格教育時，也需要針對想培養兒童成爲怎樣有品格的學生，來規劃一套德行組合，當然這組合亦需要配合個體發展階段教育的重點和目標。

圖6-2　品格及其內涵之一套德行組合（以管理者爲例）

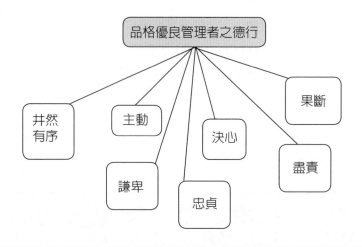

*作者繪自培基文教基金會，1999，品德教育教材─優良管理者篇

(二)規劃及實施品格教育需具有願景

從種子長成大樹的比喻，可知實施教育必須有清楚的方向和目標，當這方向和目標還只是意象（images），未落到具體的細節前，被稱為願景（vision）；一項意念，做為願景，具有啟動參與者想像力，及考驗他們創造力的作用。願景出現，代表組織整體活力開始有啟動的方向，從願景到具體實現中間，有許多需要填補的設計空間，是組織成員可以發揮創造力的舞臺。

前述培基品格課程的發展，其產生即是在願景的基礎下完成設計的。其臺灣負責人陳國寶曾表示（陳國寶，2006），它淵源於1993年，美國面臨經濟問題，許多公司陷入困境，當時位於奧克拉荷馬市的精銳公司在試過各樣方法都無效的情況下，決定用基督教《聖經》中普世通用的原則，來規劃公司成員待人處事的方針，進而在全公司推行品德培育工作。沒多久，公司氣氛開始改變，意外事件減少，工作效率提升，員工以成為公司一分子為榮。精銳公司綜合此次經驗發展出「品格第一」（Character First！）企業管理課程，因其口碑，奧市的學校和治安當局要求該公司為下一代發展一套品格教材，「品格第一！教育方案」就此應運而生。

臺灣的培基文教基金會，在培養學生成為能自我接納、具有明智的順服、有清潔的心、能完全的饒恕、有純淨的道德……等好品格的願景下，已針對國中小認知狀況，發展出多種幫助學生成長的好教材，從不同的角度來看品格與生活的關係，並將品格融入生活的每個層面。已經研發的品格教材所包含之德行有：專注、順服、誠實、勤奮、尊重、感恩、慷慨、井然有序、饒恕、誠懇等。

無論哪幾種德行組合的品格課程，最好都能儘量邀請家長或照顧兒童的關鍵人士，一起上課學習，以便形成良好的支持環境，使學童在校所學的，在家也能得到認同，並有練習和強化的機會。

三、從道德情感看品格培育

(一)善用生長環境中已然在發生作用的道德情感

父母常不自覺用道德情感教孩童德行，Schulman（2005）已指出兒童天

生有三種道德情感：同理心、道德的親密感和道德原則的美好感，且在出生第二至四年開始在社會環境的影響下發展，其影響來源包括父母、同儕、重要他人的對待和教導。許多父母在日常管教時說：「想想看，如果有人也對你做這件事，你會有什麼感覺？」這時父母就在培養孩子的移情能力。而當父母問孩童「你喜不喜歡被好好對待？」時，或耐心解釋「每個人必須被公平地對待」這種黃金規則時，他們便是在培養兒童對道德原則的愛好。當父母皺眉頭，難過地告訴兒童：「當你用那種方式對待別人，會讓我失望」或「這不是我們家庭成員的表現」，父母就是在發展兒童的道德親密感。

　　但就如前面敘述，有些道德情感有其侷限，故對於日常父母操作的道德情感，不僅要珍惜，也要觀察是否被濫用，避免道德情感的運用成為道德掌控，而在必要時做適度調整。

(二)有計畫的運用道德情感培養品格

1. 藉同理作用奠定品格的基礎

　　有關父母培養兒童同理心的研究發現，可以直接提醒兒童把自己當作對方來思考，或試著想像穿著對方的「鞋」走路。兒童需要學習瞭解自己的行為對別人所造成的影響，這往往可藉簡單的提醒做到，如「想想看你會有什麼感覺」或「記得當你那樣被對待的時候」。

　　當這種提醒不夠時，可以用別人的遭遇和奮鬥故事，幫助他覺察別人的感受，增進其想像力，或用角色扮演他人的受苦經驗，來增進同理心。

　　Hoffman（1977）鑑於道德認知判斷並不能保證人操作出道德行為，遂從養成道德行為習慣的角度，提出培養利他道德的四個教學原則：

(1) 讓兒童有正向地解決不愉快的經歷；
(2) 體驗負責照顧或幫助他人的經驗；
(3) 想像自己處於他人苦境的角色扮演經驗；
(4) 接觸利他的榜樣或楷模。

　　上述這四種教學中有三項都強調親身的體驗，格外凸顯親身之道德情感在鍵入品格基模上的重要。

2. 藉親情友好關係來支援德行的實踐

　　Eisenberg等人發現，若家長對孩童的行為是敏於回應的、接受的，並且雙方關係是合作的，能以溫暖且充滿情愛的方式來處理問題，在此種友好關係下，父母教導的德行或自己親身示範的德行，最容易被孩童潛移默化

（Eisenberg et al., 1999）。

　　德行的操作通常涉及被要求放棄、擱延或得到想要的東西，延宕滿足對兒童來說，雖不容易，但如果兒童相信其父母能眞心幫助自己實現目標，則忍耐實踐德行就會變得比較簡單。

3. 提供道德原則的實踐典範，增進對品格規模的嚮往

　　道德典範可提供兒童具有人道的和公正的視野，教導他們用道德行動來實現個人價值。通常兒童會以善爲準，且易於藉由一個良好的家庭和社會中流傳的道德事蹟或典範，開啓對品格世界美善規模的認識和嚮往。

　　第一位獲得哈佛大學文學榮譽碩士學位的美國黑人布克華盛頓（Booker Washington, 1865-1954），曾代表黑人在1895年舉辦的亞特蘭大博覽會開幕式上演講。當時州長布洛克用「我們今天有位黑人事業和文明代表在現場」，把他介紹給大家。他的致詞重點是：「加強兩個種族之間的友誼，促進雙方眞誠的合作」，這在當時屬於極其先進的觀念，大約領先一般世俗想法至少五十年，其演講的內容（如附註6-1）非常具有啓發性，可讓吾人明瞭什麼是有品格的膽識和遠見。

4. 加強對道德原則的討論，有助持守品格

　　實用訊息的設計是讓學童把焦點放在其行動的長期影響，例如附錄6-1的典範，亦即這些典範展現了什麼道德原則，他們做了什麼道德意志行爲，從長遠來看能導致什麼美好的結果。兒童要能應用原則到不同處境，還需要有語言做爲表達的利器。根據Sanders & Dadds（1982）的研究發現，成人可藉提供兒童清楚且強而有力的規則說明和理由解釋，來促進他們將道德原則內在化並遵循之，猶太人就精熟於將傳統猶太教的「妥拉」（即摩西五經）教給下一代。當父母運用良好的溝通，珍惜對話的任務，進一步說出所遵循的規則語句，如「每個人應該有平等的機會玩遊戲」，用不同的玩具名稱替換「遊戲」一詞，兒童便開始知道如何套用所宣稱的德行原則到具體活動，而不只是依一個命令做一個德行的動作。

　　啓發和務實的言談技巧，能促使年輕孩子以天生的熱忱把自己對於善的事物原則拼湊起來，採用蘇格拉底式的討論議題，如「什麼是善？什麼是值得我們犧牲的？」的問題，或郭爾堡（Kolhberg, 1984）促進道德認知判斷的兩難問題，如「爲了救家人的生命，偷藥可以嗎？理由是什麼？」這些問題對年輕人可產生近乎神奇的吸引力。尋求答案，不論是藉由對話、閱讀或獨自的沈思，都可以產生「轉化」，並激發年輕人去理出他們對道德承諾的方

式，表達對道德的認同。

(三)品格德行的中庸原則

在「資訊時代」，人如何使世界變得更美好，較之以往更重要，因爲所有人，包括幼稚園小朋友，都能聽到許多媒體所傳播極其殘忍或怪異偏差事端，爲避免從小就因負面消息太多，發展成絕望或憤世嫉俗的態度，學校宜培養對「努力貢獻理想人士」的推崇，製造氛圍，將「達成道德使命促成人類美好文明」的價值，傳遞給學生。同時，幫助學生認識一個眞正的道德社會，是每一位在其中的人（學生、老師、祕書、公車司機等）皆可期望被友善和公平對待。學校還可以在課程中融入更多各類的道德內容，如上歷史課，可以不只教一系列有關政治、經濟、軍事發展的重大事件，還可在其中提出道德問題的分析，和重要人物如何有德行地處理問題。

有些父母擔心其子女對他人的善心會被利用，但一般而言，不必那麼擔心，日常生活碰到的仁慈比刻薄多。從極端仁慈到極端兇殘中的行爲表現，善良和令人鼓舞的好行爲，通常不會震驚我們，即使是一個人冒著生命危險爲救好友或陌生人而跳進河裡，這種孟子「井有人焉」的救難行爲，也是我們可以理解和認同的。相反的，極端殘忍的行爲常常讓人震驚和困惑，不理解怎麼會「如此無情」！因此，對於人類之德行仍可保持樂觀。當然，這不代表對「反社會行爲」掉以輕心。

曾有許多理論提出不同概念，來解釋反社會行爲，包含侵略性的本能和驅力、神經細胞和基因及荷爾蒙畸變、不安的個性、脆弱的超我、功能失調的家庭、被虐待的童年經歷、負面同儕壓力、文化和媒體影響（如暴力影片、書和遊戲），以及各種形式的社會不公，如貧困和種族主義。當前社會仍有許多黑暗面，在人際互動的兩極行爲——消極保守一點，以防備爲壞人利用，和積極發揮道德情感、表現道德行爲，在連續量尺上，如何做到中庸，需要有彈性的衡量及判斷。

中庸原則不是生硬的採取中間行爲，不太積極也不太消極，如態度不太生氣也不太快樂，儒家思想強調的「中庸」是「時中」，是指時時刻刻能機動地調整行爲，使之「恰當」或「適當」。黃霍（2002）曾將亞里斯多德有關中庸（適當）在情慾、行動和抉擇三方面的表現，區分四種品格等級：(1) 有德行；(2) 能自制；(3) 缺乏自制；(4) 有惡行，如表6-2所示。

表6-2　從情慾、行動、抉擇的中庸適當性看德行等級			
	是否中庸（適當）		
	情慾	行動	抉擇
有德行	✓	✓	✓
能自制	✕	✓	✓
缺乏自制	✕	✕	✓
有惡行	✕	✕	✕

*作者整理自黃藿，（2002）的觀點，並在「中庸」一詞後加「適當」一詞

　　面對複雜處境，人的道德回應可以有多種選項，若容許一個人擁有表達情緒和行動很大的空間，抉擇又是可以自由的，則臨場的判斷是否中庸且適當，對人德行之考驗其實相當強烈，當今社會，人們面對「柳下惠坐懷」的機會，比比皆是，誰能「不亂」？當一個人真的表現「不亂」，可能反而被笑「太傻」，或被懷疑「是否生理有問題」。雖然智慧常是失敗經驗累積出來的，有一種司馬懿的後見之明，但表6-2不失為檢討的參考，至少反省有著落，可淬煉德行判斷的素養。

　　但在實踐中庸原則時不能忽略道德行為中的一種弔詭，即「道德生活中的雙焦點」問題。尼布爾（R. Niebuhr）指出在我們中產階級文化中，流行著一種對人類行和道德能力，過分而浪漫的估計，以致許多人迷戀於生活中理性作用和溝通的效果，他認為個人在某種意義上是道德的，對正義是有感覺的，會有同情心，故只要有教育教導，就不難陶練和淵盡那些自我主義的素質，但在道德生活中有不可避免的雙焦點，一是在個人內心世界，另一則是在該人的社會生活世界，誠如本書第二章所說一屬於獨特我的，一屬於聯合我的。從社會觀點看，最高道德理想是公理，從個人觀點看，那最高準則是不自私，從表面上看，「社會必須追求公理，即使它不得不利用各種方法，如自我主張、抵抗、強迫、或仇恨。」（Niebuhr，1982，楊繽譯，頁210）但尼布爾也強調：「任何注重爭取社會公理的不可避免性與必要性之政治現實主義，絕不能免除個人克制自己的自我意識，及瞭解他人的利益，因此而擴大合作園地的義務。……個人道德紀律是絕不能沒有的，無論人類

各集體的社會鬥爭達到怎樣的重要地位。同時任何階級，若不能發展善意的情感和相互的態度，在它的生活中也絕不能達到統一和協調。」（頁223）由上可知，道德品德德行的實踐有時雖不容易，但還是要勉力為之，對許多人而言，此時便涉及靈性追求或信仰議題了。

四、藉正信宗教培養德行

(一)道德發展價值和宗教的關係圖

　　Santrock（2001）曾用道德發展、價值和宗教的關係圖，說明三者關係密切，茲引述如圖6-3所示。

　　Schulman（2005）認為所有宗教可藉第一節中所提到的三種道德情感（同理心、親密感、美好感）來描述，但不同宗教所強調領域不太相同。如，猶太教著重個人道德水準或原則，並精於計算有多少勞動是可應用於每

圖6-3　道德發展、價值和宗教的關係圖

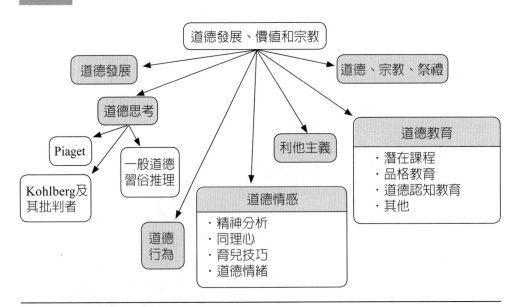

*引自Santrock, 2001, p.419

*價值是對於事情該怎麼做的信念和態度；祭禮（cults）指受具有魅力的宗教領袖領導的儀式，這些祭禮要求信眾絕對忠誠奉行，可能造成不同程度傷害

日生活，用戒律來提供行為準則，其古代法典《塔木德經》便鮮明地記述道德原則在生活中的應用。基督教則強調親密關係，認為道德行為主要發自道德情感，是從一個人與耶穌基督愛的關係出發，相信耶穌基督是「神」，始終存在，而人對基督是以蒙恩的罪人身分，為回應祂的愛，而在讚美和感恩中努力行善。印度教則強調同理心，由引用益世嘉言做為範例，記誦神聖的文字：「做為一個人是珍愛自己的生命，因此也是那些眾生。好慈悲的普度眾生，因為他們好像在對自己似的。」

(二)正信宗教才能煥發德行之光

　　幾乎在每一種文化中，宗教皆是其道德靈感的主要來源，但諷刺的是，宗教也常常是殘酷和衝突的來源。甘地的靈感來自其宗教信仰，但他也正是被與自己有同樣信仰的男人殺害。宗教教導善良和正義的重要性，但這種善良大多只是對信仰者才成立，有些宗教信徒會被教導消滅和折磨非信仰者，且以此為美德。歷史上有不少令人觸目心驚的例子，但也不必因噎廢食，確實古今中外有許多美善事物，是因著信仰提供的道德情感才做出來的。

　　個體的道德意識是樹立道德權威的必要條件，而整體的道德意識是樹立道德權威的充分條件。如何激發團體道德情感與個人德行的良性互動，是值得關心的課題。正向的集體道德情感的建立，需要個體關心公共事務涉及的價值和道德，這種關心透過宗教，普及較快，投入也較深較廣。各大宗派，如佛教、道教、一貫道、儒教、基督教等，都有促進團體利他的正向道德意識，在某種程度上可能改變集體的道德行為，甚至到達制定法律制度。成都大學法學講師王怡（2010）曾以黑奴解放的歷史，來說明這一點，參見附註6-2。

附註6-1：黑人教育家布克·華盛頓1895年的演講節錄

　　黑人教育家布克·華盛頓（Booker Washington）在1895年亞特蘭大博覽會中演講之重要內容如下（引自Washington，2009，李懷湘譯，頁127-132）：

　　主席、董事會、各位先生以及各位來賓：
　　　　南方有三分之一的人口是黑人，凡是打算在這個地區尋找物

資、文明和道德的人，倘若不將這部分人考慮在內，肯定不能獲得最大的成功。主席、董事，我要說，美國黑人的價值和地位，從來沒有像這次一樣，在籌備過程的每一階段，受到本次博覽會主事者最恰當與誠摯的肯定。自從我們黑人的解放露出曙光之後，這個肯定的舉動是必讓兩個種族的友誼更快速往牢固的方向走去，沒有任何事情可以與之相比。

……。

……在南方的商業界，黑人被賦予了一個機會，在強調這個機會上，沒有比這個博覽會更具說服力的了。我們最大的危險在於，從奴隸向自由跳了一大步，卻可能忽略了我們用雙手維生的這個事實，忘記了我們愈尊重日常的勞動，在工作中智力和技巧並用的機會愈多，我們就愈能成功；我們愈能學習在外表與本質、裝飾性與實用性之間畫一條界線，就愈能得到好的發展；凡是不懂得種田和拿筆桿同樣具有尊嚴的人，絕對不會有好發展。我們的生活必須從基層開始，我們不應自怨自哀，錯失良機。

……。

把你們的吊桶（按：指幫助）放到我同胞（800萬黑人）手中吧，為了這些理由幫助他們、鼓勵他們吧。訓練他們的頭腦、雙手和心，你們會發現，他們買下你們剩餘的土地，讓你們田野的荒蕪之處開滿花朵，經營你們的工廠，……。讓我們在工業、商業、公民和宗教生活各方面都和你們打成一片，好讓這兩個種族有一個共同的利益。在純社交層面的事情上，我們可以像手指頭一樣，各個分開，可是在共同發展的事情上，我們就是一隻手，成為一體。

……。

博覽會的諸位先生們，我把我們發展過程的平凡成就在博覽會上陳列出來，你們千萬不要寄予過高的期望。三十年前還只是擁有幾床棉被、幾個南瓜、幾隻雞的人，白手起家，並發明了農業器具、四輪馬車、蒸氣機、報紙、書籍、雕像、雕刻、繪畫，還經營藥房、銀行。然而請各位記得，這過程是充滿艱苦和辛酸的。當我們為展示解放以來努力的成績感到自豪時，片刻都沒有忘記，這次博覽會雖然遠不及你們的期望，卻是我們的教育生涯中持續受到各界幫助的展示。這些幫助不只來自南方各州，特別是那些北方的慈

善家，他們的禮物是我們源源不斷的祝福和鼓勵。

……。

　　總而言之，讓我再重述一句：三十年來，從來沒有比這次博覽會，可給我們更多希望和鼓勵，並把我們和你們白人的距離拉得如此近。美國白人和黑人三十年前都赤手空拳起家，在這個展示雙方成果的舞臺，我鞠躬向諸位保證，既然大家都努力解決上帝交給南方人偉大又複雜的問題，各位必能隨時得到我們黑人耐心且富於同情心的幫助。我們大家要永遠記住，雖然將田地、森林、石礦、工廠、文學和藝術領域的成果在此展出，可以促成雙方之間的友愛；然而物質利益之上的友愛關係，及消除區域性的歧視和種族偏見，決心實踐絕對的公義，所有階層的人順服法律的崇高目標，也是可以達到的。

　　讓我們向上帝祈禱吧。這方面的成就，加上物質的昌隆，會讓我們在心愛的南方創造一個新天地。

附註6-2：英國解放黑奴中的信仰力量

　　不用打仗就想使黑奴獲得解放，在尚無人權觀念的十八世紀，難度不亞於登天，因為其中影響太多人的利益了。在英國最終能促成廢奴的力量，不是理性主義、啟蒙思想或自由主義，而是基督教信仰（詳見王怡，2010）。他舉證（頁22-23）：「在人的理性被高舉的古希臘，奴隸制度被認為是正當的，亞里斯多德在《政治學》中把奴隸制視為『天然的、有利的和公正的』，柏拉圖的《理想國》也把奴隸視為『理想社會的必要成分』，……啟蒙思想家批判奴隸制度，也是基於理性的權衡，認為奴隸是少數『懶惰、富裕和驕奢淫逸的人，為一己私利而推行的無益制度』，……他們關心的不是人（包括黑人），不是他的心靈（包括黑人的心靈），不是愛你的鄰人（包括黑人），而是如何對待鄰人（黑人奴隸）才是於我（指富有的人或紳士等）有利，就像今日『商業化笑容』，因為笑可以增加銷售量，所以必須笑。」又說：「自由主義的意思是指一種風度，儘管你討厭一個黑人，但你應該裝作就像他真的與你平等一樣，……奴隸是一種生命的處境，離開了愛和罪的赦免（按：能帶出道德情感），人類在任何處境下都可能仍是奴隸。」（頁24）

　　英國的廢奴從1780年開始，最初政界只有一位基督徒議員——威柏福斯（William Wilberforce, 1759-1833）在努力，1789年當他第一次在國會提出廢奴法案時，所有人都當他是不懂政治的唐吉軻德，但因爲深感蓄奴的不仁，在受盡嘲諷、孤立無援的狀況下，他仍不斷演講遊說，喚起人們道德良心和情感以厭惡蓄奴。在他的努力下爭取了八位基督徒好朋友，發展成克拉朋聯盟（Clapham Sect），經過整整五十八年（1780-1838）才喚醒人們的良知、悔改，透過不停止的禱告，轉化道德意識，持續的努力，慢慢挪除一切人爲干擾和法律攔阻，才在英國完成廢止黑奴的制度。1833年7月26日英國議會通過了廢奴法案（威伯福斯三天後去逝），宣布奴隸制度非法，並以每人二十七英鎊，共付兩千萬英鎊的贖金，釋放了大英帝國全境內的七十五萬奴隸。上述過程在2007年（即1807年英國禁止販賣黑奴法案通過的兩百週年）出品的電影《奇異恩典》（*Amazing Grace*）中，有生動描述，可讓吾人更具體認識信仰對個體與團體道德情感之影響。

美感經驗及美感培育

第一節　美感經驗

　　「美」在生活中幾乎是時刻遭遇的議題。「我這樣穿美不美？」是常見的疑問，「這種作品也能獲獎？」是常遇的質疑。音樂、美術、文學等文藝界從業人員，最怕被人批評自己的作品沒有「感覺」（no feelings），什麼是沒感覺？為什麼沒感覺呢！Clark Jr.（1970）認為學過某事物，對它就會有知識，但只有知識，沒有經驗，就會出現「no feelings」的遺憾。究竟美感是什麼？它源自知識或經驗？美感的本質是什麼？美感培育的目的、內容、方法又是什麼？凡此種種都令人好奇，有待解答。本章即針對這些議題做說明。

一、美感經驗是什麼

　　考查「美感」（Aesthetic）一詞與「美學」（Aesthetics）字源相同，在希臘文中都是指「與感官知覺（of sense perception）有關的事物」。德國理性主義哲學家鮑姆加登（A. Baumgarten, 1714-1762），在1735年出版的《詩的哲思》一書，首先用到「aesthetics」一字，表示「感性認識」的學問。由字源可發現：美感經驗需要透過感官知覺來體會，正因如此，許多美的經驗是透過大自然現象，或人為藝術作品的觀看、聆聽、嗅聞、觸摸、品嚐等獲得的（引自Clark Jr.，1970）。

(一)人對美的感受敏銳度不同

　　在生活中人會遇到各式各樣的美，天上地下的美、感官的美、美德的美、質地的美、數量的美、力量的美，還有靜態裝飾的美、動態變化的美……，幾乎能想到的任何存在形式都可以將「美」安置上去。

　　美的感受固然需藉助感官知覺，但「美」又好像是抽象、外在而神聖的東西，眼睛看鼻子聞的感性認識，其學問怎麼能構成美的學問呢？本書第一章第三節所談種種對感官知覺的發現，也沒有變成美感經驗啊！根據傳統先（1968）的見解，這現象其實與希臘哲學思想有關，因為依照柏拉圖的「理型說」，現實世界的每種事物在理念界中都有它的原型，這原型是造物者在創造世界時所懸的「目的」，一件事物若能符合於它那類事物所特有的形體結構和功能，並完美無缺，就算達到它的「內在目的」，此即「完善」

（perfect），也就是「美」。

當代西方對「怎樣才美」，或「何爲美」的討論有三種理論：美的主觀論、客觀論和關係論（有興趣者可參看朱狄（1988）翻譯的《當代西方美學》相關章節）。簡單的說，客觀論強調「美的對象必須具備的條件」，主觀論強調「審視美的人需具備的內在心理」，關係論則「兼重」兩者的重要。今日吾人談美感可以採用關係論的見解，藉助主觀論和客觀論提供的認識，使吾人在感性知識上的完善和美感經驗上的完善，變成我們創造或提升生命美善的資源。

(二)美的知覺、感覺及分類

1. 知覺和感覺

現代心理學認爲感覺的變項與知覺的變項根本不同，知覺是統一的組織過的經驗，涉及環境的向度，包括事件的變量、表面、空間、物體、運動、符號的變量等等，知覺包含意義，感覺則不然。感覺涉及性質、強度、廣延及持續的時間，美在視覺、聽覺、體覺等向度而言，會涉及下列細項：

　(1) 視覺向度：色調、明度、濃度；
　(2) 聽覺向度：音高、響度、音色；
　(3) 體覺向度：壓力、溫冷、痛覺。

2. 美的分類

人是社會性動物，知覺和感覺的內容記憶，與個人生命史有關，知覺和感覺方式原本就有基因上的個別差異，對美的分類自然也可能人言各殊。上個世紀美國美學家法蘭西斯‧科瓦奇（Francis J. Kovach）用本體美和現象美做類別，綜括學者所談論到的各種美，從中可窺見前人在摸索美的類型時曾嘗試的努力。其大要如表7-1所示（整理自Kovach，1974）。

由表7-1可隱約看出，想要爲「美的類別」找出一概括說法，不僅不容易，且幾乎是不可能的事。但爲何美的陶冶那麼受期許呢？美的感受又是許多人實際的生活經驗，當人強調美好生活時，裡面其實也涉及「美」的經驗或概念。

表7-1	各種類型美的分類一覽表					
本體之美	靈性	天使之美				
	物質材料之美	部分之美	形式之美			
			原始物質材料中潛在之美			
		整體之美	天上之美	一般天空之美		
				天體之美		
			地上之美	礦物、植物、猛獸等之美		
				人類之美		
				個人之美	做為整體之美	
					非做為整體之美	人類靈魂之美
						人類肉體之美
現象之美	量之美					
	質之美	力量之美				
		美德之美				
		感覺特質之美	視覺之美—色彩、光			
			聽覺之美—聲音			
		形狀（姿態）之美				
	行動之美	空間運動之動力美				
		人類活動之道德美				
	場合之美（對環境適應之美）					
	姿態之美					
	裝飾或習俗之美					

＊作者整理自Kovach, 1974

二、美感經驗如何產生

美感經驗是一種特殊經驗，是眾多叢雜感情的一種，在人們從事創作或欣賞創作時可能出現，但多半並非單獨出現。法國著名的哲學家柏格森（H. Bergson）曾舉例，說明聽音樂可以產生情感，但90%可說與美感無關；繪畫亦然，可以產生情感，卻不一定是美感的感情（引自劉文潭，1978，頁43）。人們在創作或欣賞創作時，其心理狀態表現，有的出於主題，有的出於媒材，有的出於對作品風格（包括它產生的時代、背景，以及作者的生平）的瞭解，各種反應都有，如何才能產生美感經驗呢？美學史上有三種說法，分別是心理距離說、移情說和直覺說。

(一)心理距離說

心理距離說認為適當的經驗產生美感。心理距離說是英國劍橋大學的名教授布洛（E. Bullough, 1880-1934）提出的。他以「距離」的觀念來詮釋美感經驗，但此距離既非空間的距離，也非時間的距離，而是「心理距離」（psychical distance）。布洛曾以海上遇大霧來比較因海霧而生的恐懼和因海霧而生遺世獨立的寧靜，兩種心情截然不同。布洛認為：「之所以有如此強烈的對比，乃由於距離的介入，這種距離，乃是出現在我們自身和任何感動我們心身的事物之間。」又說：「距離乃世界於我們自身，和那些做為我們的感動根源或媒介的對象之間。」（The distance lies between our own self and such objects as are the sources or vehicles of our affections.）（引自劉文潭，1978，頁248）。其中感動根源（sources）或媒介（vehicles），是採取較廣的意義，舉凡感覺、知覺、情感或觀念等皆包括在內。

心理距離說認為美感經驗產生自適當的心理距離，無過無不及，恰到好處。布洛曾按照實際的情形，把失當的距離情形分為兩類。一類稱為「距離不及」（under-distance），另一類稱為「距離太過」（over-distance）。進一步分析，距離不及就是距離太遠，理智太多，以致無法投入感情。以欣賞李安導演的電影《色戒》為例，若認為《色戒》的內容其實是瞎掰的，或與自己毫無關係，在欣賞電影時，就不能入戲，不能對片中年青人愛國的熱情，生出真實的同情，就沒有美感經驗；相反的，距離太過是指太過接近，感情太多，以致與現實分不清。若在看電影《色戒》時，就想到八年抗戰的痛苦，立時感覺那刻骨銘心的痛，甚至不由得激憤，這就是感情太過，與現實

不分，或與現實混淆，處在與現實太接近的「距離太過」狀態。要做到距離恰當，必須理智和感情平衡。因理智太多時無法投入感情，而感情太多就會衝動或激動，情緒高昂，以致看任何東西都一樣。

(二)移情說

移情說認爲凝神忘我的享受時會產生美感。主張移情說的學者在英國有費儂李（Veronon Lee, 1856-1935），在德國有李普斯（T. Lipps, 1881-1941）。兩位學者的移情論述大同小異，差別在前者著重經驗之反省，後者則求把握經驗之本身。依劉文潭（1978，頁187-214）的介紹，費儂李曾這樣解釋移情說：所謂移情，即是「當我們觀照事物的形象之際，我們將自身之內所體驗到的東西，歸附到該形象上去。」（Empathy is nothing beyond attributing what goes on in us when we look at a shape to the shape itself.）（頁189）

李普斯則從「審美的享受」（aesthetic enjoyment）來闡釋移情說。審美的享受乃是一種快感，這快感乃是由觀照對象所引起的，每當我們觀照新的審美對象時，我們都會感受到不同的樂趣。在這種經驗裡，審美的對象通常都是屬於感性的，也就是說，無論它是被知覺到或是被想像到，都必須依賴感官的知覺。如果脫離了感官的知覺，也就無所謂審美的對象了。「美物當前，我生快感」，這話意即：當我觀照具有感性的知覺或意象時，我便獲得此快感，而於快感產生之際，被我觀照的知覺意象，就形成審美的對象，而直接將其自身呈現於我之前。「當我觀照此一對象，也就是將它納入清晰的注意之中，並加以玩味時，我便獲得此快感。」（引自劉文潭，1978，頁193）簡言之，李普斯認爲審美的對象與審美的人，一齊進入某種關係，透過那種關係，於是人就產生快感了。

當移情進行時，仔細分析，會發現內中含有三要素：一是「忘物」，一是「忘我」，一是「創造」。下面以杜甫〈春望〉一詩中「感時花濺淚」這句話來說明。

1.忘物

指忘記事物本身（thing in itself）。物本身是「花上有一滴露珠」，當我把感情投射給物，把物本身忘掉只存留想像的物在那兒，有物的形象（shape），「花上有一滴露珠」就成爲「花濺淚」。

2.忘我

指我原有國破家亡的痛苦，忘記真實的我，我成為一個凝神觀注對象的我（contemplate self），真正在發生作用。

3.創造

忘我之後的我，亦即當凝神觀注對象的我，聚精會神做的事情（或處在的狀況）便會是一種創造活動，稱之為「創造」乃因它是「新」的經驗。這創造活動或經驗，特別指過程而言，故不一定有外顯的結果。如果不用任何媒材表達出來，只存在心中，就可能是一種感受，或像李普斯所謂一種快感經驗，但如果用某種媒材表達出來，如利用文字表現，可能成為一首詩（如杜甫的〈春望〉）；如利用造型表現，可能是一幅圖畫；如利用音符旋律表現，可能是一段音樂，若自己或某人不經意地凝神時的姿勢，也可以算是活動雕塑……等等。

照移情說的看法，生活中只要有感動時刻，都有其特殊的美感，一群人聚集在五月天樂團現場，表演音牆之前，配合低沈鼓聲和刷了又刷的電吉他，忘情地擺動身體，也是一種美感經驗。

(三)直覺說

直覺說認為，充分融合自己感情和思想的直覺產生美感。提倡直覺說的學者主要有法國哲學家柏格森（H. Bergson, 1859-1941）、義大利哲學克羅齊（B. Croce, 1866-1952）以及愛爾蘭小說家卡瑞（J. Cary, 1888-1957）。以下參考劉文潭（1978）對克羅齊直覺說的介紹（頁48-55），簡單說明如下。

克羅齊主張藝術即是直覺，而直覺在人類意識活動中，乃處於基礎地位。做為一種意識活動，直覺不能沒有內容或質料，而它的內容和質料其實是各種感覺的印象。但是，單有內容和質料並不足以成就經驗，因為感覺印象本是混雜無狀，混沌無形，缺乏條理或形式。因此，克羅齊進一步指出，直覺是一種意識的知解活動，且這種活動本身，天生具有管理和統一印象的形式。直覺的質料雖是得自於自然，它的形式卻生於內心。而無論就直覺的狀態，或完成的直覺來看，都含有理性和感性的成分，且兩種成分密切交融，形成一種對於特殊事物之清晰而明確的認知。至於明確的程度，克羅齊曾說：「我們如何真能對一個幾何圖形有直覺，除非我們有一個關於它的印象，明確到使我們馬上把它畫在紙上或黑板上；我們如何能對一個區域──比如說西西里島──的輪廓有直覺，如果我們不能把它的蜿蜒曲折畫

出來？」（引自劉文潭，1978，頁51）可見，克羅齊認為除非是沒有直覺，否則直覺清晰的程度必是夠多到一般所謂之「表現」的地步。也因此克羅齊的美學主張，可以用簡化的公式表示：

$$直覺＝表現＝創造＝欣賞（再造）＝美＝藝術$$

從克羅齊的直覺說來看，美感經驗發生的前後可能有下列四階段：

(1) 諸多印象，包括意象（image）及概念（concept）；
(2) 表現審美的綜合作用（直覺）；
(3) 快感（審美之快感）的伴生；
(4) 由物質現象到審美事實的轉化（transformation）。

總之，克羅齊把直覺視為心靈的產物，「直覺活動的作用，乃是將雜多的印象融為一個有機的整體」，惟其如此，直覺在內心便已完成。在克羅齊看來，「表現」（expression）即是指那已經定形完成的事物，而直覺則是一種「精神（心靈）的事實」，其結果是以具體的成品表現在外，或存在內心而為一種觀念藝術（Conceptual Art）。觀念藝術是1965年出現於紐約的一場運動，要以觀念取代任何涉及材質的藝術，如繪畫。Atkins（2000，黃麗娟譯）將此概念定義為：「將藝術精簡至純粹的一些想法，並且不再涉及任何藝術的『材質』。」觀念藝術反映在語言用法、符號學、哲學，以及藝術的根本媒介上，並完全取代有關物體方面的創作。因此，上述公式〔直覺＝表現＝創造＝欣賞（再造）＝美＝藝術〕開始是直覺，最終是藝術。

充分地融合自己感情和思想的特性，結果產生直覺（intuition）。這種直覺的特性是，清除掉分析性、演繹性、推理性，打破直線串聯的邏輯，而讓事務直接具體的呈現。換言之，直覺是對特殊事物所生的知覺，而不是對一般事物所生的知覺；是對具體事物所生的知覺，而不是對抽象所生的知覺；直覺的對象是事物的本身，而不是事物的標籤（如概念名稱）；除了切實把握事物的真相，沒有其他的目的。概括言之，直覺是心靈（理性與感性調和）與事物直接會通的結果。美學中的直覺說顯示美感經驗是一種直覺。

綜合上述三種美學思想來看，「美感經驗」的產生是在認知和對象間，以適當的心理距離，融合自己情感上和思想特性，來看待事物所產生的結果。其中含有四成分：(1) 諸多印象（包括意象及概念）；(2) 直覺（審美的綜合作用）；(3) 快感（審美之快樂）；(4) 由物質現象到審美事實的轉化。

惟，轉化的結果可能有實在具體的物品出現，但也可能沒有。如果是在沒有成品出現的情況下，它便是以一種內在狀態存在，例如沒有說出來的「觀念」、「想法」或「感動」、「享受」等。

三、美感心靈的本質與體驗

重要的美感心靈本質說法有三：(1) 席勒的「精神自由說」；(2) 康德的「非功利說」；(3) 巴爾塔薩的「無嫉妒性觀照與奉獻說」，以下分別說明，並輔以實際體驗。

(一)席勒的「精神自由說」

法國大革命的口號原是「自由、平等、博愛」，然而革命追求政治自由的結果，卻成為社會秩序的混亂。席勒（F. Schiller, 1759-1805）是十八世紀德國著名的詩人，他繼承了德國觀念論的思路，所以他並不由現實制度去檢討這個不合理的現象，而由更根本的「人缺乏教養」的論點出發。因此說：「假如我們要在實際中解決政治問題，我們就必須確實遵循美感教育的道路，因為透過美我們才可達到自由的境地。」又說：「教養的任務是雙重的，首先提防感性受到自由干擾，其次提防人格受到感覺力量的支配。透過培養情感動能來達到第一任務，透過培養理性功能來達到第二任務。」（Schiller，1987，徐恆醇譯，頁99）「美是這兩種衝動的共同對象，也就是遊戲衝動的對象。」（頁113）簡言之，席勒認為，當這兩種特性結合起來，人才能兼有最豐富的存在，有高度的獨立、自主和自由。

席勒認為人是有位格的存在，對華人而言，位格之概念可以從初學英文代名詞——你、我、他或你們、我們、他們——的主格、受格、所有格來認識，以「我」來舉例，I、my、me三格的存在，顯示「我」（me）這個存在生物，可以被自己（I）所反省，並可用「我的」（my）來宣稱「擁有」的意思，也就是「位格」指向的生靈必然是能思想，能被挑起情緒，產生喜、怒、哀、樂等情緒，能發揮意志……的特殊存在物。席勒認為「自由」是人這種有思想情感意志的位格性存在的基礎，是人之所以為人的最重要因素。如果將思想情感意志構成的內涵統稱為精神世界，則人在其間是有無限自由的，他說：「這種對我們（按：即我們這種位格）第一位的東西就是絕對的、以其自身為根據的、存在的觀念，這觀念就是自由。」（頁89）

　　席勒在《美育書簡》第十八封信中接著說：「透過美，把感性的人引向形式和思維；透過美，使精神（按：理性）的人回到素材和感性世界。……在素材和形式以及受動與能動之間必然有一中間狀態，美使我們處於這種中間狀態（intermediate condition）。」（頁127）可藉美的「中介」使兩種本性——形式衝動（按：指理性）與感性衝動（按：指感性）得以協調，又說：「完全有理由把美的本質規定為自由，自由並不是無規律性，而是規律的和諧，不是隨意性，而是最大的（按：自由最大的）內在必然性」（頁129），也就是席勒認為進入協同合作的自由狀態。美育所要追求的就是這種無拘束、無偏頗、無過、無不及的精神自由。換言之，席勒認為真正的自由不是一無所知的自由，也不是空無一物的自由，只有在理性與感性都得到發展時，人才有真正的自由。任何一個衝動獲得完全的支配權之前，人都無法獲得真正的自由。

　　中國莊子對精神自由的境界有極生動的描述。在逍遙遊中，莊子以大鯤化為大鵬開講，呈現了一個境界無比廣闊的天地。根據張耿光（1996）的註釋，他是這樣說的：「北方的大海有一條魚，它的名字叫鯤。鯤的巨大，不知有幾千里。變化成鳥，奮起而飛，它展開的翅膀就像天邊的雲。……」（頁6）從這段話，可窺見《莊子》一書思考縱橫放肆，光怪變幻，氣勢磅礡，傳達出獨特的陽剛之美、奔放的想像力和洞察的直覺力，由這段文字的吸引力也很容易瞭解為何莊子指出的精神自由境界，能成為華人美感追求的標竿，影響數千年。

　　關於逍遙二字，歷來有許多解釋。根據張耿光譯注（1996），「逍遙」也寫作「消搖」，指優游自得的樣子，「逍遙遊」就是無任何束縛、自由自在地活動。吳怡（2005）詮釋：「逍遙不是隨便的任性而遊，而是到達了至性後的率真而遊。」莊子點出的「逍遙遊」做為人類生命最終應追求的境界目標，其實是有條件的，莊子書中接下來的幾篇文章（如：齊物論、養生主、人世間等），便是從知識理論、自我生命、社會生活等面向來討論應如何配合，以追求這生命目標。

(二)康德的「非功利說」

　　美有多種形式，人會欣賞到其中哪些形式，與他的感官知覺特質和生長經驗有關。但確實有些人比較容易領略到或享受到美感經驗。康德是歷來談論美學的專家中，首位指出：以不涉及利害關係的態度去看待一對象時，

所得到的感覺才是審美的感覺，所得到的愉快才是審美的愉快。換言之，康德認爲區別審美感覺與非審美感覺的重要條件在於「審美的無關利益性」（aesthetic disinterestedness），考其內涵，也有非功利性的意思。可以說，康德指出美感經驗的本質是「非功利性」。

　　將英文「disinterestedness」一字加以分析，會發現裡面藏有一字「興趣」（interest），此字按照美國價值哲學家培里（R. B. Perry）的說法：「興趣之所在即利益之所在，即價值之所在。」（參見李江凌，2004）用在美感的探討上，審美經驗乃發生在：人能夠不用利害得失的觀點去看待一事物。解釋非功利說常用的比喻是：一夥人到深山郊遊，看到一株千年古木，學建築的人立即讚嘆道：好一根可以蓋房子的棟梁；學藝術雕刻的人讚道：拿來雕刻會是最好的屏風收藏；學科學的，開始分析這是什麼樹種，年輪應該多少。同行中有一人則退到一個適當距離，欣賞大樹的姿態……。這些人中只有最後一位是以非功利的心態面對大樹，其他人都以各自的專業，盤算這棵樹能給自己謀多少利，或顯示自己有什麼特殊學問，顯然，那最後一人才眞享受到美感經驗。因此，美感經驗是能超脫利害得失去看到事物本身的經驗。處在這種審美行爲當下，人是以充分的精神自由面對事物的。故康德提出這樣的名言：「美是『無』一切利害關係的對象」，並進一步說：「鑑賞是憑藉完全無利害觀念的快感和不快感，對某一對象或其他表現方法的一種判斷力。」（Kant，1983，宗白華譯，頁47及98）

　　「非功利說」可支持美感本質是精神自由的主張，有益於美之體驗，在本書作者身上即有一親身的體驗，而這段經歷也可以做爲下一段要介紹的德國神學美學家巴爾塔薩的觀點「美即無嫉妒性觀照與奉獻」做注腳。

(三)巴爾塔薩的「無嫉妒性觀照與奉獻說」

　　根據劉小楓（1991）對巴爾塔薩（Hans Urs von Balthasar, 1905-1988）美學觀念的介紹（頁168-175），巴爾塔薩的美學，有一種劇場的味道。透過劇場的隱喻，看待人生舞臺——上場的「存在」之眞善美現象。其基本觀念是「存在乃一奧祕」，眞善美在此奧祕中，互相寓居，各自顯示奧祕的某一特性。他認爲美的本質即「無嫉妒性觀照」及「無忌嫉性奉獻」。從最根本的意義上說，美的特徵不在於無利害性，而在於無嫉妒性，即自我奉獻的無嫉妒性。有如太陽照耀大地，美把自身奉獻給所有觀照者，「美如此全然地活在『存在的奧祕』之中，以至於美能決然成爲奧祕的最完全的奉獻，並樂

於知道，它會永遠是奧祕的奉獻。」在存在的奧祕中，從存在之根基到存在之顯現，因為有「眞」，以致「形式」關係得以確立，但這只是使根基與存在物理現象間形式相符而已，而沒有提供實質性的價值，「善」才滿足這一要求。例如炮彈的爆炸機制，物理學家能夠研究清楚這機制，這時「眞」的形式確立了，但一個炸彈用在開闢荒山、修築道路，或是用來轟炸人、傷害人，涉及意志的抉擇，此時，便必須有「善」的運作，才能提供砲彈「實質」的價值。因此，巴爾塔薩說：「沒有善的溫情，眞的光就會是寒冷的光。」（引自劉小楓，1991，頁173）在生活中，如果有人對你說不多不少只是一句誠實話——「老王，說眞的我很討厭你」，這種話就屬寒冷，沒有溫情的話。就此而言，眞與善是互相寓居的關係。透過互相寓居，存在之吐露已然是善，具有價值。在此狀況下，任何「眞」會因為有善而使它的價值本身，參與了存在深度的去「蔽」。「善」做為已吐露出來的東西，在此便顯出它在眞善美關係中的環節性作用，也就是為「美」的登場鋪路了，巴爾塔薩進一步說：「美實際上不過是出於一切有根基東西的『根基之無限性』的直接顯露，是穿透存在之充滿奧祕背景的『一切顯現的透明』。」（頁174）這段引文實在是拗口，但確實是德奧系統學者思維的表達方式。將句子切開看，後一句「美是穿透存在之充滿奧祕背景的一切顯現的透明」比較好懂，而若再簡化成「美是一切顯現的透明」句式會更好懂，但什麼意思呢？藉下一句「只有當眞是美時，其形式才是內在地明亮的，只有當善是美時，其價值才是透顯的」，似乎容易懂些。例如：改編自二月河的小說，由中國中央電視臺拍攝的清朝皇帝連續劇《雍正王朝》，其中被稱為八賢王的八阿哥和被稱為冷面王的四阿哥（即雍正，1678-1735），行事為人的作風在劇中常常被對比，八阿哥在團體中表示意見時，明明出於自私，卻懂得嘴裡怎樣說虛偽的話，博得眾人喜愛，但其眞實的動機卻不能顯露，也因此內在是不能透亮的（不美）；反之，在大約三百年後，藉著電視劇的呈現，我們能看到四阿哥內在眞實關心皇朝安危，情操確實光明，所言所行不怕被「後人」曉得，被人批判，其價值也是可以被人公開討論的（但當時可能無法說明，免得涉及太多人的利益），故其存在相對是較美的。本章如此舉例，係就大體而言，因人無完美，四阿哥當然也做了許多不得體的事。

　　巴爾塔薩從他研究的神學看美學，其用詞不免帶著濃厚的信仰色彩，惟，渺小有限的人類，如何能夠操作無嫉妒性觀照與奉獻？因此這理論最後提出「神聖之愛」的概念，此神聖的愛既超越於一切存在，又內在於一切存

在之中，成爲存在之核心。由於存在的核心立足於愛中，在自然中和一切藝術創造形式中所顯出的美，就是這一存在核心——愛的榮光之顯露。從這種思想體系下看，就會承認巴爾塔薩所說的：「美的本質與愛的本質是聯繫在一起的，因爲，愛的本質同樣是無嫉妒的奉獻。美的特質即奉獻的無嫉妒性，不僅體現於存在的顯露中，也體現在一切藝術的形式中，體現在美得以顯明的各種要素之中。」（頁175）

(四)精神自由的體驗

上述三種對於美本質的看法，都是針對人類這種生靈能怎麼做，怎麼行事爲人、應對進退或生產創作研發，才會使行爲是美的或所生產的是美的，或能看見到認爲美的。無論是用「精神自由」、「非功利態度」、「無嫉妒性的觀照和奉獻」，都是針對人而言，一朵小花不會涉及精神自由，但一朵小花能被有精神自由的人欣賞到，而說它是美的。用這本質性的態度或眼光去看事物，才會看出美來，用它去創作、繪畫，烹調等，加上一點專業技術，便可能產生各種美的作品。讀者可根據自己的偏好或愛好，選擇所喜歡的本質說法，本書較喜愛用精神自由一詞，因爲精神自由表達出美的境界，雖然此境界之能達成實在是受益於非功利態度和無嫉妒性的關照。

本書作者在1995-1996年間因遭遇不順，重新反省人生際遇和意義，在過程中，對無嫉妒的觀照和奉獻有深刻體認。其心路歷程如下所述。

筆者原來是個非常不懂美之享受的人。事情要從教授升等過程之受挫開始說起。在受到重創、努力復原的過程，初期，我的博士班老師賈馥茗教授曾慰勉說：「人有時要做儒家，有時要做道家。」當時不太能體會，但努力地對整個生命型態和情調做大反省。看書是激發反省的材料。有一次看到美國神學家史鮑爾（R. C. Sproul）寫的基督徒的人生觀，裡面有關於經濟利潤的討論，其中有這麼一句話：「若人心不改，沒有一個富人不貪婪，沒有一個窮人不浪費。」（Sproul，1992，廖金源譯，頁160）此語令我大驚，以致有機會進入美感態度的殿堂。

我從大學開始就覺得自己是一個墨家，非常關心社會資源分配公平與否的問題，有那種磨頂放踵，以利天下的俠客心態。我非常努力，也很節儉，我是基督徒，並有些清教徒色彩，買東西不曾挑選名牌或高價位的，量入爲出，有剩餘就存起來，準備將來做類似捐款、賑災、救濟或興建公立圖書館等義行。家中若有好東西，如皮質沙發、質料好又漂亮的窗簾寢具，一定是

因家人主張而買的（我也出錢）。對於某些人士太奢侈富貴的享受，我曾擔心是否會招致別人的反感，讓別人覺得這人只顧自己享受，不管民間疾苦。我甚至在1995年看到一教會高水準的合唱及手搖鈴演奏，也不禁好奇，好奇的是想：為病痛、苦難祈求都來不及了，怎麼還能享受高級音樂？這種擔心以為美的追求與享受，會被視為自私自利乃致遭到嫉妒的心理，其實許多人都有，撰寫嫉妒與社會的奧地利作家舍克（Schoeck，1995，王祖望等譯）就提過存在主義大師沙特的紅粉知己西蒙波娃，她本人也是知名學者，有一次因赴美講學，購置一套昂貴女裝，曾為此奢侈行為大為苦惱流淚，而被同伴取笑（頁167-168）。我個人擔心嫉妒以致排斥美感的情結，從1971年代初開始明顯，直到1996年才超越。

史鮑爾的文章先談到資本家投資的利潤，其實是賣方和買方均霑的。

「共同利潤是所有自由貿易及自願的商業交易的動機。……如果我們攻擊利潤制度，就會摧毀人類物質福利的基礎。」（Sproul，1992，廖金源譯，頁160）接著他就提出上述名言：「若人心不改……」當時讀到的感受真可謂觸目驚心。聯想到自己愛買衣服，但因潛意識排斥美，缺乏美的品味，因此對選購的衣裳常後悔，任它掛在衣櫥裡成為「呆料」。有些人雖在某方面積極追求，似嫌奢侈，但也會積極與人分享，而且可能在另方面非常簡樸，就此而言，誰奢侈呢？誰貪多呢？又曾聞同事相告，1995年攜子到浙江旅遊，在杭州西湖散步，有婦人帶小孩前來乞討鋁箔包飲料，同事憐之，把自家的分給她們。分手，沒走幾步，聽見有丟東西的聲音，回頭竟發現該母女把沒喝幾口的飲料盒丟到垃圾筒，又向別處乞討去了。令人慨嘆：窮人也是會浪費的！（窮人浪費，有一部分是因補償心理。）

貪婪與浪費是人心出了問題，舍克（H. Schoeck）便指明：嫉妒的根本問題其實是不公平。嫉妒心理存在於各種人際關係，包括同事、朋友、社群、國家。很少人沒有受過嫉妒之苦，就因為它涉及公平（Schoeck，1995，王祖望等譯）。書中提到：「培根指出，嫉妒在情感方面的唯一解毒劑是憐憫。凡付出巨大勞苦、危險和憂慮才得到的榮譽，很少會受到嫉妒。有時他們還會得到憐憫。『憐憫永遠是治療嫉妒的。』」（頁198）人總是在名利上計較公不公平，俄國十月革命，許多貴族士紳為自己享受超過農奴而不安、內疚，用拋棄榮華富貴，參加無產階級革命的方式追求公平，其結果從蘇聯瓦解可知，純粹訴諸強求經濟公平的解決途徑最後證明是有問題的。認識到此，我的墨家情結解開了，說得露骨一點，我不再那麼用功利的

眼光看待事物的價值了。我能享受美，追求美了，我還是該省則省，重要且奇妙的是，從此我可以充分陶醉在美的認識和享受中，邊做事或邊讀書而聽音樂，音樂有如風、白雲、樹影，在我累了抬頭時便能欣賞，它融入我的生活一起呼吸、作息。過去聽音樂是一種知性的負擔，聽了就要研究，否則豈不浪費精神投資！過去到國家音樂廳聆賞名家演奏，多少有點裝飾身分的功用，表示自己是有高級品味的人，如今即使在一偏僻小學，看到小朋友認真表演的神情，我也被那美感動地掉淚。

　　功利的態度看美，就會產生像南方朔（1993）在《文化啟示錄》書中〈文化、拜物、救贖〉一文中所說：「美成為一種價值的招貼，文化對主導階層是一種身分的象徵……，一種型態的管理，……人們會讓客廳裡擁有一套《美術全集》，……卻在文化中，逐漸沈沈入睡。」（頁147）而若能體會巴爾塔薩說美是無嫉妒的觀照與奉獻，就能瞭解布洛（E. Bullough）所謂：「美的事物在價值上是根本不能互相比較的，它主要是一個『注意不同』的問題，而不是有一件美的事物比另一件更美嗎？」也能瞭解克羅齊（B. Croce）在美學中所說：「不僅野蠻人的藝術，就其為藝術而言，不比文明人的藝術遜色，只要它真能表現野蠻人的印象，而且每個人，甚至每個人的心靈生活中的每一刻，都各有它的藝術底世界；這些世界彼此不能在價值上作比較。」（引自趙天儀，1971，頁19）

四、體會美感心靈的條件

　　曾昭旭（1993）所出版的書《充實與虛靈：中國美學初論》，提到美感教育與人生，指出生命若是美的，必同時也是真與善的道理。他認為美感教育最核心的課題，是建立「誠實、放下、純熟、曼妙」的心靈態度或狀況。

1. 「誠實」是指不說謊、不掩飾，錯了就說錯了，心裡難過就說難過。
2. 「放下」是指「甩掉」生命中所有虛假不真實的部分，具體言之，就是甩掉對一切外在條件、定型規格、生活習慣、觀念成見等等的「依賴」，不再功利。
3. 「純熟」指出「美」並不是一件客觀獨存的事物，她是一種形而上的境界，落到客觀世界之上，必得寄託於某種事物，結合於某事物而存在，當它落到現實上需要「承受考驗」，即能否通得過客觀結構的阻礙，若通得過，美感心靈就自證其自由無限。

4.「曼妙」是當以上三種狀況具備時，就自然躍出的心靈狀況或境界，當那一剎那來時，常無話可說，就是精神自由。

華人從幼年開始就朗朗上口的詩詞歌賦，包括三字經、百家姓、唐詩、宋詞等，在有形無形中讓華人心靈口味習於「放下」──用大腦邏輯分析帶來的自由自在，以熟背唐詩三百首的「純熟」帶來的直覺，和詩詞音韻節奏及想像的「曼妙」帶來的說不出的感動，這些行為很適合成為發展精神自由的沃土。

惟，這四個詞可以視情況更換，例如：為配合學習的發展性質，在進行學科教學時，促成美感心靈的用語即需略做調整，作者建議使用一種承載「科目內容與方法之美」的語彙架構，以便教育第一線上的教師，能方便地根據它來確定教學設計是否合乎「美」。這格式在說明科目教材之美時，可分為內隱和外顯兩層要素，內隱要素指出科目學習之美的核心是真誠、自由、想像、創造，也就是將此處所談體會美感心靈的四條件中的三項，放下、純熟、曼妙，換成適合「正在」進行課中學習的處境；由於上課時學生需要能在老師及課程內容的引導下發揮想像力，所以用「想像」代替「純熟」，「自由」替代「放下」，用「創造」展現「曼妙」，本章第二節四之(三)2有更清楚的說明。

第二節　美感培育

一、美感教育的提出及宗旨

從現實生活的觀察及考古證據來看，古今中外，無論人類物質條件如何貧乏，「美」總是日常生活追求的重要目標。而對美的概念及美育的想法，考諸中西典籍，亦均有其源遠流長的歷史傳統。在我國古代浩瀚的書籍中，禮記樂記篇是記載先秦美學思想最具代表性的著作，其中包含豐富的美育思想，在西方則以柏拉圖的對話錄中〈伊安篇〉（Ion）等六篇，為最早出現的探討美學和美育思想的著作（鍾聖校，1993）。

(一)美感教育名詞的提出及目的

「美感教育」簡稱美育，這名詞的出現，肇因於1793年德國詩人席勒（Friedrich Schiller, 1759-1805）任耶拿大學歷史教授時，寫了一系列的信給丹麥王子克利斯坦（Friedrich Christian of Schleswig-Holstein-Augustenbulg），討論有關美感教育的問題。其後席勒重新改寫了這些信件，並發表於他所主編的《季節女神》（*The Graces*）雜誌之上，也就是今天所看到的《美育書簡》（*On the Aesthetic Education of Man*），美感教育之詞遂開始普遍化。

美感教育觀念雖早在兩千年前便已萌芽，但「美感教育」一詞（Aesthetic Education）卻到十八世紀末才在西方正式出現，而在我國，則晚至蔡元培先生（1868-1940）於民國元年（1911）擔任中華民國第一任教育總長時，頒布教育宗旨為「注重道德教育，以實利教育、軍國民教育輔之，更以美感教育完成其道德」（蔡元培，1997），才正式為國人所認識。

(二)實施美感教育的宗旨

由於美育是席勒提出來的教育理想，它兼有手段和目的之性質。故今日研究美育，追本溯遠，從席勒的「美育」觀來尋求啟示。嚴格的說，《美育書簡》中呈現的「美育」概念，主要在重申美育的功能。其功能又可分消極與積極兩類。消極方面在克服人性分裂，積極方面在促進個人乃至社會和諧。

二、美育是克服人性分裂、促進和諧的教育

(一)席勒的信念

席勒的《美育書簡》大約完成於1793-1794年，可說是反省西方啟蒙運動的產物。它是因應十八世紀的啟蒙運動而產生的著作。啟蒙運動是一提倡理性、反對傳統權威的思想潮流，在英國產生的是工業革命，在法國產生的是法國大革命，在德國形成的則是精神發展提升運動。當時德國在文藝方面產生前所未有的輝煌成就，如哥德的戲劇文學、席勒的詩、貝多芬的音樂和康德的哲學。而席勒的美育思想，也正是反映這大時代變動的產物。在《美育書簡》第五封信中，席勒強烈批判法國大革命所導致的暴民政治是社會的

病態，也是對人性尊嚴的殘害。對於工業革命社會分工所造成的人性分裂，也大力加以抨擊。席勒提出解決人性分裂的方法就是「美育」。

美能克服人性分裂的說法，可從Parker（1931）所提「文學即倫理」的觀點來瞭解。他認為倫理可透過寫作來發展（頁163-187），因為文學是一種藝術形式，是傳達的獨特工具，不只是生活的記錄，更是生活的詮釋，文學家營造一世界，並邀讀者踏入那世界，企圖為其角色贏得一種同理心，盼望讀者關心其角色所遭遇的事，此種想法可呼應杜威（Dewey，1934，頁345）所說：「在道德上全部的反省對人生的影響，對比於建築小說戲劇的影響，顯得為不足道。」（The sum total of the effect of all reflective treatises on morals is insignificant in comparison with the influence of architecture, novel, drama, onlife...）

Egenter（1985，劉河北譯）便發現：藝術家帶著頭腦與人格的全部力量投入創作的過程，所以能從所遇的事物中汲取意義與內容，推出其自身的內在實際。……又因為他們可能在內向歷程的經驗中看到自己，與真理的時刻會面，忠於自己的靈感，因而產生深刻純潔的作品。（頁6）

(二)美育可促進個人及社會和諧

文藝昌盛提供的人性陶冶，間接讓德國未採用法國大革命式的暴力，來進行社會改革。席勒在書簡最後的論述中，便提醒：只有美感能在每個人的心中建立和諧，才能帶給社會和諧。在第二十七封信中，席勒進一步提出由美育達到社會和諧的主張：「在以力稱霸的國家，只有以透過自然而控制自然的方式來形成社會；在以德服人的國家，只能使個體意志遵從普遍意志，在道德上讓社會成為必要；只有在重視美感的國家中，使社會成為真實，因為這是透過個體的本性去實現整體的意志。……理性只能在人心中建立社會原則，只有美能賦予他社會的性格，只有審美的品味能給社會帶來和諧，因為美感的社會是在每個人的心中建立和諧。……只有美的支流能統一社會，因為美是所有人類共同的需要。」（Schiller，1987，徐恆醇譯，頁72）

單從引文來看，會感覺席勒只是宣述他的信念，讀者需瞭解他所處時代幾乎是理性獨霸思想界的時代，然而，配合後世之學者及藝術家的分析和勇敢表現的成果，想想康德及巴爾塔薩的見解，再加上對人生遭遇的一點體會，讀者會發現席勒所言不虛。下一段所引祕魯詩人Cesar Vallejo的詩中，即是針對聯合我與獨特我的關聯，以反諷方式呼籲和諧的重要。

(三)從文學作品體會席勒的觀點

　　從文學作品可體會聯合我和獨特我的深刻關聯，進一步帶來和諧。祕魯詩人Cesar Vallejo的詩，誇張、威脅、鋒利，令人著迷。他於1923至1938年間在巴黎致力於研究現代主義和哲學，身處當時赤貧和苦困的社會低下階層，忽然感覺一切學術的追尋似乎失去意義，心中充滿憤懣和無助，因此以詩為人間的苦難提出控訴。他的詩，在不平衡中具有條理，能顯示拉緊的細膩、精緻和難以控制的生硬經驗間的掙扎。他用詩的語言，暗示人們生活前行困難，傳達因人性分裂產生的憤怒與驚嚇，在追求個人愛好和團體責任間，徘徊、進退失據，是獨特我與聯合我尚未協調好的典型例子，也進一步打開追求和諧的嘗試。以下試譯Peter Yao Blog（2010）提供的一首，並命名為：「我怎能不尖叫：『不是我』！」

　　路人甲肩上扛著一條麵包走過，此情此景，要寫我的雙重人格？
　　路人乙坐下，伸伸四肢，從腋窩下捉出一隻跳蚤，捏死它！
　　大談精神分析有啥用！
　　有人用手中棍棒打我，之後，我在看醫生時還談蘇格拉底？
　　一個瘸子手扶著小男孩走過身邊，之後，要我讀我死對頭××的詩？
　　有人在泥巴裡翻找肉末和橘子皮，之後，我怎能書寫「無限」什麼的！
　　一個泥水匠從屋頂掉下來，死了，從此免用午餐，我還要翻新詩詞
　　　　隱喻嗎？
　　商人在秤貨給顧客時，偷斤減兩的，之後，還談什麼第四象限？
　　銀行家盤算著他黃金收支的平衡，我還要在戲院舞臺上深深鞠躬謝幕？
　　一個被遺棄的人，腳擱著背睡了，之後，我就不和任何人談畢卡索？
　　有人悲痛哭泣走在送葬的路上，之後，我怎能參加學院派的高談闊論？
　　有人在廚房清理來福槍，唉，大談超越或彼岸，有用嗎？
　　有人數著指頭經過，
　　我怎能不尖叫：「不是我」（not-I）！

　　*此「死對頭」一詞在詩中是指Andre Breton（法國思想家兼哲學家），因他跟Vallejo在政見和思想上有分歧，故意為死對頭。

　　整首詩在「路過街頭的男子肩托法國棒狀麵包走過」展開，以「我怎能不尖叫：『不是我』！」的反問結束，彷彿屈原《天問》中痛心的質問。其中包含一連串高級知識分子或高經濟地位者，例如：蘇格拉底、Andre Breton、畢卡索、暴利商人、作假銀行家……，與一群邊緣人和勞苦大眾，如：流浪漢、殘疾者、拾荒者、高處失足跌死的砌磚工人，兩相對比，引發關懷、同情與內疚，促人深省「我在不公平的社會能做什麼？」

　　從這首詩可以感受本書第二章所談聯合我是我的一部分，當詩中深刻描述受苦者與享受者的對比時，以儒家「民吾同胞，物吾予也」或基督教「為鄰舍捨命」的精神，作者間接傳達：「我要尖叫『不是我』！」直指「聯合我與獨特我休戚相關」的感受，無形中喚起人們的情感，反思適合的行動。

三、從美感判斷發展階段看美感的培育

(一)美感判斷發展階段

　　美國學者帕森斯（M. J. Parsons）曾提出美感判斷力五階段發展模式，崔光宙（1992，頁126-130）將之修訂成適合鑑別臺灣學童「美感認知判斷」的判斷標準，其內容如表7-2所述。

表7-2　美感認知判斷發展階段特徵及內容一覽表	
美感階段特徵	美感認知判斷內容
第一階段：主觀偏好	
反應出個人主觀偏好，並將美感與其他情緒經驗（如害怕、好玩、不喜歡）相混淆	(1.1) 自由聯想 　　兒童常以自由聯想或童話幻想的方式敘述畫面上事物，所表現的特徵是觀察粗略或無中生有。 (1.2) 陳述破碎 　　觀察畫面時缺乏整體觀念，而只專注於其中某些他感興趣的題材。 (1.3) 以顏色下判斷 　　將某種顏色視為孤立的要素，做為判斷繪畫美醜的依據。

第二階段：美與寫實	
二階前期： 注重寫實的題材與寫實的技巧，並開始能區分「美感」與「非美感」的經驗。	(2.1) 寫實主義（Realism） 　以繪畫內容與真實事務相符合的程度，衡量其優劣好壞。 (2.2) 精細的技巧 　觀察繪畫時較為仔細，故在技巧方面特別推崇需要耐心和細心的作品。 (2.3) 有組織的陳述 　企圖對畫中題材做表面化的解釋或合理化的推論，所以畫面內容的陳述較有系統和組織，並能提出主題。 (2.4) 拘泥規則（Literalism） 　生硬的運用一些似是而非的美感判斷規則，曲解或否定繪畫的創意。
二階後期：表現已臻成熟	(2+.1) 明瞭藝術特性 　在認知方面，明瞭可由不同立場和角度來欣賞非寫實的繪畫，但尚未發展出內在的詮釋能力。 (2+.2) 陳述情感 　在情感方面，會套用生活經驗或學習結果，來陳述繪畫中所含蘊的情感。
第三階段：原創表現—超越寫實的風格和技巧	
能對繪畫語言做內在詮釋，發掘其精神內涵，包括繪畫的原創性（originality）、表現性（expressiveness）和感情深度；	(3.1) 表現自我 　瞭解每一幅畫可能有各種不同的詮釋，但執著於自己的看法；或肯定自己所欣賞的繪畫風格。 (3.2) 體驗深刻 　能從繪畫中，體驗某種深刻的人生意義，或企圖發現作品在思想和情感上發人深省之處。 (3.3) 感受精確 　能透過每幅畫獨一無二的繪畫語言，發掘其與眾不同的特點，而真正欣賞它的美。
三階前期： 內在感受	(3-) 內在感受 　不同以寫實的題材或技巧做為美感判斷依據，對繪畫只提出一般性的，較為浮泛的內在感受。

三階後期： 成熟詮釋	(3-) 成熟詮釋 　具備成熟的內在詮釋能力，對繪畫的美感判斷兼具表現自我、體驗深刻、感受精到等特徵。
第四階段：形式風格	
超越個人內在主觀詮釋，將藝術品視為社會文化傳統產物，能客觀分析	(4.1) 分析美學風格 　瞭解創作者的美學觀念、創作動機、歷史背景及畫派源流並藉以分析其繪畫的獨特風格。 (4.2) 分析形式構圖 　能夠由文化傳統精神之特色解析繪畫的獨特意境。
第五階段：自律	
1. 此階段代表美感判斷的最高發展境界。 2. 判斷者建立個人開放而較無成見的判斷標準，並與社會文化的既有標準取得了適當的平衡點。	(5.1) 自律精神（Autonomy） 　尊重社會文化的審美標準，同時接受社會變遷和歷史進化的觀點，而以超越歷史、社會、文化的個人省思，做為此階段的最後依歸。 (5.2) 相對主義（Relativism） 　以相對價值觀接受不同民族文化、不同歷史背景、不同美學觀念和不同流派風格等各種藝術典範，並分別欣賞他們不同的特徵和肯定他們獨特的意義與價值。 (5.3) 開放心胸（Openness） 　對不同的藝術語言，以開放的心胸相看待，避免以先入為主的觀念拒絕任何一種異文化藝術，或排斥新繪畫語言的發展可能。

*引自崔光宙，1992，頁126-130

(二)從階段論看美感教育的實施

　　崔光宙（1992）曾依上述美感判斷發展階段的特徵，提出適合各級學校實施美育的原則，內容如下：

1. 幼稚園和小學階段的美育

　　此階段美育最重要的原則是多欣賞，多接觸各種不同形式和風格的藝術語言及學科作品。因為在小學中、低年級的階段，美感認知會有「拘泥規則」的行為特徵，需要避免灌輸狹窄的偏見，避免蒙蔽幼小的心靈，阻斷其未來欣賞各種美的可能性。

2. 中學階段的美育

此階段最重要的是充實各種學科素養，尤其是人文素養與建立自我觀念。由於青少年對各類不同的藝術常會發生兩極化的態度。某種藝術是否會成爲他終生不虞的興趣和嗜好，此時是關鍵時期。在教師的適當引導之下，當青少年能由第二階段的「寫實型」認知，轉化爲第三階段「詮釋型」認知，在豐富的精神世界中，領略到藝術的奧妙，就自然會對該種藝術產生濃厚興趣，而成爲生活中不可或缺的部分，否則就與該種藝術絕緣。

此外，青少年對各種學科領域的創作或欣賞是否能投入，而產生理性感性調和的美感經驗，除了他本人的性向以外，欣賞教學是美育成敗的關鍵。因此，在各級學校中，加強各科的欣賞教學，將是落實美育的基本要務。

3. 大學階段的美育

此階段的美育可配合通識課程實施。由於大學課程彈性比中小學大，通識教育課程較容易設計與安排，故大學的美育可特別結合通識課程進行。所設置的通識課程中，即使沒有藝術欣賞類的科目，至少可以用廣博的跨領域課程，提供人文素養來充實心靈，使理性與感性均衡發展，促進精神自由。

四、認識培育美感的困難及解決之道

(一)實施美育的困難

美育的目標在透過美感經驗，促進精神自由，使之從不成熟變爲成熟，從沒有品味變成有品味，沒有感覺變成有感覺……等等。Egenter（1985，劉河北譯，頁51-55）對審美品味何以失落曾提出下列幾點看法：

1. 藝術的欣賞需要藝術家及欣賞者雙方努力

對藝術的眞正欣賞，要求「寬大樸質」之心，它要求深刻經驗的能力，某種程度的情緒深度與成熟，把偉大者視爲偉大，純潔者視爲純潔，深刻者視爲深刻（頁52），但有些人因故缺乏這種能力。

(1) 心理、生理上的缺陷：如音盲、色盲，有情緒障礙者；

(2) 想像力的缺乏：如只會看表面，只注意外形及其引發的聯想；

(3) 從未學習以忘我的態度來接近另一個人或作品：以爲有知識即可要求一切，在藝術中尋找向自己臣服、爲自己利益效勞的東西；

(4) 未得到適當指點：無法看到較深刻的涵養與美麗；

(5) 接受不適合的教育者：本有審美能力，因錯誤的觀念，或太忙於科學、技術、經濟，或拘泥道德操守，而使其能力得不到發展；

(6) 爲謀生餬口而忙碌者：不懂休閒的必要與重要。

2. 常見對藝術作品的不利態度

Egenter認爲常見不利於藝術作品的態度有三項（頁54）：

(1) 把藝術只看做供給享受及娛樂的工具，是生活的點綴，基本上不必要的東西；

(2) 只看見藝術的題材，不見藝術家的內心意象（所謂內心意象，指透過外在形式表達內在的感受經驗及其意義）；

(3) 從藝術品的題材逕跳到自己的興趣與聯想，也許是爲了找出道德、宗教與政治的價值，毫不尊重藝術家的用意。

綜合言之，因爲三種原因，使有規劃的美感培育實施困難：

1. 美感經驗的標準不像科學眞理容易建立共識，甚至有時根本無法建立（Broudy, 1971）。

2. 美感經驗的建立涉及態度改變之問題，而態度改變比概念改變或信念改變困難。

3. 目前學術界對「認知理解」的心理活動較多，但對欣賞等屬情意心理活動的認識較少。

上述三種原因使得美育工作一直停留在嘗試理論建立及概念形成的階段。由於一般人的美感經驗多來自大眾傳播系統；傳播媒體所介紹的大部分是娛樂界，流行的音樂、戲劇、詩、小說和繪畫，致使商場文化成爲導引美感經驗內容的主力。又由於傳播媒體深入生活，廣播、電視一再播放、重複，因此媒體對美感經驗影響至鉅。若能正向地發揮媒體力量，將有助於美感的養成。

(二)在學科中培育美感的基本認識

1. 美感之培育需在各科落實，非單一專門科目可奏效

美育是全人格的教育，也是一種教育理想。前面曾提到美感經驗是流變而非恆常的，其構成的要素是理性、感性，且彼此交織，互相穿透，其經驗對象是個別事物的殊相，而非概念或原理原則的共相。故在現代教育分科課程的設計理念及架構下，美育無法成爲一種學科，也不必一定要成爲一種學科。

談到美育必然涉及德、智、體、群等其他四育，然而五育並非五種教育，任何一個教育活動之中，都包含有五育的成分，任何一個教育活動中都包含有五個面相。這五個面相是為了使教育者把握『均衡』的概念而設立的。我們無法想像一種教育活動中完全不涉及道德、群體倫理和美感。因此，藝術教育與科學教育是可以分別實施的分類概念，然而五育是全人教育中的五種思考方向，卻不是五種可以分別實施的分類教育活動。故實施美育，不宜視之為一種知識領域，而要以美育連貫各種學科，在所有教學活動中強調美感經驗的培養。

2. 不同學科承擔美育責任的份量不同

雖然美感經驗並不限定於藝術活動，因我們可能「美感地覺察」海洋和天空等自然事物，亦即，美的考慮可進入任何實用活動中，包括數學、科學、歷史、體育等，故Dearden（1971）、Arnstine（1971）等美感教育家都強調：美感經驗不限制於美的事物。

但不可否認，美育的主觀美感經驗的培養，在各科教學中重要的程度不同。以國民小學來說，依教育部規定要修習國語、算數、自然、社會、美勞、音樂或唱遊、體育等科目。這些科目有偏重工具性的，例如：國語、算數，要讓兒童學會讀、寫、算的基本技能；有偏重知識或解決問題方法的，如自然科和社會科，學習這些科目時，理性、思考主導的成分很濃，情感作用的機會較少，因此，不是培養美感經驗，或發揮美感經驗的「主要」學科領域。

3. 藝術性科目在培養美感經驗方面扮演重要角色

美育雖非藝術性科目的專利，但是其最具效力的部分。以視覺藝術為例，美國1983年設立的「藍迪視覺藝術教育家研究中心」，研究發展出來的學科取向的藝術教育課程（簡稱DBAE課程）重申四方面的學習項目，包括：美感（凝視藝術的本質及有關藝術之觀念）、藝術批評（描述、解釋、評估藝術之基礎）、藝術史（瞭解藝術品的文化和歷史背景）和藝術創作（藝術創作之過程與技巧）（Rush,1987）。而此四種方面的學習均直接、間接和美感經驗的培養有關。

再以音樂為例。Waugh（1998，王欣怡譯）認為音樂、美術等藝術活動能表現人類最深處的本性，以及下意識中的自己，而在各種藝術活動中，最能明確表現下意識的語言則是音樂。因為音樂可把物質運動給人的感覺再現，故特別適合表達情感。雖然音樂是一種語言，卻不適合用概念性的推理

來進行探討，而要藉形成意象（image）的方法，對作品中的情感涵義和心理涵義做解釋（含理性活動）。故欣賞音樂或演奏音樂時，人很自然地會理性、感性兼顧，也因此音樂在提供美感經驗的效力上亦十分顯著。

4. 非藝術性科目可透過欣賞教學提供美感經驗

人的精神對一件有價值的事物，由被動的接納，到主動的玩味，是「欣賞」的主要涵義。再具體的說，「欣賞」也就是以高興、喜歡或是興奮的心情來接受大自然造化、人為的創造或其他人的情誼所給予我們精神上的恩賜，進而使我們能夠超脫「實用」的目的，去享受這些恩賜之物。

藝術性科目常透過欣賞教學進行。其實非藝術性科目，包括語文、自然、社會學科的教學，也可採用這種方式，經適當設計，將教材欣賞與知識的傳授融為一體，來進行美育。

(三)在學科中幫助學生認識教材內容之美感

1. 不同課程教學倡導的教材特色美感不同

若將臺灣近四十年不同階段課程教學改革所倡導的關鍵用語，加以整理可發現其中強調的美感不同，如表7-3所示：

美國詩人E. Peterson認為生命若是美的，必同時也是真與善的（Peterson，2001a，匯思譯，頁84-90）。課程發展若可視為一段生命歷程，也會顯現這些面相。由表7-3可知，各階段有該階段強調的美感重點，「實證階段」強調「真」之美，「再概念化階段」強調「善」之美，「後現代階段」則強調「曠達」之美。

表7-3　臺灣1970-2010年間課程教學改革階段性的關鍵用語及其美感重點		
	實證階段	再概念化階段	後現代階段
思維	演繹、歸納、實證、否證（falsification）	反省、批判、創發	顛覆、創發、曖昧、不可預測、理由非必要
關鍵用語	認真、求實、求真	質疑、突破、出走、多元、開創	遊戲、游移、脫軌、陌生化、迴避規範、走異端、打破僵化
自由內涵	在典範框架內遊刃有餘	反省典範框架的適當性能重新出發	視典範框架為「約束」、視「能變」為傑出
美感重點	講究「真實」之美	講究「良善」之美	講究「曠達」之美

2.善用承載「科目內容與方法之美」的語彙架構

　　美感若落入學科教學，需要一種能架構或承載「科目內容與方法之美」的語彙格式，以便教育第一線上的教師，能方便地根據它來確定教學設計是否合乎「美」。參照作者在2003年發表的〈質性研究的舊曲與新調〉文中，建議使用的質性分析工具─「巢狀方格」（詳見鍾聖校，2003b）可善用類似格式來說明科目教學之美，並分之為內隱和外顯兩層要素，內隱要素如同本章第一節四所述「體會美感心靈的條件」，可做為所有學科美的核心─「真誠、想像、自由、創造」；外顯要素則屬於教師在該學科教材要介紹的教材內容之美，這美可藉課文等表彰於外，其實際用詞會因學科內容而不同，架構可繪如下圖7-1。

　　圖7-1具有協助教師識別所教科目內容或方法之美的功能。透過圖7-1中，不變的內隱要素之提醒，教師可謹守想要談的教材內容之美的必要條件，以便確定所教不至於悖離美感本質；透過回答圖7-1的外顯要素，教師可掌握想要談的該科教材內容之美的充分條件，以便能沈穩地在豐富的教材內容史料中，用「要素」之概念去爬羅剔抉，進而從中找到美的證據，找到一項是一項，從只找到一樣美的證據，到發現有兩樣可說，到增至有三樣美的證據……，其多寡可隨教師備課時之理解而伸縮，向度亦可視教材性質而更換，並可隨時增補或修正，保持一種開放和自由的態勢。以國文為例，黃秀莉（2010）就認為文章可歸納三大類的美，包括：(1) 涉及景物形成的

圖7-1 呈現領域特殊性科目教材美的語彙架構圖

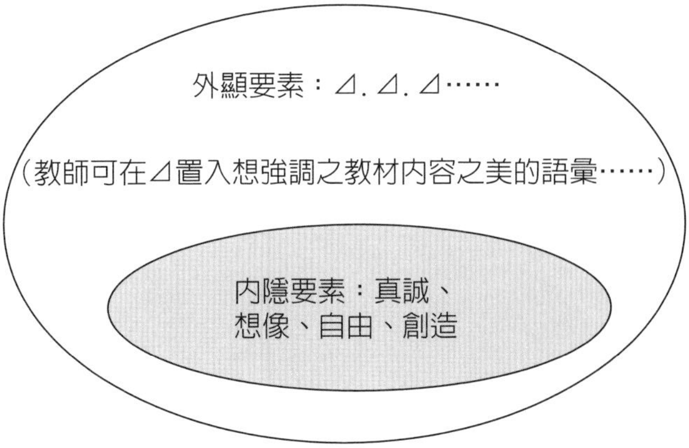

美，可分詩中有畫，畫中有詩、情景調和美、圖底聚焦美、豐富色彩美；(2) 涉及篇章結構的美，有因果規律美、並列整齊美、賓主和諧美、正反統一美、問答懸疑美、平測束展美；(3) 涉及感官的美，有遠近漸層美、左右均衡美、高低迭用美、大小對比美、形態變化美、知覺轉換美。不同的國文教師，可能見解有別，教師可將自己所鑑別出要教的教材之外顯要素置入圖7-1科目教學之美的架構中，並進行發揮。可想而知，不同教師對該教材之美會有不同的認識或強調，但總是展現了美感分享的意義。

意志力、復原力與樂觀

前言

　　在新年或在剛展開一新行動時，人常常會寫新希望或新志向這類文章，但曾幾何時，這些宏願，悄悄消失。是動機不足或意志力不足？學術界以往對動機談論較多，但對於意志較少人問津，考其原因，乃「意志」這個概念在心理哲學界一直不被看好（詳見Staats, 1987、Wegner, 2002及Zhu, 2004的評論），Wegner（2002）甚至聲稱意識性的意志（conscious will）是一種幻象。晚近訊息處理模式的學者對意志和學習的研究，相當程度地跳開了這種悲觀論調，在1980年代至2000年代，將探討焦點置於意志控制策略、希望感和復原力等可以操作、量化，進行實徵研究的構念，使這方面的探討成功地轉變為教學心理科學；並進一步將此構念與教學現場結合，提出工作習慣、工作風格、解釋風格等較具有生活世界意義的語彙，使之更具有普遍推廣性。

第一節　意志力的概念與培育

一、意志研究從紛擾的哲思到實徵

(一)意志的詞義

　　中文說文解字：「意，志也。從心音，察言而知意也。」可見「意」這個字表示：從一個人的言行，可以知道他心裡的想法。意志兩字都從心部，心是人的中樞，為所有思想、言論、行動等的源頭，因此意志不僅顯示於外在行為和言語，同時蘊涵內在運作，是由內而外一致性的展現。英文中的will與volition兩者意義相近，Pintrich & Schunk（2002）區分一般婚禮中所誓言之願嫁願娶的意志（will），和一般心理學者所談之意志（volition），認為前者的意志觀偏向渴望某種行動的內在狀態，後者的意志觀則將意圖轉換成為行動的歷程，故兩者的運作重點並不相同。筆者認為其關係有如走到三叉路口，will幫你選擇走哪一條路，而volition幫你把那條路繼續走下去，其

重點差別在下圖8-1可概略見到。

(二)早期意志研究的狀況

從哲學心理學對意志的討論，跨越到科學心理學能對意志做實徵研究，是教育心理學界經過大約八十年的心血努力。為何意志理論研究之進展這樣漫長？考其原因，有下述兩項理由：一為其概念橫跨心理學研究數個領域，包括認知—動機、社會認知和人格心理學；一為意志屬衍生性幽微的（subtle）中介歷程，與情感歷程和動機歷程間，充滿不易釐清的內在交互關係。從下圖8-2可窺見一二。

早期對於意志控制的概念研究，可說處於兩極對峙的狀況，一邊是行為主義，另一邊是人本主義。前者強調環境是行為意志的原因，主張意志受環境操控，後者則一反人是環境被動回應者的論調，主張人會為價值、目標、理想和責任，而展現意志行為。心理哲學家如Ford（1987）、Wegner（2002）等，對此分裂觀點均採審慎的態度，沒有選邊站。其實在實踐層次，特別是在學校場域，不同理論是可以迴旋於不同的時空，以致行為主義那種似乎把人當作被動受制約的管教概念，能夠與人本主義那種似乎把人當作能積極主動追求行善的助長概念，兼容並蓄。換言之，在行動層面，可以在時間之流中，透過創造性的行為，因事因人制宜地綜合運用不同理論的觀念。美國哲學家杜威（John Dewey, 1859-1952）即以發生—作用關係（genetic-functional relation）來說明這種兼容並蓄，其圖參見第十一章圖11-7。

圖8-1　Will和Volition概念之別

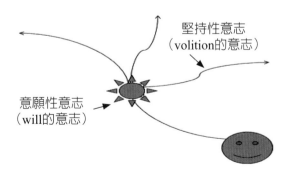

堅持性意志
（volition的意志）

意願性意志
（will的意志）

圖8-2　人格及智力分別涉及的情感、意欲、認知概念圖

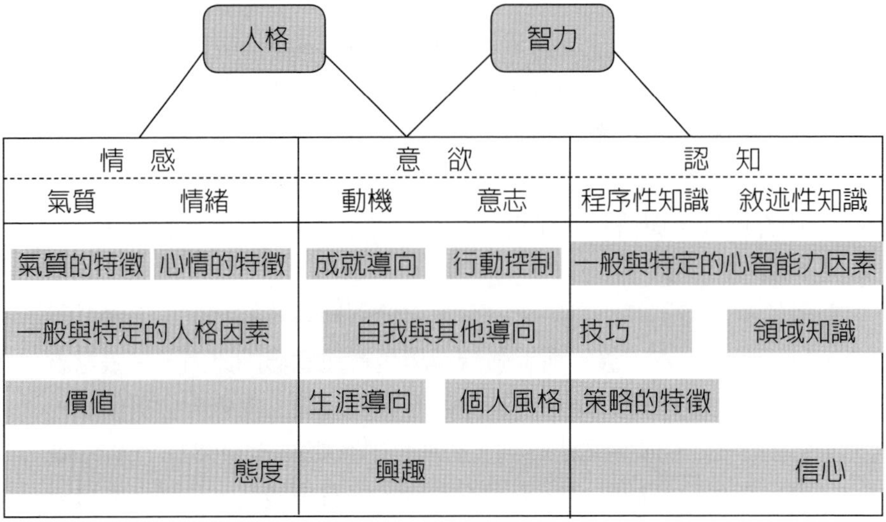

人 格			智 力	
情　感		**意　欲**		**認　知**
氣質　　情緒		動機　　意志		程序性知識　　敘述性知識
氣質的特徵　心情的特徵		成就導向　　行動控制		一般與特定的心智能力因素
一般與特定的人格因素		自我與其他導向		技巧　　　　領域知識
價值		生涯導向　個人風格		策略的特徵
態度		興趣		信心

*引自Snow, Corno, & Jackson, 1996, p.247

(三)意志實徵研究的突破

　　Snow, Corno, & Jackson（1996）在所發表的文章："Individual differences in affective and conative functions"指出，有關意志差異的探討，必須克服下列五項挑戰，才可能有效地列為實徵研究的對象。

　　1. 如果意志的差異存在，它們其實是附帶現象（epiphenomena），這些意志現象是來自更基本的行為和生理功能，一旦這些基本功能被理解，就不必再考慮意志一詞。

　　2. 如果人們在意志上的差異真的存在，那只是一種存在於個體內的差異（within-person variations），此差異是來自特殊情境的特質以及此特殊情境帶來的改變，個體間的差異（between-person variations）是不穩定以及不普遍的。

　　3. 即使意志的差異在個體內或個體間存在，但若無概括的理論加以解釋，則此差異並不能被適當的理解和測量。

　　4. 意志差異即便存在，但目前不能被可靠的測量，教育心理學家宜等到測

量工具被發展出來，再考慮他們在教育上的意義。

5. 即使意志差異能可靠地測量，但所帶來過剩的構念（按：指學校教學已含有過多的構念）和測量結果，讓教學機構困擾，教育心理學家應該等到這些過剩的構念被釐清，再談有關意志差異的研究。

　　上述五種意志不能被實徵研究的理由，其中一至三項是有關概念的釐清，目前已經藉由Kuhl和Corno等人之努力，以策略、技能、智能等具有操作性的構念，發展爲可被測量的項目，第四項則在1981年以來，已有爲數不少的研究者投入工具之發展，並進而用來測量個體間的差異。至於第五項的挑戰，則有Snow et al.（1996）所提出「意志與其他相關構念位階關係圖」（詳見圖8-2），可做爲區分各構念彼此關係的認知圖，協助教學機構認識各構念間的差異或重疊，免於受過多構念和專用語彙的困擾。可以說，從2000年以來，意志研究在策略和技能的概念引導下，已成熟到可進一步論述教學方法了。

二、新行爲主義的研究

(一)意志控制的雙曲線理論

　　Powell等（2002）在"*Introduction to learning & behavior*"一書第十章曾介紹安思立—羅士林的意志控制雙曲線理論（Ainslie-Rachlin model of self-control），這理論是從時間角度看意志對抗誘惑的曲線變化（頁367-376）。他們認爲：依照發給獎賞的時間和價值大小，獎賞可分爲兩類，一是較晚才能得到的較大獎賞（later larger reward, LLR），一是較快就能得到的較小獎賞（sooner smaller reward, SSR），並可按照時間和獲得之際的價值兩向度，畫出意志行爲（LLR）的曲線圖，如下圖8-4所示（Powell et al., 2002, p.368）。此圖並可進一步說明：在個體努力展現意志行爲的歷程中，出現的誘惑，其實是另一個隨時間及它對實踐意志者的價值的欲望行爲，此行爲終點也是一種獎賞，繪出其曲線圖，即SSR，它成爲靠意志努力一段時間才能得到的獎賞曲線——LLR的競爭者。意志控制即是在兩個曲線呈現的價值競賽間做抉擇。

　　SSR與LLR雙曲線的競爭態勢如圖8-5，Powell等認爲「宣告承諾」可以幫助個體在堅持意志時避免誘惑勝出，詳見圖8-6。另有一種情形是，當意

志行為本身的價值很高，對個體而言，千金不換，此時誘惑就不易構成威脅，詳見圖如8-7。

1. 意志行為獲得獎賞的曲線原型

隨著時間進展，意志行為獲得的獎賞價值呈曲線展開，其原型如圖8-4。此圖顯示：獎賞價值最初低，隨著接近滿足時間價值慢慢提高，而到快獲得獎賞時，價值會陡升，意味著此時意志行為較不容易受到誘惑的破壞了。

2. SSR與LLR雙曲線的競賽

當較快較小獎賞（SSR）做為一種誘惑，在非常想非常想滿足的那一剎那，會凌駕較晚較大才能獲得獎賞（LLR）的意志行為曲線，如圖8-5。

圖8-4　隨時間而變的意志行為獲得獎賞的曲線原型

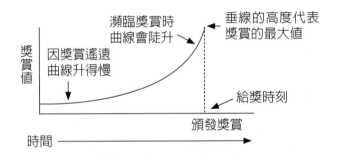

*引自Powell et al., 2002, p.368

圖8-5　隨時間而變的SSR與LLR雙曲線的競爭態勢

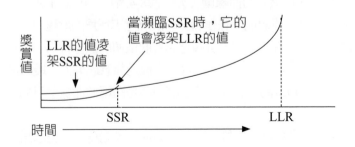

*引自Powell. et al., 2002, p.370

3. 宣告承諾在促進意志控制上的作用

當個體警覺快受不了SSR的誘惑，就要投降時，可藉大聲宣告當初想獲得意志行為LLR的承諾，使較快較小獎賞（SSR）的價值突然降低（如圖8-6），使其曲線不會凌駕較晚較大獎賞（LLR），解除意志破功的危機。春秋戰國時代越王勾踐臥薪嚐膽，或秦王政要呂不韋在關鍵時刻喊話：「勿忘雪恥」，都有宣告承諾的功能。

4. 意志行為的獎賞若很大，較不受SSR挑戰

若操作意志行為的獎賞很大，則較晚較大獎賞（LLR）曲線會呈平滑狀，且價值遠高於SSR（如圖8-7），似乎千金不換，此種意志行為較不受誘惑挑戰。

新行為主義用雙曲線（SSR、LLR）之間的競爭，將意志行為受誘惑行為傷害的時間點標示出來，使人可以提高警覺，並以重申承諾來降低誘惑，在某種程度上，對與時間密切相關的意志行為，如定時定量的節食計畫，或在一段時間歷程中不碰上癮行為——抽菸、吸毒等等，都有可實踐性，值得嘗試。

(二)與意志有關的規範行為

意志行為大多涉及規範行為（Rule-Governed Behavior），無論它是自己給自己設定的或別人設定的。規範（rule）的優勢是能迅速建立適當行為型式，新行為主義者就發現用老鼠壓桿行為說明教人規範——「當燈亮，你壓桿就可賺×××錢」，可從數小時到幾秒鐘的教導（instruction）訓練，都

圖8-6　宣告承諾可以幫助人在雙曲線競爭中避免誘惑勝出

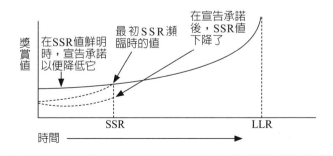

*引自Powell. et al., 2002, p.375

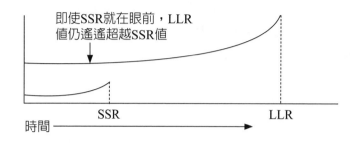

圖8-7　獎賞價值（LLR）夠高的意志行為較不受誘惑挑戰

即使SSR就在眼前，LLR
值仍遙遙超越SSR值

SSR　　　　　　　　　　　LLR

時間

*引自Powell. et al., 2002, p.372

管用。但他們也發現，涉及規範的學習，若只靠規範的認識，有下述不利之處：

1. 只能提供基本知識。如：打高爾夫球──在行為剛開始和修正時規範有用。
2. 規範不能取代練習和實際的行動。
3. 規範有時會使人忽略某情境行為增強的真正後效（也許不如規範說的那麼有吸引力）。
4. 規範有時使人僵化。如：老練的生意人無法適應新的全球經濟。

在規範學習的研究方面，Powell等（2002, pp.433-441）還發現「有自我調節功能的個人規範」（Personal Rules in Self-Regulation），具有下列特質：

1. 原始想法會變成規範：如「我對人有禮，別人也會以禮對我」。
2. 規範是一種可以用口語描述出行為後果的表達，如「我們表現某種行為，便有某種後果隨之發生。」
3. 規範的基本型態含有一種「說－做相符」「Say-Do Correspondence」的型式：
   (1) 說－做相符的意義：說－做相符意指：發生於我們所說將要做的事和我們實際在後來所做的事有密切的配合（a close match）。如：每天下午四點跑步半小時；
   (2) 說－做相符的原則可大量應用在父母管教孩子的行為上：要求用過玩具要收拾，孩子做到，有助孩子培養實踐自己承諾的能力。

4. 有效的規範需設定清楚的疆界（a bright boundary）：疆界可以用軍中領導用的地圖說明，這類地圖有標識清楚的河流、小溪、道路，對所占領地有明確的界定，故很容易知道目標達成與否。

從疆界概念來看，意志教學要掌握下列幾項原則：

(1) 就意志行為而言，有疆界（boundary）就容易固守或防禦（defend）如：說「我今天要讀書」是疆界不清楚的，容易拖延而不自知；若修正成「我在今晚七點至九點要讀書」，便易於督導自己真正做到；

(2) 將如何達到意志目標的「時間、地點和如何」說清楚講明白，可以有效促進意志目標之達成；

(3) 意志的規範最好是個人歷程規範（personal process rules）：即要明白說出「達到自己想完成作業的具體的、特別的歷程」。例如：甘地習慣用口頭對大眾宣布自己一定要做到什麼承諾，藉之督促自己警醒。

(三)意志行為酬賞的性別差異

心理學研究除發現一般的意志控制原則，也發現人會決定實踐什麼意志行為以及哪一種獎勵和督促才會奏效，還涉及性別差異。英國赫福郡大學教授魏斯曼（R. Wiseman）領導的研究團隊，在2008年之前數年開始，追蹤研究三千多人的新年計畫發現，提到男需獎賞，女靠督促。他們追蹤新年計畫，例如，減肥、上健身房、戒菸、少喝點酒等的執行效果，以抽樣的方式，將這些人列入研究實驗對象，並依志願分成不同組別。研究發現，起初，有超過52%的人對自己信心滿滿，但最後能持之以恆，達成目標者僅有12%；此外，大約有22%的男人可達成目標，其誘因主要是達成之後的好處或獎賞，例如，男人減肥容易成功，是因他們以為減肥之後，較可吸引女人的青睞（Wiseman, 2009）。

可以說，在使用激勵的策略上，要考量男女差異。男人在訂下年度計畫時，可同時提出附屬條款，等到達成目標時要給自己怎樣一個特別的獎賞；至於女人，最好的方式，就是將自己的計畫告訴周遭親友，透過外界的支持或壓力，督促自己努力實現諾言。

三、意志控制策略的研究與應用

正向心理學對意志的研究主要是以「意志控制策略」為著力點。以下先說明意志控制策略的概念，接著介紹國內外已發展之意志控制策略評量工具，然後從評量項目尋思意志控制教學的內涵。

(一)意志控制策略的概念

最早提出意志控制策略概念的是西德學者J. Kuhl。Kuhl（1987）將成人在積極進行行動控制時，所運用的意志控制策略分為六種：主動注意的選擇、編碼控制、情緒控制、動機控制、環境控制和精簡訊息歷程。美國哥倫比亞大學教授Corno（1989, 2001）以Kuhl的想法為基礎，用內隱和外顯兩歷程重新將之分類為四種，其中認知控制、情緒控制、動機控制為內隱歷程，環境控制（包含工作情境和他人協助）為外顯歷程，鍾聖校和張芳蘭（2007，頁16）將其概念間的對照整理成表，此處引用其內容，改以直式呈現，如表8-1。

表8-1 Kuhl（1987）和Corno（1989）意志控制策略分類對照表			
研究者	Kuhl（1987）	Corno（1989）	
意志控制策略	主動注意的選擇	認知控制	
	編碼控制		
	精簡訊息歷程		
	情緒控制	情緒控制	
	動機控制 （提升誘因）	動機控制	提升誘因
			歸因
			自我教導
	環境控制	環境控制	工作情境
			他人協助

＊引自鍾聖校、張芳蘭，2007，頁16

　　下文所談的意志控制策略即以Corno（2001）所分類的四種爲內涵。

(二)意志控制策略評量概念與工具的發展

　　Ford（1987）認爲如果意志要被實徵性評量的話，必須建立在脈絡中，並需具備三種條件：

1. 喚起不同現象的種類和強度，且這種現象需帶有「想要」的感覺，例如：我想做這個、我想嘗試那個。
2. 提供不同種類及強度的外在影響，例如，不同行動選項的相對地位、選擇以及參與者的自我歸因。
3. 要能夠凸顯出個人的內在企圖和外在影響力間的對比。

　　Ford之言，可供檢驗意志控制策略的工具是否符合這三種條件。從1981年至今，國內外學者陸續發表評量意志的相關工具，由於意志控制策略的概念與動機策略、自我調整學習策略與後設認知策略關係密切，因此評量工具的命名，會因研究者的重視點不同而有別，但考其內容，實大同小異，國內張芳蘭（2007）曾編製一份適用於國小學生的「國小學童意志控制策略量表」，從該量表的四種意志控制策略題目中可尋找意志控制教學的素材，如表8-2。

(三)將意志策略量表轉化成教學內容

　　一份好的學習意志策略量表，可供三種用途：(1) 做爲診斷工具；(2) 融入課程教學中，做爲意志策略的示範；(3) 做爲學生反省與同儕互動的資料。在第三點方面，McCann & Turner（2004）曾提供相當實用的建議：

1. 根據評量工具選出適合學生年齡的意志控制策略，據以形成解說表。
2. 在解說表中加入遭遇困難時，一些同學曾發展出的有效意志控制策略。
3. 與學生討論：當他們做作業時，會讓他們分心的各種情境。
4. 與學生討論能幫助他們專心或開始做功課的事物。
5. 由學生選出特殊的意志控制策略，並嘗試用在不同的作業上。
6. 讓學生發表運用策略時所遭遇到的問題，及成功的經驗。
7. 每週定期複習，將新的發現加入表中。

表8-2	適用於中小學生的四種意志控制策略及其題目內容摘要表
策略名稱	題目內容
認知控制策略	1.上課時，我會認真聽同學發言。 2.上課時，我會認真聽老師講課。 3.上課時，我會看著老師或上課內容。 4.我會馬上打斷和學習無關的想法而專心學習。 5.上課時間想和同學玩或說話時，我會提醒自己不要再想了，趕快專心上課。
情緒控制策略	1.遇到學習困難時，我會放鬆心情而繼續做下去。 2.心情不好時，我會想些愉快的事，調整心情以便專心學習。 3.遇到學習困難而心情不好時，我會轉換心情以助於專心學習。 4.遇到不喜歡的功課而心情不好時，我會忍住心情以便專心學習。 5.想到以前的成績而心情不好時，我會警覺，提醒自己不要再去想，而靜下心來以便專心讀書。
動機控制策略	1.為了得到別人的稱讚，即使遇到學習困難，我會堅持以達到目標。 2.由於害怕被同學趕上，我會想辦法克服學習困難，堅持以達到目標。 3.遇到學習困難時，我會把困難當磨練的機會，堅持下去以達成目標。 4.遇到學習困難時，我相信克服困難會有進步，所以我會堅持努力下去。 5.遇到學習困難時，我相信認真學習可得許多知識，所以我會繼續做下去。
環境控制策略	1.我會和同學約定功課進度，以便趕快完成。 2.做功課時，我會訂定完成時間，時時提醒以便完成。 3.讀書時，我會將內容規劃成幾個部分，按照順序進行以便持續完成。 4.遇到困難的功課時，我會請教家人，以便繼續做下去。 5.我會使用工具（例如：字典、電腦……）來解決學習上的問題。

*摘自鍾聖校、張芳蘭，2007，頁36-37

(四)承諾在意志控制策略中的地位

　　前述新行為主義在意志的雙曲線理論中提到，承諾可降低誘惑行為的吸引力，正向心理學也重視承諾的重要，認為動機與意志的切分點在於承諾。Heckhausen & Kuhl（1985）指出動機屬於前決策歷程，意志屬後決策歷程，承諾則是居中的關鍵區分點。此概念可藉圖8-8說明。

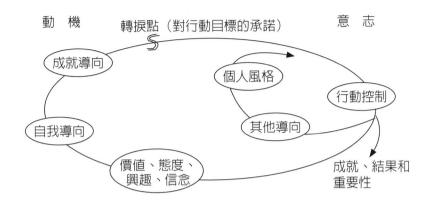

圖8-8 ┃ 承諾、動機與意志的動態循環關係圖

*引自Snow, Corno, & Jackson, 1996, p. 265

　　圖8-8顯示：就承諾與動機的關係而言，承諾本身涉及明白的、宣示出的語言，似乎賦予動機確實而具體的形象，讓動機有出口，得以進一步展現；就承諾與意志的關係而言，「承諾」一出，意志控制策略即得以啓動，承諾一方面可以使意志獲得語言的支撐，一方面當意志無力時，承諾的具體內容可扮演喚醒或提示的角色，使意志控制再獲得清楚的目標。引導印度追求獨立的甘地先生就曾經表示：承諾在幫助他執行意志、貫徹意志行動上具有效力，所以他樂於公開宣示承諾。甘地先生認爲，透過許多人監督，他就更無藉口怠惰了（詳見Powell, et al., 2002, pp.442-443）。

　　馬斯洛（Maslow, 1954）曾提出解釋人類需求現象的需求層次理論（need-hierarchy theory），分七個層級，可做爲設定需求目標，進一步成爲承諾的參考。

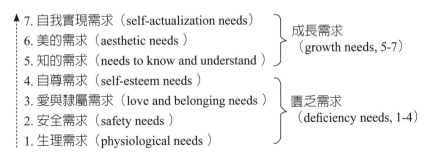

7. 自我實現需求（self-actualization needs）
6. 美的需求（aesthetic needs）
5. 知的需求（needs to know and understand）
　　　　成長需求
　　　　（growth needs, 5-7）

4. 自尊需求（self-esteem needs）
3. 愛與隸屬需求（love and belonging needs）
2. 安全需求（safety needs）
1. 生理需求（physiological needs）
　　　　匱乏需求
　　　　（deficiency needs, 1-4）

　　上述表達需求的語彙，可轉化成承諾語言，例如：「我現在吃喝玩樂都不缺，我應該在『知』的需求多做些充實，我要每天早晨八點鐘以前起床，背二十個外文單字……」等。當然也有人因特殊價值觀而寧願殺身成仁，為追求自我實現需求（較高層次需求），甚至犧牲（較低層次的需求）生命。

四、意志控制策略與續航力

(一)續航力的隱喻

　　Corno（2004）是第一位在意志教學領域，用「續航力」（navigation）的隱喻來比喻意志功能的學者。「續航」之隱喻特別強調需要有能量和方向，包括策劃一條道路（course），以及找到能夠在學校生存下去的方式。此隱喻也意味著學校這種環境，其組織脈絡會提供一連串的挑戰和障礙，以致讓成功的續航是有條件的。什麼條件呢？Corno認為，學生需要學會駕馭學校的課業要求，而優良的駕馭能力，來自能持續運用良好學習策略的工作習慣，意志控制策略即其展現。

　　要言之，學校生涯有如水手生涯，欲其成功地度過其中挑戰，繼續在知識的汪洋大海中，乘長風，破巨浪，揚帆前進，學生實在需要像水手一樣，具備適切的續航條件。

(二)工作習慣

　　經營續航力的各種策略包括：完成目標的計畫、排列優先順序、迴避阻礙、繞道而行、意志控制策略、檢查作業狀況、處理資源調度以及分配時間……等等，Corno（2004）用「工作習慣和工作風格」概括之。

　　類似於在受僱公司或建立個人事業的過程中，需要具備有生產性的（productive）工作習慣，包括有能力迅速學習、信守工作倫理信條、能積極的承諾、堅守負責任的行動原則等等。Corno（2004）認為在學校場域，所謂良好的工作習慣，包括從整潔地細心寫作業，到能有秩序且獨立完成家庭作業，這些表現是每個年級階段都應受教師及家長的重視，教師及家長不要忘記表揚，且應不定時地獎勵。工作習慣的內涵，包括許多策略和「默會」（tactic）知識，這些策略和知識存在於不同的學習歷程和經驗中，不斷被淬煉，甚至於能夠不必思考便自動運作。

(三)工作風格

　　「工作風格」的概念是Kuhl（2000）在其人格系統互動理論（Personality System Interaction, PSI）中創用的。根據PSI理論，人有兩種不同的認知－動機系統，一是願望系統（包含慾望、目標和願望），另一是自我表徵系統（包括諸如我是一個好學生，我很友善，我會很有效能的做功課）。當學生形成個人實際的目標，如：我要想辦法爭取成爲初級足球隊員，並且能夠自我認同該目標，或：我想要在足球隊表現良好，並相信這目標對我而言，是一實際目標，則接下來就會產生正向情感，並相應地降低負向情感，從而引發一股嘗試完成目標的企圖，進一步去進行計畫和執行。學生會漸漸培養出保持內在專注狀況的「特定方式」（characteristic ways）。Corno（2004）將此特定方式區分爲兩種風格──自我控制風格和自我調整風格，它們的特徵可對照如表8-3所示。

　　乍看表8-3用的形容語詞，會覺得「自我控制風格」的境界似略遜「自我調整風格」一籌，給人的正向感受不如自我調整風格那麼鮮明。但實際上，意志控制之爲意志控制，若無半點勉強，就不能稱爲意志控制了。做爲意志控制，必定涉及特別、額外地加入一些力氣，這力氣是原先若順著自己安逸的感受去做，是不會投入能量的，但意志在承諾的提醒下，會把「我喜歡……」暫放一邊，堅持輸入一些能量，「做成」某意志行動，以便成全當初的動機。故，唯有當自我控制風格的意志行動，促成學習目標更精熟之

表8-3　兩種風格的意志控制概念內涵對照表	
自我控制風格	自我調整風格
·警戒	·嬉戲
·注意焦點侷限於工作	·合作
·有紀律地避免分心	·對回饋和經驗的開放
·謹慎	·嘗試新事物
·根據實際目標把注意放在困難的知覺和	·根據實際目標把注意放在效率的經驗
負向情感上	·和正向情感上
·內在專制	·內在民主

*作者整理自Corno, 2004

後，學習者才可能眞正進入自我調整風格，享受自由嬉戲、合作、對回饋和
經驗開放、嘗試新事物……等特色的境界。因此，最好把兩種風格視爲相輔
相成，且前者是後者的先備階段。沒有自我控制風格，高階的自我調整風
格，恐難以企及，畢竟需要、專注、紀律、謹愼、面對負向情感，和內在加
一點爲了達成目的而堅持的「強制」。如此配合運用兩種風格，才可能眞正
享受到綠葉紅花、收穫耕耘相得益彰的果實。

綜合言之，意志力需要從多方面良好心理習慣建立，提出智力三
鼎論（the Triarchic Theory of Intelligence）的耶魯大學教授史坦柏格（R.
Sternberg），曾提出「聰明人爲何會失敗」的檢討，發現有二十點可以注
意，本書將之整理成爲檢核意志表，如表8-4所示。

表8-4　從影響意志的綜合因素看意志行動的失敗原因		
意志行動失敗的可能原因		
1.缺少動機	2.不能有效地控制衝動	3.缺少毅力
4.用了錯誤的能力	5.無法將思想付諸行動	6.缺少對成果的關注
7.無法有始有終做完一件事	8.無法開頭	9.害怕失敗
10.拖延	11.錯誤的歸因	12.過度自怨自艾
13.過度依賴	14.在個人的困境中打滾	15.缺少專注力
16.一次做太多	17.不能延宕滿足	18.不願或不能見微知著
19.缺乏分析與綜合思考的平衡	20.太自信或沒自信	

*作者整理自Sternberg, 1996

第二節 復原力

根據《*The Random House*》字典，「復原力」（resilience）是指：在被彎曲、壓縮或損傷後，回歸原來形式或位置的力量與能力，也是指在病痛、憂鬱或逆境中能恢復的能力，又可譯為「抗逆力」或「韌力」。根據Masten & Reed（2005）的文獻，心理學界提出復原力概念的先驅是葛梅齊（Norman Garmezy）、墨菲（Lois Murphy）等人，他們在1960及1970年間，因關切遇到危機、問題或精神疾病的孩童，開始著手研究他們的適應狀況，並發現這些孩童中有些仍發展良好，乃特別將這些處於高危機但成功的現象，稱為有抗壓力的（stress-resistant）、非脆弱的（invulnerable），與具有復原力的（resilient）現象。後來的學者遂沿用復原力，來描述在逆境和困境中能正向適應的情形。

一、復原力的意涵

(一)復原力與發展任務

從發展的觀點看復原力，涉及克服成長過程中的逆境，從而達成社會期待的發展任務。發展任務（developmental task）可定義為：在社會文化脈絡中，人們對孩童於不同年紀表現的期待，這期待可形成判斷該文化孩童發展是否良好的標準。對兒童進行發展任務的評估內容，通常包含：學業成就、品德（行為規範的遵守）、同儕接受度與人際關係、心理健康、參與適當年紀的活動等。不同之社會文化，發展任務會有所不同，如臺灣原住民與漢人的不同；但也有共通部分，特別是遵守規範方面，如家規、校規和社會一般紀律。一般而言，復原力高的孩子在發展過程中即使遇到困難，也能成功克服，完成上述發展任務。

(二)復原力與克服發展中的「威脅」

一個平常適應良好的人，不一定有復原力。有復原力的人是需要經歷逆境而適應良好者才算，能克服發展過程的威脅，如早產、離婚、虐待與未婚生子的情況，或天災、人禍、貧窮等等。

　　現代人的壓力來源，較少關乎生命的直接威脅，常見的壓力源包括：生活改變、災難事件、政經環境、職業倦怠枯竭感、日常瑣事。研究壓力的加拿大學者Hans Selye（1907-1982）在1956年指出，即使正向的好事也會帶來壓力，稱來自正向事物的壓力為「eustress」，來自負向事物的壓力（stress）為「distress」，並提出「一般適應症候群」理論（general adaptation syndrome，簡稱GAS）（Selye, 1974, pp.25-28），特別從腺體狀況，說明對壓力的一般適應症候群的三個階段：警報階段（the alarm reaction）、抗拒階段（the stage of resistence）與耗竭階段（the stage of exhaustion）。其概念可配合形象用圖8-9說明（按：圖8-9上半部係引自Selye，1974，p.26；下半部係將之具體化）。

　　圖8-9顯示人在壓力的三階段反應狀況及生理腺體症狀為：

1. 壓力反應的初期是警報階段，又稱「震撼階段」，指剛面臨壓力時，身體的抵抗力會先下降，進而腎上腺素分泌增加。

2. 抵抗階段可分為「反震撼」（countershock）與「抵抗」（resistence）兩期，此時生理功能加強、抵抗力上升。

3. 在耗竭期的階段，腎上腺等內分泌漸趨枯竭，抵抗力直線下滑，此時容易罹患憂鬱、疾病，甚至死亡。

　　耗竭感與身心壓力過大、績效低落、人際關係不佳、家庭問題，及健康惡化有關。

圖8-9　Seley的壓力反應三階段狀況圖式

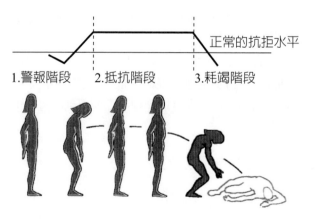

正常的抗拒水平

1.警報階段　　2.抵抗階段　　3.耗竭階段

(三)從風險與適應看復原力的位置

　　復原力的概念既強調異乎尋常的「風險」（包括可能遇到的逆境或危機），及對狀況的「適應」，則可依其風險高低程度與適應能力，將人區分成四類（Masten & Reed, 2005, p.80）：易受傷的（低風險低適應）、不適應的（低適應高風險）、可適應的（低風險高適應）、有復原力的（高風險高適應），如表8-5所示。

(四)從時間看復原力的類型

　　復原力在時間向度中展現三種狀況：
1. 個體持續保持一般適應狀況。
2. 個體在開始時表現適應狀態，受挫後產生低潮，但低潮後又恢復具抗逆力狀態。
3. 個體在開始時即處於不適應狀態，但受到某意義之重大啓示或刺激後，產生強大復原力，展開積極的復原狀態。

　　從時間來看，人生不知何時會面臨災難的考驗，故最好是以「有備無患」來預防，若萬一遇到災難，就積極面對、進行復原。

二、影響復原力的重要因素及作用模式

(一)復原力與個體持續的適應

　　復原力所談的「適應」比「反應」要廣。一般災難事件的反應分五階段：(1) 不知所措；(2) 採取行動；(3) 同舟共濟；(4) 失望崩潰；(5) 療傷止痛。但復原力會論及個體繼續的成長狀況，是否能夠適應以致身心都夠健康

表8-5　以風險與適應程度來看復原力的地位		
適應程度　　低―――――――→高		
風險　高　不良適應		抗逆力／復原力
風險　低　高度脆弱		勝任／未經挑戰

或有成就。

　　曾有針對兩歲之前就存在於高風險環境的族群進行研究，觀察樣本十到十八歲時期的心理健康情形與發展結果，發現：在高風險環境的族群中，若個案在他的兒童期能獲得較好品質的照顧、較多的親戚支持，得到較高的自我價值回饋，且個案自己智力表現還不錯，則其發展會優於沒有這種對待的小孩。此研究也顯示：復原力涉及資產、危機和保護因子三方面的作用。

(二)復原力與資產、危機、保護因子

　　Masten & Reed（2005, p.76）認為，復原力涉及資產、危機和保護因子三方面作用，以下先對資產、危機和保護因子等概念略做解釋。

1. 危機（risk）：危機使人不希望看到的結果（undesirable outcome）發生可能性提高。
2. 危機因子（risk factor）：指可測量到的、會在未來導致負面結果的特質，如壓力事件。
3. 累積的危機（cumulative risk）：在一定時間內多種危險因子的累積。
4. 資產（asset）：此概念與危機因子恰好相反，能在未來產生正面結果。無論危機高低，因為有此資產，可預料有助於良好的適應結果。
5. 保護因子（protective factor）：即使危機出現，因為有這種因子存在，無論是個體或環境特質，皆有助於良好結果發生的機率（特別是在高危機情況下）。
6. 累積的保護因子（cumulative protection）：在一定時間內，多種保護因子之累積。

(三)復原力因素的作用模式

　　有關資產、危機和保護因子等三因素在復原力的運作方式，說法不同，Masten & Reed（2005, p.78）認為大致可歸類出三種模式：相加模式、互動模式和間接模式。

1. 相加模式（additive model）

　　相加模式是用加法概念來看危機和資產運作合起來的結果，它是復原力的主要效果（main effect）來源，其形式如圖8-10的右上角所示。

(1)原本危機與資產個別獨立運作，危機帶來負向結果，資產帶來正向結果；

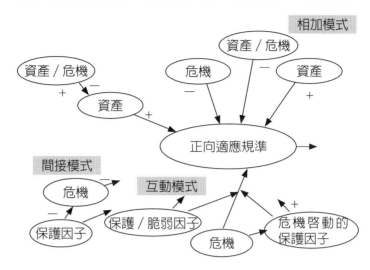

圖8-10　復原力的相加模式、互動模式和間接模式共同作用圖

*引自Masten & Reed, 2005, p.78

　　(2) 危機與資產是個人處於平常或危機狀況能同時擁有的東西，「相加」時，資產可抵銷危機的傷害。

2. 互動模式（interactive model）

　　互動模式是用資產和保護因子與危機互動的概念，來說明復原力的產生。在圖8-10右下角的因素群，是具有調節效果（moderating effect）的保護因子，平時它們可能被視為資產，本來就具有某程度的正向保護作用，當危機出現，更被充分啟動，發揮調節功能，可緩和危險因子帶來的傷害。有效能的父母和兒童良好的氣質與人格，都屬危機時刻的調節因子。優良父母的效能就像安全氣囊一樣，在孩童危機來臨時可減少衝擊，而學童個人好的氣質與人格，亦能在互動與回饋中投入正向影響力，減輕危機的傷害，甚至阻止危機。

3. 間接模式（indirect model）

　　間接模式特別涉及所謂的「中介效果」（mediated effect）和「預防效果」（prevention effect）。預防效果強調潛在的資產，在平時雖具有減除危機的發生機率，但不易感受到或看到，直到危機發生時，這種潛在的資產才被激發轉變成為保護因子，發揮出中介效果。因為中介效果的保護出現，是針對潛在的資產而言，故稱為間接模式。

　　圖8-10左上角的因素群所發揮的即是中介效果，左下角的因素群所發揮的即是預防效果。因這三種模式在時間的流動中可能同時發生，以致對個體復原力構成相當複雜的動力過程。從圖8-10，可大略識別它們的共同運作形式。

(四)復原力三模式的概念應用

　　一般而言，相加模式是影響最大的因素，互動模式致力在找出可改善的變項，間接模式則針對無法改善的、無法預見的變項作努力。譬如：以早產為例，對於已經生了早產兒的事實，若細心照顧，可減低風險，這便運用了互動模式中的保護因子，來改善危機。若事前積極進行產檢，預防早產，便運用了預防模式，使早產的情況在事情發生前就避免掉了。

　　小古巴古丁和勞勃狄尼洛主演的電影《怒海潛將》，是描述一位美國黑人海軍潛水士官長的奮鬥歷程，其中充滿危機和克服危機的真實情節，以之說明意志力和復原力三模式，特別傳神（故事大意，見附註8-1）。

三、增進學童復原力的資產和保護因子

　　資產和保護因子對復原力都具有正向效果，但他們其實很難區分。似乎對當事者自己而言是資產，對別人而言是保護因子。若這當事者是兒童，那麼兒童本身的特質就是資產，而其家庭是保護因子；若但若當事者是家庭，那麼家庭的特質就是資產，社區資源就可說是保護因子。就一個兒童來說，其資源可從他自己、家長、社區三方面來分析。兒童自己方面，資產包括：好的認知能力、隨和的性格、正向的自我認知、有意義的人生信念、正向的人生觀、好的情緒管理能力、自身與社會所重視之天賦、幽默感、對他人的吸引力；對學生的家庭資源方面，包括：與照顧者間的緊密關係、好的教養行為、正向的家庭氣氛、有組織的家庭環境、後天的教育與父母的參與、經濟條件，及對家庭風險進行管理。學生的社會資源方面，包括：有助於他發展的各種方案，如：課後輔導老師服務、少男少女同儕團體、父母效能訓練、中途之家、新手父母的家庭參訪計畫、大哥哥大姐姐（攜手）計畫等等。

　　Masten & Reed（2005, p.83）曾整理兒童與青少年在復原力方面的資產與保護因子，如下所述。

(一)學童本身

1. 良好的認知能力，包括問題解決與注意力技巧。
2. 嬰兒時期的「安適」（ease）氣質，在往後發展上適應性較高的個人特質。
3. 正向自我概念。
4. 對於生活的信念。
5. 對於生活的正向觀點。
6. 對於情緒激發與刺激的良好自我調節。
7. 被自我與社會重視的天賦。
8. 良好的幽默感。
9. 普遍對其他人的吸引力。

(二)學童的家庭

1. 與主要照顧者親密的關係。
2. 有權威的教養方式（高度溫暖、結構化、監控與期待）。
3. 正向的家庭氣氛與父母間的低衝突。
4. 有秩序的家庭環境。
5. 父母都是高知識分子（高中後教育程度）。
6. 父母能幫助孩子發展良好的身心特質。
7. 父母參與孩子的教育。
8. 社經優勢。

(三)學童的家族與其他關係

1. 與有能力、社會化和具支持的成人擁有親密關係。
2. 與「具有利社會行為」和遵守法治的同儕交往。

(四)學童的社區

1. 有效能的學校。
2. 與社會組織的連結，包括學校、俱樂部、童子軍等等。
3. 擁有較高「聯合照顧效率」的（collective efficacy）鄰里。
4. 高度的公眾安全性。

5. 良好的緊急社會服務。

6. 良好的公眾健康與可利用的健康照護服務。

　　總之，復原力的開發與兒童發展過程中的生理基礎、家庭、社會與學校關係、宗教與傳統文化，以及信心等有關。對青少年而言，復原力的開發比精神病理學的治療更有效果。積極主動提供保護或防患措施，例如：避免早產兒的發生、避免兒童虐待與忽略事件、降低青少年菸毒與酗酒狀況、避免兒童發生無家可歸情形、降低社區內暴力與犯罪。這些工作在加強復原力方面，效果與處理風險一樣重要。

第三節　樂觀

　　以下說明樂觀的定義、樂觀的相關理論、影響兒童樂觀的因素，並介紹樂觀訓練課程。

一、樂觀的意義

　　樂觀（optimism）可從多方面加以定義：

(一)以「字典」提供的一般生活意義來看

　　依照《辭海》，樂觀是凡事抱持著美滿希望的前景；依照《牛津字典》，樂觀為傾向預期所有事情最後會有好結果，對於追求成功的行動抱持著信心。

　　成語「塞翁失馬，焉知非福」，原本是指人生禍福、好壞很難預料。但以下故事不失為樂觀的好例子。一個老人，只有一個獨子和一匹馬。一天，他心愛的馬逃出馬廄，在附近的山麓走失了。鄰人知道這事，很同情他，說：「你的馬走丟了，真是不幸啊！」他卻說：「你怎知這是不幸？」幾天之後，馬竟然自己回來，還帶了十二匹健壯的野馬。鎮上的人聽見這好事，紛紛恭喜他：「你運氣真好，現在你有十三匹馬了！」有天，他的獨子騎馬，不小心從馬背上摔下來，竟跌斷了腿，摔成瘸子。鄰居聽到這意外，又對他說：「你的兒子變成跛子了，真是不幸！」但是，老人又回答：「你怎知這是不幸？」過了些年，外敵入侵，國君命令徵召天下所有健壯青年上戰

場打仗。老人的跛腳兒子因殘廢而躲過徵召，也是後來村子裡唯一倖存的年輕人。

　　在塞翁失馬的故事中，老人的態度很樂觀，且故事結局也很不錯。但在真實世界裡，樂觀的人運氣不一定那麼好，他們可能只是在事情發展的過程心情會比較好吧！但也有心理學家警告，不切實際的樂觀可能延誤解決危機的契機，所以樂觀還是要有限度的。

(二)以「結果預期」的角度來解釋

　　樂觀是在面對不確定環境時，預期會有正向結果發生。

　　生命傾向測驗修正版（the Life Orientation Test-Revised, Lot-R）中對人是否在不確定時，會預期有正向結果發生，可用下類問題看出來（摘自Carver & Scheier, 2005, p.241）

　　1. 在不確定時刻，我通常會預期可能有好結果。

　　2. 如果我有什麼不對勁，就真的有壞事發生。

　　3. 我總是對我的未來樂觀。

　　4. 我很少期待事情照我的希望發展。

　　5. 整體來說，我會期待有較多好事而非壞事臨到我頭上。

(三)以「歸因」的角度來解釋

　　樂觀（含悲觀）是指個體對於發生於自身正面及負面事件的解釋風格（Peterson & Steen, 2005），詳見本節二之說明。

(四)以「自我效能」的角度來解釋樂觀

　　自我效能即個體在面對環境時，對於自己的因應能力具有高度自信。實徵研究發現樂觀的人通常是自我效能高的人，故可以用自我效能來解釋樂觀。

　　上述Lot-R測驗修正版的題目中，認為自己是：1. 很容易放鬆、2. 喜歡結交朋友、3. 讓我自己保持忙碌很重要、4. 我很少倚靠發生在我身上的好事、5. 我不太容易沮喪，這五題就是從自我效能來看樂觀（按第3及第4題究竟屬正向題或負向題可能有爭議）。

　　有些心理學家將上述題目所反映的樂觀視為屬於一種「普遍化自我效能」（generalized self-efficacy）。但也有些心理學家認為這種樂觀往往是一

種認知的偏誤，會低估負向結果，高估正向結果，是一種正向幻覺（如：Taylor，1989）。

二、樂觀的解釋風格理論

(一)樂觀解釋與歸因類型

解釋風格（Explanatory style），又稱為歸因型態（Attributional style），是由習得無助理論發展而來。人類有個別差異，在不可控的情境不必然會習得無助（learned helplessness），其原因是人在看待事情發生的理由時有不同的歸因傾向，大致可從內在程度（internality）（低內在或高內在）、穩定程度（stability）（暫時穩定或長期穩定）、普遍性（globality）（特定或概括）三個向度來探討。

就樂觀而言，如果一個人對發生事情的原因採取主要是由於自己個人因素，即是以「內在」（internality）的解釋風格看待；反之，認為事情的發生原因由於別人或環境因素造成，則是以屬「外在」（externality）的解釋風格看待；如果面對好事認為是經常會發生的，便是在穩定向度上採取「穩定並長期會這樣」的解釋風格，而非「偶爾或暫時才有這種好運氣」（unstability）的解釋風格；如果面對好事認為是會在生活許多層面都可能發生的，便是在「普遍性」向度上持樂觀解釋風格，也就是會認為好事會降臨在生活很多遭遇上，反之，就認為只是在很「特定」（specificity）的事物層面才發生。

Peterson & Bossio（1991）建議：有助於培養樂觀態度的解釋風格，是對正向事件要採取內在、穩定和概括的角度思考，但對負向事件就要採取外在、短暫、特定的解釋風格；並發現採取這種樂觀解釋風格的學生，會以較積極的策略改善學業表現。

華人文化在生活實際中，其實常展現一種特殊解釋風格——緣分觀，這種觀點在好事發生時顯得樂觀，壞事發生時，顯得能不執著，以致似乎也發生了一種樂觀效用。

(二)針對好壞事件提出的三向度樂觀解釋風格

Snyder等（2005）將上述Peterson & Bossio（1991）的區分方式，轉化成

三向度樂觀解釋模式，使樂觀的操作定義區分成「前瞻未來好事和壞事發生機率」兩種情形來看，也就是按照人如何看待好事及壞事落在自己頭上的前景，來區分樂觀和悲觀，如表8-6所示。

　　表8-6顯示：樂觀的人看「好事情」發生在自己身上是能持續長久的，在生活許多事上都會如此的，且是與自己內在生命實力有關的。悲觀的人面對好事情發生在自己身上時，會解釋為：只是暫時出現的，且只是在特殊某個處境才會有此好運道，同時好運不是因自己身上的特質造成，而是外在環境特殊，因而碰巧的。至於對「壞事情」的解釋，兩者恰好相反，如樂觀的人看「壞事情」發生在自己身上是暫時出現的。

三、樂觀的希望理論

　　「希望」（hope）原意是指人對其目標是否能達成的知覺，認為「能」達成即有希望，認為絕不可能，則不僅沒希望，還絕望。正向心理學從1990年代開始有學者開始投入「希望」的研究（如Snyder, 1994），但因強調此希望是一種知覺，故加「感」字，成為「希望感」，希望感的理論即以「hope theory」稱之。

(一)希望感運作的原始模式

　　Snyder（1994）認為當障礙出現而使目標受阻時，更可以看出希望感的重要性，因它牽涉到個體會不會有意願去尋找替代方案，並以類似繞路的方式來追求原先想達成的目標。因此最原始的希望感運作模式圖，係如下圖8-11。

表8-6　三向度樂觀解釋風格表						
風格	好事情			壞事情		
樂觀	1永久	3普遍	5內在	2*	4	6
悲觀	2暫時	4特殊	6外在	1	3	5

*壞事情欄位下方所有數字表示與前面欄位中同數字代表的中文意相同

**作者繪自Snyder et al., 2005

圖8-11　早期的希望感運作模式圖

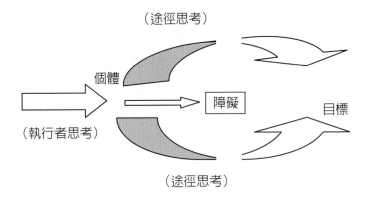

*引自Snyder（1994）

(二)完整的希望感運作模式（Full Hope Model）

　　Rand & Cheavens（2009）鑑於強烈或明確的希望背後，其實含有執行者對自己的自我效能、問題解決能力和目標設定有一定的看法，因此將希望感的圖示，儘量　改成能同時呈現這些心理能力，如圖8-12所示。

　　圖8-12顯示，希望感乃是一種認知的思考歷程，在此思考歷程中，人會根據先前設定的目標，反覆推演計算自己是否在達成的途徑上，具有足夠的力量或足夠的「謀略」（waypower or pathway thoughts），來獲得想要的目標。同時，也考量自己是否有足夠的意志力（willpower or agency thoughts）來運用想到的方法。為凸顯英文強調的意義，本書將「waypower」或「pathway thoughts」譯成「途徑思考」（有多方尋求解決的含意），而將「willpower」或「agency thoughts」譯成「執行意志思考」（有貫徹意志的含意）。圖8-12之特點有三：

1. 整體來說，迂迴路線愈多表示希望感愈強。亦即，在圖中間迴轉的黑色線條愈多，表示該執行者抱持的希望愈強。
2. 希望感的思考內含兩類思考——「途徑思考」是指成長過程對因果或相關的隱然認識；「執行意志的思考」是指對自己是事件因果鏈「製作者」（author）的認識。
3. 希望感的高低是兩種思考加上成果價值和目標分析的總合。

圖8-12　為達成目標具向前及向後觀顧的途徑思考和執行意志思考希望感模式圖

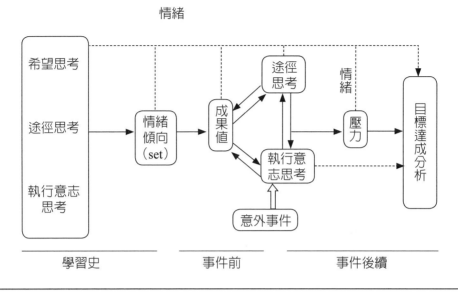

* 繪自Rand & Cheavens, 2009, p.326

　　本圖中未顯示的是圖中元素涉及的操作信念，特別是宗教信念。換言之，人怎麼看待自己是在執行誰的旨意，怎麼抉擇自己的途徑思考要嘗試幾次，對目標的分析或成果的價值，用什麼樣的價值觀衡量……，這些若加上天道主宰的視角，力量必然不同。

(三)希望感與信仰

　　上述希望感模式無論是圖8-11或圖8-12中，途徑思考和執行思考內容的討論空間極大，易讓人遐想，故大部分人對希望感的認識，是根據自己的人生經驗（包括信仰）來判定。2001年上映的德語電影「極地重生」（So Weit Die Fusse Tragen），描述二戰之後逃亡返鄉的故事，乃真人真事，1949年一批被蘇聯管轄的德軍戰俘，被遣送到西伯利亞勞改營，其中一位工程背景的戰俘──基文思，因在出征送別時，承諾過懷著身孕的妻子必要回家，「與妻兒重逢」的目標讓他堅此百忍，在雪地和陸地走一萬四千多公里的逃亡歷程，逃到伊朗，再回到德國。過程中受益於一些奧祕的信仰神蹟，使這幾乎

不可能的任務竟然達成。過去學術界對希望感的研究大多捨棄宗教靈性的一面，但事實上，對大部分沒有固定信仰的人來說，在其人生經歷艱難時，也多少向神明佛道許過願，而對有明確宗教信仰的人來說，更是靠靈修或其信仰的力量，維持著希望，甚至設定為人生意義及目標，一路前行，走過艱難，直到達到目標。

傅雲仙在2006年翻譯D. Allender所寫的《醫治之路》中，在譯序二有這樣一段話：

「真如艾倫德博士所寫：我受呼召是要活在當下，基於對過去拯救的回憶，和對未來的救贖盼望，使我能選擇去愛……。『信心』，是建立在神曾經如何介入我人生故事中的種種記憶；『盼望』，釋放於神要把我的故事塑造成美好的應許，那是超出我們想像的奇妙工作；兩者合併使我得以打開我的心靈，能活在今天，為『愛』而活。信心和盼望是愛的基礎……。治癒之路並非直通治癒，但卻是通往一個約定……，我們被神呼召與祂建立關係。我們也被呼召去服侍祂。服侍神是將我們的一生交給祂，也讓我們一生的主題致力於彰顯神的榮光。」（頁16）

上述內容顯示，對信眾而言，信仰的內涵在希望感及樂觀上扮演極重要的角色，本書第九章第三節談到華人的緣分觀，其實也是一種涉及靈性的解釋方式，雖然它做為一種解釋風格，所解釋者多屬事後解釋，但仍具有某程度希望感的前瞻性。

四、有效學習樂觀的方法

Seligman（1991）強調：樂觀可做為建構美好人生強而有力的工具。其主要技巧在於改變具有摧毀力量的自我想法，建立積極進取的人生觀。Riskind等曾提出一些認知技術來增加大學生的正面自動化思考，這些樂觀訓練技術可分四種（Riskind, Sarampote, & Mercier, 1996）：

1. 抑制不良信念，以良好樂觀信念取代。
2. 想像美好未來。
3. 發覺困境的光明面。

4. 以認知專注激發正面經驗。

　　在進行訓練課程之前，通常要先確定學生的樂觀狀況，以便明瞭訓練效果。不同樂觀理論可發展出不同的樂觀測量工具，常用者有四：

1. 生活導向量表（Life Orientation Test, LOT）。
2. 歸因型態問卷（Attributional Style Questionnaire, ASQ）。
3. 口頭解釋內容分析法（Content Analysis of Verbatim Explanations, CAVE）。
4. 大學生樂觀量表（Optimism about College Life Scale）。

　　以下介紹幾個具實用性的樂觀方案。

(一)賓州樂觀方案（Penn Optimism Program）

　　此方案是Jaycox等（1994）設計的，其理論基礎為解釋風格理論，主要工具是採用兒童歸因風格問卷（Children's Attributional Style Questionnaire，簡稱CASQ）。主張將認知治療（cognitive therapy）視為一種治療憂鬱、減少悲觀的治療方式。Jaycox等人更引用 Ellis 所發展的ABC人格理論，重新提出一套改變思考習慣的ABCDE法則。以十二個單元共二十四小時的樂觀解釋風格課程，教導七十名具憂鬱症狀的國小高年級學生，實驗教學後發現實驗組憂鬱症狀顯著低於控制組，兩年後的追蹤測驗，發現實驗組有22%為中級至高級的憂鬱症狀，控制組則有44%學生顯示中級至高級的憂鬱症狀，研究顯示樂觀方案有助學生較不會以悲觀方式來解釋壞事件，並具有延宕效果。

(二)結合感恩的樂觀訓練課程

　　吳相儀等（2008）認為透過涵養學生的感恩與樂觀情緒，可幫助學生揮灑出正向的生活，鑑於感恩的學習之所以有效，是透過感恩思考、感恩日記、感恩拜訪、落實善行等方式進行方案學習，而非僅採取傳統講理方式，故所設計課程分三大類：1.課程教學；2.情境教學；3.互動教學。其中具特色的情境教學，提醒現場教師學生在學校裡待最久的地方就是教室，因此要儘量　讓學生看到的、聽到的、接觸到的盡是與樂觀相關的資料，具體的做法如下有：

1. 張貼樂觀小語。
2. 午餐好歌欣賞：運用午餐時間，選出一位音樂長負責播放相關的歌曲（例如：我的未來不是夢）
3. 互動教學：包括：(1) 上課先做收心操：將具樂觀內涵的話語，編成簡

易口訣及動作，於每次上課時帶領學生一起朗誦與動作，增加上課的趣味性外，也鼓勵學生（例如，夢想理想勇敢追、肯定相信我自己、挫折困難去挑戰、樂觀的心，Ready Go!）；(2) e-mail傳樂觀：學生可以主動將自己蒐集到有關於樂觀的故事、文章、圖片等資料，透過e-mail傳給同學或老師，讓大家都能欣賞彼此的資料，互相學習與激勵。

(三)國小高年級學童樂觀學習單示例

吳相儀（2006）以正向心理學者Seligman之樂觀解釋型態為理論基礎，並以預防角度，設計一套適合國小高年級學童之樂觀訓練課程，探討課程對學生樂觀與悲觀信念的立即及追蹤效果。她進一步根據Scheier和Carver的理論，將樂觀信念定義為：預期好事會發生且充滿信心，有毅力的追求目標並勇於面對挫折；而將悲觀信念定義為：對未來具負向預期且懷疑自我，追求目標時半途而廢。從她設計的「我的ABC事件簿」格式，主要型態如表8-7，可發現樂觀訓練課程多半涉及一種正向的解釋態度，能正向解釋並預期，顯示樂觀，而課程訓練重點即是透過教師解說、示範和同儕分享等過程，加強從正向去看待所發生的事。而這個表也顯示吳老師似乎以正向情緒做為正向解釋的樂觀指標。無論完備否，至少顯示一種教導樂觀的形式。

表8-7　樂觀解釋學習單 —— 我的ABC事件簿		
A（事件）	B（想法）	C（情緒與行動）
發生的不愉快事件是：	我的想法是：	我覺得： 事情的結果是： 我採取的行動是：
	普遍性解釋：	
	特定性解釋：	

備註：請在空格中寫下最近經歷到的一項不愉快事件，並提出一個普遍的解釋和一個特定的解釋，再試著把情緒和行動記錄下來。

＊作者整理自吳相儀（2006）

＊表8-7中普遍解釋和特定解釋之意義請參見表8-6

附註8-1：美國海軍第一位黑人潛水士官長Carl Brashear的奮鬥

《怒海潛將》是一部2000年出品、改編自眞人眞事的電影，描述美國第一位海軍黑人潛水士官卡爾・布拉榭（Carl Brashear, 1931-2006），一生奮鬥的血淚史。

Carl生長在美國肯德基州的一個窮鄉僻壤，在他成長的歲月中，全家人不斷和貧窮對抗，爲生活打拼。他的父親不但不要他幫忙家計，反而要他接受教育。在告別父母前往海軍服役時，Carl的父親要他允諾，將來面對困難時絕不退縮，更不要半途而廢。父親送他一臺收音機，上面刻著A.S.N.F.（A Son Never Forget）幾個字母，這幾個字母，成爲日後他鞭策自己度過難關完成壯志的莊嚴承諾。

在服役期間，因緣際會，Carl目睹當時身爲海軍最高潛水士官長比利・山岱（Billy Sunday）奮不顧身，英勇救人的事蹟，促使他嚮往成爲海軍潛水人員。當時的美國社會，種族歧視依然非常嚴重，黑白不能平等相處，即使在同一單位，黑人也只能做低賤的工作，在軍中，這種情況更嚴重。但他毅力堅強，不畏艱難，在寫過將近一千封的請求入學信件後，1948年2月，就在美國海軍發布實施「不隔離」（unsegregate）制度後，校方迫於政府規定，接受他入學。

1948-1954年他在海軍潛水學校受訓期間，接受校方各種極盡嚴苛的訓練和不公平待遇，最後通過種種考驗，光榮畢業，成爲美國海軍史上第一位黑人潛水員。

軍旅生涯一帆風順，但在1966年一次潛水成功尋回軍方失落於西班牙附近海域的核子彈頭任務，回到船上時，艦上桅杆意外的斷落，使他左腿殘廢，必須離開潛水工作，從海軍退役。但他不願就此放下期許的志業，自願截肢，接上義肢，希望重新回到工作崗位。

所有成功者背後都有一位或幾位支持的偉人，卡爾積極並成功復健的過程（1966-1967），受益於一位昔日教練——比利・山岱（Billy Sunday）。比利原是著名的潛水軍官，但因執行某次救援行動受傷，從此再也無法潛水，轉而擔任新兵潛水員教練，他的訓練以嚴厲出名，大約四分之三的新兵都過不了他這關，但在目睹卡爾熱忱的學習態度和優異的表現後，對卡爾產生英雄惜英雄的佩服。卡爾密切配合比利對復健訓練的建議，在他協助下，終於

通過鑑定是否有能力復職的公聽會，恢復軍職，繼續從事潛水生涯。

　　在其復健過程中（按：1966-67），Carl曾忠實地記錄其心聲，有一則是：「那一年，有時我跑步回家，取下義肢，發現截肢面多處因摩擦滲血，我咬牙忍受，絕不回海軍醫院，因回去，他們就會要我退休。我自己用古老的偏方——鹽水泡腿。第二天早起，再出門跑步鍛鍊……。」並自陳激勵他以堅強意志克服難關的動力是信念：「被打倒不是罪，躺下才是，我不會讓任何人偷走我的夢想。」（ "It＇s not a sin to get knocked down; it＇s a sin to stay down" and "I ain＇t going to let nobody steal my dream." ）（引自維基百科http：//en.wikipedia.org/wiki/Carl_Brashear, 2011.5.20上網）可充分見到他以艱苦卓絕的意志追求其理想。

靈修、意義創塑與
正向情意

前言

　　從正向心理學看，靈修又稱靈性追求（spirit search），是一深刻的精神聖化歷程，也是能激發人們潛能的歷程。這個「致力」尋找、連結、保持與轉換精神能力的歷程，使投身其中的人成為獨特的人，也成為有所聯合的人。尋求與「精神性美好神聖」建立關係，無論是指認識「他」（含他或祂或它）、保持他、與「他」結合，對所有有思考有語言的人而言，是極自然的事，即使一個人宣稱自己沒有宗教信仰，還是有他自己想要追求的最佳精神境界，亦即神聖追求或靈性追求。靈修可幫助人發現他存在的意義、行為的準則及共同生活的規範，因此古往今來各民族都有其精神上或靈性上的修行方法。

　　近年對靈修的崇尚與新時代運動或新紀元運動（New Age Movement）有關。新時代運動是一種對笛卡兒「我思故我在」（I think,therefore I am.）那種崇尚理性主義的反動，不認為人是出生就能思考的、能統一的主體。此反動被馬克思主義者阿圖塞（Althusser）、佛洛伊德（Freud）、結構主義者索緒爾（Saussure）、傅柯（Foucault）與女性主義者的理論增強，發展為「去中心化」（de-centering）的社會現象，展現成為1970-80年代西方的社會與宗教運動。新紀元運動吸收世界各個宗教的元素（包括東方與西方的古老的精神與宗教傳統），並融入現代科學，特別是心理學、生態學和環境保護主義，內涵廣泛，涵蓋靈性追求、神祕術和另類治療等各方面。在靈性追求方面，排拒主流觀點，鼓吹折衷且個人化的途徑，創用自我靈修（self-spirituality）、新興靈修（New spirituality）以及身─心─靈同修（Mind-body-spirit）等詞彙。

　　正向心理學將傳統宗教信仰和受新紀元思想影響的靈修現象，皆列為研究對象，試圖用較概括的詞彙，如：神聖的表徵、尋找和提煉神聖、神聖物品的保存和保護、神聖的擴大和滿足、靈修的世俗化與多元化等，來做為說明各種靈修的共同架構。作者認為人的靈性狀況可反映其人格統整狀況，因為人的精神層面有下述特質，會影響其靈性追求：

　　1. 人有兩種看似衝突的需求：獨一無二的需求與聯合的需求。

　　2. 人是理性的自利動物，潛在地自利及利他。

　　3. 人是理性的，但理性脆弱。

4. 當人過度壓抑慾望，行為表現水準會較差。

5. 只強調理性，通常會損失精神能量。

6. 善良意志不足以自省，故需透過靈修來維持。

7. 人性有善有惡，對人性教化不能全然樂觀或悲觀。

8. 人潛在地用信念走人生，包括無神論者。

9. 各種信念之終極，牽涉靈性追求的價值。

10. 每個人都有外顯或內隱的皈依，成為其靈性追求的方向。

　　靈修強調過程，也強調結果。筆者認為情感意志的正向發展與靈性追求和情意素養有關，可用下圖9-1說明。

　　作者特別將「情感意志的靈修目標」定義為涉及合乎真善美的境界追求，正向靈修即對真善美境界的追求，追求的結果是邁向倫理上和美感上的更完善，靈修在情意發展與統整之角色居於支撐的地位，如圖9-1所示。這神聖追求或單純訴諸個人修養的努力，或涉及倚靠超越性袘者或神明的力量，前者稱為自力式靈修，如以儒家或道家思想為靈修根據，後者稱為袘力式靈修，如基督教信仰的靈修。本章分三節敘述，第一節說明由正向心理學的觀點看靈修，第二節談靈修與意義創塑，第三節談靈修、真愛，與正向情感意志。

圖9-1　靈修在情意發展與統整之角色

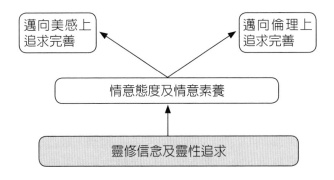

第一節　由正向心理學看靈修和情意統整

一、由正向心理學看靈修的意義

靈修的現代意義值得省思。溫偉耀（1998）指出：在科技極發達的後現代時期，人們似乎應更科學，但弔詭的是，人們反而更容易接受宗教經驗，而在某程度皆投入靈修。

後現代人們之所以喜歡探索神祕經驗，與「虛擬實體」（virtual reality）關係密切。因為對於摸不到、看不見、虛假的經驗，已經太習慣了，並不需要原因和解釋，只要決定是否相信或是否嘗試。之前，人們重視摸得到的、看得見的經驗，當有人告訴他們：「信這個宗教能使你有安全感」、「唸這幾句咒語能幫助你消災解難」，或說「相信某宗教能帶給你神祕的經驗」時，他們都會問「為什麼」。反之，後現代人對於經驗的延展和探索，有一種比以前更大的興趣，以致更容易接受超自然的經驗。對於明明是騙人的、無聊的、空談的事物，例如「上帝拯救地球飛碟會」，仍有一些並非無知的人願意付款參加。同樣情況發生在宗教信仰領域，一般的宗教教育無法滿足人對神祕的需求，應運而生的是各種新穎的靈修。

(一)靈修的定義 —— 神聖的發現與保持

靈修又稱靈性追求（spiritual search），原屬宗教領域活動，二十世紀初，講究科學方法的心理學者大都忽略它，但少數精神分析學者如卡爾・榮格（C. Jung, 1875-1961）及功能主義心理學者威廉・詹姆斯（W. James, 1842-1910），因主張人在生理、情緒、理性層次之外，還有靈性層次，曾個別撰文探討它（李安德，1990）。靈性層次，又稱超理性層次或超越性層次的議題，直到二十世紀末，才被納入正向心理學，成為研究的主題，考其原因是學界開始正視下述三種現象：(1) 從精神面看，相對於身體，人都有精神需求，並追求某種超越的精神理想；(2) 從文化面看，大部分人一生中都接觸過某些神祕經驗（包括算命）或特殊精神力量；(3) 從適應面看，靈性追求是許多人維持健康、人際關係、紓解壓力、治療疾病，與面對死亡的重要方式。以下說明兩點：(1) 神聖的表徵；(2) 靈修與宗教的關係。

1. 神聖的表徵

本書引用正向心理學的說法，將靈修定義為「神聖的發現和保持」（Pargament & Mahoney, 2005，頁647-648），並對其中神聖（the sacred）一詞採廣義之解釋。根據牛津字典的解釋：神聖係指「值得崇拜和尊敬的、屬神的、非普通的東西」，本文配合華人使用「神聖」（the sacred）一詞的語境，視之為與「清淨、莊嚴、聖賢、聖潔、神靈」有關的東西，它可以是一種境界、偉大崇高的活動，或某種有喜怒哀樂意志的存在生靈，含有不可侵犯、需要恭敬，甚至敬畏地對待或尊重的東西。

人類有別於其他動物之處，在於除了會追問存在的意義，還會追問「超越性祂者」的問題，也就是唯有人類會問：「神是什麼？神存在嗎？神與我有何關係？」神聖一詞，從超越的面向來看，由涉及「絕對神聖的超越」到「相對神聖的超越」，可將相關詞彙排在一個可供彼此對照的續列上，如圖9-2所示。

用圖9-2的續列，可「大致地」標示不同思想體系追求的靈修位置，位置無論在左在右並無優先或優越的暗示，只是方便對照而已。例如：猶太教、回教、廣義基督教（含天主教、希臘東正教、基督教）等一神教，皆宣稱所追求的是「唯一真神」，可列在最左邊的相對位置；佛教宣稱追求修成普世的善者境界（如釋迦牟尼、觀世音等菩薩）可列在「神聖的神」（the Sacred）的位置；希臘神話中的眾神或中國封神榜中的各種神，位在續列中「眾神」的位置；華人儒家信仰所追求的神聖，可列在「聖賢」的位置；華人道家（非道教）信仰追求的神聖，則可列在「超越」的位置。

稍微注意一下，可發現在圖9-2續列中，愈向左，愈強調存在有某種具喜怒哀樂的意志性實體，愈向右，愈強調僅有某種強大的精神力量的存在，無論左右，它們都是有影響力的東西。

圖9-2 表示各種類別「神聖」的詞彙續列

*使用「續列」而不使用「序列」一詞，表示不做價值優劣判斷

表9-1	靈修與宗教的異同對照					
	相同	相異				
靈修	神聖的發現和保持	個人的	自由的	內在的	主觀的	經驗的
宗教		組織的	規約的	儀式的	客觀的	教義的

　　鑑於正向心理學提出的靈修定義具有涵蓋性，本書採之，又為說明「神聖的不同種類」，對圖9-2名稱，刻意使用「續列」而不用「序列」，表示不做價值或影響力比較，因信仰最終考驗的是個人與其認定的超越性存有之間的關係，一般狀況是信者恆信，不信者恆不信，故，圖9-2從最左到最右的位置標示，要區別的只是哪一種意義的神聖。

2. 靈修與宗教的關係

　　牟宗三（1970）在《生命的學問》一書，這樣定義宗教：「宗教，如中文所示，有宗有教，宗是有其歸宿，教是其軌道，……宗教代表一種人生態度。」（頁107-108）。

　　大抵每一種宗教都會有其持守的、特定的精神聖化的或靈修的說法和儀式，但並非每一種精神修持或靈修都會發展成為宗教。若接受靈修定義為「神聖的發現和保持」，則靈修與宗教的異同（Pargament, 1999），可列如表9-1。

　　表9-1顯示：宗教是透過組織的、有客觀教義的，有約定的、教條的、有規律約束的、有先例示範的……等等方式，進行「神聖的發現和保持」；靈修則屬個人投入的、主觀經驗的、如自己所願的，且允許某種程度自由的方式，進行「神聖的發現和保持」。兩者可以毫不相干，當然亦可相輔相成。重點是效果如何。這效果是怎麼決定呢？自由心證呢？或是靠外顯的證據呢？是以成敗論英雄呢？或個人自我堅持的信念呢？答案，想當然耳，是因人而異的。

(二)靈修的世俗化與多元化

　　靈修的世俗化其實是神聖世俗化的另一種說法，直接表現於外的是靈修方法多元化，並因此引發靈修的正負向問題。

1. 靈修的世俗化

靈修既是一種發現神聖的過程和保持，甚至與神聖結合的努力，靈修方式自然與「所想像的」神聖事物有關。「神聖」一詞既有「神」又有「聖」，靈修世俗化便是指對這神或聖的思維，揉合了世俗人士的，包括靈修者自己的經驗和想像。其中揉合的人本的欲望、價值或眼光、看法愈多，就愈世俗化。此世俗化可以是涉及歷史悠久、地域廣布的學說，如華人的儒家學說和道家學說，亦可以是比較區域性的、個人的、流行的儀式操作。

由於靈修活動存在於時間、空間，會隨著具體的文化器物、事務、儀式或社會習俗展現，並在歷史中傳承、沈澱、累積，最後成為辨認一個族群的主要記號，如同精神分析學派大師卡爾・榮格所說的「集體潛意識」或「文化原型」，故不少世俗的節慶都摻雜著某程度的靈修意義。

2. 靈修方式的多元化

廣義的靈修，泛指一切透過「精神或心靈」修養，以便達到聖賢或神聖境界的努力。隨著時代開放，靈修方式越來越多元，包括：聆聽大師開講或開釋、書寫靈修筆記或感受、祈禱、求問神明得啟示、冥想得啟示、操作各種具靈修作用的宗教儀式等等。

靈修人士會累積並交換經驗，設法交換各自接觸神聖的效果。根據正向心理學研究調查，目前提供靈修機會的社團極多，包括：各種宗教組織和靈性團體、節目和協會，他們舉辦讀經、祈禱、儀式，或靈性導向的活動，包含瑜伽、音樂、藝術、社教活動等，如果將靈修活動擴大到各種有靈異效果的活動，則坊間所流行的：看紫微斗術、測字、排八卦、算方位、看面相手相、生辰八字、看星座、看水晶球、算塔羅牌、問碟仙等等，都算是某種意義的靈修。

3. 忘情地投入活動也可以是靈修

詹偉雄曾於聯合報2010.2.18名人堂，曾發表一篇比較「縱貫線」與「五月天」演唱會的文章，其中提到「五月天」的青年粉絲，幾乎將演唱會當成一場神聖的祭典……。他這樣形容現場：「整場專攻節奏，電吉他刷了再刷，配器也許單調一些，但電氣音牆自然造就出某種悲劇感，當阿信唱著〈放肆〉裡的『哥倫布只要有一顆星光，就膽敢橫越大西洋，我還有一把吉他，我還有一群死黨，為什麼還不大聲唱……』之時，我身邊的年輕人早已熱淚盈眶。……他們共同唱著阿信要他們唱的歌詞，可看出從彼此間得到的溫暖和從樂團那兒得到的一樣多，一次又一次的安可，讓演唱會的結束變得

困難無比……。」

　　演唱會的「現場性」所具有的靈修果效，存在於絢爛的燈光、歌手真摯
的表演、觀眾毫不含糊的互動，以及深具撞擊力的音響效果，一齊交響出吶
喊及心聲，撥動觀眾的心弦，敲出心靈的共鳴，其中摻雜著的神祕性，蓋過
單調與例行化生活，洗滌了心靈。同理，其他類似的「現場參與」也都可能
是一趟共赴精神神聖之旅的靈修經驗。

4. 靈修中的神祕經驗

　　看水晶球、算塔羅牌、問碟仙等等各種靈修都不乏求神問卜，並接觸到
甚至看到靈異的神祕經驗。靈修的神祕性還在於它可能是一趟「立體的」神
聖之旅，所謂立體是指此過程可能處於跨越時空、古今交錯、來回往復的、
上天下地的狀況，整個經驗其實可能是濃縮在某時某刻某一點上，故，靈修
經驗的推展不必是直線式的。以下用一段記載，來說明靈修中可能出現的離
奇現象。

　　「五年前，當我還在大陸的時候，因身體不好，生活不順，最後迷上
練功打坐。迷到一個程度，可以整天整夜不吃不喝，進入天人合一的神奇境
界。在這樣的境界裡，我看到萬象彼此延綿，變幻不定，無生之始，無死之
終，時間停駐在永恆，我與宇宙融為一體。同時我也常常聽到一種彷彿來自
宇宙本體的聲音，呼叫我的名字，告訴我，我已經修練得道，可以像鳥一樣
自由飛翔。有一天，在這美妙聲音的誘導下，我站到大學的圖書館頂樓，差
一點墜樓身亡。在最危急的時刻，若不是一個來歷不明的過客即時相救，我
就真的匯入茫茫永恆了。我至今仍不能還原事件全貌，只記得當時被人狠狠
一拽，後腦勺撞在硬物上，隨即失去知覺。等我被夜晚的涼風吹醒時，那人
早已黃雀無蹤。」（羊君，2010，頁75-76）

　　靈修過程可能出現各種狀況，有的過程美妙但結果恐怖，有的過程乏
味，但結果美好，需靈修者謹慎分辨。

(三)正向靈修之必要

1. 負向靈修的存在

　　靈修方式儘管多元，經驗儘管奇異、有趣或神祕，但從教育立場來看，
仍需講求正向。華人修行常在結語說：最後……「修成正果」，可見「正
向」還是人們投入靈修的最終渴望。靈修依效力之有無，會引發真假判斷，
依結果之好壞，可引發正負向判斷；靈修有建設性的，也有破壞性的，有良

表9-2	民間斬斷情絲慣用術		
種類	相關法器	必備條件	目的
降頭／下蠱	巫蠱爲媒介	對方生辰八字、毛髮	燒毛髮養巫蠱來施法，讓對方出現強烈之愛與恨感受
斬桃花	桃木劍	此劍經過廟宇施法才有效力	斷絕不正當男女關係
養小鬼	死嬰胚胎	以自己的血來餵養	驅使小鬼達成主人的心願

*引自林全洲、周宗禎彙整，《中國時報》2009.1.1.A15版

性的，也有惡性的。心理狀況會受靈修影響，正向靈修強調靈修應帶給人好的心理特質，如：創意、智慧、寬恕、意義、希望、謙虛、愉悅、愛心等特質。靈修過程就像吃藥，從一開始「吃」，人就受益或受害了，因此靈修方式的選擇，既要強調靈修結果，也要強調過程的適當性。以下舉一個靈修過程不當的例子。

　　林全洲和周宗禎（2009）曾報導民間運用的一種特殊靈力——斬斷情絲慣用術，其方式如表9-2。

　　類似表9-2的方式會有反效果。投入臺灣推動重症臨終看護醫療模式的先驅——韋至信醫生，在《醫生也醫死》一書曾介紹一位癌症住院病患，因被其前男友騙財騙色，心有不甘，在醫院施行法術，方法爲：包紅色頭巾，穿紅色上衣長褲，並紮一稻草人偶，用細細的針在人偶身上刺透、灑幾滴血，然後再誦唸特殊咒語，還說如果自己死了也要變成厲鬼來報復對方。幸而韋醫生即時發現，力勸她饒恕，結果此病患願意饒恕這位傷害她極深的男友，奇妙的是，從此這位病患睡得安穩，且疼痛減少到不必吃止痛藥（韋至信，2003，頁140-147）。顯示真要用靈修解決問題，其實必須花工夫和時間，採用正向方式。

2. 正向靈修的判別

　　靈修是神聖的追求與保存，存在於關係中，因此可從關係品質看靈修的正負向。同時，靈修做爲神聖之旅，正向應不僅只是利益交換。以下說明之。

(1)**從人的多面關係看正向靈修「正向」的意義：**

正向心理學強調的神聖是正向的，但沒有提出判別標準。劍橋大學神學博士楊牧谷在《做人祕笈》一書中指出，人需要有正向的宗教信仰，並提到好的宗教可促進四方面關係（楊牧谷，2004，頁193-205），可繪如表9-3，做為判斷靈修是否正向參考。

(2)**「正向」不在於交換好處：**

上述表9-3的特點在指出：正向靈修除了指能「積極」提升與自己、對別人、對世界、對神明關係的品質，以致此關係是能邁向美好境界，還在於提醒應消除自私的交換關係。因爲如果敬拜神明的作用，只是用來交換自己的利益——升官發財、五福臨門，則當所得的交換不如意，就可能發生類似買彩券，不中獎就砸毀靈修對象的事件，故表9-3之右下方格，強調與聖賢或聖神的關係要有品質，且合乎雙方面的美好。當然，這「美好」的認定，會因宗教不同而界定不同，需信仰者自己用心判別並抉擇。

(3)**某些靈修需要適合的生理條件：**

靈修方式很多，進行默想或冥想式（meditation）靈修，特別需要適合的生理條件。因爲人的意識具有向外尋找、向內反溯，來回穿梭的特質，靈修雖從信仰出發，卻不能抽空於人的心理精神結構，如人格、精神、氣質、感知、情緒等活動。許多冥想式靈修鼓勵出神的經驗，「出神或神魂超越」（ecstasy）的希臘文（ekstasis）字根意思爲「站在外面」，指人從自身走了出來的意識狀態，又稱爲靈魂出竅，不小心會「走火入魔」。「走火入魔」是形容宗教修行者，因修練不得法，在修練前具備正常的意識狀態，卻在過

表9-3	正向靈修促進的人際四方面關係			
	對自己	對別人	對世界	對聖賢或聖神
處理過去	饒恕自己化解罪咎	饒恕並化解與別人的怨懟	懺悔因我族心態造成的歧視或欺壓	對聖賢或聖神，從疏離變爲建立關係
面對現在	提升生命素質	能豐富對別人的關心和憐憫	善盡民吾同胞和地球的責任	敬重聖賢或敬畏神、感謝神
展望將來	對未來有盼望	同上	同上	提升與神聖他者關係的品質

程中或過程後，戲劇性的出現精神狀態和身體健康失常的情況，甚至當事人有完全不同的人格表現，稱爲「著魔」或走火入魔。蔡貴恒、葉萬壽、黎汝佳（2000）指出，若曾經歷過精神重創或心智薄弱、性格情緒不穩者，可能不適合操練深度冥想，以免承受過重的精神負荷。他們認爲從事靈修默想，宜具備下列五種條件（頁71）：

(1) 在擁有健全的精神狀態時，才投入靈修默想；

(2) 默想前，要先適當地徹底清理過去一切與邪靈有關的來往；

(3) 默想的動機和對象要正確；

(4) 有些深度靈修宜在群體裡進行；

(5) 最好由有經驗的屬靈導師做長期指導。

二、靈修的追求歷程

Pargament & Mahoney（2005）認爲一個已經爲多數人所投入和傳承的靈修型式，其發展過程大致可分三方面：(1) 在生活中尋找和提煉神聖；(2) 對於神聖物品的保存和保護；(3) 追求神聖的擴大和滿足。

(一)在生活中尋找和提煉神聖

1. 尋找神聖是本能

人類對神聖天生就有追尋的傾向，從孩提開始便會問有關「神仙」、「仙女」或「天神」之類的問題，似乎打從內心天然就有一種對神聖的認知或想像。英雄聖賢類的電影，如《超人》中的超人，《蝙蝠俠》中的強人，《孔子》中的聖賢，就是這種神聖表徵的展現。此外，人們亦傾向將神聖看成是一個可親的、熱情的、肯於回應的存有，或幸福象徵，華人對土地公或彌勒佛的想像，就是能保佑的好神，而基督徒更肯定他們所信的神，是聖潔公義慈愛良善的神。

成人即使並未在生活中遇到危機或巨大挑戰，也隱然會感受到自己的各種侷限，而產生對神聖的好奇或嚮往，願意透過參與活動、對話，交換經驗，促成對神聖的理解和追求。心理學的依附理論認爲小孩對神聖的心理模式，和人類重複出現的原始依附形象有關（Smith,1993, pp.124-127）。但神聖對人的意義，並非只是人們對於原始依附形象的失去、不可獲得和不適應的補償作用，因爲從東西方歷史可發現人類追尋眞善美的旅程，最後往往以

追求「神聖」爲終站，故不能排除靈修亦可能是出於嚮往眞善美聖的本能作用。

2. 提煉神聖有環境機緣

就像冶金過程，提煉神聖意思是不斷地在接觸的事物中，辨識出對象是神聖的、繼續去認識、提取並將之加工，使其內涵或意義更豐富。這整個過程的影響會有兩方面：一是提煉的對象物，一是提煉者，也就是提煉神聖過程，提煉神聖者自己也可能變神聖了。

當人們遭遇重大創傷或痛苦時，會比較容易體會提煉神聖的迫切。靈修所操作的儀式可能幫助人們面對至親的死亡、調整對重大失落的認知、減輕對未來的恐懼、將希望感重新注入內心、更新、繼續尋找神聖，肯定該價值，其結果使人們得以重新發現與體驗到超越自我的力量。

簡言之，正向靈性的提煉有助於對神聖的發展、維持，並提升與神聖的親密關係。

神聖的提煉過程，包含有類似正反合、發現、再發現的反覆。從開始到結束，其實是一個螺旋循環歷程。無論它發生在孩童時期或成人時期的某個點上，在人生的不同階段都可能出現再選擇、接受；但在深入後，又可能因特殊緣故，冷淡、疏離，甚至放棄、離開；也有可能又敗部復活，經歷再發現和相信，甚至復興的過程。如同禪偈中形容道行的三境界：「最初，見山是山，然後，見山不是山，最後，見山又是山。」

總之，提煉的變化指出靈性追求對象，會受到人類性情變動的影響，以致顯得不穩定。因此，提煉神聖的靈修行爲常常變化，以不同的方式出現在不同的人身上，展現相當個別化的景觀。

(二)神聖物品或行爲的保存

對神聖物品或行爲活動進行保存與守護，是有組織的宗教靈修團體必然的關注，個人靈修則較具隨意性，個人擁有的聖物或操作的神聖行爲種類相對較少，但不是沒有。

1. 一般聖物和靈修方式的保持

一般個人靈修大多是從內在思想態度行爲，來建立、保持或提升與神聖的關聯，方式包括：讀經、禱告（儀式、對神的祈求、與神對話）、規律冥想（觀想神明或某境界）、心靈傾訴、書寫、神遊、唱靈歌、跳靈舞、齋戒、禁食、禁慾、避靜、投入各類型體驗等。通常經典閱讀是不可少的，有

些教派在督促信衆讀經方面，特別重視經典詮釋，藉閱讀經書、開講、教導、吟誦、默想內容、討論、分享啓示等，以便使靈修的影響更深。靈修的外在行動展現方式，就是操作上述儀式，或參與多種組織所舉辦涉及靈修（或祭拜）神聖的活動。

　　靈修時可能用到的法器，或具有獻祭意義的器物，或聖人甚至神明曾提示要使用或使用過的器物，通常會被遵奉爲神聖物品，需以恭敬之心使用，輕慢不得，其保存常係透過宗教組織，有嚴密的保護，啓用也須經過固定手續或儀式。

2. 政治性的方式

　　神聖物品的維護，就像屋子需要有人住且需要定期保養，聖物要定期拿出來宣揚、使用，神聖儀式的守護，則須定期執行或演練，如每日讀經靈修、每日灑掃進退實踐嘉言懿行、每日祈禱使能念茲在茲等等。

　　聖物和靈修方式的保存，有時會與政治牽連。有些政治人物會主動辦理「某些」信衆的靈修活動，做爲熱心服務的政績，以便在下一次社區選舉時，能贏得選票。例如，在中元節，許多華人會按習俗進行普渡，筆者就親自看到2008年至今（2011）年三年以來，臺北市都市精華區101大樓附近，就有社區里長出面安排全社區祭典法會，一般市民會因這種法會的名義是求國泰民安，用意良善，又係自由參加，故默然接受自家公寓或華廈大門口被張貼宣傳單（如表9-4），及社區中的街巷被圈地封路擺桌……。類此，年年實施，無形中促進該聖物和靈修方式的保存。

表9-4　社區里長藉行政服務名義支援中元普渡祭典法會公告	
名稱	○○市○○區○○里中元普渡祭典法會
目的	爲祈求風調雨順、消災解厄、國泰民安、合境平安
活動方式	謹訂於○○年○○月○○日（農曆7月17日）星期○○ 於○○市○○路○○巷○○號前設壇，恭請師父誦經主持
活動內容	上午11時：啓請發表起誦三官妙經、北斗眞經、 　　　中原寶懺，敬登天神，歡迎前來參拜，功德無量！ 下午2時：登臺普渡，慶讚中元

	下午3時：犒賞官軍，奉送諸天 下午5時：謝壇圓滿 下午6時30分：聚餐
繳費	代辦祭品每份1,500元正(含孤飯、誦經通疏、金紙、 清香、蠟燭、普渡旗、普渡蓮花，聚餐限2人)
報名	報名時間：自即日起至8月○○日止（敬請提早報名） 報名地點：○○里辦公室
聯絡方式	○○市○○路○○巷○○號　電話：
邀請人	○○里里長　　　　　　○○○敬邀

(三)預防神聖靈修被侵犯的方式

神聖的保存若遇到干擾或侵犯而需加以抵禦時，就涉及「神聖邊界的守護」議題，其機制大抵有三：

1. 豎立邊界

在生活中建立一些過濾、阻擋和解釋的機制，以免產生對於神聖的信仰、規範和價值的危害。但是這些機制不宜太隨便，以免讓人們無法接受到重要的信息或知識，但也不宜太嚴格，以免對局外人造成不公正和侵犯。

2. 靈性的淨化

犯罪或犯行時的淨化儀式，可使人們能夠除去罪惡感，回到神聖的這邊：對於違反靈修義理的認錯或認罪；對於惡行的償付；神聖的寬恕、接納、重新建立關係的洗禮儀式。實證研究發現（Paloutzian, 1982）：靈修時對創傷事實和情感的描述，也能產生靈性更新的效果，這種淨化的功能不只是在於幸福感的獲得，更在於能夠把個人帶回到神聖疆界的保護之中。

3. 靈性的重構

當人們碰到重創或重大喪失的悲劇情境時，會懷疑原先所靈修的對象或方式，以致靈修者放棄原先對神聖的追求，當然也有可能隔一段時間發現是自己誤會了而重新接受。有趣的是，研究發現：人們常在負面情境中找到更大的、良性的、靈性的目的，以致能重新賦予意義和找到成長的機會。故重大壓力、創傷、意外、戰爭、至親亡故等事件，對靈性重構的影響，大多不

是放棄信仰，反而是更為穩定和強化。

　　總之，長期的生命經歷、突發的外在事件和特殊的內在感悟，皆會衝擊人們對神聖的理解、接受和信從，導致靈性的重構。

(四)追求神聖的擴大

　　神聖的擴大有二涵義，一是靈修者將自己的言語行為本身，和生活所涉及的用品、器具，進行更多更廣的聖化；一是靈修者希望他人也來認識其靈修對象和內容，以便同蒙神聖庇護和影響。故追求神聖擴大的方式大致有三：一是藉美好的品德及善行吸引，二是透過教育傳承發揚，三是將相關生活或器物聖化。

1. 藉美好品德及善行吸引

　　用美好德行或善舉吸引人們投入靈修，是許多宗教靈修者自然的宣教方式。歷代在東方有許多禪寺道觀，西方有許多修道院，成為當時人們尋找人生意義或解決困厄的地方。近年臺灣星雲、聖嚴等法師，潛心修道，在地方蓋精舍等修行，以道德吸引人們學習；亦有辦理慈善事業的，如基督教各種以效法耶穌基督之愛，幫助孤兒寡婦、社會邊緣人、身障精障智障等弱勢的救助會；又如慈濟功德會，在世界各地參與救災、賑災，或改善落後地區的健康、居住環境等，致力感化人心，以善良德行吸引人們加入靈修行列。

2. 透過教育傳承發揚

　　許多有組織的靈修團體會大規模或小規模的辦理教學活動，舉行讀書會、演講，舉辦研習營，古代如宋朝各大書院，近年如各種基金會辦理的有關生命教育營會、工作坊、函授課程等等，總之，藉教育多方傳播其靈修的思想和方法。

3. 聖化物品或行為

　　「聖化」（sanctification）是一種將日常生活使用的器物或操作行為，知覺為具有神聖的意義或特性（Pargament, 1999）。聖化的「聖」字可解為「聖潔」，亦可解為「清淨」或「清靜」，但究竟是哪一種，端看背後的靈修思想為何。

　　聖化有「優質化」的意涵，大抵西方一神教信仰者，會以聖潔為其內容，認為靈修要做到「無污穢無骯髒」，如猶太教靈修用的經文諄諄告誡：「你們要聖潔，因為我耶和華你們的神是聖潔的。」（聖經利未記19：2）而佛教和道教則會以清靜無為或清淨無塵為上策，以「放下或不沾」為較佳

狀態，常勉勵靈修之徒：「菩提本無樹，明鏡亦非臺；本來無一物，何處惹塵埃。」（六祖壇經，自品序）西方則要沾，但要清潔。

簡言之，靈修者能操作的「聖化」，是指在屬靈界或精神界方面，將言行或擁有的財物歸給神用，或至少是「先」歸給神用，然後在塵世生活中，再讓自己使用或操作。華人民間信仰者在初一、十五皆設奠祭拜，祈求神靈保佑，儀式過後，人才能使用祭品（包括吃祭物）。基督教信徒則常互勉將自己的身心靈聖化，獻上歸聖潔的神使用，主動去關顧孤兒寡婦，實踐公義，保護受欺壓的人，認爲這是神要藉他的手和腳來愛社會人類。

聖化也隨著靈修的世俗化，有時變成人們想「優質化」所關心之人或事的策略。例如，人們會把某些食物、用品、行爲，包括婚姻等聖化，意思是經此宣示，這東西或行爲會變得較優，從而激勵自己對待它的態度也要優質。一個房子聖化之後，在裡面的行動就要好些，以便讓神聖者會喜悅、會認同、會居住；食物聖化後，吃的態度就要恭敬，孩子的前途聖化後，教養他就要認眞有愛心，且是朝著好的方向邁進，其他類推。實徵研究（Mahoney, et al., 1999）便發現：將婚姻聖化的好處是，對婚姻生活較能滿足、對婚姻較多投注、較少婚姻衝突、對衝突亦較能找到有效的解決策略；而將親子關係聖化後，親子關係會較少侵犯的口語，並具言行一致的教導。

第二節　靈修與意義創塑

一、靈修可創造意義

靈修如果只是利用神明解決一時的問題，如藉問卦、擲筊、求籤、算命、測字等接受現狀、下判斷、解決一時迷惘，對於生命品質改變或提升作用自然有限；靈修如果能導致靈修者看事情的眼光不同了，生命態度更積極正向了，更有自發的生命能量，更懂自愛愛人了，就能促進人生意義的建立。能帶來意義建立或更新的靈修不保證能免除痛苦，Glynn（2003，郭和杰譯，頁155）便提醒靈修之所以有益健康，絕對是包含它謙虛守份的特性，而痛苦往往是靈魂得以堅強的方法，故從事靈修不宜只貪圖舒適愉快的感覺，因爲只求快樂的靈修可能是巫術了。

(一)意義是什麼

當一個人說「覺得人生沒有意義」，意思是什麼呢？Baumeister（1991）認為求問一件事的「意義」即求問那件事能否滿足人在四方面的需求：(1) 目的；(2) 價值；(3) 效率；(4) 自我價值。例如談「這樣過日子有意義嗎？」就是在問下列四題的答案，若答案為「是」，便是有意義。

1. 這樣過日子能讓我達到什麼目的？
2. 這樣過日子有什麼價值？
3. 這樣過日子有無效率還是浪費生命？
4. 這樣過日子能增加我的「自我價值」嗎？

第一題要看當事人的兩方面狀況來判定：一是所追求到的客觀結果與狀態，一是此客觀狀態是否與主觀期望的狀況相符，若符合就會感到滿足。

第二題要看當事人的價值信念，若答案為肯定便覺有意義。因為「價值」其實是「意義」的核心內涵，以致談意義幾乎就是在談價值，價值可以給予人生善良或正向的態度，也能使行為變得正當、合理。當人們能依照自己的價值信念，形成自己的行為，並獲得成就或肯定，他們就能夠穩固的維持價值信念。價值信念與價值基礎有關，所謂價值基礎，是能被直接指認為好的，並不需要加以證明的，相信者必然已承認該價值本身是好的，並在其基礎上進行相關事件的價值衡量，此時就進入價值信念的運作。

第三題要看當事人的效率感或能否控制感，若答案為肯定，便覺有意義。因為效率（efficacy）是指想做一件事、去做，並且確實能達成的控制程度。一個人若能透過操作，確實使局面不一樣了（make a difference），就會有「效率」的信念。人對周邊事物若缺乏能控制的感覺，可能會導致嚴重的適應危機，在身體和心理健康上都產生負面的效果。

第四題要看當事人的自我價值，是在比較中的狀況嗎？或自認能被某團體接受到什麼程度？若答案為肯定，便覺有意義。因為自我價值（self-worth）大多透過比較而得，如自己比別人優秀；或透過團體獲得，如自己是歸屬某一個優良團體的一分子。

(二)靈修可更新意義的內涵

Park & Folkman（1997）曾將意義創造區分為整體和情境兩層次。「整體的意義創塑」（global meaning-making），是指建立一套具有基本導向的價

值目標，或長期信仰體系，這點其實是正向的宗教靈修特別對社會的貢獻。「情境的意義創塑」（situation-specific meaning-making），則是指對特殊情境所做意義創塑，有人不信教但會去算命，對特殊事件或遭遇會去求問，其答案可能助他賦予意義，以至於至少暫時能接受並繼續面對生活處境。

各種靈修所提出的或倚賴的意義價值系統，通常會幫助靈修者重新詮釋所面對事件的意義，若靈修的經書對整體人生意義提出堅定的說法，可幫助信眾發現價值和尋找意義，激發出安身立命的活力。

長期穩定操作並具有意義創塑功能的靈修，大致有下列幾種：

1. 閱讀式靈修

McAdams（1996）注意到，一個生命故事可以被使用來創造、轉換、鞏固或強調生命的重要觀點，各大宗教信仰都鼓勵其信眾讀經，且經文中不乏神聖人物（或具神聖位格者）的生命故事典範和啓發。

2.「神聖經典」的書寫靈修

指用靈修日誌記錄人與神互動的軌跡，將人神互動的經驗烙印在生命之中，以提醒自己對信仰生活保持深刻並具延續性的感覺和意識。黎汝佳認爲靈修日誌可幫助人接觸自己的眞實，看清自身種種欲望，聆聽內在的創傷，回顧神聖者怎樣釋放模造和醫治自己，以致能保持與神聖者活潑有力的關係，使生活有更正確的目標、方向和整合（引自蔡貴恆等，2000，頁72）。

3. 世俗化書寫靈修

此種書寫有別於「神聖經典」的書寫靈修，Pennebaker（1993）認爲人們有想要和別人討論問題的衝動，但行爲上卻抑制這些衝動，而抑制被認爲是傷害身體的來源。他發現書寫自己的心靈創傷，有助於人們從他們所遭遇的苦難中創造意義（make sense）。Pennebaker研究創傷事件指出，即使只花三天，用短暫的時間書寫，也能夠得到效果，研究也顯示，將紛亂的情緒寫出來，可增加免疫系統功能。

4. 冥想式靈修

冥想（meditation）又稱默觀，其實是一種修正事件腳本的方式，藉此獲得經驗的新理解。已有許多研究發現，冥想練習在精神集中能力和調節情緒方面具有相當功效。《時代雜誌》曾有一期〈2003.8.4.出版之162(5)〉專刊介紹，神經科學研究在冥想練習方面的發現和冥想在生活上的應用（Shapiro & Walsh, 1984），有興趣者可參見坊間各種介紹冥想的書籍。從強調練習技巧來看，亦可將冥想視爲一種類似體育的運動，涉及一連串動作技巧。這些

看似僅僅動作的技巧，在導引心思意念後，能發揮如同許多冥想訓練活動宣稱的：能減壓、恢復體力和腦力、激發潛能和創造力、提高工作效率、改善人際關系、增加個人魅力。從宗教來看，默觀（contemplation）中含有神殿（temple）一詞，表示原意與古老世界星空中某個特定的、測量好的區域有關，藉著研究星空得以認識天上的秩序，並找到地上人們應該遵守的行為尺度。故默觀有一種神祕領悟人生整合、得到啓發之意。目前教學界或諮商界有以默觀或冥想做為輔導方案，如2007年臺北教學中心提供的SSEHV教案繪編，有「光的冥想」，以指導冥想加上動作成為類似幻遊的方式，讓學生與他自己的過去與未來，進行內在對話，期望藉之能給自己正向能量，探索與統整自我價值，以致能從愛自己出發（引自鍾聖校2000，頁397-398）。但有關冥想的效果，科學界仍在繼續探討（Shapiro, et al., 2005）。

二、得自靈修的意義創塑與情感意志

(一)靈修可促進問題改善，但「不一定」是情意統整

靈修可促進問題改善，以致情緒改善，但不一定是情意統整，當然不排斥也有透過它促進情意統整的情形，在本章第三節「靈修真愛」的部分要談這一塊。如本章開頭所述，靈修之蔚然成風與新時代運動有關，而新時代運動既然以「去中心化」為訴求，則用靈修達到「以追求言行一致為核心」的理性情感統整概念，並不重要。下面就用一位無神論者所發表的「必要時就得妥協—迷信」來說明此種現象。

夏烈教授在筆名何凡的父親（臺灣1970年代有名的專欄作家）過世後，寫文章〈春暉〉紀念老父。他說：「我和父親一樣是無神論者，對命理、星座、卜卦這些，一向輕視不屑。然而⋯⋯有一次我路過舊金山唐人街一家命相館，沒想到算命先生說如果不放生烏龜，我父親的天數就在那年終盡，於是我每個月買六隻烏龜放生。因為美國重環保及生態平衡，違者處罰甚嚴，所以我選擇半夜⋯⋯放生。那次連放半年的烏龜，共二十四隻。⋯⋯管他什麼無神論，破除迷信，人到了必要時就得妥協，就得迷信。小來一下沒什麼大不了，反正我現在又恢復無神論主張了，還在大學課堂向學生鼓吹，講授尼采，強調『存在先於本質』的無神論。」（引自夏烈，聯合報2003.1.10，E7版）

　　放生烏龜是一種靈修行為，它含有以輪迴觀面對靈界，要以做善事積功德來消災解厄，其基本道理與古代河伯娶妻的故事原型相同，只是以烏龜代替美麗的女子。夏先生實在很誠實，強調平時以無神論自居，在大學授課鼓吹無神論，但認為必要時，可藉著更大的名義——孝順，推翻自己的基本信念，其思維是：「為人子女行為應講究孝道，活著才說得過去，反正是『小來一下無傷大雅』。」有句俗諺很能描述這種華人的特點——「事不關己，關己則亂」。華人重情，遇到涉及自己感情的事就可以有例外，即便這例外與自己一向宣揚的理念衝突，在本例中，「孝順」的價值就大過「誠信」的價值。這種靈修的重點在使日子更好過，理性和感性的衝突可輕輕帶過。

(二)靈修需防止負面效果發生

　　靈修所追尋的神聖之旅，可以是很個人化的，也可以是集體共修的，以便達到靈修的終極目標、倫理、道德、幸福和超越的境界。

　　得自靈修的意義創塑，其好處包括：(1) 自我的增強；(2) 與自我、他人、社會，甚至地球世界、宇宙等的關係更好、更滿足；(3) 與超然的神聖境界產生連結，因而更有安全感……。

　　但亦可能產生負面的問題，如追求受阻時的焦慮與沮喪，或因靈修時不當褻瀆神明，導致其所隸屬群體本身的不滿，而產生憤怒和攻擊，若不滿對象是別種靈修思想者，則施以暴力或戰爭，也非不可能的事。

　　需注意者為：即使人們能夠以慈悲的宗教觀點解釋負向事件，並因此能較快度過危機，例如，印度人有關「業」的觀念，有助於在重大事件後，快速得到心理上的復原，但Dalal & Pande（1988）已發現對於只會認命地接受業報而無法重構其靈修內含、無法擴大靈修正向意義者，往後生活中容易再次遭受到傷害，甚至將壞的遭遇解釋為「是上天或上輩子作孽對自己合理的懲罰」。對於精神脆弱者或疾病患者，可能造成他們更多自責、罪惡感，和消極的、認命的焦慮和恐懼。這是靈修者的親友或同修者需審慎注意之處。

第三節　靈修真愛與正向情感意志

　　本書在第一章第三節曾指出人生需要信念，在第二章第三節提到本書信念為「以真愛對待彼此，才能長時間穩定地表現出正向的統整的情感意

志」，但從眞愛的特質（包括：愛有酸甜苦辣、愛一定受傷害、愛涉及改變自己、愛是奢侈的不能太計較、愛不是用廉價的方式來討好對方、愛是用英勇和信靠，承擔起不同人的需要，幫助對方長大成人等），眞愛考驗人是否能在最艱難時做得到，對日子原本就富足太平不虞缺乏的人，要做到情意四態度，並不太難；但在日子艱困時就不敢說能做到了，例如經過類似2011年3月日本水災重創，任何居民若能展現此處所說眞愛，就太令人敬重了。本節即要說明藉靈修緣會得眞愛是可能做到的。

一、心靈真實相遇的緣會

(一)「緣」的意義

1. 緣的中文意義

「緣」的概念在華人的社會通俗而普遍，在日常生活中，同桌吃飯是一種緣，結爲夫妻是一種緣。「緣」也用來強調某種特殊關係，如兩個人久不見面，某一天卻在電梯裡相遇兩次，就會說「我倆今天眞有緣」。描述做好事與他人締結良好的關係，就說是廣結善緣；描述好的愛情關係，就說是金玉良緣、天賜良緣；感嘆擺脫不掉的惡劣家庭關係，就說是孽緣等。緣和緣分不太一樣，李沛良（1982）認爲「緣」可泛指所有前定或命定之人際關係，而「緣分」則指命定或前定的持久性社會角色關係。

2. 緣的英文相關詞彙

基督教社會雖然也有「冥冥之中自有安排」的想法，例如：相信萬事都有神的旨意，即相信有一雙看不見的萬能之手，牽引出所有的人際互動歷程，但與華人緣分暗指「關係早已注定，個人無法改變」的思維不同，基督教相信上帝會視人的悔改向善，而不降原先所警告的災難，亦即，人還是可以改變其命運。

根據《牛津辭典》之定義，「destiny」（命運）意指一件在未來必定會針對某特定人或物發生的事件，是個人無法掌控的；而「fatalism」（注定）則指一種信念，相信所有的事件早預先被決定，是無法避免的，個人只能以順從的心態面對；「predestination」（天命）較偏重以宗教的角度來詮釋，指事件的發生是由天或上帝所預先主導決定。這三個詞重點不同，destiny強調：個人無法掌握的外控因素；fatalism強調：事件注定發生之要素；

predestination則強調：事件的發生是由上天所決定，近似華人所謂的天意命定。

3. 緣的三種命定觀

楊國樞（2005）指出，「緣」隱約地表達出一種來自「冥冥之中」的安排，代表某種不知為何的命運，能撮合各種長期與短暫的人際關係，是中國人心目中的一種命定的或前定的人際關係。此「命定或前定」的概念與中國傳統天命觀，以及後來傳入的佛教因果輪迴有密切關係。

李昀真（2009）曾整理東西方緣分觀，認為大致可分為下述三種：儒教的「天意命定觀」、佛教的「因果命定觀」、基督教的「創造命定觀」。

(1) 儒教的「天意命定觀」強調個人努力之餘，最好將事件結果歸諸於上天之意，所謂「盡人事聽天命」，故較重視對事件結果的接受；

(2) 佛教的「因果命定觀」認為個人之際遇皆為上輩子個人所造成，必須從前世、今生、來世來探討，個人在前世之作為好壞，會影響今生的遭遇。佛教的因果命定說法，自消極面而言，代表個人今生遭遇受前世牽連，僅能承受，可幫助人認命地面對橫逆；自積極面而言，人可因為理解了自己現下的做為會影響來世，為求來世能夠順遂，而在此時便開始投注努力，累積善果。不同於儒教偏重於接受現況，佛教是以今生努力，期待來世有好報；

(3) 基督教的「創造命定觀」認為上帝雖掌管一切，似乎命定了，但未免除個人的責任，「命」不僅包括上帝在個人身上將要成就的旨意，也包括上帝要求人要運用智慧、才能和自由意志，在生活中去經營，故所謂「創造性命定」是命定信徒要接受下述概念：「上帝不僅在創世紀開始的六天進行創造，之後每一刻還繼續要透過『我』這個基督徒來持續創造。」故需抓住上帝在《聖經》的應許，努力發揮才幹，與上帝合作，締造命運。

4. 緣會概念的一般意義

緣會（encounter）是「緣」與「相會」兩字的合稱，含有某種屬靈的意思，表示此相遇相見機緣特殊，如諺語所稱「同船共渡五百年修」，有強調值得珍惜之意。在大都市生活的人們有許多摩肩擦踵的機會，在電影院裡，有和前後左右的人相處的機會，但彼此不會打招呼，心靈也沒有相遇，因此「緣會」一詞強調心靈上的交往。這靈無論是精神自我覺察的或透過神靈中介，都代表使用這詞的人，對於所緣會的人事物，秉持恭敬態度。

(二)巴柏的「生命緣會觀」

國內陳維綱所譯的巴柏（Buber, 1991）著《我與你》一書中，採用的「緣會」一詞，是要拿來做為反省人我之間「生命」關係的語彙。在納粹統治德國時期，流亡海外的猶太人巴柏（Martin Buber），特別用二次大戰猶太人面臨種族被清洗滅絕的慘劇，許多歐陸國家人民面臨是否幫助身邊猶太人的抉擇，他發現：如果這些歐陸人視猶太人為人，而不是不相干的「他者」，就可能伸出援手；反之，則會坐視該猶太人被抓、被送入集中營。

巴柏談到人類與生俱有兩個基本字彙——「我—它」（I-It）及「我—你」（I-You），認為「我—它」「我—他」「我—她」的世界是功利的世界，是一種基於度量與比較，也就是斤斤計較的世界，彼此關係是利用的和工具的。但是關係必然佇立於「我」與「你」之間（Buber，1991，陳維綱譯，頁63），故「我—你」的世界基本上與「我—它」的世界完全不同，巴柏稱之為「緣會」（encounter，遇見）的世界。當一個「我」真的遇上了「你」，這個「你」可能是任何人，從你生命中的最愛到路邊毫不相識的乞丐，在遇見中沒有斤斤計較之心，能夠「與你交會」需要某些決心，就是願意冒著「交會」時，可能出現的不可預期危險，終極來講就是願意犧牲。這個與「我」真正緣會的「你」是不可度量的，而且也會直接把「我與你組成的我們」帶到不可度量之境。此「不可度量之境」涉及到底有多少的不可度量對你「成真」。本書將巴柏這種相遇的觀點，稱為「生命緣會觀」（參見第二章第二節之二的內容）。

巴柏認為一個人若將理性奉為圭臬，對於不可度量以及「我—你」世界的一切會全盤拒絕，經過理性最終的分析，一般人會讓自己沈浸在只有「我—它」的世界裡。他進一步指出，「我—它」世界的問題在於：會讓「我」本身變為「去除真我的實現」（de-actualized），也就是：「當人們順它而行時，我—它世界將會在人的身上如野火燎原般漫無邊際地生長，人的真正自我逐漸喪失了實在性，直到真正需要救贖的輕聲呼求，轉成了凌人的夢魘及深植內心的鬼魅。」（頁36-46）揆諸二次大戰期間德國納粹政府將大批猶太人送到煤氣室燒死的舉動，負責執行這些任務的官員或職員或工友，似乎都不將猶太人視為人，他們不動感情地執行被指派的死亡任務，電影《真愛閱讀》，就在反省這其中的態度，也就是伴隨「我—它關係」而來的麻木、不相干、不把人當人看的態度，此關係中沒有緣會，沒有感受。

　　自私自利的人不信又無緣，不瞭解交流，只知道外面的狂熱世界與可以馳騁狂熱之欲望……。當他（指自私自利的人）說「你」時，他的意思是「可以讓我利用的你」。這種人的命運只有被「物」和「欲」所決定。巴柏認為這種人，除了反信仰與任性、除了算計目的與設計手段之外，什麼也看不到，他的世界是沒有神聖與恩典、緣分與存在可言的，只有目的與手段。正因如此，巴柏說：「人必信仰，不是篤信上帝便是崇奉偶像。「偶像」意指某種有限的善——國家、藝術、權勢、知識、金錢、漁色爭逐等，凡此種種皆可能是這個之為「他的人之相對價值，橫亙於他和代表絕對眞善美的上帝之間。」（頁83）

　　綜合言之，巴柏揭櫫的生命緣會觀，代表「一個人」要「把對方當成像自己一樣的人」眞實相會。生命的緣會能使相對的兩個個體有連結，而眞愛的緣會，則是使雙方在眞愛的關係中連結並成長。

二、有眞愛緣會的情感意志

　　以下說明需要藉靈修緣會，才能實際操作有眞愛的情意四態度。

(一)有眞愛緣會的寬容

　　本書在第三章已強調過寬容的底層是饒恕，是能承擔別人的無能而無怨尤地繼續與之來往，放下是非對錯的計較，雖然心中仍有是非對錯，但不在對方身上討公道。公道又可稱為公義，展現寬容的人並不斤斤要求得到自己認為該得的，不將重點放在與別人比誰對（誰比較公義），而強調幫助自己和別人脫離不該受的屈辱，讓彼此經歷更深的和睦。因為這種承擔和繼續來往的能力，其實大過人之天性所能操控，故需透過靈修眞愛，即精神聖化的歷程所獲所體認之眞愛來實踐。

　　1. 眞正的寬容是指人不再被仇恨或不滿，哪怕是一丁點不滿所困所擾，要從怨懟的憤懣中解脫，在眞愛中得寬慰、接受，以至心能滿足，如此才能不計較，能繼續來往，它不同於一般拒絕來往的寬容。

　　2. 眞愛的寬容是認識到公平本身不是公道或公義最深的內涵，怨得平反，從積怨中解脫，才是公道的眞諦，才有眞的和睦。

　　3. 眞愛的寬容必然心靈寧靜祥和，甚至帶著為彼此感恩的喜悅。

　　中譯本《換我照顧你》一書的作者T. Hargrave曾這樣寫：「只要還活著

就有愛及和解的機會，……，和好並不是不追究過去，而是將愛和信賴放回關係裡。」（Hargrave，2011，游紫玲等譯）真愛真的可以做到這樣的事嗎？答案在於個人自己的信念及靈修狀況，詳見第十章相關內容說明。

(二)有真愛緣會的欣賞

在人與人的競爭中，我們都怕資源被剝奪、被占有，怕失去資源，因此即便擁有資源，獲得了資源，還是擔心有朝一日會失去它，因此總極盡可能的增加自己的資源。

在國與國的競爭中也是如此，因此不論是富國幫助窮國，或者是富人幫助窮人，這種利益的贈與往往難以解決人類潛意識的不安，即對資源貧乏的痛苦、執著。筆者曾經有一段超越墨家情結的心路歷程，過去以為：只要不斷地生產資源、節省資源，然後去跟別人分享，大家就會彼此欣賞、滿足，但是實際上，非常多例子指出，當人心不改時，別人給他再多的好處，還是不會滿足。因此欣賞必訴諸非功利的態度和無嫉妒的觀照，這種態度必須在感受真愛、對未來有踏實的安全中，才可能操作。

透過靈修的真愛可超越害怕所導致的競爭心理，一方面因感受真愛，能原諒人性在艱難時可能表現的醜惡，一方面因真愛而能看到彼此是獨一無二的、可貴可愛要珍惜的，而自然流露欣賞的態度。

(三)有真愛緣會的尊重

就個體言，人對人常有大小眼，顯出不尊重；就團體言，尊重涉及提供公平的機會和制度。但實施公平的制度不一定帶來和睦，因為族群間總會有怨恨。世界各國許多政黨刻意操作的轉型正義，常針對某些世代所出現的不公平對待，例如，工作機會、教育機會等，強制實施補償制度，雖試圖弭平原本受到不公待遇的族群或其後代的怨，但效果極為有限，一則是人心不足，傷害難徹底補足，另一則是往往造成另一族群，特別是後代，不公平感和怨恨。

無論什麼嫌隙，造成類似上述困境的兩種人，若能表現出因著真愛而對生命及其遭遇有敬畏，眼光會放遠，看到彼此歷史中都有傷，彼此都卑微地在人世謀生，人生苦短，因著靈修所感受被真愛，學習非暴力地對待，並且，創意地開發點子，透過溝通，解決困難，便能謀求雙贏之道。

(四)有眞愛緣會的關懷

　　眞愛所展現的四態度，包括寬容、欣賞、尊重和關懷，不僅在平時要做到，在生活艱難時更需要被鼓勵做到。和睦的人際關係不能用理性斤斤計較，不能用手術刀來剖析彼此分量，從而確立對待之道。眞愛使獨特我聯合我挪出空間容讓他我進駐；眞愛指出重整道德之道不在道德本身，而是靠眞愛的能力展現四態度，它含有藉助靈修和信念創造的意思。在巴勒斯坦和以色列邊界中的一個和平學校的努力，即可說明眞愛的創造可能，詳見本書第二章第二節眞愛需要學習的部分。

　　前述眞愛是爲著對方的益處，勞動不息並看它成長。在眞愛的歷程中，施愛者可能要經歷酸甜苦辣、可能會受傷害、可能涉及改變。眞愛是自己願意放出資源、分享資源，這種愛需要極強的精神信念支持，在靈修中維繫。

　　2011上映的法國電影《人神之間》改編自90年代眞實發生在阿爾及利亞的「提比鄰事件」，內容描述一群法籍傳教士被恐怖分子綁架，最後慘遭謀害的眞實殉道故事。影片深入描述面對生命威脅時，幾位神父從意見分歧、徬徨失措，到一致接受爲信仰與愛從容犧牲的過程。八名天主教教士，原本在安靜山村建立修道院，與信奉伊斯蘭教的當地居民一起生活，他們靠自己的手工作，並提供村民各種醫療與其他照護，與村民同甘共苦。然而，在殖民政策、政權掠奪所造成的時代悲劇中，教士們無法自外於愈演愈烈的情勢，他們如同凡夫俗子，有著驚懼，也會徬徨不定，劇情赤裸呈現八名教士在面臨可能的殉道時，內心的掙扎與不安，有的教士在半夜哀號祈禱，有的懷疑赴死的意義……。但是，因著對這片土地與人民的熱愛，他們終就同心決定，與斯土斯民共存亡。「面對恐懼，最大的武器是信仰」是這部電影的名言。當神父們在和村民的對話中，坦承「有如枝頭鳥兒不知道要不要飛走」的徬徨時，一名當地村婦卻說：「我們才是鳥，你們則是樹枝。你們走了我們怎麼辦呢？誰能幫助我們處理公務申請案件，醫療保健的事呢？」這些神父在晚上共同透過唱詩、吟誦、讚美、讀經、祈禱，上接永恆的力量，漸漸打從心底滋長出沉穩踏實的平安，決定實踐比活著更重要的事，就是對神的信仰和對人的愛，無怨無悔的愛村民……。

　　人很渺小，但透過靈修，可以彰顯極大的眞愛。

自力式靈修、祂力式靈修與情意統整

前言

　　備受世人尊敬的大師，如何回應他與神的親密關係，可粗略推測如下：

1. 問佛陀：你是神的兒子嗎？回應——孩子，你仍為塵世假象所困。
2. 問蘇格拉底：你是宙斯之子嗎？回應——譏笑你。
3. 問孔子：你是天的兒子嗎？回應——任何言論若不符天道，是毫無意義的。
4. 問耶穌基督：你是神的兒子嗎？回應——我是神的獨生子。

　　上述第1、2、3的答案皆指向自力式修養，其中所謂自力，是指不藉助外在神明的力量，僅憑自己的努力進行精神聖化的工作。第4個則答案指向具有喜怒哀樂意志的神聖祂者。一般祂力性宗教靈修即是指：主張不能單獨靠自己的力量，而需倚靠神明或其他力量的幫助、啓示和救贖（或精神靈化）才會奏效。

　　本章將以華人崇尚的聖賢精神感召做為自力式靈修的範例，以基督教信仰做為有宗教神明指引的祂力式靈修範例，說明兩種精神神聖化的內涵。為何以儒家道家（以下簡稱儒道）和基督教為代表呢？

　　就儒道而言，傅佩榮（2003）認為，中國文化之主要心靈是向著相信：聖賢幾乎具有神明化育萬物的能力，以致極度推崇聖賢，鼓勵積極效法、學習、趨從、依附，以至於在某種意義上產生一種近乎精神提升的靈修效果。而陳耀南（2006）在《從自力到祂力》一書中指出，華夏民族歷史綿延數千年，使華人在精神修為上，因著儒道思想特色，以致靈修也隨處境或儒或道，形成一種互補的自力式精神靈修。就基督教而言，主要是由於近代西方文明，受基督教思想影響很大，包括：個人的自由、醫藥、藝術、經濟、性、教育、道德、政治、科學等（詳見Kennedy & New Combe, 2000/2001，甘燿嘉／林怡俐等譯）。以下依次說明兩種風格不同靈修思維之主要概念及方法，並說明它們衍生的二我關聯和情意四態度。

第一節　儒道互補自力式靈修

　　一般說來，儒家講究理性，道家講究感性；儒家重視聯合我的成全，道

家重視獨特我的逍遙，兩家各有所長。華人能夠在這兩個精神聖化觀點和方法截然不同的學說中，各取所需，安身立命，度過一生，主因在於兩家的精神聖化目標皆爲「修道」，次因華人重視實用的思維特色，使儒道修行在學理上，雖大相逕庭，各有擅場，但行動上卻可互補缺點，彼此相參，共容共濟。

一、儒道何以能互補

儒道何以能互補的問題，可以從儒道思想論述之特色來看。柯雄文（1997）曾指出，「對中國人而言，就概念作精確的分析與定義並不是重點，重要的是要擴充這些概念的意義至最大的可能性。」美國漢學家狄百瑞（W. T. de Bary）對儒家思想家的看法，認爲有下列特色（引自Nivison等著，孫隆基譯，1980，頁27-56）：(1) 重要術語無定義；(2) 術語多重指涉；(3) 實踐優位；(4) 以可信的預設闡揚論述。這四點對道家亦適用。當概念意義最大可能性提供的想像平臺可以無限延伸時，對於只求能夠安身立命的升斗小民而言，儒道修行就可以是互補的。以下進一步說明。

(一)在「修道」意義之最大可能性中讓出空間共存

如前所述，靈修目的在追求精神聖化，儒道兩家精神追求的終極目的皆爲「道」，華人用語言來表達的道，有四種涵義：(1)本體的層面，道是一個本體，亦即是本源；(2)道是一種方法；(3)道是一種規則；(4)道是一種回歸，萬化都是從道出發，然後再回歸到道。對修道者而言，從聞道、求道、修道，以至行道，皆針對這四方面展開。正因爲有這不確定的空間，給了雙方求「道」時互相容身之處。

(二)主要術語皆多重指涉，或理性或感性

華人思想中的許多重要術語是「多重指涉詞彙」（plurisignations），其好處是具有提出與激發不同思想與詮釋的能力。儒道靈修的語言標示，相同之處，不僅存在於精神聖化目標——「道」，也存在於精神聖化之途徑，兩者皆用「率性」與「修道」來說明。儒家說：「天命之謂性，率性之謂道。」率性是指盡情地發揮求好求善的良知，又稱直覺，以便參天地化育，這直覺是能夠不慮而知，不學而能的。道家則覺察人生有太多不自由，主張

維護自然本性，用清靜無為來修心養性，以直率的彰顯本性，來保持人的自由自在，兩家都主張直覺，無礙地遊走，以致有統整的感覺。

(三)可信的預設使理性感性不落入對立

儒家道家對其核心概念不做清楚說明，還有一個原因是，說話者似乎假定聽話者與他一樣，認定「某些概念已經是可信的預設」，因而對預設衍生的概念也一筆帶過。這種「可信的預設」（plausible presumptions）是指「共有」的知識、信念或經驗，及已經確立的論說標準。學說落實的過程大抵是：首先，「共有」是由一位或幾位具有天縱英明的思想領導者帶領，用道德感召或語言論述，吸引學生門生形成一個學派，其後，「共有」是奠基在良知的覺照（引自Nivison等著，孫隆基譯，1980），相信良知自然會覺察到「道」之美好。在傳播見解時，即以此來引導庶民，人人用盡己之心，進行靈修。

(四)以實踐為優先，在不同處境權變，或儒或道

對華人言，「道」的意義可隨「義」的實踐和「權」而有所變動（柯雄文，1997）。待人接物，大多因緣於際遇，有時表現以發揮理性為重，有時以抒發感性為重。華人喜歡講的情理或事理，是活生生地發生在人情中，以致「理」是和「情感」或「事件」渾融在一起。理性或感性之運用表現是生活，是智慧，亦是德性，而若情理法兼備，即合乎「禮」。

二、儒家精神聖化目標在修道與得道

儒家靈修追求合乎天道，目標為參天地化育。楊祖漢（1998）綜合當代儒學對孔子天論的詮釋，指出這「天」並非有意識的神明，而比較是代表至高的、神聖的道德倫理價值。孔子（西元前551-479）的偉大貢獻在於將殷商以來華人對天的祈求意識，轉向為求諸己的道德意識，透過主張應「敬鬼神而遠之」，在上古原始精靈崇拜或舊有蒙昧的精神型態中，注入知識分子的理性思想，對社會進行價值的導引。孔子所開啟的儒家，致力於精神修養，希望言行合乎天地之道，以便參天地化育，達到精神不朽，亦即「立德立功立言」三不朽。

此三不朽可上溯至西元前549年，春秋時代魯國執政大夫叔孫豹，奉令

出使晉國,對晉國大夫范紳「何謂不朽」之回答,該回答即:「太上立德、其次立功、其次立言。」(左傳襄公二十四年)透過歷代儒家文化傳承,此三不朽鑄成華人精神聖化的目標,也加強華人精神永遠長存的思考。

(一)儒家靈修得道之德目

為能「參」、能「化」,孔子以來,儒家重視「道、德、仁、義、禮」,歷代學者亦將這些涉及精神聖化的內涵概念加以闡釋擴充,成為修行中基本的、領導的、最主要的、統攝力最大的核心概念。

柯雄文(1997)將這些具有核心地位語詞間的關係,分為連結關係和依存關係加以說明,本書將之繪如下圖10-1。從圖中可知,道是中樞概念,具領導力和涵攝力,道在天上,使人嚮往,成為人努力向上之標的,仁則為德行的綜合或統領,是在世之人要建立實行的最基礎德行,胡適之指出:「仁就是理想的人道,盡人道即是仁。」當今儒學家亦多認同「仁乃是統攝諸德,完成人格的境界。」

如果將「道」視為最普遍的抽象式精神聖化語詞,道在人間為「仁」,「仁」依存於「仁義禮智」屬精神聖化的德目,「德行」則為德目的具體實踐內容,如「孝悌忠信」等等。至於「禮」字,雖是德目,但非僅只講求「禮貌」,它透過「忠」(盡己之心)、「恕」推己及人,所發揮的連結關係,使人在應對生活各種狀況時,能夠「兼顧情理法」的表現。發生在1990年臺灣臺北外雙溪的「素書樓事件」,可以看到典型儒家以「禮」應對的處事態度。當時,一代儒學大師錢穆先生被一些立委及議員指摘:侵占臺北

圖10-1 儒家精神性靈修的重要概念

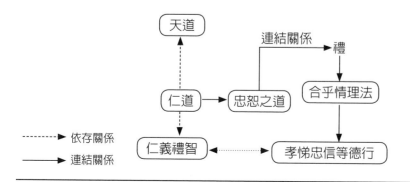

市公家房舍，默然遷出原係受國師禮遇入住的房舍，其夫人二十年後（2010年）道出當時被控侵占的委屈，但他們自勉面對此一橫逆，無論做法為何，就是要合乎「禮」，亦即合乎情理法的表現（詳見聯合報2010.9.1.第4版）。

(二)儒家靈修的具體方式——讀書和力行內聖外王

儒家靈修不藉外力，方法無玄祕之處，重點是讀書和力行。讀書特指讀懂四書五經中的聖人之道，力行特指下工夫，實踐內聖外王的理想；在「內聖」方面，要能誠意正心修身，在「外王」方面，要能齊家治國平天下。「內聖」工夫很細，包括在灑掃應對進退之間，行為表現出「孝悌忠信，溫良恭儉讓」等美好德行，「外王」工夫則較廣，涉及成就「為天地立心、為生民立命、為往聖繼絕學、為萬世開太平」的各種偉業。儒學中有專門的「工夫論」詳細說明和討論（詳見楊儒賓、祝平次，2005）。

內聖與外王工夫既細又廣，但有一貫的力行方式，亦即採用「忠恕」之道，忠是盡己之心，恕是推己及人，儒家修行即靠著忠恕之道的「盡己和推己」，由己立己達的內聖，邁向立人達人的外王。其靈修非只是個人的得道，還具有報國淑世的社會意義。

(三)儒家靈修不朽與聖賢崇拜

儒家注重參天地化育的靈修傾向，與華人精神三不朽的信念交相影響，產生循環效果，形成習慣從歷代經典中尋找聖賢身影。對儒家而言，天之運行有其道理。荀子便認為：「天行有常，不為堯存，不為桀亡，應之以治則吉，應之以亂則凶。」（荀子・天論17）但儒家的天道，不像基督教的「道」（即上帝說的話），是不會對人「說話」的，孔子便曾說：「天何言哉，四時行焉，百物生焉，天何言哉。」（論語・陽貨17）儒家靈修講究的是效法古今聖賢言行。古時聖賢既被今人如你我所推崇，你我將來豈不亦可被後人所推崇。因此華人的聖賢崇拜，隱然催生並充實了精神不死的神明信念，在某種程度，英雄豪傑（包含女性）因著驚天地泣鬼神的言行功勳，均可升級為具有靈力的神明，入祀宗祠或另蓋寺廟，被各級人士，包括：士農工商、販夫走卒，乃至公侯將相，尊奉為心靈的守護者或啟發者。

劉王惠箴（1980）在〈中國族規的分析：儒家理論的實行〉一文中，就提到一些華人族規，對自己祖先有著比擬佛教前世的觀念，並給予他們一種儒家「人文」的詮釋。例如，1796年《望淮仇氏宗譜》的「家訓」內容記

載：「佛教徒說如你預知前世，看看今世之苦。如你預知來世，看看今世所作。這是一個好說法，但我認爲昨日以前發生者——父與祖——才是眞正的前世，而今日之後將發生者——子與孫——才是眞正來世。不像佛家論前世來世，需要源自其靈魂再生與輪迴之說。」（引自劉王惠箴，1980，頁81）曾參與締造1949年「古寧頭大捷」及1958年「823砲戰」勝利的胡璉將軍（1907-1977），兩度主持金門軍政，努力建設，勤政愛民，民眾因感念而尊稱他爲「金門現代恩主公」。2009年，金門人甚至追封其爲國姓爺，蓋了國姓爺廟，將他奉爲神明入祀，早晚上香膜拜，祈求保佑。

　　由此可推知，大多數崇奉儒家思想的華人，對人生終極精神不死並繼續影響後人，懷著朦朧而樂觀的憧憬。

三、道家精神聖化目標為自在逍遙

　　道家的代表人物是先秦時代的老子（約西元前561-467年）和莊子（約西元前369-286年），老子《道德經》立言五千，謹慎且老練地勾勒出「道」的本質及作用；至於莊子，根據司馬遷《史記・老莊申韓列傳》記載，是「其學無所不窺，然其要，本歸於老子之言。」莊子確實受老子之影響，繼續闡釋「道」的內涵，採用活潑的寓言方式，使所言更貼近生活，親切且易於感受，並提供極大的思考空間。

(一)道家追求之「道」是超越的精神自由

　　戰國時期比孟子年齡略小的莊子，認爲人的最佳境界是融入萬物所表徵的「道」中，和宇宙相終始。莊子曾做過漆園小吏，生活窮困，卻淡泊名利，不接受楚威王的重金聘請，算是有相當稜角和鋒芒的人。因認爲做官戕害人的自然本性，不如在貧賤生活中自得其樂，主張精神上以率性，達到一種不需依賴外力便能成就的逍遙自在境界（道的境界），使生命自然流露出一種自足的精神力量。莊子認爲「天地與我並生，萬物與我爲一」（齊物論），得道的眞人與天地精神往來，在他們眼裡，萬物沒有高低貴賤之分，人不能睥睨萬物，人實與萬物爲一。老子《道德經》也表現了對世俗社會那種善惡觀念的超越，說：「上德不德，是以有德；下德不失德，是以無德。」修道的過程就是不斷打破對現象世界的執著，且不僅是表象的執，語言的執、內在的執，皆需打破，使最終能進入一精神絕對自由的世界。莊子

能夢蝶，能在太太去世時鼓盆歌唱，就是這種以萬物齊一的方式看待所有發生之事。

(二)道家修行得道之法門是回歸自然

莊子面對妻死，鼓盆而歌的行徑，也反映了道家精神聖化的理想在於回歸自然，《莊子》中這樣記載：莊子妻死，惠子弔之，莊子則方箕踞，鼓盆而歌。惠子曰：「與人居，長子、老、身死，不哭亦足矣，又鼓盆而歌，不亦甚乎！」

根據《莊子外篇・至樂第十八》記載，莊子的回答大意為：「不對，她初死之時，我怎不傷心感慨呢？然而仔細思考：她原本就不曾出生，不僅不曾出生，且本來就不曾具有形體，不僅不曾具有形體，且本來就不曾形成元氣，夾雜在虛幻的境域中，變化後有了元氣，元氣變化後有了形體，形體變化後有了生命，如今變化又回到死亡，這就跟春夏秋冬四季運行一樣。死去的那個人將安穩地寢臥在天地之間，而我卻嗚嗚地圍著她啼哭，自認為這是不能通曉於天命，所以就停止了哭泣。」（張耿光譯註，1996，頁353）

(三)道家靈修方式——讀老莊及修練仙人養身之術

嚮往道家者在深諳老莊思想後，主張以生為真實，故致力養身，追求延年益壽，甚至肉體成仙，不受貧病所苦。大自然山川風雲，廣大浩渺，召喚心靈嚮往更深的修練。有些「道士」便進一步將修行提升至明道成仙，主張個人遠離人群，回歸到深山老林，找塊地方修練；亦有些「道親」認為，人的生命由元氣構成，肉體是精神的住宅，要長生不死，必須形神並養，他們致力研發「內修」和「外養」的養身功夫，稱內丹和外丹，內丹指氣功，外丹指服用促進長生不老的藥材（參見小光，1999），銳意傳承並教導包括飲食、起居、藥物及順時護養等妙方。道家發展的養身功夫，特別是氣功，引導動作、姿勢和意念的口訣，許多都反映了與大自然結合的思想，如「崑崙神功」是肢體動作兩拍吸氣、兩拍吐氣的「四拍體操」，由一位教師配合音樂動作、節拍，唸出口訣進行指導，如第一式的「搖首紅塵」口訣，用遼闊的自然風景提詞：「……緩緩吐氣，平和呼吸，……，向左後看，大荒大漠，茫茫一片。回首向前，吐氣呼吸，……，向右後看，森林群山，無際無邊。回首向前，吐氣呼吸，目視遠方，一片汪洋，……（重複）。」第二式「白娘搖船」口訣涉及橫渡江河海洋：「龍爪點肩，兩肘向前，輕輕點

觸。……一搖渡江，二搖渡關，三搖向前，向前搖旋，二搖用力，三搖用勁，四搖大旋，五搖脫險，六搖平安，七搖江心，八搖入海，九搖汪洋。」（九陽崑崙神功口訣，2011）

　　綜合言之，道教靈修主要方式在看開世事，以逍遙的精神面對遭遇，追求自在，選擇清淨之處，磨練心性，並重視形神同修，致力養生。

四、儒道靈修之差異及權變

(一)差異

　　由於唐朝以來，儒道開始受佛教很大影響，唐宋八大家之首的韓愈（768-824）甚至寫〈諫迎佛骨表〉上呈皇帝，闡明要以儒家之道為宗旨，排斥佛教。但此後千餘年，民間三家參雜糾葛甚深，可以說儒道靈修多少受到佛教的影響，甚至道教一些修行是模仿佛教之法門。陝西師範大學許杭生教授（1989）在其〈魏晉玄學與佛教〉一文中，即強調玄談名士的生活習俗、風度舉止與佛教名僧同，且從某種層面來說，佛教與道教的理是相通的。為澄清傳統儒家和道家精神聖化所指，以下根據臺灣各級學校部審通過的中華文化基本教材，和佐藤將之（2010）、馮普友（2010）、陳耀南（2006）、小光（1999）、龔天民（1998）、Schwartz（1980，孫隆基譯）等書文介紹，並加上筆者對臺灣民間信仰靈修之觀察，將傳統儒家、道家、佛家靈修（精神聖化）之要點，做概括的對照，如表10-1所示。欲深入瞭解各派法門的靈修，請直接閱讀專書或參與相關活動。

表10-1　傳統的儒家、道家、佛家靈修（精神聖化）內涵之比較

	傳統儒家	傳統道家	傳統佛家
世界	入世	出世	超世
終極目標	參贊天地化育、做「完人」	依照根氣（天資）修煉、做「真人」	超脫虛幻紅塵、人生苦海、進入涅槃
修行本質	存天理、去人欲，講求內聖外王	內修逍遙態度（精神自由），外養延年益壽之方	以類心理學的分析來覺識虛妄，救苦救難
重點	重做人—主「敬」	重生理—講「靜」	重心理—講「淨」

宗教關聯	儒教是特別就帶有宗教性色彩的儒家而言	道教以老莊思想為主，並含有佛教色彩	佛家學說本身即宗教，佛家泛指修行佛教人士
修行方法	工夫論 —— 讀書力行（四書五經），行忠恕之道	讀老莊，養心性，注重順時養身、尋訪仙道	讀佛經修行，修行有十萬八千法門

　　表10-1指出，佛家講求的佛學就是佛家要傳揚的佛教宗教，而儒家道家精研的學理，主要為歷代書生、學者及鄉紳所傳承，與民間操作的敬拜儀式不盡相同，大抵學理強調知識而教理強調行動，學理哲思精純，教理儀式參雜。牟宗三（1970，頁107-108）在《生命的學問》一書，用宗教情懷來看儒家實為儒教，他這樣定義：「宗教，如中文所示，有宗有教，宗是有其歸宿，教是其軌道，……宗教代表一種人生態度，儒教在中國雖未成為宗教但實為宗教。」此言不僅對儒家思想適合，對已然含有強烈山精水靈意識的道家思想，當然更易成立。又面對時代的壓力，多數中老年華人無拘道家、儒家，在養心上對自己都有某種「寧靜致遠」的期許，希望能克制欲望，或不被身體本能牽制，希望回歸心靈本源，歷程中，儒家重敬心、道家重靜心。

(二)權變

　　五經中易經強調「生生之謂易」或「陰陽消長」，使華人視變異為正常。華人因能夠遊走於儒道之間，而避免理性感性過度執著，得意時是儒家，強調理性和社會責任，失意時就做道家，強調感性，追求逍遙自在，放輕社會責任。甚至將前後「不一致」的人格作風，視為「識時務為英雄」，泰然處之，本書第九章第二節二(一)夏烈的故事即為一例。面對二十一世紀沈重的社會壓力，人口少子化和老化，幾乎所有中老年華人，無論在思考上多麼儒家，某程度都接觸過道家的養生方法，如太極拳、崑崙神功等，其旁白配合國樂緩緩提點，產生悠遠無窮的生命感，類此，皆有不少人能朗朗上口，力行實踐。

　　綜合言之，儒家講究中庸之道，提醒人要「執兩用中」；道家講究精神自由，以「無可無不可」的涵養處事（詳見鄭志明，1998，頁42）。人之一生難免會有波折，尋常百姓關心的重點是過日子，看待學說，不會用學術衛道的方式努力論辯，而是信手拈來，能實用就好。中華文化歷史悠久，佐國

良相受重用在朝，或受讒被貶在野，事例極多。大體說來，得意時行儒家之道，失意時行道家之說，朝代如漢朝文景之治、武帝之治，個人如唐宋文學大師蘇東坡、白居易等。因此，儒道之互補，大部分是在個體生命史的不同時間和經歷中交錯的。

第二節 儒道靈修對情意四態度和二我的見解

一、儒道靈修對情意四態度的看法

華人如何操作寬容、欣賞、尊重、關懷四種情意態度（以下簡稱四態度），乃視生活處境狀況權變，但基本仍以社會大眾尊崇的儒家學說為圭臬。

(一)從「君子觀」看儒家對情意四態度的見解

儒家人士對四態度的觀點，可從儒家對君子的說法來瞭解。儒家認為良好的社會秩序，是每個人內在精神與道德能力的外在表現，好的內在精神和道德能力特別展現在君子身上。Schwartz（1980，孫隆基譯，頁57-70）指出，儒家隱然認為「達到自我完成理想的君子，在擔任公職時，社會才能被調和與整頓」，亦即，施政需要君子來擔當，讓君子的內在精神，透過道德實踐和教育來普及全社會。

君子原本僅指社會上居高位的人，但孔子對「君子」提出新的詮釋和註解，賦予它美好的人品內涵。孔子說：「文質彬彬，然後君子。」《論語‧雍也》。「質」指人的樸實本性，「文」指各種禮節儀文。禮節儀文必須通過學習獲取，所以「君子要博學于文」（論語‧雍也），「子以四教：文，行，忠，信。」（論語‧述而）。孔門施教即重視規矩、法則、禮儀和習俗等文化素養，孔子自己也是「十有五而志於學」。孔子做為君子之表率，不僅呈現在其生涯格局，即「十五志於學，三十而立，四十而不惑，五十而知天命，六十而耳順，七十而從心所欲不逾矩」（論語‧為政），亦展現在他「人不知而不慍，不亦君子乎」的面對艱難仍然態度正向（論語‧學而）。孔子生命的悲劇（按：如果壯志未酬算是悲劇）是：他自己並無機會去完成

他的公共職志，來配合他在修身範圍內所達到的崇高境界，但他並不完全放棄這個終生職志的嘗試，可貴的是他在滿足於儘量　達到高度修身境界之際，也完成他做爲導師及大道維持者的角色。

換言之，孔子自身展現的君子風度是四種態度兼備的，並在四書五經中，透過對君子的詮釋呈現，做爲他教化門生的根據，世人嚮往的目標。

1. 寬容

人際互動時，別人的無能會給自己帶來怨氣或怒氣。儒家在無怨尤地承擔別人的無能（本書寬容的定義）方面，大致強調兩種方式：一是「不報無道」，如「寬柔以教，不報無道」（中庸・明道），其中蘊含「反對以怨報怨」，並進一步暗示以寬大、堅韌、隱忍面對。另一是「以直報怨」，即用公平、正義、律法，來處理所有的「怨」。

2. 欣賞

儒家對於大自然之美雖不像道家那樣強調，也不排斥耳目感官之美，但欣賞重點主要還是道德之美。以孔子爲代表，孔子讚美欣賞「生」的話很多，如「天地之大德曰生」、「天何言哉四時行焉百物生焉天何言哉」、「致中和天地位焉萬物育焉」、「大哉聖人之道洋洋乎發育萬物，峻極於天」……等，諸如此類總是讚嘆不止。梁漱溟（2002）認爲儒家有種「好美的直覺」，與其「好善的直覺」一致，都屬直覺，並成爲重要特色：「孔家沒有別的，就是要順著自然道理，頂活潑頂流暢的去生發，使全宇宙充滿了生意春氣。」下引一例：

孔子周遊列國時，有一次問弟子們志向。子路、冉有、公西華次第發言，或強調治國安邦，或強調豐衣足食，或強調禮儀治國。曾晳最後一個發言，曾晳即曾點，是曾參之父，說：「莫春者，春服既成，冠者五六人，童子六七人，浴乎沂，風乎舞雩，詠而歸。」孔子不免喟然嘆曰：「吾與點也。」姑且不論孔子爲何喟然長嘆，從曾晳描述的春天沐浴河邊，又乘涼、歌唱著回家，那份愉悅，若非孔子出自一種欣賞的情懷，怎能從其他志向脫穎而出呢！

3. 尊重

儒家所謂的尊重，特指人要按著社會秩序相互對待的關係，合宜地表現應對進退的行爲，多數華人對如何表現尊重的行爲，是以「合理、人道和實際」的邏輯來認定，但並不講究人與人地位平等，也不強調尊重每個人的意見和選擇。孔子提倡順著良知良能，來行善；孟子也說人具有不慮而知的良

知，不學而能的良能，是一種求對求善的本能或直覺，例如宣稱：「既然父母在養育子女方面做了那麼多，子女只有報以尊敬取悅及照顧父母來表達感恩，才算是公道。」（劉王惠箴，1956，頁81-82）

　　儒家對華人影響之大，可以在各種宗族規條中見到。在許多受儒家教誨影響的族規中，記錄著待人處世以「禮」來表達「宜」（propriety），亦即給予「得體或適當」的尊重。如1854年《宇窯張氏家乘》第一冊「族規」，有規條警告：「欲正其兄弟之過者，不需過分關心，以避免傷對方之感受，結果於事無補。」（轉引自劉王惠箴，1980，頁98），族規在涉及「尊重」行為的判斷上，充分表現出揉合學者官吏與平民共享的實際經驗，其中含有允許的寬容、模稜的接納，或明顯的取悅。

4.關懷

　　杜維明（1996）認為儒學宣導的倫理，其實就是關懷倫理。儒家經典中，詩經有云：「天生烝民，有物有則，民之秉夷，好是懿德。」亦即儒家認為人對人的關懷是來自天然的情感，人會彼此關懷是理所當然的。孟子就說：「人皆有不忍人之心者：今人乍見孺子將入於井，皆有怵惕惻隱之心；非所以內交於孺子之父母也，非所以要譽於鄉黨朋友也，非惡其聲而然也。」（〈孟子公孫丑上〉、〈文教第四冊道性善二〉）。

　　儒家「惻隱之心人皆有之」的關懷思想，跨越士大夫的個體家庭，透過宗族組織傳達及應用，進入地方社群。1872年「程江湘山胡氏宗譜」的第一冊「家規」裡，就解釋：「祠堂之建立首先是為了紀念祖先，第二用來團結（按：含關懷）族員情感，第三用來教導來者孝與誠。」（轉引自劉王惠箴，1980，頁77）惟，因族規係由士大夫所編纂，比較關注的是士大夫地位的達成和維持，例如：儀態、尊嚴、對付僕役等，考量上層利益的篇幅自然比普通成員來得多，而有些宗族規定需要收費才准參加祖宗祭典，對於宗族中的貧苦成員不利。雍正時期曾嘗試鼓勵士大夫捐贈財務予其宗族，但鼓勵未達效果（劉王惠箴，1980，頁94-95），當宗族福利不足，自我限制活動範圍，此時就發生儒家關懷的應用只限於特權者及比較富有者了。

(二)從「老莊思想」看道家主張的情意四態度

1.寬容

　　就道家言，道家的寬容特別在《莊子》書中展現：「愛人利物，即謂仁；不同同之，即謂大；行不崖異，即謂寬。」（莊子天地篇）意思是說，

對人慈愛且有利於事物，就是仁；對不同的人能共處，就是心胸廣大；行為不怪異，就是寬闊豁達。

　　但道家的寬容也可以被解釋為不在意，甚至無所謂或不關心，人際互動是以不來往做結局。故採用道家式的寬容時，需要兼顧是否在「行不崖異」的「寬」，同時懷著莊子所說「愛人利物」的心態。

2. 欣賞

　　莊子的美感思想受老子「道」之啟發，「道」做為一種創造宇宙的無限力量，無所不在，其時間和空間具無窮性。「道」展現在大自然中，其美不僅存在於靜態的一刻，如沈魚落雁，亦展現在動態的連續中，如大鵬鳥的翱翔。道所啟迪的美，囊括整個宇宙，無限廣大，自由自在，不被侷限。

　　莊子所稱頌的宇宙「大美」不同於西方美學中的壯美，壯美出於對「崇高」的敬畏心態，其審美感受，常伴隨恐怖與痛感；莊子所稱頌的「大美」是人將自己等同於無限的結果，它所產生的審美愉悅，伴隨著驚嘆卻無恐怖和痛感，也沒有「敬畏崇高」那種宗教神祕意味（詳見李澤厚，1987，頁259-323）。

3. 尊重

　　道家對各種各類人們的尊重，建立在相信「天道無親，常與善人」的信念（老子第79章），其意為天道不偏愛誰，但是永遠幫助善良人。莊子將老子所發展的道的本體意義，轉化為心靈體驗的境界，進一步在《莊子‧秋水篇》中指出：「以道觀之，物無貴賤」、「萬物一齊，孰短孰長」，意思是說：人與其他萬物相比，並沒有自己的特殊之處，人與萬物是沒有高低的；宇宙萬物都有自身的內在價值，沒有貴賤之別，因為他們都源於「道」，也都按照「道」的運行法則發展自我。又，《莊子內篇，德充符第五》也說：「德有所長而形有所忘」，指出在醜的外形中，完全可以包含超越於形體的精神美（張耿光，1996，頁104）。這種對於人的精神高度重視和追求，其實也是尊重生命的表現。

4. 關懷

　　道家思想孕育並生成於戰禍綿綿、以眾暴寡的春秋戰國亂世，但老莊的思想並不是消極的、悲觀的、出世的，他們雖教人揚棄世俗價值，從名與利中解脫，卻並未鼓勵捨棄世界本身。老子呼籲的「功成而不有」有兩層意義，一是要個人保住自己精神的清明，以悠遊於道之無私精神和「法自然」的無為狀態去順任，一是要人積極地盡己所能，貢獻給社會（詳見傅佩榮，

1985，頁49-56）。

　　在關懷社會方面，《老子》書中其實有關於關懷社會群體的提醒，以下根據任法融（1993）的注釋敘述。

　　(1)「與善仁」（老子第八章），意指：與人交往，要善於仁慈。

　　(2)「吾有三寶，持而守之，一曰慈，二曰儉，三曰不敢爲天下先」（老子第六十七章），意指：我有三件法寶，堅持並保守之。一是仁慈，二是節儉，三是不敢成爲天下領先的。

　　(3)「是以聖人常善救人，故無棄人；常善救物，故無棄物。是謂襲明」（老子第二十七章），意指：有道的聖人常善於救助人，所以在他來說，沒有被拋棄的人；常善於挽救物，所以在他來說沒有被廢棄的物，這種因應常道誘導人物之明，稱爲「襲明」。

二、儒道如何看待獨特我和聯合我

(一)儒家對二我的看待

1.「瀰因」概念說明「聯合我」發展的文化因素

　　儒家所言精神成長或聖化，極重視其社會意義，此社會意義可以用「瀰因」一詞來認識，並解釋華人以群體爲榮，以群體支撐個體發展的現象。相對於生理學界有所謂「基因」（gene），社會文化界有所謂「瀰因」（meme），這個名詞首見於1976年英國生物學家C. R. Dawkins在《自私的基因》（*The Selfish Gene*）一書中所用，目的在以基因爲對照，模仿「基因」是遺傳最小單位的概念，創用「瀰因」一詞做爲文化遺傳單位的概念，強調人是透過meme來學習及表現。基因使人在生理遺傳上與別人不同，瀰因則使一個文化群體與其他文化群體不同（Dawkins，2000，趙淑妙譯）。此瀰因概念很像佛洛伊德的大弟子榮格提出的「原型」（archetypes）概念，意指一群人類，會因長期集體生活，而擁有相同的集體潛意識。以華人來說，韓信、張良、關公、岳飛、花木蘭等民族英雄，可歌可泣的事蹟，可透過從小聽大人說故事、看話劇、聽戲曲或欣賞布袋戲等，耳濡目染，形成心中牢不可破的文化叢結，其中負載的價值或救贖意象，會成爲引導自己立身行事的參考，變成支撐人格發展的動力。

2. 儒家以聯合我的「成就」支撐獨特我的「自信」

　　大部分儒家型華人的聯合我有種同舟一命的感情，而「民吾同胞，物吾與也」的信念，使華人很容易將集體成就視為自我中聯合我的成就，成為支撐獨特我的自尊自信重要基礎。

　　這自我中聯合我認同的外在價值信念，幾乎占了自我的全部，「團體至上」就是「個人第一」。因為在世道艱難時，人要能做到內聖外王的功夫，需極大聰明智慧和勇氣，通常只有少數有志於政治和文化領導的人方能做到，所以一般民眾並不被期待達成這種「全面的」自我完成，一般人也不期許自己隨時做到這境界，偶然為之即可，大多數時間是採取「雖不能至，然心嚮往之」的態度，隱然間用其他君子能做到的仁義理智等大丈夫行為，來肯定並成全自己的嚮往之心。故儒家家教和社教中，人所認同並追求的理想態度，大多是藉投射在聯合我身上來達成的。

　　同一時代聯合我的集體成就和上下千年聯合我的歷史成就，以各類立德立功立言的故事，在儒家重視效法聖賢的教育思想下，流芳百世，名傳千古。當市井小民個人認同之，便發生類似行為主義心理學所說——制約學習的替代效應，別人得的獎賞我也得到了，與有榮焉。在承平時期，以儒家文化重視家族宗族成就的背景，光宗耀祖，不僅向上可使祖先得到讚譽，向下可使子孫得到福庇，平向可使宗族同儕對外人能誇口。儒家內聖外王的原型思考，是通過「致良知」，發散式地擴充，做到孟子所謂「吾善養我浩然之氣」，藉此傳達文化價值，促成文化進展，但這種方式在生命處境艱難時期，如經濟動盪，天災頻仍，戰禍連年，饑荒蔓延時，不足應付，只能期待有心人表現頂天立地的悲壯情操，不能要求小民眾生都能成仁取義，眾生只有藉聯合我中有人能捨身取義，而心得安慰——相信天理還是在的。

　　簡言之，個體小我的內聖外王功夫，若力有未逮，可在大聯合我的成就中，得到滿足和酬償。

(二)道家「無為」是儒家二我衝突的退路

　　追隨儒家人士的聯合我與獨特我在順境時皆可以「內聖外王」自我期許，但當遇逆境，特別這逆境是來自利益衝突或意見衝突時，儒道靈修如何解厄呢？以下試述之。

1. 儒家二我衝突的實在與痛苦

　　儒家靈修在實際處理個人人際紛爭上有受限之處。鄭志明（1998，頁

122）提到儒家思想經過漢儒體制化，逐漸形成儒家崇拜，由此崇拜的普遍化和平民化，成爲社會運作的主宰力量，其發展潛勢已非儒家思想所能完全操控，如漢武帝獨尊儒術。重點在術而非儒，在術的實際需求下，變成統治階級利益的護身符，受統治者當然就有痛苦。

即使不是受到統治階級利益作祟的壓迫，儒家內聖外王功夫促成的聯合我各種美好，也有不殆之處，例如，儒家崇尚孝道，當孝道崇拜化與權威化人際關係時，就可能只考慮到供需關係的一方，所謂父慈、子孝、兄友、弟恭、夫義、婦順，其中夾雜許多委屈的缺憾，使彼此間不是建立在互相尊重上，而是相互妥協的求全心態（鄭志明，1998，頁105）。《紅樓夢》第十七回「大觀園試才題對額」中有一段描寫賈元春要回家省親，賈府趕著爲新建的大觀園各房舍及亭臺樓閣命名，賈政命兒子賈寶玉參與做對聯，明明寶玉表現得不錯，眾口皆碑，但賈政仍要訓斥兒子一番，或爲表示謙虛，或爲強調禮教，總之弄得寶玉提心吊膽，壓力重重。類此理想與實務不諧和的地方很多，以致二十世紀初期，如五四運動，儒家被批判爲吃人的禮教。

當此痛苦發生時，儒者本人若是受冤屈者會如何反應呢？若是旁觀者又如何反應呢？按一般狀況是，冤屈者本人若堅持儒家志節，可採取「士不可不弘毅，任重而道遠」、「士可殺不可辱，寧死不屈」、「死而後矣」，或「必也正名乎」、「求仁而得仁又何怨？」結果是踽踽獨行成爲烈士；旁觀冤屈者採取良知萌發，存天理，去人欲，挺身維護，以呼籲口誅筆伐不義者，結果可能撥亂反正，解救蒼生，但亦可能功敗垂成，留下賢名。

在人際衝突中，無論何種角色都要付出代價，以致儒家英雄都帶有某程度的英勇氣息，文天祥〈正氣歌〉中充滿驚天地泣鬼神的例子，動人之處即在此。但此種殺身成仁捨身取義的壯烈精神，一般是難以期望市井小民做到的。

2. 道家以「無爲自在」解構聯合我的想像，使獨特我自由

道家的人生境界，講究的是不強求、不造作的「無爲」或「無有爲」，是一種將責任解放掉的自由自在境界。認爲一個人若想要求對方改變，將自以爲好的給對方，其實並不一定是眞的好。因而可以用莊子的「忘」、「遊」、「無待」來面對心裡衝突。

(1)「忘」就是「適履」，好像人腳上穿上鞋，很舒適的話就會忘了鞋的存在，因爲腳與鞋之間沒有對立與不適，自然而然就會進入「忘」的境界；

(2)「遊」是不定，不是什麼都做，而是拒絕接受其他人所期待的我，避

免讓別人給我的評價主宰了我、限制或支配了我。強調我若不受限制，那我就自由了，任何加諸在我身上的都不留痕跡；

（3）「無待」就是「逍遙」，意思就是不受任何人的限制，是人對環境最高層次的接納，人生環境如何來，我就如何面對。如果我們在某種環境一定要求如何，那就是「有待」，如果去到那裡都快樂，不受捆綁，那就是「無待」。

3. 道家以「忘、遊和無待」處理衝突的代價

道家以忘、遊和無待的態度，使自己優遊於聯合我及獨特我的自然消長，避開二我的衝突。也因此，使困在儒家聯合我和獨特我衝突的華人，能以此找到出路。但這種處理人際衝突的方式，可能必須犧牲聯合我或獨特我的其中之一，下表10-2摘要出兩家處理冤屈的方式。

由表10-2可發現，儒家互勉：「士不可不弘毅，任重而道遠，為了撥亂反正，解救蒼生，可以殺身成仁、捨身取義」，以至歷史上不乏留取丹心照汗青的悲壯犧牲，因此結合道家達觀處世的儒道互補態度，最終是華人常見的生存方式。例如，晚清重臣曾國藩曾以一首詩，勉其胞弟曾國荃，面對功過詆毀，要像浮雲不必介意。詩云：「左列鐘銘右謗書，人間隨處有乘除，低頭一拜屠羊說，萬事浮雲過太虛。」（引自曾國藩家書王集）

惟，道家信念固然為：若人能體現「無為之道」的境界，理智與情感自然協調，隨時享受天然優遊自在的感覺，但付出的代價，就受冤者言往往態度是趕快離苦得樂，不必堅持什麼原則，隨順情勢最重要，其結果可能是：

表10-2　儒道靈修處理人際衝突冤屈的方式

承受冤屈之當事人		儒家	道家
1	言的目標	士不可不弘毅，任重而道遠，死而後矣	逍遙適性
2	行的手段	1.必也正名乎。 2.士可殺不可辱，寧死不屈。	安時處順，消解痛苦
3	預期結果	求仁而得仁又何怨	順隨情勢，離苦得樂
4	實際結果	1.天理昭昭還我清白。 2.殺身成仁、捨身取義。	1.放棄權利以離苦。 2.投靠權勢以得樂。

(1) 放棄權利以離苦；或(2) 投靠權勢以得樂；而就旁觀冤屈者言，則因生命觀是苟全性命於亂世，不求聞達於諸侯，因此往往以明哲保身態度，姑息權勢，甚至變成姑息養奸。

懷有道家思想的人似乎不認爲「明哲保身可能造成姑息權勢」是一種缺點。美國前國務卿季辛吉（Henry Kissinger，曾安排尼克森總統1972年訪問中國大陸）有段話，大致能解釋此現象。在2011年6月6日出刊的《時代雜誌》名人訪問錄中，季辛吉提到：「當一問題發生時（When an issue arises），美國人通常『認爲是可以解決的，然後問題就會沒了』（We think it can be solved and then it goes away），但華人歷史悠久，認爲『沒有什麼問題是能得到最終的解決（No problem has a final solution），因爲解決了任何一個問題，都只不過是得到一張另一問題的門票（Every solution is an admission ticket to another problem）』，因此，對華人而言，歷史是一個爲活命而走出來的現實（a living reality）。」（Kissinger, 2011, p.56）

季辛吉的話固然值得參考，但也不能無限上綱地使用。儒道靈修互補的好處雖很多，但確實需避免因靈修之互補，反而促成鄉愿態度，亦即不爲正義或公平付出努力的代價，總是走最方便的路。鄉愿最終造成的是暫時求活命，而忽略了社群的生命品質。若過度受道家價值影響，所產生的流弊，便會如胡晴舫（2010）指出的：面臨人際衝突，無視社會公義，並將文明態度簡化，例如將「人權」的內涵，簡化爲「有吃有活，就有人權」。因此，在享受儒道互補靈修的便利時，宜注意其付出的代價。

第三節　基督教祂力式靈修

一、靈修對象與途徑

基督教靈修強調的祂力是創造宇宙萬物的神，此概念牽涉四大問題：(1) 與怎樣的神建立關係？(2) 人如何能認識神？(3) 聖靈在維繫人神關係上的角色？(4) 如何才能有聖靈？

(一)與怎樣的神建立關係？

從基督徒看，靈修是一樁與神聯合的藝術，目的在與「三一神」（a trinity God）建立關係並與祂同行。他們信仰告白中必包括：我信聖父、聖子、聖靈。

1. 重要內涵

(1) 神是創造宇宙萬物的主宰；

(2) 神是有位格的，真神是聖父聖子聖靈三位一體的神；

(3) 神注重人與祂的親密關係。

上述第(2)點中之「位格」是指具有喜怒哀樂意志的存在形式，對「神聖」採取「位格」的概念，使基督徒的靈修迥然有別於第九章所談對「神聖」採取「純精神」的概念，「純精神性的神聖」是指一種集真善美各種美好之精神境界，此境界是不談超越性祂者是否存在的。

2. 人在利用神之外，通常傾向逃避神

一般而言，人其實是怕與上帝打交道的（因「神」與「上帝」兩個詞在基督教是同義的，以下論述視情況交互使用），人做自己的主宰就好，何苦自找麻煩去信一個凡事都要管你的神，因此大部分人寧可將神視為「阿拉丁神燈」，神燈是為了滿足自己的需要而信一下的神明或靈力。當遇到困難，就用交換的方式，請神明出馬幫忙解決，同時承諾：「若事成，要為神明做……，以報答神明」，待事成之後，還願，還清後，就恢復「你做你的神、我做我的人，彼此不相干擾」，直到下回發生事情，再來一次交換。

(二)如何能認識神

根據基督教神學，人是無法主動找到神的，人之所以能認識神，其實有兩個條件：(1) 神的主動啟示；(2) 人願意相信並接受。

1. 條件一、神的主動啟示

柯志明（2005）指出，人其實無法自己認識神，但人有機會認識祂，並與祂建立親密關係，其說法如下：

(1) 人無力認識自己：人因不能認識自己，只能迂迴地透過神來認識自己。

(2) 人無能力認識神：人雖無能力認識神，但可以尋求認識神，因神會幫助你認識祂，例如兄弟玩捉迷藏，哥哥故意在躲迷藏時，伸出一隻腳被弟

弟找到。

　　(3) 神的啓示：神打開自己讓你認識祂。

　　　　① 神不斷透過大自然啓示祂自己；

　　　　② 神透過猶太族群，用對他們說的話和做的事，來啓示祂自己；

　　　　③ 神透過聖子——耶穌基督——來彰顯並啓示祂自己。

　　上帝所賜給人的最高的也是最明確的啓示，即爲耶穌基督，祂其實就是上帝自己，但以聖子的身分降世，故是神又是人。身爲人，祂有名字，即「耶穌」，做爲救贖者，祂的身分是「基督」，即希伯來文的彌賽亞（Messiah），亦即舊約《聖經》提到而猶太人引頸盼望了數千年的救世主。猶太教信徒雖不承認耶穌基督是彌賽亞，但基督徒相信。

　　就上述①之方式來說，大自然山川風物各種天象變化是啓示，就②、③之方式來說，就是舊約和新約《聖經》（按：以下《聖經》皆是指一般基督教公認的《聖經》而言）。

2. 條件二、人願相信並接受神的啓示

　　著名的法國數學家、物理學家、哲學家巴斯噶（Blaise Pascal, 1623-1662）曾說：「人類不過是一枝蘆葦，在自然界極爲脆弱，然而那是一枝思想的蘆葦。」（引自Pascal，1985，劉大悲譯，頁1）在萬物中只有人會思想「有神嗎？」或「神是誰？」的問題。人雖會想，但若無神的主動啓示，人其實難以認識這位上帝。愛因斯坦不是基督徒，但說過一些深受《聖經》影響的話，在他辦公室裡刻有一句名言：「上帝費解，但祂沒有惡意。」其實包括基督徒也都曾有「費解」的感受，如說：「我不懂爲什麼上帝讓我遭遇這件事？我不懂爲什麼壞人會這樣囂張？」

　　一般人對於基督教徒所傳講的神，有種格格不入的感覺。在基督徒看來是很正常的，因爲若無聖靈啓示，人不僅無法認識神，反而會越聽越反感，網路上便不乏非基督徒的反感論述。而這第二個條件對華人的文化傳統思維來說，更是相當困難的。因儒家《論語》有這樣的話：「子不語怪力亂神」《論語・述而篇》、「敬鬼神而遠之」《論語・雍也篇》。故從華夏文化來看，基督教信仰實在太霸道了（武斷），也太簡易了（似乎不用修行）。一個人會成爲基督徒，大概都是某程度經歷過「人的盡頭是神的開始」，發現靠自己不行，體認到自己罪惡的本質、可怕及絕望，然而，一旦他經歷了神奇妙的拯救，無論是赦罪、醫治、打開僵局、解決困厄，或進一步締造新局，就不會再質疑神的啓示，或反感於耶穌基督是唯一的救贖論述，反而更

肯定人之所以能認識神，乃神的三個存有形式——聖父聖子聖靈的共同工作。

(三)如何跨越人神之間的鴻溝，建立關係

德國當代十大神學家之一的辛克（Jörg Zink）指出，無論人是透過怎樣的處境認識神並相信神，人在靈修時對神人關係都需有兩種基本認識（Zink，2009，鄭玉英、范瑞薇譯，頁94-96），可再分為四點：

1. 人不能將神理解為太過遠離世界，以免構想出一位不能與受造物發生關係的神。
2. 人也不能將神視為太近，彷彿子宮一般的「母體」或大地。
3. 人不能將神化約為「我們每個人內在的神聖火花」。
4. 人更不能將神當作是阿拉丁神燈。

辛克（Jörg Zink）特別提醒：不要把神想得太遠，也不要把祂想得太近，遠近之間，只有按《聖經》說法——靠聖靈運作，才可能「將神當神」來認識，而不是一廂情願的將神當「大地之母」（Matrix），或「天上的大警察」來認識。而假如神是創造宇宙萬有的神，在吾人所瞭解的太陽系、銀河系等一層又一層的天象之外，那麼，祂的存在不僅力量應不可想像地強大，體積也應不得了地龐大，但祂怎能又縮得那麼小、那麼寒微，彷彿透過避雷針被引入地面的雷電，駐進所有接受祂的人心中呢？更何況這些人還是不分知識、貴賤、智愚賢不肖的呢？其答案是：藉聖靈運作。

(四)如何才會有聖靈

照基督教《聖經》說法，聖靈是當人相信神的兒子——耶穌基督，為人的罪，上斷頭臺——釘十字架——死了，化解了上帝當初設立的「犯罪必死」的屬靈定律之後，照著基督在升天之前的應許：當祂復活升天，就要賜下聖靈，隨時陪伴、引導、教導屬神的子民（使徒行傳1：10）。準此看來，基督徒認為「聖靈」是每一個人必須自己相信並接受耶穌基督十字架的救贖，與神建立關係後，才會擁有的。

二、基督教強調的靈修方式

一般對靈修有所謂「心誠則靈」的說法，但此言可能誤導，以為只要拜

得虔誠，就靈驗，如此黑社會人士也可能會爲所要達成之目的，祈求得非常積極、熱烈、虔誠。故心誠之意，重點在生命也須潔淨，呈現出合乎聖潔公義良善的狀態。

　　蔡貴恒、葉萬壽、黎汝佳（2000）在合著的《靈程答客問》一書提到：要靈命臻於成熟，大致需要六方面的投入，包括：信仰之事的扎根、事奉的心智和委身、禮儀上的認同和經驗、群體宗教生活的共融、心靈上與上帝的共處、默觀式讀經和禱告（頁81）。其中前四項比較是外在行爲，其真誠與否，實際靠的是後面兩項內在與上帝的交往——讀經和禱告來判斷。以下即說明基督徒的兩大靈修策略——讀經靈修法和禱告靈修法，並說明靈修的輔助措施與注意條件。

(一)讀經靈修法

　　基督徒在靈修中非常強調讀經，即使被稱爲默想式（meditation）靈修，也不同於坊間操作的放空式冥想，「冥」有虛空渺茫（void或hollow）之意，但基督信仰的靈修，重申腦袋不能放空，相反的要專心思考《聖經》內容，要專注於上帝的話語或做爲。

　　受詮釋學的影響，近年其各大教派推廣的讀經，強調「全心思考」方式，辛克（Zink，2009，鄭玉英、范瑞薇譯，頁109-124）深諳此法，指出讀經靈修時，應該將焦點放在又是神又是人的耶穌基督，並分三個方面來體認：(1) 耶穌基督所說過的話，或別人說過關於他的話；(2) 基督這個人物本身；(3) 基督所走過的事件。故，進入思想《聖經》話語的靈修時，要將耶穌基督放在核心位置，並經歷三個歷程：(1) 思想者本身「成爲」聖經中一句話或一聲音的「對象」，即「事件本人化」歷程；(2) 讓耶穌基督來形塑他，即「事件救贖化」歷程；(3) 透過思想基督所走過的路，思想者找到自己的路，即「事件啓示化」歷程。以下簡要說明此三歷程。

1.「事件本人化」的讀經

　　此歷程重點在將《聖經》記載的事件，轉化成發生在自己內心的事件。用《聖經》提供的故事、圖像和比喻，象徵自己，轉而認識自己存在的真相。

　　以聖誕節的故事爲例，當你讀到「星星指引東方三位博士來到馬槽」時，若只想著：「那星並不是固定在天上不動，而是早晚各在不同的地方，指引著不同的方位。用這個方法找到耶穌，這可能嗎？」用這樣理性的方式

來思考，就很難明白「聖誕」的意涵，這個聖誕的故事也就不會對你內心帶來任何改變。辛克認為此即神祕主義者西勒修斯所說：「如果基督降生在伯利恆千百次，卻沒有降生在你裡面，你將永遠迷失。」（頁109）

簡言之，《聖經》上的描述就像一本圖畫書一樣，用生活在許久以前的人物和風光，用一個聖家、牧羊人和智慧的博士，描寫了可能在你身上會發生的事。

2.「事件救贖化」的讀經

事件救贖化是指所閱讀的資料，不是停留在「別人」故事的「評斷或爭論」，而是要自己能經驗這段故事，要在心靈中讓出足夠的空間，將整個故事接納到內心裡，讓故事裡的人物與自己彼此交流，要在這經驗中，讓聖靈將《聖經》的文字和圖像所記載耶穌的救贖，發揮在自己身上，完成上帝所要做的精神聖化工作。

以「耶穌在水面上行走的故事」（詳見基督教《聖經》馬太福音第十四章）為例。當讀到這則記述，基督徒不會停留在用科學的方式討論其可能性，而是將他或她的靈魂帶到那裡，「準備好，踏出船，踩到水面上，走向耶穌」，耶穌就在你靈魂的水面上，在你信仰的空間裡「等待你」。基督徒透過靈修，勇於在信仰空間中冒險，因他們認為所面臨的生活事件不會只是一個單純事件，而是有救恩意義的，且此救恩是規模宏闊而浩大的救恩拼圖中的一片。

當靈修者能如此面對《聖經》與自己生活事件的關聯時，就會發現：《聖經》故事描述的應該就是自己內心，曾經、正在或未來將會發生的事，並活生生感受到「祂跟你面對面」，是你的救贖主。

3.「事件啟示化」讀經

靈修者必須具有一種想像能力，使自己能夠聆聽在內心深處向自己說話的聲音，亦即啟示，並能分辨出那聲音並非別的干擾的聲音（按：許多時候此種聲音或意念是以《聖經》中的話呈現）。當他發現了神就在其內心，指引著他向前走，他就與神聖的上帝直接相遇了。如人飲水冷暖自知，欲知啟示的況味，可讀一些信仰者的傳記或見證。

(二)禱告靈修法

世界上最會禱告的族群可能就是希伯來人了，無論經歷多大的災難，悲歡離合，他們還是相信上帝仍在掌管及看顧，並且會繼續引導他們。北美

神學家畢德生（E. Peterson）曾這樣形容：「希臘人是從人類觀點瞭解生存意義的專家，而希伯來人卻是以神的標準制定人類生存意義的專家。希臘人對每一種狀況有一個故事，希伯來人對每一種狀況都有一個祈禱。希臘神話是有用的，而希伯來禱文卻是不可或缺的，禱告意即：人首先面對神，然後再面對世界。」（Peterson，2000a，郭梅瑛譯，頁11-28）他甚至認為「在基督教漫長的屬靈歷史中，團體禱告是最重要的，其次才是個人的禱告。」（Peterson，1999，游紫雲譯，頁xii）。

1. 禱告是什麼

一般基督教教會提醒信眾：禱告是人與上帝切實的交談，《天路歷程》的作者本仁·約翰（John Bunyan）認為禱告是「透過基督，在聖靈的力量和幫助下，誠心誠意、切合情理，並充滿深情地，將整個靈魂向神傾倒出來。」（引自Bruce, 1988, p.205）何玉峰（2004）則以較文藝的方式說：「禱告是人藉著耶穌基督開啟的救恩管道，在聖靈中與神溝通，探索生存這齣戲碼的每個細節，並活在智慧與盼望中。」禱告常被比喻為靈性生命的呼吸，在基督徒靈性生活中具有充電的意義。更進一步說，禱告，目的不在於瞭解人類發生了什麼事情，而是和神同行，參與在生活所發生的事情中。而一般教會的唱詩歌「敬拜」，也被許多基督徒視為屬於一種禱告。Peterson（2000b，張玫珊譯）便認為「敬拜即是匯聚一切的蒙恩經歷，將之融合為喜慶的回應。」（9月27日靈修頁）亦有基督徒認為「敬拜是為未來同在天堂敬拜神所預習的一種方式」。

2. 禱告的功效

禱告的功效隨種類不一，從內容上看，大致可分讚美、感恩、認罪、祈求、代求等五種。但只要是用心靈和誠實做的禱告，皆蒙神垂聽，只要是合神心意的禱告，不是自私的、只為自己升官發財中樂透的禱告，而是依照《聖經》啟示禱告的，一定可得安慰，使人剛強，淨化心意，提升靈性的清潔，使心意與神同步調。

一般基督教靈修書都認定：祈禱能夠移山填海，能夠創造奇蹟，還能夠使人消除對死亡的恐懼，更加接近上帝，並使人感到神與他同行。它喚醒人內在的神性知覺，使人感覺到永恆喜樂和屬天生命。簡言之，禱告能轉化、更新、改變生命，帶來盼望和喜悅。

3. 禱告的操作

渺小的人怎能向宇宙的大神禱告呢？特別是當人類犯罪之後。按《聖

經》舊約的說法，有罪的人是不能見神的，一見神就見光死，如同患了SARS的病人，必須隔離，直到康復，才能與健康的人來往，聖潔的上帝與有罪之人的相處亦然。基督徒感謝上帝之子耶穌基督的原因，是因祂的代贖——捨己的愛，基督徒在禱詞最後會說：「奉耶穌基督的名」，即表示祈禱者是透過耶穌基督救恩「開啓」的途徑，才斗膽來到聖潔的、大而可畏的、但又慈愛的上帝寶座前，陳明心意；「阿們」則是指上述禱告是誠心所願的禱告，不是亂說的。

(1)在心靈的聖殿中眞誠禱告

所有的禱告，若是奉基督耶穌聖潔之名進行，都有在聖殿的意思。眞正的祭壇是在內心，故人可以隨時舉起禱告的手，奉主的名進入心靈的聖殿向神稟明一切。有趣的是，「默想」（contemplation）這個字可拆成兩字：「con」和「temple」，有在聖殿的意思，是一種面對上帝，思考上帝心意的行動，此行動具有上達天聽的效果，如同禱告之目的在上達天聽。

Peterson（2001b）認爲基督徒禱告的特質應該深具團契（commune）性質，團契是強調生命交流的團體，非只是資訊交流的團體，如一般社團。意即不停留在只爲個人利益禱告的境界，而必須觀顧團體需要，要透過同心聚集的禱告，留意神的作爲，並讓祂引導人們的公開生活，以便使深受自私及自我綑綁的社會改觀，幫助人脫離自我中心、自我辯護、自以爲義、自憐自艾，以及自我愛慕，而致力靠基督的愛在無私中關懷國家、社會並爲其禱告。「禱告雖緩慢卻是篤定的，一切文化……，甚至是暴君般的『老我』，在面對擁有至高主權的神時，無不臣服於神那股沈靜的力量和創造力的影響。」（Peterson, 1999，游紫雲譯，頁xiv）

(2)學習用上帝的語言來向上帝禱告

上帝國度的語言主要記載於《聖經》。「聖經的話」是基督徒「祈禱的平臺」（何玉峰，2004），他認爲：「禱告需要對《聖經》中神的話有信心，可惜，聰明人常常對《聖經》沒有信心，而有信心的人，又常讓別人覺得他愚蠢。」但正是這種願意相信《聖經》的人，就像小孩牙牙學語，用從大人處學到的表達方式說話，以敬畏又愛慕之心，記住上帝的話，並用上帝的話來與上帝溝通。

簡言之，基督徒認爲成熟的禱告是要學習用上帝的「話語」向上帝「說話」，就如同到一個國家要用那地方的話與當地人說一樣。學習的重點不在發音，而在於體會眞善美俱全的上帝之心意，這種體會可以是氣度極大的，

關鍵在於讀經祈禱者怎麼詮釋上帝的話（參見附註10-1）。

(三)靈修的輔助措施與注意條件

以下說明兩種輔助措施：撰寫靈修禱告日記和善用儀式，並提出採用默想式靈修時，為避免走火入魔，所需注意的生理條件。

1. 撰寫靈修禱告日記

基督徒認為在真誠的靈修中，人必經歷如何與神有個人的相遇、交往，以致能建立恆久、活潑、親密的關係。在此過程中，人亦可經歷情緒改善。蔡貴恒、葉萬壽、黎汝佳（2000）建議，日誌內容宜清楚標誌下列六項內容（頁73）：

(1) 記錄祈禱前和祈禱後的情緒變化；

(2) 記錄禱告中上帝的形象和自我形象；

(3) 記錄新的發現，及當時感受上帝的特殊經驗；

(4) 記錄強烈的情緒、思想和反應；

(5) 記錄需感恩的地方；

(6) 記錄下次祈禱的方向。

2. 善用儀式

天主教的靈修默想常輔以儀式，德國古倫神父（Anselm Grün）特別指出儀式也是一種禱告（Grün，2009，吳信如彙編）。2011年法國出品的電影《人神之間》就呈現這種性質的祈禱，電影的內容是一真實事件：八位神父在面對環境挑戰時——阿爾巴尼亞國家的動盪及被迫放棄對村民的照顧，以豐富的靈修儀式——唱詩歌（按：其實也是一種祈禱）、頌經和禱告，堅守照顧的職責。

3. 從事默想式靈修的生理條件

人的意識具有向外尋找和向內「反覆來回穿梭」的特質。靈修雖從信仰出發，卻不能抽離於人的心理精神結構，如人格、精神、氣質、感知、情緒等活動。一般的讀經禱告只要出於至誠，沒有人會覺不妥。但從事默想（meditation），特別是在默想中鼓勵「出神」或「忘我」的靈修，就需考慮生理狀況。「出神或神魂超越」（ecstasy）的希臘文（ekstasis），字根意思為「站在外面」，指人從自身走了出去的意識狀態，又稱為靈魂出竅。「走火入魔」是形容宗教修行者，因修練不得法，在修練前具備正常的意識狀態，卻在過程中或後，戲劇性的出現精神狀態和身體健康失常的情況，甚至

當事人有完全不同的人格表現，稱爲「著魔」或走火入魔。

　　基督徒的深度靈修，常被強調需要在群體裡被輔導和正確操練，避免個人走火入魔。黎汝佳即認爲，若曾經歷過精神重創或心智薄弱、性格情緒不穩，可能不適合操練深度默想，以免承受過重的精神負荷（引自蔡貴恆等，2000，頁69-71），詳見第九章第一節相關部分。

第四節　基督教靈修與情意統整

　　本書所謂統整是指組織的內在成分和諧並正直。無論「統整」是指在理性和感性之間，或在獨特我和聯合我之間，或在自己和別人相處之間的「價值諧和並正直」，一般基督徒認爲之所以能透過靈修做到這種統整，是基於下述觀點：

一、藉靈修體驗到救贖之愛

(一)統整始於「放棄對理性或感性的幻想」

　　基督教信徒對人類天然的理性和感性都不信任。他們認爲人類雖是上帝創造的，但墮落了。基於原罪，即使有理性，理性卻因人有下述「弱點」，而顯殘缺：

1. 人是自私並驕傲的，以致難以自愛。
2. 人有部落意識，以致難以愛人。
3. 人即使努力不犯錯仍會犯罪，「罪」比「犯法」更廣義，嫉妒是罪，愛人不足、不當或心中有所虧欠，也是罪。

　　日常生活會聽到這樣的建議：「順著感覺走就對了！」但基於原罪，基督徒對「順著感性抉擇」相當悲觀，認爲「感性」原本是上帝造來讓人享受歡愉的機制，但「享受」會因「罪性」的狂傲而走極端，當人任由自己感性的過癮驅策來說話做事，就會或無分寸或無節制，以致發生「罪人氣罪人，必多受罪」、「罪人愛罪人，仍不免受罪」種種不快，甚至災難。

　　對於今日世界災難頻仍，基督徒的解釋爲，一方面是人類罪性帶來的惡行造成破壞，一方面是肇因於理性主義者想要極力排除神的地位，發展

到極致時，造成世界成為「它我」的世界。由於罪性，理性並不能解放教條主義、偏見、殘忍的心靈，反而只加強了「利用」他人。曾經是無神論的Patrick Glymn，回顧當年不信又無神約束時，不瞭解生命交流的意思，善變、不信，又不講關係，只知利用外在世界，馳騁自己的感性欲望……。他坦承以往說「你」時，意思是：可以讓我利用的你（詳見Glynn，2003，郭和杰譯，頁237-238）。故解決之道始於放棄「對理性和感性的幻想」。

(二)統整成立於「經歷被神公義和慈愛對待」

1. 從公義來看，人人都該被判死刑

神對人救贖之愛的概念難以明瞭，但大致可用比喻解說。如同一對雙胞胎，成長過程哥哥很乖，孝敬父母、尊敬師長、友愛兄弟、幫助鄰里，敬業樂群，服務桑梓；但弟弟完全相反，吃喝玩樂，賭博吸毒，打架滋事，成為黑道嘍囉，終於有一天殺人被捕，下在監牢，等候處死。哥哥不忍看到父母悲痛傷心，在半夜化妝成弟弟的樣子，潛入監牢，交換衣服，讓弟弟逃出，第二天代替弟弟上刑場，被斬首死了。真相當然還是被發現了，一方面哥哥確實為人毫無瑕疵，一方面「一罪不能二罰」，所以哥哥的代贖成立，官府不能再殺弟弟。弟弟遂可以不必再做逃犯而光明正大的做人，更有甚者，弟弟因為感念哥哥的救命之恩，從此改邪歸正，回家接續哥哥的工作，孝敬父母，服務鄉里……。

2. 基督的代贖讓人徹底體會被真愛的況味

按照基督教教義，人類犯罪最大的失落就是離開真愛，造成理性或感性最終都有無力感。當人與別人有嫌隙，不能無條件地付出真愛，或享受真愛，容易指責別人或過度地為自己辯護，以致於對對方不公允，或過度表現「大人不計小人過」，自以操守高尚而沾沾自喜。任一做法都不合乎真愛，因真愛是勞動不息，讓對方正向地成長，而這種真愛是需透過生命時間陪伴，需要兼顧正義與仁慈的。

基督徒認為上帝的公義（含理性判斷）和上帝的慈愛（含情感體會），在基督耶穌捨命釘十字架的救恩中，得到成全。一方面，人在理性上因能悔改，認同需接受懲罰，但因基督替死，上帝懲罰「到位」了，又因基督復活，人的靈命也因此活了；另一方面，因為靈命復活，人在感性上所渴望被接納的特質，就能在認同基督捨命之愛及捨命之接納中得到滿足。人就能放棄在人間向有限之罪人尋索愛和接納，而反過來，去付出愛和接納。

(三)統整表現於「效法基督無條件饒恕和憐憫」

　　無論是在個體內或個體間，饒恕有助於獨特我的發展，憐憫有助於聯合我的發展。承認自己有罪，並接受上帝赦免之愛的人，會有一種感恩圖報的心理，這種人往往因感恩而效法基督的精神，或遵守上帝的誡命──饒恕得罪自己的人，並用愛心對待之。無論多大的冤屈，一個蒙恩的人在面對「仇家」，唯一能做的就是饒恕，「不能」在感受上或在心中還有一絲恨意，這「不能」怎麼「可能」呢？多數基督徒會說：是因為有上帝的愛，並繼續以此蒙恩之愛與對方打交道。

　　舊約《聖經》曾言明，上帝向人要的就是：「行公義、好憐憫、存謙卑的心與神同行。」（To act justly and to love mercy and to walk humbly with your God.）（彌迦書6：8）走這條路要粹煉兩種品德：一是使理智臣服於對神美意的信心；一是使自己的愛心動機更純淨。這兩種品德都有助於促進情感意志的統整，但若不藉著每日靈修，常提醒自己：「若無神的恩惠，自己是沒有一丁點愛心的」、「若非蒙神憐憫，自己可能是比所討厭的那個人更壞或更惡的」，並求神賜與愛心智慧和勇氣，基督徒也難靠自己「走」這條成聖的道路。

二、靈修促進的情意四態度

　　基督徒靈修的結果，按照《聖經》應該有九種：「聖靈所結的果子，就是仁愛、喜樂、和平、忍耐、恩慈、良善、信實、溫柔、節制。」（加拉太書5：22-23）這九種是在十字架捨己之愛的基礎上展現的，並因而表現在愛己愛人，本書在第九章已陳述有真愛緣會的情意四態度狀況，基於基督教宣稱：所靈修的是上帝救贖之愛，所行各種善事皆因靈修所得真愛而成為可能，本節已在前文敘述，為免重複，本段謹略。惟，基督教雖強調用「他力」來展現情意態度，愛己愛人，但事實上，自我誠懇、認真的配合也不能或缺，亦即需順服神的誡命努力行善。以下總結基督教靈修的機制：

　1. 以上帝的救恩，饒恕並「寬容」自己，才能饒恕和寬容別人。
　2. 以上帝對「獨一無二」之我的珍愛，去「欣賞」別人的獨特。
　3. 強調重整倫理道德之道不在倫理道德本身，而在倚靠上帝之真愛，以致「尊重」所有造物。

4.覺悟真愛需要效法並倚靠基督投入生命力、時間和智慧，才能改善黑暗，締造光明。

　　歷代有許多基督徒投入個別之人的救助和社會的改造及重建。十九和二十世紀之交，英國議員威伯福斯用四十四年的光陰，在下議院推動廢除黑奴法案，是典型範例，可詳見第六章附註6-2。

　　綜合言之，從人這一面來看，祂力式靈修與自力式靈修都需要依循「良知」來行善，不同處在祂力式靈修者的良知，是有神介入的、會被聖靈教導的良知。邱吉爾1940年在英國下議院對被他打敗的政治對手張伯倫（N. Chamberlain）表達敬意時，曾說過一段話，值得所有靈修者參考：「一個人唯一的指導原則就是良知，對記憶最好的保護就是行為正直與真誠。沒有了這層保護，想走過人生就顯得暴虎馮河，因為我們的希望經常被失敗嘲弄，人算往往不如天算。但是有了這層保護，不論命運如何捉弄，我們總是可以昂首闊步。」（引自Glynn，2003，郭和傑譯，頁32-33）

附註10-1：用神的話向神禱告舉例

　　以下是北美著名的靈修學者畢德生（Peterson，2000b，張玫珊譯）在《詩情禱語》這本每日靈修書，3月22日「默想神的話」之後，用神的話來向神的禱告。文分三段：一是所讀《聖經》詩篇第37篇第21節的內容；二是讀經後的默想；三是禱告的內容。第三段禱告最令人驚奇和感動之處是祈禱者竟然藉此禱告提醒自己，而非控訴別人。

1. 經節內容

「惡人借貸而不償還；義人卻恩待人，並且施捨」。（詩37：21）

2. 默想內容

　　惡者向內聚斂，所積之財日久成了霉爛無用之物。義者向外敞開，鬆展己手，不爭奪擷取，反而四下分送，感謝、輕柔地接過財務，又將之傳遞出去。

3. 祈禱內容

「主啊，幫助我不陷入那樣的罪──把祢創造的世界，當作可擷取的掠物。我願成為那樣的一種人──以感謝和讚美之心，藉著耶穌基督，令他人能欣賞並享有祢所造的一切。阿們。」

情意的課程設計與教學

第一節　情意領域的課程設計

一、情意課程設計的一般形式

(一)課程設計的意義

課程（course）一字的原始意義是指跑馬道，意指經過此道，可抵達目的地。在學校教育中，課程具有跑馬道的意義，但不是指有形的跑道，而是指承載無具體形貌的經驗的過程。1960年代美國出版的《教育研究大全》（*Encyclopedia of Educational Research*）對課程採取的定義即：「課程是在學校輔導下，學生具有的一切學習經驗的總和。」

就情意課程設計而言，設計者必須瞭解情意教學的目的、學習對象和社會需要，才能對於教學目標、內容、活動和情境妥為安排。究竟哪些人適合擔任課程設計的責任呢？概括地說，因有系統的課程設計涉及學科知識，以及哲學觀點、心理學觀點和社會觀點，因此不是單一機構或單一個人的事，需要不同層次的機構和不同背景的個人共同參與，做實際貢獻（如圖11-1所示）。

黃政傑（1987）指出：由於某一階層人士所設計的課程，不一定為另一階層人士接受採用，各階層之課程決定很難完全一致。因此學校的正式課程（formal curriculum）、教師知覺的課程（perceived curriculum）、教室中實施的課程（operated curriculum）及學生經驗的課程（experiential curriculum），均有差距存在。雖然課程設計中各階層人員均有影響力，但並不代表各階層人員對課程的控制具有相等的力量，而由教育行政制度的角度，可看出課程控制的程度。一般共識則是，將學生接受到的課程定為教師透過單元教學設計所展現的課程。

圖11-1　課程設計與教學設計內涵之對照

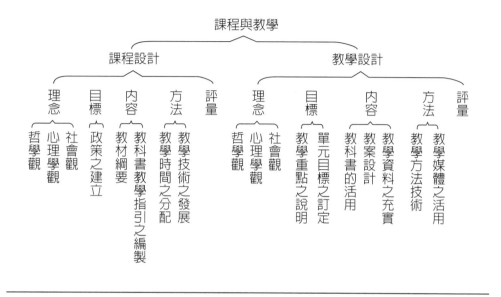

(二)情意課程設計的內涵

　　各國教育行政機構對情意課程的主導，依國情而不同。在情意教學方面，大多是在國文、史地、公民與道德、生活倫理或團體輔導課中實施，詳見聯合國教科文組織1992年出版的 *"Education for Affective Development"* 一書（UNESCO, 1992）。由於情意教學概念分歧含糊，政府很少明令規定一定要達成什麼目標，多由各學校自行做特別方案，或由老師自行以不同的言教、身教方式融入各學科實施，其實施內涵大致涉及下圖11-2標出的概念及型態。

　　圖11-2中，理念部分涉及師資培育和進修中對情感意志內涵的引導，目標則涉及國家或地方教育當局及學校對情意教育的政策。又當學校以特殊方案實施情意教育時，可能採下列三種型態：(1) 利用學校傳統儀式或慣例活動實施；(2) 在某段時間特別加強某方面情意的培養，並融入全部學校經驗；(3) 讓教師以有素養的方式隨機用在班級經營。

圖11-2　情意課程設計涉及之內涵

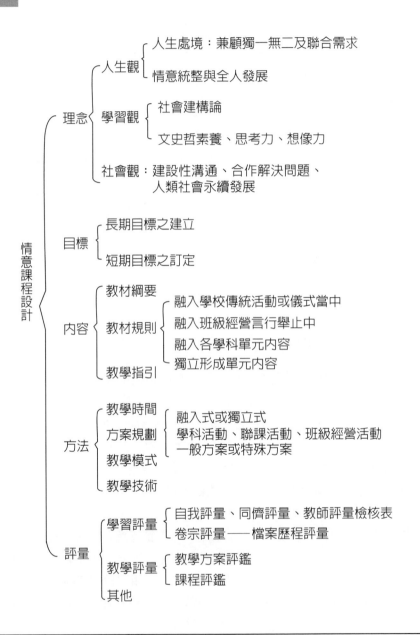

情意課程設計

- 理念
  - 人生觀
    - 人生處境：兼顧獨一無二及聯合需求
    - 情意統整與全人發展
  - 學習觀
    - 社會建構論
    - 文史哲素養、思考力、想像力
  - 社會觀：建設性溝通、合作解決問題、人類社會永續發展
- 目標
  - 長期目標之建立
  - 短期目標之訂定
- 內容
  - 教材綱要
  - 教材規則
    - 融入學校傳統活動或儀式當中
    - 融入班級經營言行舉止中
    - 融入各學科單元內容
    - 獨立形成單元內容
  - 教學指引
- 方法
  - 教學時間
  - 方案規劃
    - 融入式或獨立式
    - 學科活動、聯課活動、班級經營活動
    - 一般方案或特殊方案
  - 教學模式
  - 教學技術
- 評量
  - 學習評量
    - 自我評量、同儕評量、教師評量檢核表
    - 卷宗評量——檔案歷程評量
  - 教學評量
    - 教學方案評鑑
    - 課程評鑑
  - 其他

二、獨立式和融入式課程設計

(一)獨立式或融入式之判別

　　就像課程和教學兩者關係唇齒相依，難分界域，在學校情意學習涉及人格、品格、美感態度等，總有互相關聯的情況，且相對於認知學習，情意學習常顯得處處需要但也處處難以作針對性的教導，以致處在輔助地位。臺灣在1970至80年代，還稱情意學習爲輔學習或附學習的東西，故要將自己所教或別人所教的情意學習，定位爲獨立式和融入式，其實很難，因隨著時間走向，這情意學習可能要格外用時段固定且時距固定，甚至地點也要固定的方式進行。那麼判定獨立式或融入式的基準是什麼呢？可從「融入」一詞來看，看它融入什麼學科，且融入多少。爲融入遷就的多，就是融入式；可獨立談論自己要說的內容，自行設計教材，而不是依託另一學科單元學習，就是獨立式。以國文來說，2002-2004年間擔任臺北國文教師輔導團成員的陳秉眞老師曾說明在一個國文課程要想融入情意學習，必須找到適合的切入點，如圖11-3。

圖11-3　融入式情意課程教學需找到適合的切入點（以國文科爲例）

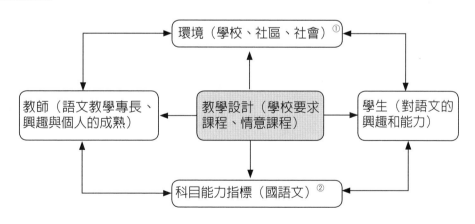

①含設備、教學時間、家長要求、社區特色、教育政策趨向、統一評量方式的趨向
②就國文科而言，含教材版本及附加教材，使用注意符號、書寫、聆聽、說話、閱讀、生活應用等能力

　　她以柳宗元的〈漁翁〉一詩說明情意的融入式教學。老師也許可以播放古詩的不同唱法，讓學生沈浸在優美音樂的感受，但感受之餘，還是要兼顧詩文辭意的認知性學習，因此要學生同時做歌詞的聽寫（填充題）。她建議為營造文章感覺，可選擇適合的音樂配合課文朗誦，然後鼓勵學生說出感覺，甚至配合詩境，尋找適合的圖像，如下圖11-4。種種努力，固然有陶情養性之功能，但也都要顧及如圖11-3的國文科學習效果。

(二)獨立式和融入式課程設計模式

　　上段已述及融入式和獨立式的區別主要是看有無要依附的學科知識內容，故這兩種課程設計模式圖大同小異，關鍵在以什麼目標為學習核心。下圖11-5為獨立式課程設計模式，當情意部分濃厚成為學習目標和主題，且整體學習設計與評估皆著重情意部分，就變成獨立式情意課程設計了。

圖11-4　配合詩句「漁翁夜傍西巖宿」呈現的圖畫

＊按：柳宗元寫的漁翁內容為「漁翁夜傍西巖宿，曉汲清湘燃楚竹。煙銷日出不見人，欸乃一聲山水綠。迴看天際下中流，巖上無心雲相逐。」又此畫係由臺北市格致國中校長毛驥先生於2011年提供墨寶。

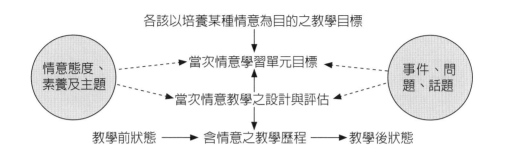

圖11-5　獨立式情意課程設計模式

　　教師實施情意教學可隨學生及學校環境而做設計上的調整，有時先採獨立式一段時間，再改成融入式，或反之。

(三)獨立式及融入式課程設計的消長

　　本書作者曾於2006至2008年間指導研究生劉妙錦，進行國小意志控制策略學習的行動研究，在過程中即巧妙地經歷兩個階段的課程設計，第一階段屬獨立式課程設計，第二階段轉變成融入式課程設計，簡述如下：

1.以獨立式設計先行

　　劉妙錦（2008）在國小進行五年級學生「意志控制策略」的課程設計，共實施一年，第一學期以獨立式設計為主，第二學期以融入式設計為主。在初步課程計畫主軸確定後，教師就著手課程內容深化及課程執行時間的規劃，從而發展出一系列的獨立式意志課程教學進度。

(1)學習階段重點安排方面

　　先讓同學從瞭解自己的意志狀況開始，再帶入意志控制策略的認識，最後則在所指派學習任務中，實際演練學習到的策略，以提升其意志控制力。

(2)教學活動及時間方面

　　正式上課是每週兩次，一次利用綜合課實施，一次利用早自習進行，這兩次教學重點又大致分為：一次「介紹策略」（針對認知、情緒、動機或環境等四種策略），一次「分享討論運用該策略的心得」。除非遇到學校排定的活動或是國定假日，否則不間斷，並利用平日教學時間（課堂上空餘的三～五分鐘）督促學生演練意志控制策略，然後再協助學生評估學習效果，

透過種種獎勵，鼓舞班上同學用心學習。

2. 以融入式設計接續

(1)改成融入式設計之緣由

原本這個課程教學設計是以增進課堂學習效率為主，也就是針對提高上課內容的瞭解精熟而言，要使學業成績進步。但因教學活動和生活息息相關，需求是多樣的，並不能僅限於課業學科知識的學習，故，隨著時間進展，學校生活世界的問題，自然而然地把意志控制策略推向學校例行或宣導的各種活動，例如：大隊接力比賽、海報製作、科展、聖誕樹布置比賽等，顯然生活需求使意志控制課程設計必須面對更寬廣的實踐場域，課程討論內容自然也相應擴大（如圖11-6）。

(2)變成融入式設計之狀況

融入式設計主要在下學期進行，仍依據Corno（2004）的認知、情緒、動機與環境等四項意志控制策略做為課程設計的主軸。教學方式主要為運用導師角色之便利，再配合學校的學習活動、同學學習反應，適時找可以獨立運用的時間或配合一般學科教學需要，進行複習。在教學法方面，仍採小組合作方式，由小組成員彼此激勵，互相督促。

圖11-6 初期獨立式意志控制策略課程設計後期變成融入式設計

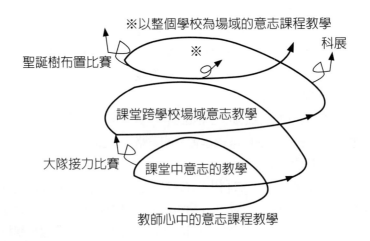

三、情意課程設計的完整性

情意課程及教學設計最怕失之虛應故事，或蜻蜓點水不著痕跡，或只是鬧劇一場，於生命經驗毫無影響。欲避免此偏失，應注意其完整性。

(一)完整經驗的意義

1.完整經驗之一般意義

何謂完整經驗？根據杜威的說法，完整經驗專門用來指發生於有機體與環境之間的事物，這些事物深受連續性、歷程、情境（situations）、事件、脈絡等等因素的影響。（Dewey, 1934, pp.30-42）在完整經驗裡讓我們想到的是關聯而不是分離，是整體而不是部分，是連續性而不是不連續性。完整經驗雖然仍會給人那種「某一事物裡面含有若干單位」的印象，但這種若干單位是為了分析研究而分開談，若在非分析研究的情況，則是一種存在的經驗，是部分與全體的關係。

2.完整經驗的實例

以下用一位資優生的回顧說明何謂完整經驗。

> 資優生的人文教育可說是頗為成功。在資優班的課程中，除了實地考察、理論科學外，常常有一些和社會相關的主題，像「民以食為天」，和參觀殘障中心等等，都是一些寶貴的經驗。⋯⋯
>
> 就拿校外參觀來說吧！每次參觀前，老師都會簡介要去的地方。若是人文機構或透過校外人士幫忙，則會要求我們寫謝函。在參觀的路上，自然是團康活動；而到了目的地，則要作筆記、錄音、照相等，以確定我們真正學到了。回到學校，要呈交報告。起先是每人一份，後來演變為一組一份，但要自行設計。印象中曾去過博物館、天文臺、陽明山、蠶絲工廠、電子工廠、復健中心⋯⋯。（引自蘇盈瑩，1995，頁33）

3.完整經驗的關聯性

吳森（1978）指出杜威形上學有三個基本觀念：一為品質（quality），一為關係（relation），一為連續性（continuity）。這三個觀念可以用發生一作用關係（Genetic-Fuctional Relation，簡稱GF關係）加以貫通，可繪如

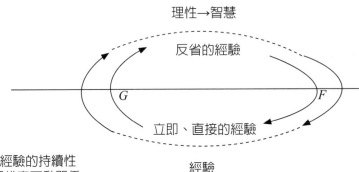

圖11-7 杜威思想中發生—作用（GF）關係圖

1. ……表示經驗的持續性
2. GF之循環代表互動關係
3. GF不斷互動，提升經驗品質

　　圖11-7藉之說明完整經驗的關聯性。

4. 完整經驗的系統性

　　值得注意的是，在同一教育階段，學生經歷的課程和教學，並不見得是在價值上都均等或一致。杜威即認為，並非所有的經驗在價值上都是均等的。杜威並不要我們不分青紅皂白的照單全收，杜威說，「很多時候……事物雖然被經驗到，可是並不是透過適當的方式，因為他們並沒有組成『一個』經驗，在這時候人會分心，事物也可能互相乖違。……與此相反，當我們所經驗的事物順利進行到底時，我們就有了『一個』經驗，也唯有這個時候，它是整合成一體的，並且從一條經驗的大流中與別的經驗區別開來，自成一個。」（Dewey, 1934, p.36）由杜威對於完整經驗的「進行到底」闡述，可知其最重要特質是有關聯、有連續、有累積，最後令人覺得圓滿或充分（pp.36-40），可概括稱之為有系統。

　　以系統的方式看待問題，是學者們認識問題和解決問題的主要方式，以免偏見、淺見等造成遺憾。Bertalanffy（1973）曾將有關系統的意義簡述如下列幾點：

　　（1）系統是相互作用的諸元素的整體；

　　（2）系統之內涵有三：

　　　　①多個組成元素；

②元素之間有聯繫，相互作用；

③整體性。

(3) 系統之整體性表現在空間方面，是具有整體型態、特徵、邊界，以區別於其他事物；

(4) 系統之整體性表現在時間方面，是具有特定的整體存續和演化過程。

(二)完整經驗的可能性與必要性

人類生理特徵使人有可能追求完整經驗，但完整經驗需要給予足夠的時間完成，可說是其必要條件。

1. 可能性——人腦功能

從心理學上對人腦與學習歷程的研究，我們可以看到完整經驗是人類天生的傾向，郭維爾（Crowell, 1989）曾對人腦在學習歷程中的現象加以研究，下列特色即與完整經驗有關：

(1) 雖然人們在同一時間，只能集中注意於一件事；但是，人腦卻能在同時間內處理及組織許多事情；

(2) 人腦組織新知識，是建基在先前的經驗與意義之上；

(3) 統整的經驗有益於內容涵義的決定；

(4) 人腦能在同一時間內處理部分的事情和統整的事情；

(5) 人類有一套空間的記憶（spatial memory）系統，可以快速且容易地檢索經驗。空間的記憶允許人們喚起完整的心像；

(6) 凡是不在空間系統記憶中留有深刻印象的事實的技能，即需要較多的練習與複習。

2. 必要性

臺大中文系教授柯慶明曾經在二十世紀的文學回顧中這樣指出：

今天不是沒有知識分子與思想家，而是知識分子與思想家都處在快速反應狀態，就像快速打擊部隊，他們大都被功能化，不再有多餘的時間挖掘自己深層精神的成長與人格的建設，於是，我們的自我意識長期活在快速反應之中，就產生兩個問題：一是我們永遠以片面的自我在反應世界，所以分裂的自我就成了正常的人格狀態；其次，我們沒有足夠時間把遭受到的過度刺激加以統整、深

化，所以自我就在不知不覺中產生流動化的現象，反映在文學上就
形成意識流與破碎的形式。　　　　　　　　　（柯慶明，1999，頁96）

　　關心教育的人應能體會，生在現代的一個重要挑戰是知識爆發與不斷的
變異，而且知識不僅只是增加以便我們去認識而已，還必須「馬上」應用到
生活、努力改變生活。然而人都沒有足夠的時間去思考改變的意義，包括改
變對我們到底是好是壞，或不好不壞，只是忙一點。就在科技不斷變異，人
類投入極大心力去發展新知識的情形下，各種知識很容易變成零碎、不相關
聯，故需格外允許充分的時間使人得以陶養完整經驗。

(三)完整經驗課程的通識性

　　當一系列課程進行到最後或進行到某個成熟階段，其內涵會具有通識課
程的五種性質（詳見臺大通識課程中心，2000）：
1. 基本性：課程內容包涵該領域的基本要素，基本性是相對於工具性、應
用性或休閒性而言的。
2. 主體性：內容及實施會從學生身體、心靈經驗形成的主體性，去看待知
識，包括思辨、批判。
3. 多元性：能避免偏見，拓廣視野，培養人類一家胸懷。
4. 整合性：內容能淺顯地結合不同領域知識，增進學生的直觀與創意。
5. 穿越性：內容不排除專門知識，但並不強調專門知識，要由問題的討論
逐步接近涉入專業知識，切入問題核心。

(四)提供完整經驗的情意課程設計範例

　　臺灣臺中私立曉明女中於1994年，正式進行倫理教材綱要的建構及教材
的編寫，鑑於其發展過程相當有系統、有步驟，可供國內其他學校參考。
1. 對倫理教育的主張及課程設計
　　曉明女中根據的學習理論是：透過文字的學習，讓學生將「具體的」經
驗，轉變為「抽象的」知識，如此，學習效果才能深刻而持久。主張推行倫
理教育，除了運用學習效率較好的體驗參與以及視聽觀察活動，更必須經由
教材的研讀思考，使學生的感受及經驗內在化，成為「知識」和「意志」。
因此，他們設計一套根據人生哲學和道德發展理論，而且能引發學生閱讀興
趣的教材讀本。其成果反映在1996年提出的六年一貫倫理教材綱要及單元名

表11-1　曉明女中六年一貫倫理課程大綱簡表		
年級	學期	綱要主題
國一、高一	上	個人生命
國一、高一	下	家庭人際
國二、高二	上	思考判斷
國二、高二	下	社會關懷
國三、高三	上	生涯國家
國三、高三	下	世界宇宙

稱，包括：國中、高中六年分上、下學期，每學期各有五個單元教材，各學期教材皆依據六個不同的綱要主題設計（如表11-1所示）。國中與高中的綱要主題採螺旋形設計，也就是國一和高一、國二和高二、國三和高三，同一主題，又隨著年級增加，綱要主題也隨著擴大所討論的範疇。

　　從表11-1可以知道，曉明女中設計的六年一貫倫理課程希望將學生一生中所可能觸及的人生思索及生活困境，呈現於教材中，並透過倫理教學活動，培養學生對自己與對周圍環境的理解力、洞察力、表達力、溝通力、抉擇力、設身處地的思考能力，和使行為具備明確目的性的能力。也就是希望學生能培養出倫理性格，以倫理人自居來面對瞬息萬變的世界。

　　依錢永鎮（1999）的敘述，他們以同心圓的方式，完成如圖11-8，讓六年一貫的倫理教材綱要及其所涵蓋的內容能有清楚對應，並使不同年級的授課老師，彼此能從同心圓的對應關係中，對年級單元之銜接與配合有明確概念。

2. 六年一貫生命教育的教學重點

　　臺中市曉明女中在八十六學年度（1997），接受當時教育廳委託承辦的「推廣生命教育」專案，積極投入教材研發及教學活動設計的工作（錢永鎮，1997）。倫理教育推廣中心依據「生命教育」的主題要求，從六年一貫倫理教材單元中，各年級各選取兩單元，以一個學期一個單元，一個單元分三堂課講授的方式，決定教材編寫的內容重點，因從單元名稱可大致推知內容重點，故列之如表11-2藉供參考。

圖11-8　曉明女中倫理教育課程大綱暨單元名稱

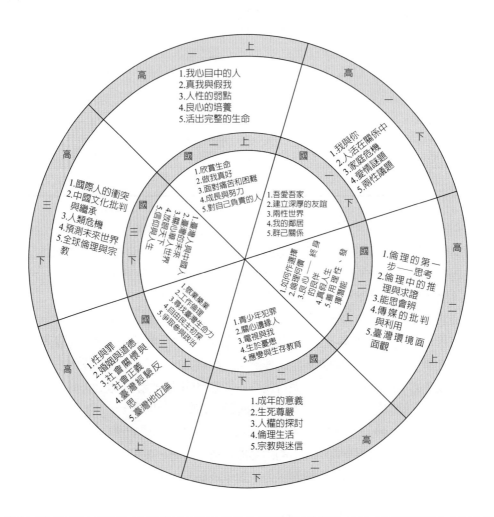

*引自錢永鎮，1999

四、情意課程設計的精進

判斷學校透過系統性課程設計，教導出來的學習經驗是否有系統性，涉及主體性問題。所謂主體性，簡單地說就是會考量「是誰作主」來進行思考或抉擇，以致反映出他的價值、情感、想法、慾念、意向等等屬於做為主體

表11-2　臺中曉明女中生命教育六年一貫單元名稱對照表			
學程　單元　年級	一年級	二年級	三年級
初中	1. 欣賞生命 2. 做我眞好	3. 生於憂患 4. 應變與生存（從處常到處變）	5. 敬業樂業（在工作中完成生命） 6. 信仰與人生（無限向上的生命）
高中	7. 良心的培養 8. 人活在關係中（活出全方位的生命）	9. 能思會辨（意識生命的盲點） 10. 生死尊嚴（生得充實、死得尊嚴）	11. 社會關懷與社會正義（調和小生命與大生命） 12. 全球倫理與宗教（存異求同，建構立體的生命）

*摘自錢永鎮，1999

的「他」之看法。因此，當我們試圖回答課程設計和教學是否具有系統性，便要考慮答案反映的是「誰的主體性」，例如，是全體學生的主體性，或是某學生個人的主體性，還是在師生互動的狀況下，尊重學校和學生均爲主體的互爲主體性，或是研究者與被研究之學校和學生之互爲主體性。

　　能夠反映主體性感受和見解的方式，主要是透過訴說、聆聽，或仔細地看等溝通方式，藉此才能眞正瞭解整個課程和學習是否具有實質的系統性。因此，任何人都無權隨意或輕率批評他並不瞭分瞭解的學校，不宜依靠簡單的格式表或簡約的有關其設計原則的聲明，便判斷該校有無系統性。判斷有無系統性，需要縱身跳入實際發生的學習經驗中看，花時間瞭解。

(一)反省是否提供了合乎完整經驗的要素

　　判別完整經驗的標準，大致可綜合如下：
1. 在心理情緒上，開始進行作業時會有期待，而結束時會有「夠了」的感受。
2. 至少在認知上，完整經驗之各部分經驗，其內容有被用心處理過。
3. 各部分經驗之間有關聯，以致於從任何一部分看都可以見到它在整體中的位置，及它對整體的貢獻。
4. 有足以呈現爲整體經驗的成品。
5. 經驗的形成必須走過一段時間，隨時間而有不同的遭遇、感受和認知。

6. 能對部分和整體之關係作交代，無論用口頭、文字或其他媒介方式。

(二)排除阻礙提供完整經驗的因素

若完整經驗能符合上述標準，其發生當然需要某些條件，而現行情意課程之設計及執行方面亦必然有其條件或限制（constraints），而使完整經驗之提供或可能或不可能。以下試分析造成現行課程不易提供完整經驗的五種因素：

1. 時間因素

從親身經歷事件或觀賞影片的間接經驗，到感受情緒以至流露情意，進而到理性思考、理性感性協調統整，因為涉及多方面感受，或涉及深刻思考某一心理習慣或價值問題，從而使思考和感受整合，特別需要充分時間。但是現行的課程教學設計，很多老師無法提供這樣的活動，其主要原因即上課時間不夠。

2. 空間因素

許多完整經驗需要與生活結合，因此實際參與生活或參加校外活動、校外參觀的經驗，總是受大多數學生歡迎，因為它特別能提供完整經驗的感覺。從前述蘇盈瑩的經驗報告心得中可以看到，影響她懷念小學教育最大的就是校外參觀。由於校外參觀需要配合做一系統的資料蒐集、探討和心得報告書寫，如此較適合構成完整的經驗，但這種經驗是需要空間去拓展的。

3. 人力資源

從有關美國教育的實況報導，可以看到他們民間參與學校教育和教學活動非常蓬勃。而在教育裡，無論任何措施都與主持的人及實施的人有關係，當一位老師本身對於完整經驗之瞭解，或對系統化課程設計的瞭解不夠時，其所做的各種努力或安排固然都有特定意義，但是在促進完整經驗或系統性方面，效果可能就要大打折扣。

4. 物質資源

任何活動都需要資源。完整經驗因所牽涉之人與人、人與環境之互動，較為深刻和廣泛，所需資源尤多。臺灣過去主要仰賴官方提供各種教育的物質資源，但因情意教育的急迫性位在知性教育之後，早年大多靠部分熱心家長支援學校，才有一些美好活動的先例，這種民間投入，在許多先進國家已非常普遍，足見物質資源也是促使課程能提供完整經驗的重要因素。

5. 智慧因素

　　智慧因素泛指所有涉及情意課課程設計和教學的人士，包括有教育專業素養的人以及熱心的家長，他們的認知、思考、判斷、見解和價值觀，都會影響完整經驗或系統性的課程設計與教學能否成功。

(三)重視師資培育問題

　　就倫理教育而言，依曉明女中的經驗（錢永鎮，1999），倫理教育的師資培養，是目前較無法著力的地方。由於倫理課教師之知識背景十分多元，在知識的廣度上不易周全，尤其在哲學素養上通常有所欠缺。曉明女中表示，雖然每學期召開密集的教學研究會，並舉辦進修課程，但自覺緩不濟急，無法系統地奠定豐富素養，而期待大專院校開設有關哲學、倫理等相關課程，以便提升擔任倫理教學師資之能力。根據實施經驗，他們感覺需要下列的進修課程：

1. 哲學概論。
2. 人生哲學。
3. 倫理學。
4. 專業倫理學(一)：生命倫理、環境倫理。
5. 專業倫理學(二)：工作倫理、商業倫理。
6. 德育原理。
7. 道德心理學。
8. 死亡學。
9. 倫理教育教學法。
10. 倫理教育課程內容探討。

(四)對實施情意課程效果有適當期待

　　如前所說，情意教學是實施情意課程的一環，但對無論是大架構的課程規劃或小步驟的教學實施，在行動過程對成效宜有適當期待。

1. 情意課程教學的設計理念必然反映意識型態

　　世界各國面對二十一世紀競爭的壓力，逐相實施教育改革，努力振興學校，以提高教育水準，增加國力和經濟競爭力，而情意教學也被視為其中的一環。曾任美國教育部長的Bennett（1988）提出「三C」，即選擇（choice）、內容（content）和品格（character）做為改革的方向。他認為，

品格教育（character education）是拯救今天社會失序、道德沈淪的有效措施。他說，今天社會的道德危機起於個人式的、自我導向的倫理；而且，過去的道德教育偏重過程，只重視道德概念和道德推理，因此要加強傳統價值和品格的灌輸。Wynne（1987）亦提出：「學校本來就要，而且應該發揮灌輸的功能。」教師要成為良好品格的模範，將學生引進「偉大傳統」和「道德社會」中，培養行為的良好習慣，如誠實、公平、自制，忠於工作、朋友和家庭，負責任和愛國家等。因此主張：「今日美國學校的第一要務是：像教其他的東西一樣，要好好地教價值。」Wynne建議成立「魅力班」（charm class），做為改進品格教育的措施之一。即將行為有問題的女學生集中起來，施以「魅力」教育，加強她們的服裝、儀容、化妝、姿態、生活禮儀，注重女性的外表、魅力，而且將這些項目列為正式課程的一部分，就能使她們成為「好女孩」，減少青少年問題。

2. 虛心接受不同課程設計者對自己意識取向的批評

在價值多元的時代，所有決定都不免遭受批判。上述觀點被稱為「新右派」（new right），Apple（1996）、Beyer & Liston（1996）等曾強烈批評新右派的主張偏向工具理性（歐用生，1998，頁2-7）認為：新右派的主張過於單純和保守，依賴技術和組織就要解決所有的教育爭論。例如新右派的品格教育主張，強調回復教師的權威，灌輸道德的價值和學生的服從，以為只有教師在情意教學上扮演強而有力的角色，訂定較嚴格的道德標準，約束學生的行為，審慎使用學生自治，才能使學生成為負責的公民。

美國新右派品格教育主張的情意（affection）帶有效能（affective）的色彩，例如強調守時、責任、忠誠、勤勞等工作倫理和工業時代的價值，要提高學生的學業標準和成就，有助追求卓越，以便在全球的市場上競爭，發揮國力，因此是經由國家主義的眼光來看情意教育，在今日全球競爭的時代，實無可厚非。

總之，情意教育的理論和實踐必然受意識型態影響，面對之道，就是虛心聽取各方意見，並勇於抉擇，承擔行動本身不能完全價值中立的事實。

3. 接受情意課程教學內容廣泛不易確立具共識的目標

綜合上述概念、哲學基礎、意識型態等問題，可知各界對情意教育之實際內涵和教學目標能掌握之內容，涉及的深度廣度不一致，因此首先認識課程教學目標難以確定的狀況，但仍儘量積極面對。

(1) 情意目標不僅難以確立、敘寫，就是能敘寫出來，也難以選擇適合這些目標的教學策略，加以施教；

(2)情意目標均屬長程目標，不能立竿見影，速見其效；

(3)目標既難訂定，便無法確立，可能造成評量工具和技巧的不適當，以致難以評量；

(4)情意包括認知、態度和行動三部分，坐而言容易，起而行困難；

(5)情意隱含教育環境的每一部分，很難一一加以掌握。

第二節　情意學習領域的教學設計

一、情意教學設計的意義及內涵

(一)情意課程設計與教學設計界線曖昧

情意教學設計與情意課程設計有時很難區分，從本章圖11-1即可發現，雖說兩者的設計人不同，課程設計以專家為主，教學設計以教師為主，但有經驗、有專業智能的教師亦可視為專家，且對照圖11-1中兩者內涵，皆包括理念、目標、內容、方法和評量，因此其內容領域大小是相對的，彼此間的疆界也是浮動的。嚴格的說，教學設計只是執行課程設計的一環，在教學場域最前線，與學生在特定時空中以某些材料內容學習達成某預定的目標，是教學要做的事，故一份具體的課堂單元教學設計至少要交代這幾個項目。

(二)情意教學設計重點

一份可讓人一目了然的情意教學設計簡案，至少需包含：1. 單元名稱，2. 教學研究，3. 教學目標，4. 教學時間，5. 教材資源，6. 教學過程大綱等六項說明，可用表11-5「犯錯與受罪」的單元設計格式為例。

二、情意教學模式

目前在臺灣被正式提出的情意教學模式，大致有三，一是溝通理性感性的情意教學模式（鍾聖校，2000），一是故事取向教學模式（唐淑華，2004），一是隱喻式情意教學模式（常亞真，2004），以下簡介之。

表11-5　情意教學設計示例

1. 單元名稱：犯錯與受罪

2. 教學研究

　衝突存在於人與人之間，也存在於人與己之間，當衝突來臨時，能拋開固定的解決方式，思索更多的可能性，並能統整可能的後果和自己的感受，將有助於問題之解決。

3. 教學目標

　(1)不論別人或自己犯錯，在思考如何處理時，都能兼顧事件發展結果及情緒感受。

　(2)能彈性思考。

　(3)選擇最小代價的處理方式。

4. 教學時間

　共四節，一百六十分鐘，歷時兩週。

5. 教材資源

　宇宙光傳播中心錄音帶「容耀與您分享」。

6. 教學過程

　(1)準備活動。

　　①準備故事錄音帶及設計學習單一張（學習內容如表11-10、11-11）。

　　②製作教具（與故事有關的圖畫、學習單放大圖表）。

　(2)發展活動（以六個步驟引導介紹兩則犯錯與受罪的故事並討論，之後，寫學習單）。

　(3)綜合活動（思考及歸納討論結果，然後寫作）。

(一)溝通理性感性情意教學模式

　　此模式重在透過文史哲作品等媒介，促進理性感性的體驗和協調，使之有更多機會被統整，並同時增進情意四態度，如圖11-9所示。

　　由圖11-9可知，此模式非常重視經驗事件、感性體驗、流露並覺察情意，更強調要藉助文史哲作品，特別是故事，促進反省和評價，以求深層體驗，此過程教師的引導不可少，析而言之，如下所述：

　　1. 經驗事件：指安排課程，使學生能透過實作、角色扮演、戶外教學、社區服務等，或多元的感官管道，如影片欣賞或書籍閱讀，直接或間接有所經歷。

　　2. 感性體驗：指在走過上述事件，能真實覺察或同理心地在情緒或意志上有所體認、領會。

　　3. 情意流露與覺察：指能將上述2.發生在內心的體驗，用口語或肢體語言

圖11-9　溝通理性感性情意教學模式簡圖

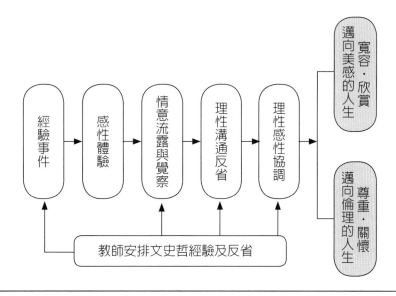

經驗事件 → 感性體驗 → 情意流露與覺察 → 理性溝通反省 → 理性感性協調 → 邁向美感的人生　寬容．欣賞／邁向倫理的人生　尊重．關懷

教師安排文史哲經驗及反省

*引自鍾聖校，2000，頁272

向外人表述出來，能與人溝通。

4. 理性溝通反省：指在對人說出、講出或畫出、舞出等溝通過程中，同時做理性反省（按：自己對自己表述方可能有效，但通常是敏於反省者才能）。

5. 理性感性協調：指教師須更高一層藉安排文學歷史或哲學作品，幫助學生做理性感性兼備的思考或反省，將體驗推向深層，思索如何表現才屬「寬容欣賞尊重關懷」，並進一步積極有創意地行動。這些活動若善加利用小組團體討論，可收集思廣益之效。

為了使情意教學不致流於理性認知上的強迫或外表的炫耀（只求反映社會期望），鼓勵多讀經典著作，激發正向的創新行動。因為在我們的社會中，太多價值判斷是為了迎合成人權威，誰能保證「尊重、關懷、寬容、欣賞」不會變成一個空洞的口號，讓兒童硬生生地去附和呢？因此最好儘量提供一種能引發深度情感的作品，例如戲劇、音樂、故事、圖畫，以之當媒界，透過師生詮釋，讓學生在無形中吸收某些更深刻的看法，而文藝作品，特別具有感動的力量，在參與它的表演、閱讀、觀賞時，特別具有引導深度

感情的功能。

　　聆聽故事、擬人化、生活、藝術的方式，具有累積或引發深度情感的功能，可善用發揚。在歐美、紐澳等國，小學生常閱讀有趣的童話或文學作品，在中學常有莎士比亞等古典的經典著作，如《亨利五世》、《王子復仇記》等，幫助人深刻瞭解人生、人類命運、人生百態的課業。反觀臺灣中、小學，較少鼓勵學生接觸經典文學作品，若有也常常是小品的抒情文，而非促進瞭解弔詭人生的著作，殊為可惜。

(二)故事取向的情意教學模式

　　故事是情意教學極佳的媒介，因為故事由話語編織而成，話語本身有啓示性要素，說明誰對誰在何時何地做了什麼事；故事本身也有塑造的質素，可以說故事是語言最成熟的模式，故事的要素有五：

(1) 在時間裡，有開頭、有結尾；

(2) 一個混亂、問題、困難、災難發生了，緊張出現了；

(3) 在不熟悉的、艱難的領域中找出路，常含衝突和旅程兩大主題，此衝突既是內在自我的，也常是外在的；

(4) 人物性格的發展，在衝突的過程中，在旅程的路途上，人物性格和環境兩大因素極有動力地交互作用；

(5) 每件事都有象徵意義，因故事背後是作者的意思，每個細節注視它夠久的話，都可看出它與整個故事有關。

　　唐淑華（2004）提出故事的情意教學方式，這方式本身沒有圖，而似乎是用其情意教學理念（如第一章圖1-1），加上「讀者治療」的問題討論提示（如表11-6），再藉一個有趣的大部頭故事如《西遊記》之可資取向的情意「情節」，用議題凸顯，串起來實施，當故事串成教學進度時，累積的影響就是情意學習效果了。林玫伶（2005）曾以《童話可以這樣看》一書，說明並示範如何透過故事培養情感意志，相當值得參考。

表11-6　故事取向情意教學模式的討論問題與當事人的工作

教導者（或治療者）的問題	受教者（或被治療當事人）的主要工作
1. 用你的話說一說你讀到了些什麼？哪些內容讓你的印象最深刻？	複述故事

2. 誰是故事中的主角？	確定主要主角
3. 故事中的主角遭什麼問題？	確定主要問題和主題
4. 故事中還發生了些什麼事？	確定次要主角
5. 你覺得主角的感覺與想法如何？	解釋主角的感受與想法
6. 主角如何解決他所面對的問題？	瞭解主角因應問題的策略
7. 故事自始至終，主角是否有做了一些改變？爲什麼會產生這些改變？	瞭解故事中的變化
8. 假如你是故事中的主角，你會怎麼做？爲什麼？你有過相類似的經驗嗎？這個情況可以怎麼樣的改變？	將故事主角與自己相類似的生活經驗作對比，並評鑑行爲的結果。
9. 這個故事要告訴我們什麼？現在你對這個故事有什麼樣的看法？	結論，並將所學應用在生活中。

*引自唐淑華，2004，頁105

(三)隱喻式教學模式

　　常雅珍（2004）將其博士論文發展成專書，提出以「正向心理學取向」爲理論基礎的情意教學模式，如圖11-10，陳述用隱喻故事培養情意四基礎──樂觀、正向情緒、正向意義和內在動機的方式。

三、如何使設計有「情」

(一)從認知爲焦點過渡到情意爲焦點

　　1997年，筆者爲發展情意溝通教學模式，聘請時任臺北市敦化國小的教務主任林玫伶老師做研究助理。請她嘗試將理念應用在國小作文的引導教學。林老師經過兩個單元的教學活動設計──「未來世界」、「時光隧道」，便大致掌握了如何將焦點放在情意上。以下用她當時設計的「未來世界」學習單以說明兩種焦點設計的不同（引自鍾聖校，2000，頁243-261）。

圖11-10　「正向心理學取向」的故事隱喻情意教學模式

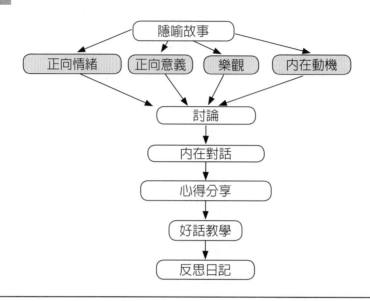

*引自常雅珍，2004，頁11

1. 以認知為焦點的「未來世界」學習單

主題：飛向何方

　　〈外星的思鄉人〉大意是說，派在某外星球負責開墾的人的遭遇。擔任司令官的胡步鄉和太空基地工作人員，雖然在太空站上享受各種優厚的生活待遇，但是沒有親情的溫暖。地球上的人雖然利用影像傳輸讓他們看到媽媽，並寄來食物、信件等，但大家想到小時候的點點滴滴，就很想回家。

　　後來，他們違背與地球這邊主管的承諾，冒冒失失地回到地球，但跑回來之後，才知道那群媽媽都是假的，是虛構的，他們從小其實是被機器人養大的。

　　(1) 把這篇故事的年代大事用數線標記出來。

(2) 看完〈外星的思鄉人？〉以後，你認為宇宙間會有外星人的存在嗎？為什麼？

_____

(3) 依你看，為什麼科學家們要把我們地球的資訊放在太空船上，讓太空船飛離太陽系，以備如果與外星人相遇時，讓「他們」知道「我們」？

_____

(4) 看或聽完〈外星的思鄉人〉的故事，你認為其中最令你嘆為觀止的科技成就是：（請至少寫出五項）

_____

(5) 為什麼司令官胡步鄉和太空基地工作人員那麼想念他們的媽媽，甚至違背當初的承諾，冒冒失失的闖回地球？

_____

(6) 你覺得這個故事想告訴我們什麼呢？

_____

2. 以情意為焦點的「未來世界」學習單

> 主題：飛向何方
>
> 　（內容與前述相同）

(1) 依你看，為什麼科學家們要把我們地球的資訊放在太空船上，讓太空船飛離太陽系，以備如果與外星人相遇時，讓「他們」知道「我們」？

_____

(2) 看／聽完〈外星的思鄉人〉的故事，你認為其中最令你印象深刻的是：（請至少寫出三項）

_____

(3) 為什麼司令官胡步鄉和太空基地工作人員那麼想念他們的媽媽，甚至違背當初的承諾，冒冒失失的闖回地球？

_____

(4) 你曾經想念過你的媽媽（或其他親人）嗎？在什麼情況下，你會想念她（他）？

---

(5) 媽媽（或其他親人）曾經想念過你嗎？那又是在什麼情況下呢？當你知道媽媽（或其他親人）在想念你的時候，你的感受怎麼樣？

從以上兩份學習單的對照，可知以情意為焦點的設計，會特別涉及有關「感受」、「感動」、「印象深刻」，或「價值的判斷」的問題。

(二)善用同時提供認知與情意刺激的視覺思考教學

利用不同符號影像去認識感知周遭世界，是人類與生俱來的能力，故教師可幫助學生透過深刻的觀察來增進生活經驗的轉化機會，在這種思維基礎上，繪本視覺思考教學應運而生，它是以繪本做為教學媒介，融入視覺思考的訓練而形成的教學模式。本書作者在2004至2006年間曾指導碩士生連婉珍做這方面研究，要閱讀者針對圖像中不同的造形、色彩、質感、空間等視覺要素，用自己的感受和經驗，理解讀本想說的故事。連婉珍（2006）指出，視覺思考教學利用繪本的下列視覺要素，可幫助覺察文字無法透露的訊息。

1. 線條：能表示方向與時空的移動……、反映主客體心情的愉快或悲傷。
2. 色彩：色彩是繪本的情緒代言人，如黑夜中的點點星光可透露出幾許希望。
3. 比例：利用比例可將物體彼此的大小關係或距離呈現出來，同時誇張的比例可增強對視覺的刺激，引發如心中惶恐的感覺。
4. 空間：表達空間的方法有傳統的透視法、立體明暗表現法等。製造空間延伸的效果。
5. 視點：從不同角度的視點思考圖像時，往往會發現不同的驚喜和樂趣，如俯視、仰視、X光透視等，可添增一份新鮮感與樂趣。

連婉珍認為繪本視覺思考教學的基本歷程有四：

1. 觀察圖像—鼓勵學童注意圖像裡的色彩、線條、比例、形狀、視點、構圖等細節，並以自己的感覺、思想作不同的想像。
2. 對圖文關係進行探討—教師敘說文字內容時，鼓勵學童依圖像線索，發覺圖像發揮了哪些內容與功能？並對圖文關係加以分析。
3. 發表討論—教師依不同的視覺線索或圖文關係，設計問題做引導思考，

並以促進多元思考的策略進行討論。

4. 分享感受—鼓勵學童統整整體的圖文概念，以協助學童建構高層次的思考能力，並對有關情意的議題做詮釋。

以下用連婉珍在教學行動研究中，以繪本圖像刺激協助處理情意學習的相關例子來說明（連婉珍，2006，頁119-130）。

1. 單元主題──「生氣湯鍋」──幫助紓發心中憤怒情緒

圖11-11	生氣湯鍋圖像刺激：情意學習線索：物體形狀的誇張對比可引發對情緒的探討

*圖片來源：邱匡毅先生繪製

教師：為什麼媽媽要霍斯對著滾燙的湯裡大叫呢？

SC3　：把生氣的事吐出來。（SC3表示3號學生的發言，以下類推）

SC17：因為霍斯一回家就表現得很生氣的樣子，剛好媽媽要煮飯，所

以要他對著鍋子大叫，這樣他就會忘了剛剛生氣的事了。

教師：除了這種方法，還有什麼方法可以把怒氣弄不見呢？

SC23：一直打枕頭。

SC7 ：丟枕頭或打洋娃娃。

SC18：跑去睡覺，睡著了就忘了。

SC20：出去玩，因為玩很快樂，會忘記生氣的事。

SC13：寫上討厭的事，然後把它摺成紙飛機，射出去。

SC8 ：寫上討厭的事，然後把它撕成碎片，丟在垃圾桶。（田野札記 /2006/3/31）

2. 單元主題──「我與爸爸」──將對爸爸的心理投射出來

圖11-12	我與爸爸圖像刺激：情意學習線索：顏色形狀的誇示可凸顯情感和價值

*圖片來源：邱匡毅先生繪製

教師 ：為何作者要寫爸爸長得又高又大，看起來像棟大房子，這要表示什麼？

SC6 ：表示爸爸能保護我們。

SC10：表示爸爸身體很強壯。

SC26：爸爸站在那裡，壞人就不敢靠近。

SC1　：爸爸讓人覺得很有安全感。（田野札記/2006/3/10）

3. 單元主題──「我要」──小女孩與母親間爭執的解決

圖11-13　我要──母女和解圖像刺激：情意學習線索：透過圖像和文本對照，覺查情意的轉換

*圖片來源：崔晉元先生繪製

教師：為什麼最後的蝴蝶頁要這麼畫（探討圖像線索）？

SE28：因為媽媽和小女孩和好了。

教師：你怎麼知道？

SE28：前面的蝴蝶頁只有媽媽畫的花，代表什麼事都要聽媽媽的，但是後來小女孩生氣了，後面的蝴蝶頁的紅花是小女孩畫的，黑色的花是媽媽畫的，兩種花疊在一起，表示他們合好了。（田野札記/2006/4/13）

SC15：這麼畫表示媽媽和小女孩在畫畫。因為倒數第二頁，小女孩和媽媽畫的圖案和這一頁一樣，而且文字有寫著：「我們一起來畫一本書吧！」（對照文本線索）

　　綜合言之，在繪本視覺思考教學中，教師可教導兒童善用視覺及符號線索，思考主人翁之間的互動感受，並鼓勵他們思考以寬容、欣賞、尊重、關懷的態度解決問題，連婉珍即發現此種教學法，有助兒童反映對人生的觀察，且越來越喜歡自編故事，顯示兒童開始建立自己對人生的詮釋和熱情（頁138）。

(三)從蜻蜓點水到厚實學習

　　有些教學設計在處理議題時，只停在表面人事時地物的認知上，如能回答「什麼人、做了什麼事、何時做、何地做、為什麼做」，或再加一點「當事人的感情」，或「你做為讀者的感情」是什麼的討論。厚實學習是指能以「追追追」的精神，讓學生的情感一層層地被揭開或被挑戰，能深刻感受透過反省被提升。以下用1997年作者對國小六年級資優班學生進行《玩具總動員》的電影討論來說明。

1. 電影《玩具總動員》主題簡介及重要人物特色

　　這部電影是以卡通方式呈現一群玩具之間的愛恨情仇。主題是如何超越「地位被取代」的困局。在影片中，小男孩安迪每逢聖誕節或生日，就會收到一堆禮物，其中必然有玩具，因此從出生到發生事件之際，安迪已擁有一屋子玩具。這些玩具都害怕兩件事：一是在主人心目中的地位被取代；一是在玩具群中的地位被取代。雖然害怕，但它們永遠要面臨：因為新來玩具打破生態，自己必須重新適應的挑戰。

　　此電影是以（胡迪）警長和太空突擊隊員（巴斯）之間，地位的爭奪、和解到合做為主軸，穿插其他玩具的情意態度，呈現出具體而微的人生百態。其中重要人物之特性，描述如下：

(1)胡迪

　　有領導力，很人性化，例如：開會時雖有壞消息，仍說be happy！對朋友有責任感，懂得鼓勵人、安慰人，忠誠、樂觀、有信心、積極行動。但他也有缺點，例如會有情緒化的時刻、貪生怕死、會害怕、絕望、嫉妒。幸而，他仍瞭解現實狀況，尋找方法活得更好，如主動拉著巴斯，企圖解釋誤會，挽回面子。

　　胡迪也很有幽默感，他的可愛在有缺陷，此缺陷無形中使我們原諒他想除掉巴斯的心情，因他只想把巴斯擋在黑暗的門縫；手段不是很殘酷，故在他辯解時，不會視他為狡猾者。他有時很急躁，像收音機收不到音波就推桌子，以致他自己也被嚇到。

故事中他面臨眾叛親離，雖然這是很大的打擊，但還是努力挽回，同時他又嚴厲的責怪自己，顯示他的矛盾。

(2)巴斯

心胸寬大、有正義感，整個人沈迷在TV為他創造的角色裡，所以很有信心，自認在執行太空突擊隊的偉大任務，即認為自己知魔王所發明武器的弱點，一心找太空魔王，要把魔王的武器毀滅，拯救地球。

此外，他樂於助人。一來到安迪家，便幫小娃娃梳頭、教抱抱龍怎麼吼、逗彈簧狗玩，凡此表現，使他躍升新領導角色。

(3)蛋頭

是一個唯恐天下不亂，喜歡興風作浪、火上加油的人。愛與領導人胡迪作對，愛冷嘲熱諷，煽動人群。富有幽默感，但其幽默多用在損人、炫耀自己。如自己將眼睛拔起來，舉起向左右笑笑或把自己五官扭曲，然後對小豬說：「嗨！我是畢卡索。」小豬說：「看不懂。」蛋頭嘲諷：「你是一頭沒文化的豬。」又當牧羊女安慰胡迪說：「你在安迪心中永遠有特殊的地位（place）。」蛋頭偷聽到，便接著說：「譬如閣樓。」

(4)抱抱龍

人云亦云，被人牽著鼻子走，見風轉舵；有一點良心，但缺乏正義感和勇氣。

(5)彈簧狗

愚忠、很支持胡迪，對他非常忠誠。當胡迪把巴斯推下窗，發現闖禍而害怕時，彈簧狗說：「不要擔心，我們會支持你的。」並轉頭徵求抱抱龍的同意：「對不對？」但抱抱龍說：「我不喜歡對質。」又片子開始時，動物玩具開會，彈簧狗即呼籲：「我們要相信胡迪，他從沒有誤導我們！」

(6)阿薛

有暴力傾向，把創意和快樂建築在虐待玩具上。

2. 影片主角如何超越困境

(1)胡迪

胡迪原先的困擾是嫉妒巴斯取代他在小主人安迪心目中的地位，後經一連串危機，此危機有他個人名譽破產，有巴斯將因他的無心過失被炸，到他倆一起共度生死難關，使胡迪深切認識互助合作的重要，以及永遠擔心地位被取代的愚昧可悲。因而，反過來與巴斯建立珍貴友情。

(2)巴斯

巴斯原先沈迷在TV為他創造的角色中，有大使命感，故不在乎小主人

安迪是否喜歡他，也不在乎胡迪對他的憤怒。後來，發現自己真正只是一個玩具，非常沮喪。被小孩子當「Nasby太太」，覺得很丟臉。最後，透過發現胡迪對他的看法，認清事實並接受事實，重新界定他自己的價值。

　　巴斯自認偉大是因覺得自己是很酷的玩具，深受主人安迪的喜愛，會覺得被需要是可貴的，是胡迪警長所無法取代的（巴斯原本心中是欣賞胡迪的）。他的超越是不再執迷原來的大使命，不必高高在上，而能接受平凡中的偉大價值。

3. 玩具總動員的四個學習單設計（摘自鍾聖校，2000，頁215-218）

　　　　學習單1：玩具總動員(一)　　　年　班　姓名：

　　🐦 主題：人物個性知多少

一、請寫出重要人物的個性。
　　參考形容詞：
　　人云亦云、缺乏正義感、有責任感、對朋友真誠、嫉妒、有
　　暴力傾向、會害怕、有信心、急躁、有愛心、能積極行動、
　　樂觀、虐待式創意、殘忍……
　　1. 胡　迪＿＿＿＿＿＿＿＿＿＿＿＿＿＿＿
　　2. 巴　斯＿＿＿＿＿＿＿＿＿＿＿＿＿＿＿
　　3. 蛋　頭＿＿＿＿＿＿＿＿＿＿＿＿＿＿＿
　　4. 彈簧狗＿＿＿＿＿＿＿＿＿＿＿＿＿＿＿
　　5. 抱抱龍＿＿＿＿＿＿＿＿＿＿＿＿＿＿＿
　　6. 阿　薛＿＿＿＿＿＿＿＿＿＿＿＿＿＿＿

二、發表、討論
　　1. 說說看地位被取代的感覺。
　　2. 看了胡迪的遭遇，請描述一下你失去大家注意的經驗，當
　　　　時你怎麼辦？

三、感覺一下，你怎麼樣？
　　1. 你覺得在這群玩具裡，你比較像誰？
　　2. 你喜歡當誰？為什麼？

學習單2：玩具總動員(二)　　　年　班　姓名：

🐦 主題：玩具世界的愛恨悲歌

一、寫出你記憶最深刻的一句話或情節。

二、分組討論
　　1. 你覺得這部片子想告訴我們什麼？
　　＿＿＿＿＿＿＿＿＿＿＿＿＿＿＿＿＿＿＿＿＿＿＿

　　2. 說說看為什麼胡迪最討厭巴斯，後來又與巴斯做好朋友？
　　＿＿＿＿＿＿＿＿＿＿＿＿＿＿＿＿＿＿＿＿＿＿＿
　　＿＿＿＿＿＿＿＿＿＿＿＿＿＿＿＿＿＿＿＿＿＿＿

　　3. 為什麼胡迪最後不再擔心小主人安迪的禮物會取代他的地
　　　　位？
　　＿＿＿＿＿＿＿＿＿＿＿＿＿＿＿＿＿＿＿＿＿＿＿
　　＿＿＿＿＿＿＿＿＿＿＿＿＿＿＿＿＿＿＿＿＿＿＿

　　4. 在片子裡，巴斯的痛苦是什麼？他怎麼超越他的痛苦？
　　＿＿＿＿＿＿＿＿＿＿＿＿＿＿＿＿＿＿＿＿＿＿＿
　　＿＿＿＿＿＿＿＿＿＿＿＿＿＿＿＿＿＿＿＿＿＿＿

　　5. 如果你的好朋友遭遇地位被取代的情形，感覺痛苦，你怎
　　　　麼安慰他？
　　＿＿＿＿＿＿＿＿＿＿＿＿＿＿＿＿＿＿＿＿＿＿＿
　　＿＿＿＿＿＿＿＿＿＿＿＿＿＿＿＿＿＿＿＿＿＿＿

學習單3：玩具總動員(三)　　　年　班　姓名：

🕊 主題：玩具世界的愛恨悲歌

一、猜謎：
　　1. 一句話：胡迪說：Help！
　　2. 情節：胡迪和巴斯回到主人的懷抱，Congratulation！阿
　　　　　　薛準備炸掉巴斯，一群玩具出現，阿薛（壞人）
　　　　　　frightened！

二、問題追蹤：（請再擬出問題，並構想解答）
　　1. 原題：（你覺得這部片子想告訴我們什麼？）
　　　　不要恨取代自己地位的人，要勇敢去克服。
　　　　進一步的問題：＿＿＿＿＿＿＿＿＿＿＿＿＿＿＿＿＿＿

　　2. 原題：（為什麼胡迪最初討厭巴斯，後來又與巴斯做好朋
　　　　　　　友？）
　　　　後來他們知道只有合作才能克服困難。
　　　　進一步的問題：＿＿＿＿＿＿＿＿＿＿＿＿＿＿＿＿＿＿

　　3. 原題：（為什麼最後胡迪不再擔心小主人安迪的禮物會取
　　　　　　　代他的地位？）
　　　　因為他知道小主人還是喜歡他。
　　　　進一步的問題：＿＿＿＿＿＿＿＿＿＿＿＿＿＿＿＿＿＿

　　4. 原題：（巴斯的痛苦是什麼？他怎麼超越他的痛苦？）
　　　　發現自己不是宇宙突擊隊員，只是玩具；玩具還是能幫助
　　　　人。
　　　　進一步的問題：＿＿＿＿＿＿＿＿＿＿＿＿＿＿＿＿＿＿

　　5. 原題：（如果你的好朋友遭遇地位被取代的情形，感覺痛
　　　　　　　苦，你怎麼安慰他？）
　　　　才能並沒有被取代，只要你繼續努力，還是能爭取到原來
　　　　的地位。
　　　　進一步的問題：＿＿＿＿＿＿＿＿＿＿＿＿＿＿＿＿＿＿

學習單4：玩具總動員（四） 年 班 姓名：

🐦 主題：問題金字塔

一、策略選替

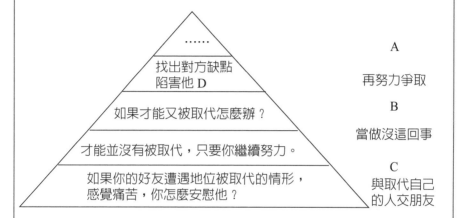

二、權衡輕重

評論＼策略	D	A	B	C
1.好主意	過癮，報仇了！有快感！奮鬥有目標！			
2.餿主意				
3.做起來困難之處				

4. 學生在「玩具總動員」學習單上作答之特色

(1) 本單元共分四次進行，第一次看完影片後，填寫重要角色的特徵，學生們相當敏銳，在參考形容詞名單中挑選出的詞都很精準。

(2) 在發表自己對「地位被取代」的感覺時，都不太好意思說。但當聽到別人說感覺「像死了一樣」等等很脆弱的形容詞時，一方面驚愕，一方面放心。驚愕的是發現別人竟然那麼脆弱，放心的是，「還好，不是只有我一個人這樣！」

(3) 回答：「看了胡迪的遭遇，請描述一下你失去大家注意的經歷，當時你怎麼辦？」大部分同學都有過一般失去被注意的感受。

但有兩位同學說：「我從來沒有失去注意。所以這題沒作答。」

老師此時便接著說：「哇！真是恭喜。但不妨想像萬一有一天失去注意，你怎麼辦？」

他們兩人才認真想想，然後說出自己可能的反應。

5. 綜合整理第一次及第二次上「玩具總動員」的發現

(1) **地位被取代的感覺**

①很氣，有種失落感，如考試不好，沒人理了；

②很悲傷，會嫉妒，會想報復，以牙還牙；

③很害怕，好像不存在。

(2) **怎麼辦？**

答案若是「做引人注意的事，努力發表」，其所做的事如：

①跑走；

②不管；

③打電動破關；

④吃飯吃特別多（教師提醒：大吃雖是好主意，但別養成習慣以致體態變形）。

教師可利用上述答案進行討論，幫助學童思考怎樣做會更具有「正向」的意義。

四、情意教學設計可結合的資源

(一)發揮儀式的價值

張老師文化出版社在1995年曾出版《生命中的戒指與蠟燭》一書，內容剖析儀式的深層意義，認為：「儀式是生活的中心──桌上的菜餚如何分配、如何記錄重大事件，這些都是儀式。」（Imber-Black & Roberts, 1995，林淑貞譯）儀式透露出我們對父母、手足、配偶、小孩和密友的觀點和感情聯繫，藉著儀式，我們可以玩樂、可以探索生命的意義，並重新建立家庭關係或使生活再度活潑起來。儀式使得我們和過去的時光產生連繫，界定我們現在的生活，並指引我們未來的路徑，因為每一代會將承繼自上一代的慶祝方式、傳統、紀念物品、象徵物品和生活態度，傳給下一代。

書中指出，「有些儀式很簡單，例如，有人每當心頭煩亂時便坐在祖母的搖椅上搖來搖去，因為在他小的時候，總是來這裡尋求祖母的慰藉，頭靠在祖母的大腿上，讓祖母輕撫著他的髮絲說：『這些都會過去的。』因此每當痛苦心煩坐在搖椅上想事情的時候，也會一再重複這句話，讓自己平靜下來，想得更深更遠。」（頁4）

有些儀式則相當繁複，各宗教團體或文化傳統均有其特殊習俗，例如華人地區嫁女兒、猶太人的逾越節、基督徒的受洗、臺灣原住民的成年禮等等。有些家族會發展出自己特有的儀式，如過年拜年等節日慶祝方式，這些儀式每年都有溫馨而熟悉的部分，也有一點一滴的變化。可以想像的是有些儀式若能適時創新，將更有趣。

因為儀式反映出人們的價值，情意教學可以用儀式來做討論主題。在國小的各類團體活動，包括全校或班級內都有儀式，如朝會的儀式、開學典禮、結業典禮、畢業典禮，還有頒獎儀式，以及在班級裡面一些迎新的儀式。這些儀式都可以重新的思考，呈現它們有創意的價值。以下是有關生活儀式的設計表格（如表11-7），教師們可藉之鼓勵學生創新儀式內容。

在填寫表11-7時，可提醒學生注意有關儀式的關鍵問題：

1. **儀式用語的問題**
   (1) 肯定（這是一件重要的事）；
   (2) 承諾（用什麼態度來面對這件事）；
   (3) 莊重、認真、簡潔。

表11-7　創新生活儀式設計表					
儀式方式 目的　　種類	儀式可採用的新表達方式			新儀式的信念及價值	
	人際關係	改變	治療	表達信念	紀念或慶祝
日常儀式					
1. 打招呼					
2. 就寢					
3. 用餐					
4. 家庭傳統儀式——生日、周年紀念、應時的儀式					
5. 生命過程儀式——出生、成人禮、婚禮、葬禮、追思					

*繪自Imber-Black & Roberts，1995，林淑貞譯，頁6

2. 儀式特徵的問題

(1) 人類社會為什麼會出現儀式？

(2) 在儀式中會反映什麼？請至少寫三點。

(3) 儀式中通常會有信物、印記、符咒，試想你曾在什麼儀式中看到它們？它們的意義或作用為何？

(二)結合社會事件

許多社會事件攸關生老病死，負載著濃厚的價值意義，1997年發生在臺北近郊的白曉燕綁架案，震驚全臺，許多學校因此提高對人身安全的警覺，一方面教導學生要反綁架。以下先敘述白案大要，如表11-8所示，再敘述從認知角度討論此案進行情意學習的活動設計（如學習單5、學習單6），最後呈現從體驗角度進行之設計，及其學習效果，如本節五之(一)所示。

1. 綁架事件

表11-8　白案大事記

日期	受害者怎麼了？	家人怎麼辦？
1997.4.14	上學途中遭綁架，當天被帶到五股某空屋，左手注射麻藥後被切除小指。	接到綁匪電話，找到女兒的小指，向警方報案。
1997.4.15	「媽媽，換好五百萬美金，要舊鈔，不要報警。」（綁匪要曉燕對錄音機說）	晚上七點接獲綁匪電話，要求五百萬美金贖款。
1997.4.16	「媽媽一定會救我回家！」	要求聽女兒的聲音，綁匪放了一段女子讀報聲，但不像。
1997.4.17	「我會死嗎？」	綁匪要求到南崁付款，但綁匪未出現，且要求受害者的家人回家。
1997.4.18	推斷這段時間已被凌虐死亡	綁匪要求付款，但受害者母親在社子、內湖、新莊、林口跑了一趟，仍是白忙。
1997.4.19~22	受害者狀況不明	未接到綁匪任何聯繫。
1997.4.24	受害者狀況不明	警方鎖定電話，確定是綁匪的。
1997.4.26	受害者狀況不明	受害者家人和警方召開記者會，呼籲國人共同尋找受害者。
1997.4.27	受害者狀況不明	全力搜捕，但無所獲，家人擬製作短片，喚回歹徒良心。
1997.4.28	找到受害者，已死亡8～10天。	受害者家人收拾悲傷，振作起來，料理後事。

＊註：此案之嫌犯直到最後才落入法網

2.小六學生對綁架者投案的看法

　　1997年5月28日，白案嫌犯投書坦誠罪行。但因尚未到警察局自首，是否真的會自首，或仍再犯案，不得而知，社會人心惶惶。針對當時案情膠

著，某國小六年級資優班學生對學習單的回答如下：

學習單5：白案新聞追擊（含學生正向作答舉例）

1. 1997年5月28日白案三綁嫌投書坦承罪行。
   (A)A：覺得很高興，惡人終於知錯悔悟。
   　　B：覺得很衰，爲何不撐到底，投案一來沒面子，一來於事無補。

   我認爲歹徒投案於事（□有補、☑無補）。
   理由：因投案以後，他們就可以說明案子的經過，以協助警方破案。

2. 歹徒投案表示：
   (A)A：良心、正義、公理是存在的，人不應該做壞事。
   　　B：歹徒運不好，既不能逍遙法外，乾脆一死了之。至於人是否應該做好事或壞事，看他高興。

   理由：就算犯了滔天大罪，也情有可原。

3. 歹徒說：「三條命會還她」，暗示可能會輕生。
   (A)A：應盡量心戰喊話，使歹徒投案說明，使命案眞相大白。
   　　B：人既死了，沒什麼好說的，投案也是死，不如先自我了斷。

   我的觀點：如果成功的叫出來，歹徒也出來投案，可使案情明朗化，也可使歹徒放棄輕生的念頭。

4. 受害者的母親痛恨歹徒所說：「孩子是無辜的，三條命會還她。」因而說：「他們是邪惡的魔鬼，怎能換取我女兒聖潔的靈魂。」

   我覺得受害者的母親這樣說是（□合情合理、☑不合情理、□其他）。
   理由：合情：因爲受害者的母親原本安撫了心情，他們又跑出來激她，所以受害者的母親才會非常激動的說出這句話。
   　　　不合理：或許只是片面之詞，就算眞的，也換不回人命。

上面所引同學的作答，合情合理，顯示其價值判斷相當正向。但相對地，也有同學的作答，還不夠成熟，如下所述。

學習單6：白案新聞追擊（含學生不成熟的作答舉例）

1. 民國86年5月28日白案三綁嫌投書坦承罪行。
   (B)A：覺得很高興，惡人終於知錯悔悟。
   　　B：覺得很衰，為何不撐到底，投案一來沒面子，一來於事無補。
   我認為歹徒投案於事（□有補、☑無補）。
   理由：沒什麼用，無法減刑，毫無用處。

2. 歹徒投案表示：
   (A)A：良心、正義、公理是存在的，人不應該做壞事。
   　　B：歹徒運氣不好，既不能逍遙法外，乾脆一死了之。至於人是否應該做好事或壞事，看他高興。
   理由：做壞事自己良心不安，會被用刑。

3. 歹徒說：「三條命會還她」，暗示可能會輕生。
   (B)A：應儘量心戰喊話，使歹徒投案說明，使命案真相大白。
   　　B：既死了，沒什麼好說的，投案也是死，不如先自我了斷。
   理由：不管如何都死，先自殺最快而不用逃亡。

4. 受害者的母親痛恨歹徒所說：「孩子是無辜的，三條命會還她。」而說：「他們是邪惡的魔鬼，怎能換取我女兒聖潔的靈魂。」
   我覺得這母親這樣說是（□合情合理、☑不合情理、□其他）。
   理由：誰知他們是邪惡之心，曉燕是聖潔的心嗎？白冰冰很自私不管別人的心裡，只是想自己的家人。

   教學者回應──問他（學生）：如果被撕票的是你，歹徒用幾條命來償，可以不可以？答：不可以。隔幾秒，突然大聲說，當然不可以！

(三)善用學校優良傳統活動

　　許多學校的優良傳統活動，蘊含正向價值，如關懷，可持續辦理並發揚之。以下用作者1995年春在澳洲昆士蘭大學教育研究所擔任訪問學者，觀察到當地小學所展現「如何培養學生參與服務的精神」，說明可以如何利用傳

統的慣例活動來發揮培養關懷的態度。

「……1995年因孩子在澳洲讀書半年，讓作者有機會見識澳洲小學如何培養孩子多參與服務的精神。那年六月中旬秋季班結業當天，兩個孩子各自帶回一張表格，正面印著lapthorn，以及一些對學校操場的說明文字，背面則是滿紙格子，上欄第一行印著姓名、地址、lap或donation（捐款）等標題，作者隱約猜想是為整建學校操場而做的募捐。

作者向該地認識的幾位華人商量，請他們出『名』，作者出『錢』，外加國內幾位重要親友，勉強把兩張表格填滿三分之一，就這樣為兩個孩子各湊了澳幣兩百五十元和五十元。

在冬季開學之後，和孩子一起參加全校熱烈進行的校運嘉年華活動。

這是一所名副其實的小班小校，全校有學生一百五十九人，一個年級一班，每班不超過三十人，占地卻有國立臺北師院附屬實驗小學（共三十六班）那麼大。校運各項活動是全校三年級以上學生都得參加（順便做體能紀錄）。打破年級，分成兩隊，各隊有其傳統的隊旗、隊呼、啦啦隊。這是一項傳統，就像新竹市清大、交大一年一度的梅竹賽，惟它是校內分兩隊比賽。

家長們大都很重視這項活動，有全天參與在操場當啦啦隊的，或為學生準備點心的。坐我隔壁的一位母親就在此時解我之惑：什麼叫lapthorn？

原來，跑操場一圈即一個lap，而thorn的意思是指要『長期、累積的跑幾圈』。學生要利用寒假期中，向親友募款。例如對奶奶募款，可這樣說：『奶奶！（教師提醒要態度溫柔，聲音清甜）我們學校要整建操場，我出力，你出錢好嗎？我跑一圈，你捐多少呢？』

奶奶聽了，可能呵呵笑道：『沒問題，你跑一圈，我就捐一毛錢（合臺幣兩元，澳洲人生活大多清貧）。如果一個孩子立志在驗收活動的那個星期，總共跑五十圈，那他就可以向奶奶募到臺幣一百元。在驗收的那個星期，每天早上，班級教師會安排十分鐘讓全體學生到操場跑步，登記圈數；孩子也可以利用課餘在別人見證

下跑。同理，這孩子也可以向爸爸、媽媽及其他親友募款，因此也許每一圈合計可募到澳幣五元，五十圈總計臺幣二百五十元。

lapthorn也可以改變內容，如swimthorn（游泳幾圈）；walkthorn（步行）；spellthorn（拼字，如每天會拼二十個新的生字）；skillthorn（學會那些新技巧，如單腳跳）。

那年全校募得超過臺幣六萬元的款項，師生都非常興奮。臺灣的家長可能想：『這有什麼困難？』伸手向口袋一掏，一捐就十萬元，順便說：『學校何必那麼大費周章，讓孩子跑得汗流浹背呢！』殊不知澳洲人就是藉此培養人人可以參與，人人可以『量力貢獻』的精神。

這比從小教導：『務必專心讀書，以便進入名校，將來做大事，賺大錢，再回饋社會。』來得可靠而務實吧！」

五、進行情意教學注意事項

(一)用體驗自己身為受害者來加強同理心

以前段所提白案為例，因該案嫌犯到處竄逃，繼續犯案，警方總抓不到，以致有些不成熟的人開始覺得他們很厲害，很高明。臺北敦化國小林玫伶教務主任，在筆者建議下設計了一個讓老師演加害者——陳進興，學生純粹扮演受害者的角色體驗活動。因能有效杜絕白案嫌犯成為英雄，被推廣到中高年級使用。以下引述林玫伶對當時活動的描述。

「……。於是我把全班分成兩部分，一半的學生演白曉燕，另一半演白冰冰，不考慮男女，坐在自己的座位上演即可。

「學生開始時一直笑，互相嘲弄對方演的角色。因為我演的是陳進興，於是順勢以『壞人』的口吻教訓他們，譬如對『白曉燕們』說：『還笑，你已經落入我的手中，看你還笑不笑得出來！』然後要學生用右手緊摀住自己的口鼻，緊得無法出聲，同時，讓他們體會一分鐘不呼吸的感受。又如在剁手指的時候，我要他們拿出尺，假裝切自己的左手小指，而且沒完全斷，再用力剁一次。學生打了個寒顫，接著就容易入戲多了。

「白冰冰的部分也一樣，我要他們把一張紙揉成一團，裡頭放個橡皮

擦，當作是曉燕的手指，打開時動作要慢，『不知道是什麼東西，你要慢慢的打開，你心裡在祈禱，希望一切都是惡作劇，所接的綁架電話只是人家開玩笑的。現在你看到了，是一截沾滿血跡但又沒有血色、蒼白的手指！拿起來看，別人不敢，但是你是媽媽，你必須確定：這真是我女兒的手指嗎？趕快回想，女兒的小指上是不是有什麼特徵，她的戒指戴在第幾指？過去有沒有什麼傷痕，趕快想，是不是女兒的手指？』我一邊演陳進興，一邊當導演，對於比較細膩的感情，加上提示與引導，畢竟，他們尚未為人父母，總需要一些帶領。

「整個過程使用的道具都很簡單，手邊的文具就足以勝任，強調的是體會、感受、同理、悲憫，效果很好。」（引自鍾聖校，2000，頁259）

上述現象，顯示人有時需要被「罪惡」重重地傷過（按：為了避免真正傷到，聰明者從角色扮演就能體會向善之重要），才會對「罪惡」深惡痛絕，也才能同理，而小心避免讓自己變成傷害別人的惡人。

(二)實施情意教學前需充分認識學生的次級文化

學生的次級文化其實是在說明學生與學生之間互相分享和對待的基本禮儀以及趣味，在某方面像一個社會交流的貨幣一樣。在學生次級文化的認識方面，從情意溝通理論的觀點，不僅要思考教師的觀點，其實更應充分讓學生表達，因此，師生在互動時，對學生次級文化中的價值以及互相表示寬容、尊重和欣賞，是極重要的態度。表11-9有助於教師認識學生的次級文化。

(三)基於情意學習的體驗性質，對教學效果宜採樂觀的保留態度

從事道德教育、生命教育或情意教育這類屬於「變化或提升」人格品味的教學工作，是吃力不討好的。除非把此種教學工作變成純學術的討論，例如在大學開設人生哲學或宗教哲學概論的課，或將中小學道德教育變成單純的道德兩難教學討論課，否則很容易遭到譏諷，譬如「你也許在不道德地教道德」、「修習德育課程並沒有更道德」、「修了情意教育學分還是知識的巨人、生活的白癡」。更有人語重心長地表示：「這類課就是要在人生中打滾學習，要嘗過失敗或挫折才可能成長，它得訴諸艱辛歲月的磨練，而不是一門課可以習得的智慧……」云云。

表11-9　學生次級文化之課題及內涵	
課題	內涵
1.兩性交往	寫情書、共同出遊、爭風吃醋、畢業旅行共處一室、用老公老婆的暱稱、同進同出、身體接觸（一壘打、二壘打、三壘打、全壘打……）、外宿
2. 同儕人際	幫派結盟、形成小圈圈、排擠某些同學、愛說同學的八卦新聞、和別班相互叫囂……
3. 流行風潮	蒐集明星偶像卡（物品）、髮型（留小辮子、染髮……）、各種變裝、化粧、算命、買名牌、模仿明星（造型、說流行話、動作、遊戲）、購買流行物品（電子雞、四驅車、大哥大）、使用各種網路科技產品、追求奇幻
4. 享受逸樂	計較工作輕重、凡事論公不公平、飆舞、去唱卡拉OK、午餐只吃某一家、帶隨身聽到校、不斷打電玩、上網MSN、上網漫遊全世界……
5. 多元成就	學生去電視臺演戲、常請公假參加社團比賽、學生擔任學校義工影響上課時間（糾察隊、環保小義工）、對與功課有關的事常意興闌珊……

　　上述懷疑有其道理，法國存在主義哲學家馬賽爾（G. Marcel, 1889-1975）便說，「外借的經驗，無論如何只是一種代替品。對於眞實的經驗說來是不完善的，是多少有點不可靠的。」（引自項退結，1993，頁31）。雖然如此，學校教師還是可以做一點有助益的事，在學校，尤其是大學，實施情意教育不僅可提供倫理的和美感的教育，也提供對各種觀點檢視（examine）和討論的空間，學校存在的可貴在於鼓勵建設性的對照、思考、質疑和批判，如同希臘哲學家蘇格拉底在兩千年前所呼籲：「一個未經檢驗的生活是不值得活的。」（An unexamined life is not worth living.）（Apology, xxviii p.38）情意教學若能加強安排體驗的機會，且於體驗後，預留開放的空間，讓學生可以質疑、討論和選擇，應該還是大有可爲的。

(四)在相對主義氛圍下，保持開放和改善的空間

　　在人的群性中，天生就有一種想與人分享的渴望，以致坊間有野人獻曝的俚語；而兼擅數學和文學的英國榮獲諾貝爾文學獎的羅素先生，也不禁寫

了一本書——《幸福之路》，公開他幸福生活的祕訣，他這樣說：

> 「既無高深的哲理，也無淵博的爭引。我只把通情達理的一些
> 意見歸納起來。配合這張獻給讀者的方子時，我所採取的學說都是
> 由我自己的經驗和觀察證實過的，而且我每次遵守這些學說時，都
> 會增加我的幸福。」

（Russel，1968，水牛出版社編輯部譯，頁1）

在今日競爭激烈的後現代社會，無論男女老少，有許多人覺得活得很厭倦、沒信心、沒指望、不敢期待別人什麼，也不敢承諾別人什麼。而當人發現別人可以在困苦之中仍活得有尊嚴、有樂趣，更重要的是有愛心時，可能因好奇而去認識，進而被影響。

林玫伶於1998年在其任教小學作文課「犯錯與受罪」的教學活動中，讓學生聽兩則故事，第一則是「別人犯錯，我受罪」（公車司機在離站很遠之處才停，等車已很久的人疲於追趕，仍未搭上），第二則是我犯錯，別人當場沒計較，事後我才發現自己錯。

她讓學生在聽完故事，經自由地初步討論後，填寫學習單，然後再依學習單（如表11-10及表11-11）逐題討論，以樹狀圖（圖11-11及圖11-12）記錄學生想法（引自鍾聖校，2000，頁255、264）。

表11-10	「別人犯錯，我卻受罪」紀錄表		
選項	處理方式	可能的結果	我自己的感受
A	當場理論		
B	事後檢舉或透過其他管道反映		
C	不理會		
D	體諒他可能有別的原因		
E	其他（請寫出來）		

表11-11	「我不對，別人當場沒計較，事後我才發現自己錯」紀錄表		
選項	處理方式	我自己的感受	事情後來可能的演變
A	堅持自己沒錯，才不會沒面子		
B	錯就錯了，只要別人不再提起就好		
C	找出別人也有錯的地方，扯平了		
D	設法向對方道歉		
E	向上天懺悔		
F	其他（請寫出來）		

圖11-11　「別人犯錯，我卻受罪」學習單之作答反應扇形圖

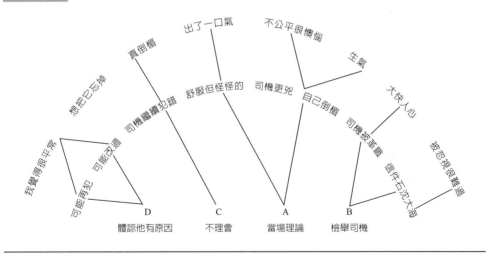

(五)善用討論帶來的「散播式認知」效果

　　當教師帶著學生畫出上述扇形圖時，學生會無形中受到影響，產生所謂「散播式認知」（distributed cognition）的效果，此效果所產生的知識類型如表11-12所示。最初可能無法發揮到足夠調整原先信念的能量，但常常接觸就可能累積到某種爆發點，進而顯現出來。從爆發強烈的迷惘到困惑澄清，往往需要具不同認知思考層次的人士（特別是教師）指點。

圖11-12 「我不對，別人當場沒計較，事後我才發現自己犯錯」的處理
方式、感受及後果扇形圖

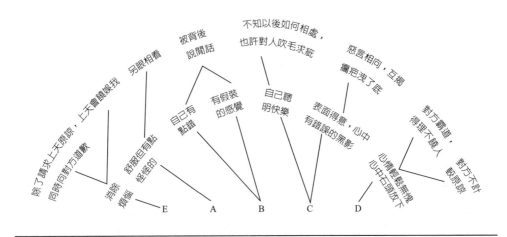

林玫伶老師以類似上述表11-11及圖11-12方式進行一系列情意教學後，
發現許多學生們的作文雖然修辭不見得進步，但開始言之有物，以下用學習
單7，舉一學生的作文爲例。

表11-12	班級團體討論中散播式認知所構成的知識分類型式			
結果　　時間　分類	具體的知識		不具體的知識	
	短暫的	永久的	短暫的	永久的
分享出來的結果	白板或黑板上的圖形	團體形成的結果；備忘錄資料夾	個人的心智模型（思考方式）	心智模型與別人有共識的
沒分享出來的結果（私下的）	個人暫時的會議紀錄	私人的文件或草稿	沒說出來的飄浮的意見	交談（如班上的討論）

*作者整理自Derry et al., 1998, pp.25-55

學習單7：情意教學活動所累積散播式認知效果影響的作文（示例）

別人犯錯，我卻受罪

別人犯了錯，為什麼我要代他受罪？別人犯了錯，讓我們造成了不便，火冒三丈，使我們心情不好，做事容易浮躁。

爸爸是公司的上司，常被公事搞得七竅生煙，回家找事發洩。哥哥每次分配到的家事也不常做，常常被罵，而我也受到池魚之殃，弄得家中的氣氛緊張，害我飯一吃完，就假借唸書之名，去書房避難。但久而久之，隨著經濟不景氣，爸爸發脾氣的次數也多了，而我也已經不想去「避難」，我乾脆把事做好，不和爸爸說話，要發不發脾氣就隨便他，我也不指望他會改。

還記得有一次，我和同學因為一件考卷的正確答案互相吵架，最後我們還互丟對方的書本、文具，引起老師的注意，把我們叫去訓話。我本來沒錯，因為我丟他的東西，所以我也有錯，事後老師叫我們倆寫悔過書，我雖然寫了，但我還是恨得牙癢癢的。

但畢竟只是一時之恨，過了幾個禮拜，我的氣也消了，早知如此，何必當初。當時為什麼要這樣生氣，害得我怒髮衝冠，心裡多不好受，這大概就是別人犯錯，我受罪。

「別人犯錯是他要受報應，我不要和他一樣受現世報。」這是我常常警惕自己的話，果然我遇到不公平的事就不會那麼氣了，因為我沒有受到罪過。

1997年○○國小六年級學生作品

* 此學習結果係累積表11-10、表11-11、圖11-11、圖11-12的討論而得

(六)對有爭議性的議題，宜多方參考文獻，審慎引導價值抉擇

近年來對「同志」議題討論甚多，在決定以何種態度面對，宜審慎。2011年3月間美國兒科醫學會公布的「兒童與青少年的性別認同問題」，強調做任何抉擇皆需慎重，可供參考，以下用附註11-1摘述其中重要觀點，有興趣者請直接查考Meter（2011）的全文。

附註11-1：美國兒科醫學會對有爭議性「同志」議題看法摘要

以下摘自Quentin Van Meter醫師主筆（2011）兒童與青少年的性別認同問題（林雅庭譯），譯文刊載於《路加》，273期，2011年11月號，頁9-12。

性別認同失調（Gender Identity Disorder, GID）是一種可診斷的疾病，即兒童或成人認定自己出生為異性的生理性別。……在GID的案例中，通常父母或家庭醫師會發現患者的行為傾向異性的模式，譬如男孩玩洋娃娃、穿戴女性服飾，或是女孩剪短髮、作男孩打扮、假裝硬漢的樣子。……就年幼患者來說，大多數性別的混亂在進入青春期後就逐漸消失。近來，某些專業團體竟開始鼓勵這些年幼的孩子在青春期以前接受永久變性；但是瀏覽最近的文獻或研究，皆沒有科學證據能支持這個觀點。不過科學文獻發展了一套合乎邏輯的指導原則（guidelines），以幫助煩惱的父母，避免讓這已知的失調搭上不成熟的決定——以抑制荷爾蒙和外科手術達到變性。……

嬰兒性別的決定通常是很直接的，在出生時即根據外生殖器的外觀註記下來。世界上多數的文化都預期孩子非男即女，並且不會改變。有些熟知的罕見外生殖器官變異，是因為先天的新陳代謝失調，或先天性生殖始基（genital anlagen）對雄性激素的反應減少。對於這些假性雙性人（pseudo hermaphrodites）患者在面對天生的生理變化，或根據基因性別以手術修正外貌及功能時所面臨的情緒適應，已經有詳盡的研究[1]。

目前，多數「性別混亂」的孩子不是儘量 自行解決問題，就是隱瞞自己的障礙、以其他不良適應行為作補償[2]，這些孩子普遍不滿目前的生活。性別混亂的孩子進入青少年之後，多數帶XY基因的人會漸覺得自己是男性，而多數XX的人會自覺是女性；然而，他們卻常持續受到同性吸引，在心理方面則可能完全健康或完全病態[3]。

隨著人工荷爾蒙療法的出現，運用雌激素和雄激素的方式，理論上患者可以從一個性別「轉變」為另一性別。藉由精密的人工生殖器官和整型外科技術，能使未隨著荷爾蒙療法轉變的器官系統，達到某程度上令人滿意的生理變化。在1970年代，約翰霍普金斯大學的心理博士John Money寫了許多有關成人變性的文章，他的基礎理論是：一個人的性別定位完全可能因社會因素而改變[4]。然而，被他藉荷爾蒙及手術變性而造成悲慘心理問題的成年病患們，他們所作的文獻回顧已對其理論提出批判[5]。

　　近來有針對性別混亂患者的騷動，某些學者主張：鼓勵孩童在家庭（學校）內外的跨性別行為、鼓勵穿著異性服裝以創造「寬容不同生活型態」的環境、從幼稚園開始教導學生性傾向是連續的，男性與女性是武斷的結論[6]，其實沒有任何研究支持此觀點。青少年的腦部會越來越成熟，而且每個患者的成熟過程不一定相同[7]。因此，允許兒童或青少年作這種改變一生、不可逆轉的決定，是很可怕的錯誤。

　　為教育大眾，內分泌學會聯合勞森威爾金斯兒科內分泌學會（LWPES）發表了立場聲明[8]。這雖然是踏往正確方向的一步，但有些明確的建議卻是帶有偏見，因為這些建議基於未被證實、未深思熟慮的原則，或是基於個人偏見、不扎實的科學。……對於少數持續罹患GID直到成年的病患，根據臨床研究以及越來越多已知的醫學知識，已有具體的診治指導原則。美國兒科醫學會瞭解兒童和家庭在面臨GID時的困難，並主張以適性發展並基於實證醫學的方法，幫助這些孩子進入後青春期或青年，使醫療的決定和治療可以符合倫理原則。

*以上文章係美國兒科醫學會許可進行非官方翻譯。美國兒科醫學會是全國性醫學協會，由專業為嬰幼兒、兒童、青少年醫療的持照醫師、醫療專業人員組成，該學會的宗旨為幫助所有兒童達到最理想的心理與生理健康。更多資訊詳見www.ACP eds.org，文中有上標之相關註釋原文如下：

---

①Wisniewski, AB. et al. Psychosexual outcome in women affected by congenital adrenal hyperplasia due to 21-hydroxylase deficiency. J Urol. 2004; 30: 343-355.

②Wallien, MSC. and Cohen-Kettenis, PT. Psychosexual outcome of gender dysphoric children. J Am Acad Child Adolesc Psychiatry. 2008; 47: 1423-1423

③Zuger, B., Effeminate behavior present in boys from childhood: The additional years of follow-up, Comprehensive Psychiatry. 1978; 19:363-369.

④Money, J. and Ehrhardt, AA. Gender Dimorphism in Assignment and Rearding. Man and Woman Boy and Girl. Baltimore and London: The Johns Hopkins University Press; 1972: 117-145.

⑤Meyer, JK., and Reter, DJ. Sex reassignment. Follow-up. Arch Gen Psychiatry. 1979; Aug; 36(9): 1010-5.

⑥The Superintendent's Letter. American College of Pediatricians. April 2010. http://factsaboutyouth.com/wp-content/uploads/Superintendent-LetterC_3.311. pdf (accessed 4/21/10).

⑦Johnson, SB, Blum, RW. and Giedd, JN. Adolescent maturity and the brain: the promise and pitfalls of neuroscience research in adolescent health policy. Journal of Adolescent Health. 2009; 45: 216-221.

⑧Hembree, WC, et al. Endocrine treatment of transsexual persons: an Endocrine Society clinical practice guideline. J Clin Endocrinol Metab. 2009; 94: 3132-3154.

情意評量的內涵與形式

第一節　客觀及主觀的情意評量

情意評量包含兩類：一是情意本身狀況的評量，一是情意學習狀況的評量。前者如情緒處理能力、情緒創造力、幽默感、意志控制能力、美感判斷力、希望感、幸福感等，從事正向心理學領域的研究人士，已針對它們開發許多客觀化的評量工具，是爲「客觀化情意評量」可供參考或使用；後者則屬於爲促進學習編製的個別或團體評量，針對要達成的目標和學習狀況，將學習表現預先分成幾個程度，或以文字描述，或以等第，如「優等、中等、有待改善」、「非常、大致、有點」，或以符合程度，如「完全符合、相當符合、有些符合、不太符合、完全不符合」等，將所得用數字1、2、3、4、5……標示，成爲點量表，採取量化評量中李克特氏量尺（Likert scale）的計分方式，使所得結果簡化爲數字。嚴格的說，這種爲瞭解學習程度狀況而採用數字計量的評量，只能算是「準」客觀化的評量，「準」（quasi）表示接近或擬似，因爲它們很少經過系統的標準化程序編題選題，信度效度的客觀性有待查驗。但因畢竟用數字表達，有簡明扼要的效果。至於提供情意學習的課程評量，非本章重點。

一、研究取向的客觀化情意評量

(一)一般正向心理情意評量方法

一般正向心理情意狀況評量方法，可分自然觀察法、晤談法、實驗法、社交計量法、心理測驗法，以下綜合吳淑蓉等（2005）、黃壬屛（2010）、Martin（2001）以幽默爲議題，所提及各評量形式的方法及優缺點，來舉例表明心理情感意志態度可能採取的客觀評量方法。

1. 實驗法
   (1) 方法：爲瞭解造成幽默的因果，藉給予個體幽默刺激，測其生理和情緒反應，或以治療性介入方式瞭解幽默效應。
   (2) 優點：可確定因果關係。
   (3) 缺點：研究結果不一定能推論到現實情境。

2. 自然觀察法
   (1) 方法：從幽默的生理觀點觀察個體的幽默行為，如笑的次數、頻率、笑的目的、對象等。
   (2) 優點：深入。
   (3) 缺點：費時費力，笑的反應不一定等於幽默。

3. 晤談法
   (1) 方法：透過配合觀察法及幽默評估表，以訪談方式瞭解個體在生活中的幽默經驗等。
   (2) 優點：同自然觀察法。
   (3) 缺點：同自然觀察法。

4. 社交計量法
   (1) 方法：由受試周遭的人評定受試幽默的程度，包括笑的行為、對幽默的反應、自己創造幽默的能力程度等。
   (2) 優點：從社交中評定，貼近生活。
   (3) 缺點：可能每個人對幽默看法不同，導致評量有誤差。

5. 以實際情節為評量材料的心理測驗法
   (1) 方法：例如以笑話、漫畫、卡通、電影等展現幽默的情節，為測驗題材，瞭解受試多方面的幽默反應。
   (2) 優點：方便，且全面評估各種成分。
   (3) 缺點：須考量題材的適合性，避免過時、不合時宜的情節，自陳量表可能受社會期許影響，有高估的可能。

6. 以問卷或量表施測的心理測驗法
   (1) 方法：受試依表現幽默之題目描述判斷自己的符合程度。
   (2) 優點：同上述5。
   (3) 缺點：同上述5。

(二)研究用的正向心理情意評量題型

　　正向心理情意狀況之評量要看所評之正向心理情意實際是甚麼，以情緒來說，情緒管理、情緒勞動、意志控制能力、情緒創造力、希望感、樂觀、幸福感等等，各有其特殊概念，故呈現之評量表會依研究人員所設定之各該構念進行設計。以下舉例說明，這些例子來自筆者曾指導過的碩士生，她們或將學術界前輩的評量工具做些許修訂，再經標準化，以期更適合所要研究

對象使用，或自己依照理論發展評量題目，在此以之舉例，只是要說明題型可能的樣子，讓初學者有一點概念。

1. 情緒勞動

黃壬屏（2010）曾爲護理人員設計「情緒勞動量表」（實際名稱：護理人員工作感受問卷），該研究將情緒勞動構念分爲展現正向情緒、克制負向情緒及處理他人負向情緒等三類，以六點量表評量做到此三類行爲所需花費的「努力程度」，以下各舉兩題。

(1) 展現正向情緒

a. 面對服務對象，要努力表現出有熱忱、有活力的模樣（按：原量表中使用的病患或家屬一詞，在此皆改爲服務對象）。

b. 面對服務對象，要努力表現微笑，使對方覺得親切。

(2) 克制負向情緒

a. 與服務對象發生不愉快，要努力忍氣吞聲隱忍不發。

b. 面對服務對象抱怨，要努力表現出平靜溫和的模樣，不起爭執。

(3) 處理他人負向情緒

a. 要努力化解對方的情緒衝動，使對方平靜下來。

b. 要努力安撫服務對象的難過或沮喪，讓對方的情緒較爲舒坦。

2. 情緒創造

邱秀美曾翻譯Averill在1996年所設計的情緒創造力量表，該研究將情緒創造行爲分爲準備、新奇、有效、眞實四層面，採李克特式計分，評量「符合程度」，以下各舉兩題（引自邱秀美，2010，頁27-28）。

(1) 準備層面

a. 當我有強烈感覺時，我會尋找我感覺的緣由。

b. 我思考並試著瞭解我的情緒反應。

(2) 新奇層面

a. 我有時經驗難以言喻的感覺和情緒。

b. 我喜歡那些會激起我新奇不尋常情緒的音樂、舞蹈或繪畫。

(3) 有效層面

a. 我經驗和表達情緒的方式有助於我的人際關係。

b. 我的情緒幫助我達成生活目標。

(4) 眞實層面

a. 我試著對我的情緒誠實，即使它給我帶來問題。

　　b. 我的情緒幾乎總是自己眞正想法和感覺的眞實表達。

3. 幽默感

　　黃壬屛（2010）曾將吳淑蓉等（2005）「多向度幽默感測驗」中的三個分量表——社交幽默、幽默因應及對幽默的態度，進一步修改並標準化爲適合於護理人員使用的內容，該量表採李克特式（likert scale）五點計分，評行爲的符合程度，以下各舉兩題。

(1) 社交幽默

　　a. 我會藉著說一些有趣的或滑稽的事情來緩和緊張的氣氛。

　　b. 我的朋友認爲我是一個有趣的人

(2) 幽默因應

　　a. 在我面對壓力時，我會想一些開心的事來讓自己心情好一點。

　　b. 當我試著找出困境中有趣的地方，我發覺困境的難度減低。

(3) 對幽默的態度

　　a. 幽默的事物總是讓我心情變愉快。

　　b. 我覺得整天笑或嘻嘻哈哈是非常不正經的。（負向題）

4. 緣分觀

　　李昀眞（2009）曾設計緣分觀量表，該量表基於一般人對避免不了、註定之事有天意命定、因果命定、上帝命定三種看法，因此將緣分的構念分爲順應型緣分觀及參與型緣分觀，採李克特式五點計分，評定看法的符合程度，以下各舉兩題。

(1) 順應型緣分觀

　　a. 人和人相遇全靠命中註定或緣分，無法因人的行動而有所改變。

　　b. 人生中各種因緣際會，來自冥冥中的力量，人只能去適應。

(2) 參與型緣分觀

　　a. 我認爲人間緣分，可能因個人投入或努力經營而有所增減。

　　b. 若對方與自己無緣，即使付出再多努力對關係發展也無用處。

5. 樂觀量表

　　李昀眞（2009）曾設計樂觀量表，該量表基於樂觀是一種歸因風格，就像本書第8章表8-6所介紹，樂觀是「對發生在自己身上的好事情，採取內在（internal）、整體（global）、穩定（stable）的歸因風格，而對發生在自己身上的壞事，則採取完全外在（不歸咎自己）、特殊（只是某些情況如此）、不隱定（非穩定地如此）的歸因風格」，其題型有兩類，分屬正向

情境事件敘述及負向情境事件敘述。作答方式是首先要在A、B兩組答案中擇一，A組的答案顯示其對事情發生原因的解釋為：這種事情狀況是因我的（內在）特質、我通常（整體）狀況如此、我遇到事情通常是（穩定）地會如此；B組回答則是，此種事情狀況是（外在）於我的因素造成、對我而言是偶爾的（特殊）狀況才會如此、此種事情狀況並（不會穩定）地出現。屬於樂觀解釋風格的人遇到好事情為什麼發生的問題，會用A組答案解釋，遇到壞事情為何發生的問題，會用B組答案解釋。但屬於悲觀解釋風格的人，則恰好相反。受試者需在兩組答案中選一組適合自己的風格的典型歸因，然後再進一步勾選自己在該典型上符合的程度，符合程度是用李克特式七點計分來看，以下各舉兩題，先呈現題幹，再呈現作答格式。

題幹：

(1) 發生正向情境事件的原因

  a. 如果你的男朋友或女朋友更愛你，你覺得原因是下列哪一組？你與那組符合程度是多大？

  b. 如果你進行一個計畫，受到老師或親友大力讚賞，你覺得原因是下列哪一組？你與那組符合程度是多大？

(2) 發生負向情境事件的原因

  a. 假如你和別人約會但約會情境卻非常糟，你覺得原因是下列哪一組？你與那組符合程度是多大？

  b. 如果你進行的許多工作，都無法達成別人的期待，你覺得原因是下列哪一組？你與那組符合程度是多大？

作答格式：為請填答者針對上述每一事件的原因，在適當的空格勾選，並將數字填入符合程度前之□中。

  □A組（內在、整體、穩定）；□B組（外在、特殊、不穩定）。

  □ 符合程度1-2-3-4-5-6-7（1極不符合，2相當不符合，3有點不符合，4無法決定，5有點符合，6相當符合，7十分符合）

(三)特殊情意反應的客觀化評量

情感意志的運作，其實含有認知思考成分，以下用靈性追求中「推理思考」之特質來說明。

基於好奇和解釋的天性，坊間充斥對於靈異現象發生及怎麼回應的說法，當不可預期的事發生在自己身上，一般的面對方式包括提出合乎實徵科

學的解釋、合邏輯推理的解釋或接受超自然的解釋，並隨解釋提供應對方法。王震武、林文瑛（2005）在〈迷信思考中的解釋效果〉一文中，設計了許多能反映民眾日常推理思考缺陷的題目，並稱之為「推理能力測驗」，測驗內容共使用六個「案例」，針對這些案例，受試者需回答七個推理問題。受試者每答對一個問題得一分，滿分為七分。以下引用四個具代表性的題目，以便讀者瞭解怎樣的情意抉擇思考缺陷，會在靈性追求時易造成迷信，並提供做這類教學或研究者參考。

1. 情意抉擇中推理思考的「明白舉證責任」問題
〈案例1〉
說明：(1)是否瞭解「舉證責任在H_1（指推論統計中的對立假設）這邊」。
　　　(2)是否能預設H_0（虛無假設）為真。

　　　　南歐某國境內，常有「飛碟目擊報告」。為此，有兩組科學家前來進行研究，一年後，兩組人分別提出報告。A組的報告說：「雖然許多『目擊報告』都難免有瑕疵，照片也不夠清晰，卻沒有證據可以認定它們是不可靠的。」B組的報告則說：「大部分的『目擊報告』都有瑕疵，偶爾拍攝到飛碟照片，不是太模糊，就是無法斷定其真偽，沒有證據足以認定它們是可靠的。」

請根據這兩段話，回答下列問題。（每個問題請勾選一項）
(1) 你覺得哪一組的研究態度比較客觀？（Ans：B）
　　□A組　□B組　□同樣客觀　□同樣不客觀
(2) 你認為下列哪一個是比較適當的結論？（參考答案：C）
　　□A不能否認飛碟的存在
　　□B也許真有飛碟存在
　　□C目前只能說「飛碟並不存在」

2. 情意抉擇中推理思考的「考量錯誤機率做決策」問題
〈案例2〉
說明：是否能根據第一類型錯誤（type 1 error）機率的大小（在H_0為真的前提下預言成真的機會有多大）去做決策。

　　　周太太結婚前，曾看過甲、乙兩位相命師。甲說：「婚後，你們夫妻會常吵架，妳的身體也會受影響，中年以後有不少病痛；此外，周先生『命帶桃花』，可能會有外遇。」乙則說：「你們婚後第三年就開始發財，五年內會擁有兩棟千萬元的房子，而且，周先生在三十三歲之前，就會當上總經理。」二十八年後的今天，周太太回顧過去，發現當年兩位相命師的預言都應驗了。

許多相命師自稱「半仙」，意思是說，他是「能預知未來的人」。假設世上真的有「半仙」，那麼，單就周太太的案例來說，你認為哪一位相命師比較有可能是真「半仙」？（請勾選一項）（參考答案：乙）
□甲　□乙　□同樣可能　□同樣不可能

3. 情意抉擇中推理思考的「若A則B」問題
〈案例3〉
說明：是否瞭解「若A則B」式的命題，並不蘊含「若非A則非B」。

　　　黃小姐因為先生得了重病，到寺廟裡去拜拜。她拿起杯筊，向神祝禱說：「如果我先生能夠康復，請許我連得三次『聖杯』（一正一反的杯象）。」接著，黃小姐果然連續擲得三次聖杯。然而，不到一個月，她先生就過世了。

假設，廟裡真的有神，而且神明確實以「擲杯結果」來回答信徒的問題，你認為這件事是否顯示神明不靈？（請勾選一項）（參考答案：3）
□ 1.是的，因為神明顯然不能預知黃小姐先生的生死。
□ 2.不是，因為神明可能不願「洩漏天機」。
□ 3.不是，因為神明給的答案在邏輯上還是對的。

4. 情意抉擇中推理思考的「小樣本誤差」問題
〈案例4〉
說明：是否瞭解「小樣本的誤差（標準誤）大」或個案不能與統計結果作比較。

　　　　吳先生不幸得了某種癌症，經某大醫院詳細檢查後，斷定病情已經進入第三期。醫生建議做放射治療。根據統計，這種治療可以讓病人平均再存活三年，否則平均可能存活一年。一位朋友聞訊後，建議他放棄放射治療，並推薦一種祕方。這位朋友說，他知道有兩個相同的病例，同樣已經進入第三期，使用這個祕方後，其中一個已經快三年了，另一個則已超過四年，都還活著。

假如不考慮其他因素（譬如說醫療費、身體的痛苦），只希望「多活幾天」，你認為吳先生應該接受哪一種療法？（請勾選一項）（參考答案：3）
□1.放射療法　　□2.朋友的祕方　　□3.無法確定

　　王震武、林文瑛（2005）在研究總結指出：單純的事後解釋確實擁有不低於（甚至高於）具預測力說法的說服力，顯示在有關靈異觀點的思考上，有一種解釋效果存在──理論會因其解釋力而具有說服力，不論這個理論是否具有預測力，也許還發現人寧可做不完全的有缺陷的思考，也要為自己怎樣面對事情，找一個暫時可安定心神的說法。

　　此研究顯示，對一般人而言，預測是實用的，因為它能使人趨吉避凶。因此，對預測感興趣，關心預測的正確性，應該是建基於演化的人性特質。反過來說，單純的解釋，猜想「為什麼」，如果與預測無關，就未必有什麼實用價值－至少跟生存不會有直接的關聯。

二、教學行動研究取向的情意評量

(一)準客觀評量取向的量表

　　教學行動研究目的在教學過程中進行反省並改變下一步教學設計和行為。其反省憑據，除了觀察訪談，還包括對學生做的客觀評量，這種評量的架構，多參考學者專家對某情感意志之理論說法，再思考它們在學校生活世界的表現，以適當措詞形成評量表，以下用筆者1999年間帶領當時修習情意課的大學生根據Salovey & Mayer（1997）的觀點，所設計情緒評量來說明。
　　Salovey & Mayer（1997）曾提出情緒智商理論架構，將情緒智商分成四個分量表，每個項目有四向度，分別為：

1. 感受、評估和表達情緒。
2. 利用情緒輔助思考。
3. 瞭解、分析、運用情緒知識。
4. 管理情緒，以促進情緒與智力的成長。

　　將其理論思考架構加上情境（例如以國小學生在學校時可能遇到的情境），並在每個向度舉一例，便可呈現從正面積極的情緒到比較負面消極的情緒行為或感受。因這種設計重點不在區分高低，而只是用以幫助學生自我瞭解或瞭解同學，故未做標準化，只是藉之發展為可以討論的教學活動，茲引數例，供作參考。

1. 感覺、評估和表達情堵
(1)由身體狀況、感覺和想法來辨認個人情緒的能力。

情境：當我發現自己手腳冰冷，而且在發抖，我會：

清楚的知道自己是在害怕、緊張，還是在擔心什麼（以五點量表計分，看符合程度）。

(2)透過語言、聲音、表演和行為來辨認他人、設計、藝術品等所展現之情緒的能力。

情境：看到一個同學在走廊上跳著走路，還邊走邊唱歌，我會覺得：

他很無聊在亂唱歌（以五點量表計分，看符合程度）。

(3)精確的表達情緒與感覺方面需求的能力。

情境：我心情不好時，我會：（選①表適當反應，選②③④表不適當反應，可斟酌給分）

　　①找同學、朋友或家人談一談。
　　②等同學、家人或朋友「發現」我心情不好時再告訴他們。
　　③自顧自地生氣，不理其他人。
　　④罵同學、家人或朋友。

(4)區辨感覺的表達是否正確和坦率的能力。

情境：有個平時和我沒有糾紛的同學推了我一下，害我跌倒撞破了膝
　　　蓋，腳還腫起來，而他一看到我流血，就直說「對不起」，眼
　　　睛紅紅的，還說要扶我到保健室，我覺得：

他是想要道歉，並要幫助我（以五點量表計分，看符合程度）。

2. 利用情緒輔助思考（以下省略題例，僅留量表之綱要及細目）

(1) 情緒傾向於依照資訊的重要性來決定思考的優先順序。

(2) 充分利用情緒來幫助關於感覺方面的記憶和判斷。

(3) 情緒會因為個人的觀察角度而改變，應該鼓勵由悲觀變樂觀等，並
　　思考多方面的觀點。

(4) 不同的情緒狀況會促進特別問題的解決，如快樂時會促進人的推理
　　能力，或激發創造力。

3. 瞭解、分析、運用情緒知識

(1) 標籤化情緒、瞭解情緒字詞和情緒本身關係的能力，如喜歡和愛。

(2) 解釋情緒傳達所隱含的意義與關係的能力，如傷心常常伴隨著損失
　　而來。

情境：發成績單時，我緊張的發抖，因為：

我成績很差的話，會讓父母或大人傷心、或被責罵（以五點量表計分，
看符合程度）。

(3) 瞭解複雜感受的能力，如愛恨同時產生時，或敬畏混雜著害怕和驚
　　訝。

情境：令人敬重的校長忽然要找學生講話時：

我覺得若學生既驚喜又害怕是不可能的（以五點量表計分，看符合程
度）。

(4) 瞭解情緒轉變的能力，如從生氣轉成愉快，或從生氣轉成羞愧。

4. 控制情緒以促進情緒與智力的成長

(1) 在愉快與不愉快的時候都有保持開放心胸的能力。

(2) 根據判斷來結合或分開某一情緒的能力。

(3) 監控自我和他人情緒的能力，如清楚的瞭解情緒之典型、影響或原
　　因。

(4) 管理自我和他人情緒的能力，節制負面情緒、增加愉快的情緒、抑制誇大的表達。

上述量表作答宜配合討論，透過討論，增進學生正向處理情緒的能力。

(二)避免點量表式情意評量的誤用

用點量尺方式進行情意學習評量，可能發生誤用情形，鍾聖校（2000，頁410-412）提到1999年4月3日在國立臺北教育大學召開的「情意量尺相關問題討論會」，出席之十二位學者專家及小學教師，在討論過程中均指出，採用情意量尺去評定一個人情意態度進展狀況，需謹慎避免誤用，會中指出其缺點，並建議正確之做法。

1. 點量表式情意量尺的缺點主要為名詞定義可能有認同上的歧異

因為對於情意態度，無論是寬容、欣賞、尊重、關懷或美感、德行、希望感、幽默感、幸福感等內涵之見解和如何表達才是適當行為，人們的認定可能差異極大，難以區分程度孰優孰劣，哪種已臻成熟，哪種有待加強。其實這缺點也是所有心理特質客觀評量要防犯的錯誤。其改善之道是在題幹敘述時儘量求清晰明瞭。

2. 情意行為受處境影響，在價值系統上的優先順序，可能與量尺的優劣順序混淆

當一個人在回答某一個處境時，說「我不太寬容或我相當寬容」，事實上反映的可能是他價值系統上的優先順序，有時會覺得「正義」要優先，有時會認為「需求」要優先，這些不同理由必須透過訪談溝通，才有機會呈現。故點量表最好配合理由說明或訪談進行。

3. 點量表式情意量尺忽視情境的特殊考量

當我們把情境從評量語句中排除掉，就會發現對每一個人而言，對該量表題目的敘述可能有不同詮釋，因此當勾選1、2、3時，你不曉得他是真正的1或真正的2、3。每個人自行對號入座的情境，會勾起每個人不同的價值面向。這是為什麼提出道德認知判斷發展論的L. Kohlberg要用兩難的道德問題，並將情境說清楚，因為這樣被評量的人才有機會澄清自己所講的是什麼。

4. 情意態度在遭遇某特殊情境時可能有多種表達方式，很難化約成
幾點特定行為

　　態度有三面向：情緒、行動傾向和認知。到底要以哪個做分類的軸度？
若以直接的情緒當作分類，情緒和情意還是會有落差。因爲隨著時間，同一
個情境，最初是刹那的情緒，很可能一開始很生氣，但在行爲上怎麼做，或
在認知上會怎樣告訴自己，很可能又不同。要將這些反應統整成一個，很困
難，但可以用較詳細的言語描繪出比較完整的現狀。硬是將不同面向的反應
丟在同一個軸度上，就會有混亂情形。等於是用同一把尺去看情緒、認知和
行動。

(三)點量表式情意量尺的正確運用

　　依據上述座談會及事後陸續地與相關人士討論結果，認爲點量表式情意
量尺可被正確運用的情形，大致如下：

1. 可將點量表的各點行為放在教學設計中，做情意態度進步之
參考

　　點量表也許不宜用在評量學生情意成績，卻適合用在指導教學設計。有
時設計出點量表來，讓小朋友填時，可促進他們去思考，成爲注意的起點。

2. 將點量表的各點說明，放在教學設計中做情意態度多元表現可能
性之提示，但不區分優劣

　　以寬容來說，重點不在區分一個反應是寬容的、普通的或不寬容的。重
點是把反應多方面呈現出來，讓學生共同感受那種反應寬容與否，因爲各班
考慮的情境狀況不同，或許對這班級是很寬容的，對那班級卻是普通而已。

3. 將行動面向放進情意態度情境中作優劣考量，在教學中引導學生
思考

　　在進行評量時，儘量針對問題情境把行動面向放進去。譬如問：「臺
北街頭怎麼樣」，不欣賞的人說這城市又吵又亂，欣賞的人則會覺得生活機
能方便，亂中有序，多元豐富。極力避免說不好或不欣賞的評語，反而變得
好像強調「不要去看不好的地方」。但事實上，不欣賞也是人類求進步的動
力。因此，若把行動面向放入評量語句，就可看出不欣賞其實可以帶出更積
極的態度，譬如說發現不好的地方，但願意因愛去改革，未來就能更被欣賞
了。也就是說，如果光談態度評量好像滿難的，如果把行動面向放進去，會
更清楚。

三、主觀的情意教學評量

　　情意教學評量可分日常教學評量和整體學習結果評量，前者類似形成性評量，後者則有總結性評量之意。其內涵可分下列五方面：

(一)評量面向

　　日常情意評量須注意「積極情意」的三面向：

　　1. 情緒開放

　　指情緒自然流露，並使情緒之底蘊——價值觀——能不壓抑、自由地表達出來。

　　2. 情緒導向積極

　　使情緒不致耽溺，導向激發動機、引起注意、彈性應變、創造思考。

　　3. 人文素養的充實

　　人文素養與情緒素養之關係，可以用圖12-1表示。人文素養的充實有發展性及支撐性兩種涵義。

(二)評量內涵

　　1. 情緒開放方面及導向方面的評量重點

　　(1) 能流露情緒；

　　(2) 不耽溺情緒；

　　(3) 能表達情緒底層的意念。

圖12-1　人文素養與情緒素養關係簡圖

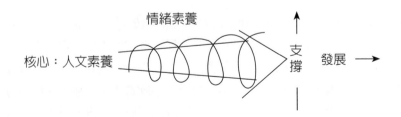

2.評量的形式

(1) 以計點量表表示程度。如：1　2　3　4　5　6　7
(2) 透過作品對情意導向做文字或數字的說明（作品可以是言辭、圖像、肢體動作等）。

(三)人文素養之發展性意義的評量

1.內容重點

(1) 人文素養做爲個人安身立命之道，不能抽離主體經驗；
(2) 依附著主體經驗的人文素養，隨著個人的經歷而發展，欲瞭解其狀況，需做歷程評量；
(3) 可以卷宗（Portfolio）評量方式進行，以軼事紀錄（日記、口述、訪談、錄音等）、實作表現、生活行動表現等方式呈現，以便藉過去凸顯現在的意義；
(4) 評量的任務在總結對個案發展歷程的認識，訴說現在的狀況和意義。

2.評量的形式

(1) 一份卷宗；
(2) 一份總結其意義的文字說明。

(四)人文素養之支撐意義的評量

1.概念方面

(1) 因情意統整是理性、感性辯證發展之協調關係，而人文素養是促進協調的基礎，避免人與自己、人與人、人與自然疏離、異化、表裡不一致。故人文素養本身可做爲評量的對象，看它成不成熟，如道德認知判斷有高、低階層之分，美感認知判斷有深不深刻之分。對人性之瞭解，人類相處之道的認識亦然（此認識常有賴於自發追求，教師只能居於輔導立場，從旁啓發、提醒）；
(2) 評量需依附在文化的「實質內容」上，假如上課內容若爲閱讀，以閱讀《湯姆歷險記》一書爲例，則對該書閱讀主題而言，可包括如解決爭端，資源有限、符咒、儀式之意義，放棄、出走的態度、對不可改變事物之幽默、處理委屈、參加自己喪禮投射的自我概念、人我關係、浪漫的流浪等議題，也就是閱讀內容即爲評量的好材

料；

(3)人文素養對各議題的認識，其實是理性、感性統整的結果，可表現在
進一步對發生事件意義之詮釋及價值判斷上。

2. 評量的形式

(1) 專家或教師的判斷：多數以文字形式呈現，說明被評量者對人物、
事件、意義的詮釋是否豐富、深刻；

(2) 對人物、事件有關問題的回應態度（隱含在內容中）是否顯示寬
容、欣賞、尊重、關懷的態度；

(3) 口述（訪談）、實作、文字敘述。

(五)日常教學評量之呈現——卷宗評量（portfolio）

綜合日常教學內容，評量的呈現型態，方式很多，可參考表12-1所示。

表12-1	情意課程日常教學之卷宗評量項目	
	象徵圖像	呈現型態
1.		1.・學習單
2.		2.・日常情緒工程報告（口頭、書面） ・日常理性工程報告（口頭、書面）
3.		3.・上課發表溝通之表現 ・上課活動參與之表現
4.		4.・社團參與紀錄 ・公益活動參與紀錄 ・為他人服務紀錄
5.		5.・自我評量 ・家長評量 ・同儕評量
6.		6.・學期初評量 ・學期末評量

　　在增進卷宗評量的效度方面，依吳毓瑩（1999）之研究，可注意下列事項：

1. 在內容方面
   (1) 提出必要指標；
   (2) 鼓勵學生自評其優良示範作品；
   (3) 提出核心項目，即每個領域中，要有特定學習、結果的代表作品；
   (4) 舉出能表現不同特性的工作樣品。

2. 評量的執行注意
   (1) 放入卷宗的作品要有代表性，且與教學活動、評量構念、取材主題、活動等緊密結合；
   (2) 充分賦予學生責任，讓學生自主選擇、自我評量，加上適度的同儕互評；
   (3) 要求提出示範作品、要求自我評量和同儕互評，以協助學生有效監控自我學習，提高對自己的表現要求，並據以改進自己的作品，提升能力水準；
   (4) 鼓勵關鍵人士，如親友，協助參與和共同進行評量，因大學生多數講求獨立，不願父母對自己表現太多關切，若能讓該大學生的關鍵親友（特別是願分享成長的好友）更知道其能力進展情形，將有助於引導他／她作自我評判、自我修正、自我調整；
   (5) 宜選擇適切的師長、親友、同儕評論，共同放入卷宗之內，記錄此學習過程。

3. 在提升效度的考量方面
   　　採用卷宗評量時，爲提高建構效度，教師宜經常警惕並持續思考下述問題之答案，並在評量行動上改善。
   (1) 卷宗所選取的作品是否對於該年級學生而言，能在評量的主題面向具代表性？
   (2) 建構出的評量主題及建議活動，是否能適切地反映出情意學習的構念及構念下的各個面向？
   (3) 卷宗用來評量情意的發展歷程和結果，作業內容品質好不好？文化上是否能被接受？其效用如何？
   (4) 當教師在建構「情意學習」之構念時，宜自省是否運用了太多自己的價值意涵，是否適切而廣泛地考慮了所處文化的價值意涵？

(5) 在卷宗評量進行的過程中以及結束後，教師要自省是否預期會對大學生的「情意素養」觀念造成正向的後果影響？學生是否能在評量活動結束後的日常生活中，能在理性感性協調方面更爲統整？並在美感上與倫理上繼續邁向完善？

(6) 對於如何在評量的結構面向上，注意調整使各主題活動更適切地配合每一個面向？思考其比例分配是否恰當？

(7) 思考對於不同的觀看卷宗的評量者，其評量的指標及概括化的程度是否夠清楚及適當？

(8) 思考如何將此卷宗評量建立在一個可以有評等依據的基礎上？

第二節　結合認知和情意的評量

因依據的分類不同，評量的分類會有不同的類別名稱。故針對情意學習的領域，可以提出情意評量；針對課程理念，可以結合概念思考和態度，並發展特殊的形成性評量。

一、如何評量學生對學習內容的情意

兒童們對所學習課程內容的反應有偏向認知的，有偏向情意的，在不同時段，同一位學生對其反應，有時強烈地傾向知性的，有時強烈地傾向情緒。欲瞭解學生對自然或對科技的情感，有賴於日常觀察，在兒童的微笑、皺眉、批評、語氣、選擇活動中可以窺見。但窺見是不足的，窺見暗示這種行爲的隱密性或暫時性，似乎稍縱即逝，非有信度或效度的評量所能接受。情意評量須嘗試突破這種限制，力求較爲確實地評定兒童對自然與科技課的態度，對科技的喜好，對自然界的關懷。

情意評量的內容範圍很廣，隨教師教學目標和重點而定，而對同一內容又可縱向地深入。Esler（1989）曾引述克拉斯渥等（D. R. Krathwohlt et al., 1964）所區分情意學習的目標層次，並舉出其在學習行爲上的例子，如表12-2所示，可做爲教師評量學生因所學內容產生的情意狀況的參考。

表12-2　Krathwohlt等提出的情意領域目標分類	
情意領域	學生行為的例子
開始接觸（receiving）	・翻到書本正確的那一頁聽課。 ・會用「指出事物」表示自己有在觀察注意。 ・坐得端正表示注意。 ・用心做分配的作業，表示自己有認識到。
有回應（responding）	・回答問題、執行作業、交出作業、改正作業。
表示重視（valuing）	・遵守安全規則，表現接納的行為，自發的做作業，準時完成作業。
納入組織（organizing）	・解決衝突的價值，改變觀念，改變信念，形成立場，避免草率的下判斷。
以擁有該價值為特色（characterization by a value or value complex）	・在實作情況表現出預期的行為，自動參加相關課程活動，人格具有與所教態度相吻合的特質。

*引自Esler, 1989, p.7

　　由於情意層次的發展是長時間的孕育，且各層次間無邏輯的必然性，故在某時間點所做一次性的情意評量表中，不易看到表12-2的層次關係，而是需在不同時間的行為內容中，在各有關情意表現，驚喜發現它們的進展關係。

二、兼顧概念和態度的澳洲環境教學評量

　　澳洲昆士蘭省在人文取向的「環境教育課程」理念指導下，曾發展出一套兼顧概念和態度的學習評量表（Queensland Department of Education, 1993），在該省教育部發行的教學指引列出六種有效的評鑑表，個別代表對一種活動的表現評定，為供借鏡，在此介紹之（詳見鍾聖校，1996，頁98-105）。

　　這些評鑑表從表12-3至表12-6是圍繞著「人們與其所居住土地的關係」的主題各項活動，來做評鑑。原活動包括：

(1) 寫一份傳記（biography）；

(2) 進行訪談；

(3) 與同學分享傳記；

(4) 繳交傳記給老師。

　　另兩個評鑑表，表12-7為高年級學生在探究溫室效應後對學習程度的自我檢核；表12-8為綜合作業的評鑑。表12-3呈現的是將「作業內容及評鑑標準」放在一起說明的形式（引自鍾聖校，2000，頁431-437）。

表12-3　傳記是否符合標準檢核表

師生共同協定之優良傳記標準

姓名：＿＿＿＿＿＿＿＿

*寫得很好；✓滿意；✕需要再改善

	草稿一	草稿二	綜合評量
容易閱讀			
拼字和標點良好			
段落分明			
包含有趣的事件			
探索到主人翁的感受和情緒			
用詞簡潔			
主題清楚			

表12-4 個別晤談技能評鑑表

我的晤談技能

姓名：_____

開放性問題數量：_____

閉鎖性問題數量：_____

1. 我是一個溫和而又能鼓勵回答的晤談者嗎？_____

2. 我在適當之處是否會繼續追問？_____

3. 我的問題是否能探索到人們與土地的關係？_____

4. 我的問題在措詞方面清楚嗎？_____

5. 我對未來晤談的希望：_____

6. 我希望：_____

_____

表12-5 自我反省傳記作業表

姓名：_____

請完成下列句子：（註：以下是要學生針對自己訪談內容做反省，句中喬治或艾迪是指此學生之前訪談的對象）

1. 當我想到喬治或艾迪與土地的關係，我認為自己與他們相似，因為：

_____

2. 當我想到喬治或艾迪與土地的關係，我認為自己與他們不同，因為：

_____

3. 寫傳記讓我瞭解到：_____

_____

4. 這篇傳記最好的部分是：_____

_____

5. 這篇傳記最令人不滿的部分是：_____

_____

表12-6　訊息與價值是否保持平衡評鑑表

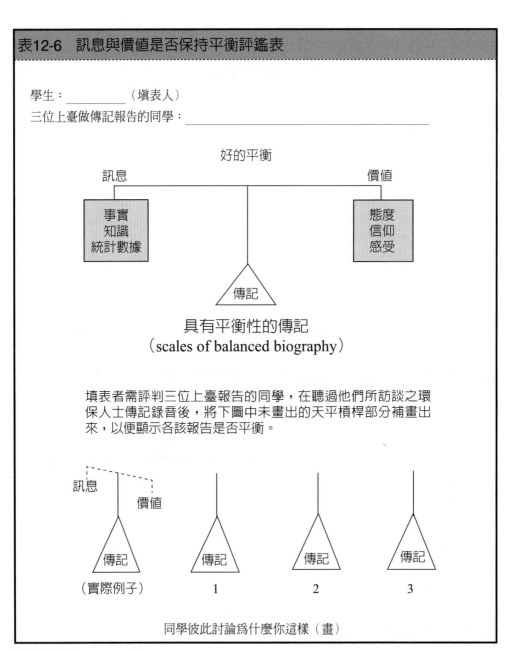

學生：＿＿＿＿＿＿＿（填表人）
三位上臺做傳記報告的同學：＿＿＿＿＿＿＿＿＿＿＿＿＿

好的平衡

訊息　　　　　　　　　　　　價值

事實
知識
統計數據

態度
信仰
感受

傳記

具有平衡性的傳記
（scales of balanced biography）

填表者需評判三位上臺報告的同學，在聽過他們所訪談之環
保人士傳記錄音後，將下圖中未畫出的天平槓桿部分補畫出
來，以便顯示各該報告是否平衡。

訊息
價值

傳記

（實際例子）

傳記

1

傳記

2

傳記

3

同學彼此討論為什麼你這樣（畫）

*引自鍾聖校，2000，頁434

表12-7　有關溫室效應的自我學習評定表

1. 我成功地解釋溫室效應是如何發生的，給誰聽？（請打✓）

（　　）同學

（　　）一個大人

2. 我已能在班級討論和做研究時貢獻自己的智慧。

例如，在班級討論時我說：＿＿＿＿＿＿＿＿＿＿＿＿＿＿

＿＿＿＿＿＿＿＿＿＿＿＿＿＿＿＿＿＿＿＿＿＿＿＿＿＿＿

研究過程中我發現：＿＿＿＿＿＿＿＿＿＿＿＿＿＿＿＿＿＿

3. 我感覺這次班上做的活動是：（請打✓）

（　　）值得的

（　　）浪費時間的

4. 在發現有關溫室效應的事物方面，我認為親手做的科學經驗很有用。（請打✓）

（　　）是（　　）否

例如：我們在實驗中觀察到二氧化碳和植物生命。

5. 我現在知道像溫室效應這種會引發情緒的問題，可能導致極端的建議。

（　　）是（　　）否

例如，有些人建議我們應該：＿＿＿＿＿＿＿＿＿＿＿＿＿＿

＿＿＿＿＿＿＿＿＿＿＿＿＿＿＿＿＿＿＿＿＿＿＿＿＿＿＿

6. 角色扮演能幫助我們瞭解不同人士會持不同意見或觀點，而它們有時是衝突的。

（　　）是（　　）否

扮演巴西雨林的角色幫助我瞭解：＿＿＿＿＿＿＿＿＿＿＿

＿＿＿＿＿＿＿＿＿＿＿＿＿＿＿＿＿＿＿＿＿＿＿＿＿＿＿

7. 我現在相信人類必須採取行動去對抗溫室效應。

（　　）是（　　）否

我對未來的建議是：最好＿＿＿＿＿＿＿＿＿＿＿＿＿＿＿＿

＿＿＿＿＿＿＿＿＿＿＿＿＿＿＿＿＿＿＿＿＿＿＿＿＿＿＿

表12-8 教師對傳記之整體呈現狀況之評分

學生姓名：＿＿＿＿＿＿＿＿＿

呈現方法：＿＿＿＿＿＿＿＿＿＿＿＿＿＿＿＿＿＿＿＿

	非常好	好	尚滿意	需改善
人際技能： ・與他人合作 ・主動參與準備 ・主動參與報告（呈現）				
報告風格： ・報告認真 ・有創意／有想像力 ・合乎主題（指出人與土地之關係） ・聽起來有趣並吸引人				
內　　容： ・提供了事實和訊息 ・強調出價值、信念和態度				
綜合意見：				

表12-9　有關地理的環境教育學習評鑑內容

◎主題：人與環境

學期：＿＿＿＿＿＿＿＿＿　　繳交報告最後期限：＿＿＿＿＿＿＿＿

長度：字數限一千字以內　　實際交報告日期：＿＿＿＿＿＿＿＿

學生姓名：＿＿＿＿＿＿＿＿＿＿＿＿＿＿＿＿＿＿＿＿＿＿＿＿

教師姓名：＿＿＿＿＿＿＿＿＿＿＿＿＿＿＿＿＿＿＿＿＿＿＿＿

作業內容：＿＿＿＿＿＿＿＿＿＿＿＿＿＿＿＿＿＿＿＿＿＿＿＿

　　選一個在人與環境關係方面會發生衝突的問題做主題寫一篇報告，並擬出報告題目名稱。可參考下列程序思考：

1. 說出題目。
2. 它在哪裡發生？
3. 衝突是關於什麼？
4. 誰牽涉在此衝突中？
5. 他們各自堅持的理由為何？
6. 這些理由有效嗎？
7. 哪種處理方法你會支持，為什麼？你的判斷必須考慮過去和現在對環境及人的影響等。

◎資源：

　　在報告中要寫出引用的資源，以便真實呈現這問題的所有爭議。報章雜誌可提供這方面較新的訊息。

◎題材／問題：

　　選「一個」主題或問題，你可能想集中在一個事件（case）的研究上，如沙礦－Fraser Island－對都市開發－聚集的住宅；或海岸開發－Mangrove這種植物的生態對休閒渡假。

1. 海岸地區──Mangrove植物生態系統／度假中心／住宅
   ・大堡礁──油／海洋公園／觀光旅遊
   ・沙礦──Fraser Island
2. 袋鼠──保護／農夫
3. 南極──挖礦／世界公園／釣魚／旅遊觀光
4. 河流──鹽分／灌溉
5. 水壩和伐木工業──保持雨林地區（塔斯馬尼亞、亞馬遜）
6. 工業／車輛和全球變暖／汙染
7. 農場對水壩，如Walfdene建議書
8. 都市情緒──運輸、住屋、都市河流和工業
9. 殺蟲劑和食物
10. 國家公園和太空基地
11. 其他

*引自鍾聖校，2000，頁437

三、一般情意評量成績報告之型態

以下用澳洲昆士蘭省一般小學在情意評量方面採用的型態做參考示例。

(一)小學生情意的成績報告可能形式

以下用澳洲坎培拉私立聖安德小學的期末成績報告，表明教會學校在認知和情意兼重情況下，情意項目的評量報告可以採用的方式（資料摘自項必蒂，2000，頁49-51）。

1. 宗教教育（按：可配合國情改稱靈性教育）
宗教教育評量不能顯示出學童的信仰（faith）如何，但可略知在學校的行為反應。

(1) 上課我會出席；　　　　　　　　(2) 在祈禱時我會有反應；
(3) 我試著幫助別人；　　　　　　　(4) 我尊重別人珍愛的東西；
(5) 我顯現出對神的愛日益增進；　　(6) 我在上這門課時有努力。

項目	經常	通常	有時	有困難

2. 英語
A.聽
(1) 我能表現團體禮儀；　　　　　　(2) 我在傾聽時會努力。

項目	經常	通常	有時	有困難

B.說
(1) 我在討論時對自己的貢獻有信心；　(2) 我在訴說時會努力。

項目	經常	通常	有時	有困難

C.讀和看

(1)我喜歡閱讀和觀賞的活動；　　　(2)我在閱讀時會想像主人翁的心情
　　　　　　　　　　　　　　　　　　　和情境。

項目	經常	通常	有時	有困難

D.寫

(1)我能享受寫作；　　　　　　　(2)在我寫作時能運用想像力；
(3)我會認認真真寫作。

項目	經常	通常	有時	有困難

3. 數學

(1)我會努力學數學。

項目	經常	通常	有時	有困難

4. 社會和環境研究

(1) 上課時我會參與；　　　　　　(2) 我在團體活動中能表現良好；
(3) 我能覺察自己和家人；　　　　(4) 我能覺察我的社區；
(5) 我對自己的環境能用簡易方式表　(6) 在有關社會和環境研究的考試
　　現負責；　　　　　　　　　　　（SOSE考試）我會努力。

項目	經常	通常	有時	有困難

5. 科學和技術

(1)我對事物如何運作有興趣；　　　(2)我對周遭世界有興趣；

(3) 我仔細觀察事物；　　　　　　　(4) 我會與別人分享我的觀察；
(5) 我顯現出對神的愛日益增進；　　(6) 我努力學習自然與科技。

項目	經常	通常	有時	有困難

6. 體育和健康
　　(1) 我喜歡並願意參加體育活動；　(2) 我在上體育課有自信；
　　(3) 我在大肌肉運動上有技能；　　(4) 我知道如何用簡易的方式使自己
　　　　　　　　　　　　　　　　　　　　健康並安全；
　　(5) 我能表現出良好的運動員精神；(6) 我上體育課會努力。

項目	經常	通常	有時	有困難

7. 小肌肉動作和書寫（省略）
8. 藝術
　　(1) 我在創作活動上有信心並覺得是 (2) 我能享受並參與音樂活動；
　　　　享受；
　　(3) 我能享受並參與戲劇活動；　　(4) 我在藝能領域會努力；
　　(5)（省略）。

項目	經常	通常	有時	有困難

9. 資訊科技
　　(1) 我喜歡並參與資訊科技活動；　(2)（省略）。

項目	經常	通常	有時	有困難

10. 其他語文（日文）

    (1) 我喜歡參與日本人的活動；   (2) 我上日文課會努力。

項目	經常	通常	有時	有困難

11. 社會發展

    (1) 我能表現出自信；   (2) 我有自發性；

    (3) 我能獨立工作；   (4) 我是團體的好幫手；

    (5) 我能與別人合作；   (6) 我有禮貌並周到；

    (7) 我對如何使用時間會做良好判斷；   (8) 我工作能專注；

    (9) 我能接受變化；   (10) 我工作整潔，有條不紊。

項目	經常	通常	有時	有困難

(二)一般公立小學的成績報告可能形式

在結合認知的情意期末評量報告上，澳洲的一般學校是在學期結束時用一份成績報告單做綜合概述，如表12-10、表12-11。

表12-10　澳洲小學能力與努力分開評定的成績報告單舉例
姓名：＿＿＿＿＿＿＿＿＿＿　　　　　　　　　　　班級：＿＿＿＿
澳洲布里斯本市麥格小學三年級的成績報告單（以語文為例）
◎成就代碼（achievement codes）： 　A＝很高；B＝高；C＝還不錯；D＝接近不錯；E＝有困難 ◎勝任能力代碼（stand codes）： 　ED＝有困難；DV＝正在發展中；CP＝能勝任 　HC=高度勝任（highly competent） ◎努力代碼： 　C＝令人讚賞；s＝令人滿意；I＝不一致

英文					
說和聽	努力	HC	CP	DV	ED
1. 能使用適當的文體					
2. 能顯示信心並清楚的說話					
3. 能控制音量並使用適當的表達方式					
4. 在正式和非正式情境能計畫說什麼或組織什麼訊息					
5. 能預測會有什麼訊息					
6. 能對講述者表示自己理解和有興趣					
閱讀和欣賞	努力				
1. 能知道和瞭解不同的文章					
2. 能辨識文章結構					
3. 能運用多種策略去處理不熟悉的文章					
4. 能使用適合自己年齡層的語彙					
5. 能選出事件和角色					
6. 能瞭解視覺語言：圖說、錄影帶、繪圖					
7. 能自己激發動機去閱讀，從中得到樂趣					
寫作	努力				
1. 能運用不同的文章型式，使之適合工作的目的和觀眾					
2. 能在某幅度運用適當語言					
3. 能正確地造句					
4. 能適當地標示簡單句					
5. 能做到適合年齡層次的拼字					
6. 能自己校正並具有編輯技能					
7. 能寫得令人看懂並整潔					

*引自鍾聖校，2000，頁443-444

表12-11　澳洲布里斯本市Sunnyban小學1994年的成績報告單					

學業等第： A 表現卓越　　　　D 有困難 B 非常好　　　　　E 無法掌握 C 普通			社會等第： A 值得稱讚 B 令人滿意 C 令人不滿		姓名：小玲（化名） 班級　6 學期　2 年份　1994
語文	全部等第	B-	社會學習等第	B+	工作和學習習慣	等第

語文	全部等第　B-	社會學習等第　B+	工作和學習習慣	等第
1. 傾聽和 　　遵守指令 2. 說話 3. 閱讀和 　　理解 4.寫作 5.功能語文 　・拼字 　・文字 　・標點 6.寫字	1. 小玲繼續保持良 好的傾聽並能用 心遵循命令。 2. 她能有效溝通自 己的想法。 3. 對印刷的文字理 解相當好。 4. 在各種形式上的 書寫都很認真。 5. 在句子結構理解 方面進展得更 好。 6. 清晰並可辨認。	有卓越的成績，在報告的呈 現和研究方面都良好，瞭解 本學期數的觀念。做的好！ 小玲！ 科學等第　　　　　C+ 小玲的生字逐漸增多，因此 在用英文表示預測、推論及 觀察的能力也可能增強。 音樂 在班上用功，持續以信心完 成所有作業。	・獨立工作 ・努力改善 ・乾淨俐落 ・完成一組工 　作 ・家庭作業 社會發展 ・與他人一起 　操作 ・認真且負責 　任 ・自我控制 ・與他人分享 　工作和遊戲	1 1 1 1 1 1 等第 1 1 1 1 1
數學	全部等第　B	藝術與美勞	總評	
・數 ・實數 ・運算 　（+－×÷） ・問題解決 ・測量 ・空間	小玲繼續保持高成 就： 1.她瞭解 　・數 　・整數 　・分數 2.她做小數四則運 　算應用問題時， 　都很有信心，並 　有效率。	在參與藝術活動時，很專 注、用心。 健康與體育 在游泳方面進步很多，喜歡 打網球。 外國語言 小玲在中文說和寫方面，成 績卓越。	小玲是非常負責任和獨 立的學生，她花很大的 精力在所有功課並願意 與他人分享知識，她的 英文進步很多。 教師簽名：＿＿＿＿＿ 家長簽名：＿＿＿＿＿ 教師要求與家長面談 　_是_否 家長要求與教師面談 　_是_否	

*引自鍾聖校，2000，頁445

(三)多元智慧觀點的自我知識評量

　　從多元智慧觀點看兒童對整體和社會人際關係的自我知識（self-knowledge），其評量型態可以用澳洲雪梨大學的邦豪教授（L. Bornholt）1995年設計的The ASK-KIDS Inventory for Children量表及The ASK-Q Inventory for Students量表（若有意願參考，可逕洽雪梨大學The University of Sydney）。以下僅舉適合低年級兒童使用的六個層面的題型，和適合中高年級使用的自我知識的社會和生理面題型為例：

1. 適合低年級使用的自我知識評量示例

下列哪一張臉是你的感覺？（記得沒有正確或錯誤的答案，只要是你的感覺就好）

(1)友誼：

我覺得在學校，我是……　　　　　　有點，很多……多少？

……容易與朋友相處的人

(2)表達：

我覺得在學校，我是……　　　　　　有點，很多……多少？

……能讓別人知道我感覺如何的人

(3)歸屬感（belonging）：

在學校　　　　　　　　　　　　　　有點，很多……多少？

我覺得在某一團體有……參與感

(4)獨一無二（individuality）：

在學校，我有……　　　　　　　　　有點，很多……多少？
空間能做我的事，而不必管別的小朋友

(5)身體意象（body image）：

我認為我身體　　　　　　　有點，很多……多少？

好（fit）並且健康　　　　　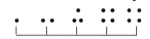

(6)外表：

我認為，我有……權力　　　有點，很多……多少？

選擇我自己的衣服　　　　　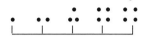

（引自鍾聖校，2000，頁446-447）

2. 適合中高年級使用的自我知識評量示例

以下自我知識的社會和生理面評量，評量題型可以用五點量表評定其高低，進而發展成量表。

(1) 友誼：

　①我很容易欣賞事物。　　　　　1　2　3　4　5

　②我與朋友相處良好。　　　　　1　2　3　4　5

　③我發覺交新朋友很容易。　　　1　2　3　4　5

　④我有朋友或好友可以信賴。　　1　2　3　4　5

　⑤我是一個相當友善的人。　　　1　2　3　4　5

(2) 表達：

　①我發覺在團體中說話是容易的。1　2　3　4　5

　②我喜歡在教室裡被叫起來說話。1　2　3　4　5

　③我能表達自己的意見。　　　　1　2　3　4　5

　④我能讓別人知道我是如何感覺。1　2　3　4　5

　⑤我有幽默感。　　　　　　　　1　2　3　4　5

(3) 歸屬：

　①我感覺有些人和我相似。　　　1　2　3　4　5

　②我在學校是某團體旳一員。　　1　2　3　4　5

　③他人會邀請我參加他們的活動。1　2　3　4　5

　④我喜歡與他人配合的感覺。　　1　2　3　4　5

　⑤我對於我所歸屬的團體感到高興。1　2　3　4　5

(4) **個別性**：

①我喜歡我自己的團體。　　　　　1　2　3　4　5

②我需要有某種私人的空間。　　　1　2　3　4　5

③我認為我自己很獨特。　　　　　1　2　3　4　5

④我會做個別的活動或運動。　　　1　2　3　4　5

⑤我不會太受別人影響。　　　　　1　2　3　4　5

(5) **身體意向**：

①我在生理活動上協調良好。　　　1　2　3　4　5

②我認為我的身體相當健康。　　　1　2　3　4　5

③我看起來很健康。　　　　　　　1　2　3　4　5

④就我的年齡而言，我算是生理成熟的。　1　2　3　4　5

⑤我認為我很好看。　　　　　　　1　2　3　4　5

(6) **外表**：

①我認為我穿著的方式不錯。　　　1　2　3　4　5

②我傾向於穿著流行、有時代感的衣服。　1　2　3　4　5

③我通常穿適合我的衣服。　　　　1　2　3　4　5

④穿衣服的品味能夠顯示出我是誰。　1　2　3　4　5

⑤人們似乎會注意到我穿什麼。　　1　2　3　4　5

(四)生活與學習呈現之情意綜合觀察評量

　　1999年臺北市北政自主學習實驗班，導師對學生生活與學習之觀察評量表，頗能兼顧認知和情意學習的需要，茲將該評量表列述如表12-12，借供參考。

表12-12　兼顧生活與學習之情意綜合觀察評量

說明：請在□中勾選適合選項，在（　）中填入表示做到程度的數字，1~5：1表示很好，
　　　2表示可以做到，3表示有時可以，有時不行，4表示還需努力，5表示缺乏能力。

一、整體學習狀況：

學習意願：　□高、□普通、□低、□未能看出

學習態度：　□認眞、□看成人的對應而定、□散漫

表達能力：　□良好、□尙可、□弱

理解能力：　□高、□中、□低

1.（　）願意認眞面對自己學習的問題，瞭解自己的情況。
2.（　）具有好奇心，願意主動去探索。
3.（　）能夠嘗試尋找出自己的學習方法。
4.（　）對自己所學，能做評估及應用。

二、生活管理能力：

1.（　）上學不遲到。
2.（　）認眞負責自己掃區。
3.（　）有良好整潔習慣。
4.（　）記得班上共同交代的事項（用品、回條……）。
5.（　）不講髒話及粗話。
6.（　）不隨便動別人的東西。
7.（　）不做出會危及自己及他人安全的行爲。
8.（　）生活規律有序。
9.（　）愛惜自己的身體。
10. 看起來經常是：□生氣勃勃的、□平靜自在的、□沈默被動的、□孤孤單單的

三、人格特質：

自我認知：□高、□尙可、□待學習。

尊重他人：□高、□尙可、□待學習。

自我反省：□強、□尙可、□待學習。

自我要求：□過高、□良好、□尙可、□待加強。

自我堅持：□過於強烈、□良好、□尙可、□較鬆散。

行動能力：□積極主動、□較爲被動、□多慮、□游離。

整體承擔力：□過度犧牲、□良好、□尙可、□偏低、□需有自覺性的努力。

四、社會能力：

表現特質：□領導性、□附隨性、□旁觀性。

體諒能力：□強、□可、□待學習。

溝通能力：□強、□中等、□待學習。

規則遵守情況：□僵硬、□合理、□待學習。

合作能力：□強、□中等、□待學習。

處理糾紛的能力：□強、□中等、□待學習。

自愛愛人的能力：□強、□中等、□待學習。

導師的話：

*引自鍾聖校，2000，頁449-450

四、使作業評量的設計更有趣

　　情意教學目標很廣，不限於是情意溝通理論要培養的態度、行動和素養，此時有關情意目標，就要看教師重視的是什麼。此外，如果我們重視情意教學至少必須是在快樂中學習，則學習過程的設計宜透過好玩的方式，在學習作業設計中呈現，以下用表12-13及表12-14分別舉例說明之。

(一)不考慮情意趣味的純理性設計

表12-13　純然表達理性思考觀察的「奇妙的聲音」學習單			
☆小朋友，試試看以下幾種情況，聲音傳遞的情形是如何？請把結果記錄下來。			
結果 情況	聽得到 聲音	聽不清 楚聲音	聽不到 聲音
線有拉直			
線沒有拉直			

情況＼結果	聽得到聲音	聽不清楚聲音	聽不到聲音
手指夾住線			
線纏繞著鉛筆			

*引自鍾聖校，2000，頁451

(二)融入情意趣味的學習單設計

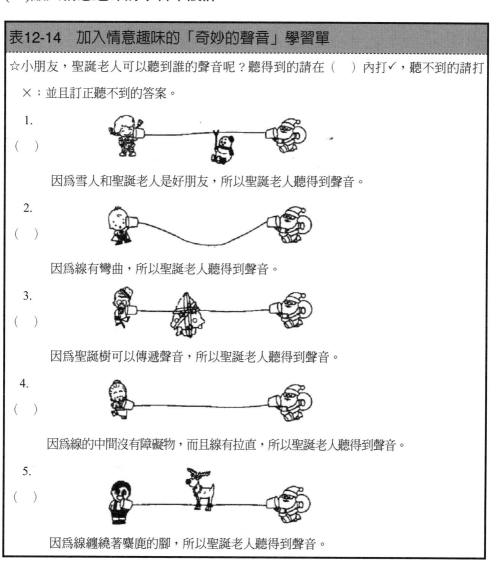

表12-14　　加入情意趣味的「奇妙的聲音」學習單
☆小朋友，聖誕老人可以聽到誰的聲音呢？聽得到的請在（　）內打✓，聽不到的請打
×；並且訂正聽不到的答案。

1.
（　）
因為雪人和聖誕老人是好朋友，所以聖誕老人聽得到聲音。

2.
（　）
因為線有彎曲，所以聖誕老人聽得到聲音。

3.
（　）
因為聖誕樹可以傳遞聲音，所以聖誕老人聽得到聲音。

4.
（　）
因為線的中間沒有障礙物，而且線有拉直，所以聖誕老人聽得到聲音。

5.
（　）
因為線纏繞著麋鹿的腳，所以聖誕老人聽得到聲音。

*引自鍾聖校，2000，頁452

參考文獻

中文部分

小光（1999）。**衝破靈界的黑暗——氣功揭祕**。臺北市：中福。

王乃福（2006）。惆悵斷背山。**校園，48(3)**，8-19。

王怡（2010）。天堂沉默半小時。臺北市：宇宙光。

王淑俐（1995）。**青少年情緒的問題、研究與對策**。臺北市：合記。

王嘉源（2006）。歐報聲援丹麥漫畫激化文明衝突。中央社綜合2006年2月2日外電報導。臺北市：中央社。

王震武、林文瑛（2005）。迷信思考中的解釋效果。**中華心理學刊，47(1)**，39-60。

冉云華（1991）。**從印度佛教到中國佛教**。臺北市：東大。

石之瑜（2008）。掀邱毅假髮與扁建國基金。**聯合報**2008.12.16.民意論壇。

任法融（1993）。**老子的智慧**（注釋）。臺北市：地球。

宇宙光編輯部（2010）。**珍藏一生的祝福**。臺北市：宇宙光。

朱岑樓（1992）。從社會個人與文化的關係談中國人性格的恥感取向，載於李亦園和楊國樞（主編），**中國人的性格**（頁91-131）。臺北市：桂冠。

朱狄（1988）。**當代西方美學**。臺北市：谷風。

朱瑞玲（1989）。面子與成就—社會取向動機的探討。**中華心理學刊，31(1)**，79-90。

牟宗三（1970）。**生命的學問**。臺北市：三民書局。

羊君（2010）。先知。**宇宙光雜誌，10月號**，74-81。

何玉峰（2004）。何謂禱告。臺北市：中華基督教信友堂何玉峰長老詮釋聖經「以賽亞書」錄音帶。

何長珠（1997）。**心理團體的理論與實際**。臺北市：五南。

佐藤將之（2010）。**中國古代的「忠」論研究**。臺北市：臺大出版中心。

余磊（2011）。曼德拉之怒。2011.9.24.**基督教論壇報，第3322期**，第29版。

吳怡（2005）。逍遙的莊子。臺北市：三民。

吳相儀（2006）。**樂觀訓練課程對國小高年級學童樂觀信念、因應策略之影響**。國立臺灣師範大學教育與心理輔導研究所博士論文。

吳相儀、陳學志、邱發忠、徐芝君、許禕芳（2008）。樂觀訓練課程對國小高年級學童樂觀信念之影響研究。**師大學報，53(2)**，193-221。

吳淑蓉、王秀紅（2005）。護理人員情緒勞務及相關因素之探討。**實證護理，3(4)**，243-252。

吳森（1978）。**比較哲學與文化**。臺北市：東大。

吳毓瑩（1999）。師資培育課程中情意面向的構念探討與評量歷程。行政院國家科學會委員會專題研究成果報告（編號：NSC-88-2418-H-152-002-F19）。

李安德（1990）。**超個人心理學**。臺北市：桂冠。

李江凌（2004）。**價值與興趣—培里價值本質論研究**。北京市：中國社會科學出版社。

李沛良（1982）。社會科學與本土概念：以醫緣為例。載於楊國樞、文崇一（主編），**社會及行為科學研究的中國化**。中央研究院民族學研究所，專刊乙種第10號。

李奉儒（1996）。後現代主義、多元主義與德育研究。**教育研究雙月刊，50**，頁30-41。

李昀眞（2009）。**大學生樂觀、緣分風格與正向面對分手之關係研究**。國立臺北教育大學心理與諮商研究所碩士論文。

李盈穎、劉承賢、賀先蕙（2006）。溺愛戰爭。**商業周刊，977期**。

李澤厚（1987）。**中國美學史第一卷——莊子的美學思想**。臺北市：谷風出版社。

杜維明（1996）。**現代精神與儒家傳統**。臺北市：聯經。

周小仙（2009）。開心農場背後的寂寞。http://udn.com/NEWS/OPINION/X1/5235639.shtml。上網日期2009年11月6日。

林小麗（2004）。**幽默融入國中綜合活動課程對學生幽默感、情緒適應和人際因應之影響**。臺灣師範大學教育育心理研究所碩士論文。

林全洲、周宗禎（2009）。民間斬斷情絲慣用術。**中國時報**，2009.1.1. A15版。

林玫玲（2005）。**童話可以這樣看**。臺北市：幼獅。

林建福（2006）。**德行、情緒、與道德教育**。臺北市：學富文化。

林毓凱（2007）。外遇社會學提問。**中國時報**，2007.4.28.時報論壇。

林鈺雄（1998）。**誹謗名譽與意見自由**。中國時報，1998.11.8.第8版。

邱秀美（2010）。小二生的情緒創造教學行動研究。國立臺北教育大學教育經營與管理學系研究所碩士論文。

邱坤良（2009）。好玩的電音三太子，應避免一窩蜂。**中國時報**，2009.11.18.時報論壇。

南方朔（1993）。**文化啓示錄**。臺北市：三民。

南方朔（2009a）。出名不是浮士德的天譴契約。**中國時報**，2009.6.30.名人觀點。

南方朔（2009b）。八卦文化、醜聞經濟、表演政治。**中國時報**，2009.10.13.名人觀點。

柯志明（2005）。基督信仰的上帝說：回應曾慶豹。**獨者臺灣基督徒思想論刊**，**9**，199-226。

柯雄文（1997）。儒家倫理思想的概念架構。（劉若韶、王靈康譯）。**哲學雜誌**，**19**，142-160。

柯慶明（1999）。二十世紀的文學回顧。**聯合文學**，**175(5)**，92-101。

俞懿嫻（2007）。**道德教育與哲學**。臺北市：文景。

紀大偉（2010）。「後信任」時代要學會耐煩。**中國時報**，2010.12.31.時論廣場專欄。

胡志強（2009）。胡志強教幽默，中央社，2009.7.28.報導。

胡敏中（1997）。**理性的彼岸**。北京市：北京師範大學出版社。

胡晴舫（2006）。文化誤解的時代。**中國時報**，2006.2.8.時論廣場專欄。

胡晴舫（2010）。中國內部的力量。**聯合報**，2010.10.13.名人堂專欄。

韋至信（2003）。**醫生也醫死**。臺北市：文經。

飛鳥與魚（2009）。臉書——想找一個人，於是……宅「栽」在開心農場裡。取自http//blog.udn.com/vhwang1210/3194638。上網日期2009年4月15日。

唐淑華（2004）。**情意教學—故事導論取向**。臺北市：心理。

夏烈（2003）。春暉。**聯合報**，2003.1.10. E7版。

高源令（1991）。談兒童「幽默」。**創造思考教學**，**3**，44-45。

區永亮（2009）。十字架上的愛。臺北市：臺北靈糧堂本堂 2009 年主日講

道集。

培基文教基金會（1999）。「寬容」品格簡報。臺北市：培基文教基金會品格訓練學院。

崔光宙（1992）。美感判斷發展研究。臺北市：師大書苑。

崔光宙（1993）。教學原理上課講義。臺北市：國立臺灣師範大學教育系。

常雅珍（2004）。激發心靈潛能—以正向心理學內涵建構情意教育課程之研究。國立臺灣師範大學教育心理與輔導研究所博士論文。

康來昌（1993）。井歌。臺北市：雅歌。

康來昌（1996）。當十字架變成十字軍。臺北市：雅歌。

康來昌（2001）。流浪的神。臺北市：雅歌。

康來昌（2005）。神管一切。http://word.fhl.net/cgi-bin/rogbook.cgi?user=word &proc=attach&bid=4&file=M.1116330292.A.1.doc。上網日期2009年3月28日。

張旺山（1995）。狄爾泰。臺北市：東大。

張芳蘭（2007）。國小學童使用意志控制策略相關因素之研究。國立臺北教育大學，心理與諮商學系未出版之碩士論文。

張春興（1995）：張氏心理學辭典。臺北市：東華。

張耿光（1996）。莊子（譯注）。臺北市：古籍。

張起明（2004）。他，永遠是39歲的總統—雷根幽默的追思。國度復興報，107期（2004.6.13），第16版。

張榮富（2007）。從道德演化的賽局模型與名譽模型談道德教育—Frank道德情緒理論之應用。教育實踐與研究，20(1)，119-146。

國立臺灣大學通識課程中心（2000）。通識課程規則之參考原則。臺北市：臺大通識教育中心。

曹中瑋（1997）。情緒的認識與掌控。學生輔導，51，26-39。

曹中瑋（1997）。教師的情緒管理：情緒的認識與掌握。學生輔導，51，4-7。

曹雪芹、高鶚著（1984）。紅樓夢（彩畫本革新版，其庸等校注）。臺北市：里仁。

梁漱溟（2002）。東西文化及其哲學。臺北市：臺灣商務。

莊耀嘉、黃光國（1981）。國中學生的成敗歸因與無助感特徵。中華心理學刊，2(23)，155-164。

許杭生（1989）。**魏晉玄學與佛教**。陝西：陝西師大出版社。

許知遠（2010）。中國人的雙重生活。**全球中央**，2010.7.2. 載於網路
　　http://newsworld.cna.com.tw/。

崑崙神功口訣（2011）。http://tw.myblog.yahoo.com/kls2000-2055/article?mid=3
　　1&prev=32&l=f&fid=8。上網日期2011年6月16日。

連婉珍（2006）。**繪本視覺思考教學對國小低年級學生創造力的影響**。國立
　　臺北教育大學教育政策與創新研究所碩士論文。

陳秉璋、陳信木（1988）。**道德社會學**。臺北市：桂冠。

陳國寶（2006）。培基文教基金會品格教材的發展。http://tw.myblog.yahoo.
　　com/jw!3n8IhE2THRJFJO6iI__sq1F9eg--/article?mid=2396。上網日期2011
　　年6月1日。

陳德和（2010）。**論讀經教育在當前教學環境中的實施發展**。發表於臺中教
　　育大學語文教育系第一屆讀經教育研討會。

陳慶眞（2002）。**世界觀的交鋒**。臺北市：校園。

陳學志（1991）。**幽默理解的認知歷程**。國立臺灣大學心理研究所博士論
　　文。

陳學志（2004）。從「哈哈」到「啊哈」—統整知、情、意、行的幽課程對
　　創造力培養的影響。**教育心理學報**，**35(4)**，393-411。

陳耀南（2006）。從自力到他力。香港：天地圖書。

傅佩榮（1985）。老子論天與道。**哲學與文化**，**12(4)**，49-56。

傅佩榮（2003）。**談身心靈整合**。臺北市：天下文化。

傅統先（1968）。**哲學與人生**。臺北市：仙人掌。

傅雲仙（2006）。譯序二：親身走上醫治之路。載於D. B. Allender（著），
　　何麗醇、傅雲仙（譯），**醫治之路**（頁13-16）。臺北市：校園。

曾昭旭（1993）。**充實與虛靈：中國美學初論**。臺北市：漢光。

舒國治（2010）。臺北的好究竟好在哪裡。**聯合報**，2010.12.22. 名人堂專
　　欄。

項必蒂（2000）。**澳洲小學教師評量信念與實踐之研究**。國科會專業成果報
　　告（編號：NSC-88-ZHJ-H-152-006-F14）。

項退結編訂（1993）。**人性尊嚴的存在背景**。臺北市：東大。

馮志梅（2006）。情慾與眞愛。**學園傳道會**，2006.5.50. 馨香女人專欄。引
　　自http://www.tccc.org.tw/women/?p=65。上網日期2011年8月17日。

馮普友（2010）。佛教、道教、儒教之異同。**中國河南省地方史志辦公室地方志情網**，http://www.hnsqw.com.cn/zjyt/xzll/201003/t20100312_35801.htm。上網日期2010年8月31日。

黃仁宇（1995）。**近代中國的出路**。臺北市：聯經。

黃壬屏（2010）。**臨床護理人員情緒勞動幽默感與工作倦怠關係之研究**。國立臺北教育大學心理與諮商系研究所碩士論文。

黃文正（2008）。實現新年新願男需獎賞女靠督促。**中國時報**，2008.01.01.科學新知。

黃月霞（民78）。**情感教育與發展性輔導－「情育課程」對兒童「態度」與「學業成績」的影響**。臺北市：五南。

黃秀莉（2010）。從美學導向閱讀的限制式寫作教學之研究。**第2屆（2010年3月）美學取向課程與教學之理論建構與應用學術論壇手冊**（頁53-72）。臺北市：國家教育研究院籌備處。

黃武雄（1994）。**童年與解放**。臺北市：人本教育基金會。

黃政傑（1987）。**課程評鑑**。臺北市：師大書苑。

黃維仁（1997）。**愛情的心理分析**。臺北市：宇宙光。

黃慶明（2000）。**倫理學講義**。臺北市：鵝湖。

黃藿（1996）。**理性、德行與幸福－亞里斯多德倫理學研究**。臺北市：學生。

黃藿（2002）。德行倫理學與情緒教育。**中大社會文化學報**，**15**，1-22。

楊牧谷（2004）。**做人祕笈**。香港：明風。

楊祖漢（1998）。**當代儒學思辨錄**。臺北市：鵝湖。

楊國樞（1982）。緣及其在現代化生活中的作用。**中國文化復興月刊**，**15**，51-67。

楊國樞（2005）。人際關係中的緣觀。載於楊國樞、黃光國、楊中芳（主編），**華人本土心理學**（下）（頁567-597）。臺北市：遠流。

楊國樞、鄭伯壎（1987）。傳統價值觀個人現代性及組織行為：後儒家假說的一項微觀驗證。**中央研究院民族學研究所集刊**，**64**，1-49。

楊儒賓、祝平次（2005）。**儒學的氣論與工夫論**。臺北市：國立臺灣大學出版中心。

溫偉耀（1998）。**濁世清流**。香港：卓越使團。

詹偉雄（2010a）。憂鬱創業家。**聯合報**，2010.1.18.名人堂專欄。

詹偉雄（2010b）。縱貫線與五月天。**聯合報**，2010.2.18. 名人堂專欄。

詹偉雄（2011）。誰革誰的命—臉書與報紙。**聯合報**，2011.9.18. 名人堂專欄。

翟本瑞（2010）。讀經運動對當前教育與制度的反省意義。**國立臺中教育大學語文教育系（2010.11.28）主辦之第一屆讀經教育國際論壇手冊**。臺中市：臺中教大。

趙天儀（1971）。**美學與語言**。臺北市：三民。

齊宏偉（2010）。**經典中的信仰獨白**。臺北市：宇宙光。

劉小楓（1991）。**走向十字架的真理——傾聽與奧秘**。臺北市：風雲時代。

劉文潭（1978）。**現代美學**。臺北市：臺灣商務。

劉王惠箴（1956）。**中國族規的分析：一份社會控制的研究**。美國匹茲堡大學博士論文，University Microfilms, Ann A4bor, Michigan, Pub., No.18, 81-249。

劉王惠箴（1980）。中國族規的分析：儒家理論的實行。刊於D. S. Nivison等著，**儒家思想的實踐**（孫隆基譯）。頁71-119。臺北市：臺灣商務。

劉妙錦（2008）。增進國小學童意志控制能力課程之行動研究。國立臺北教育大學，心理與諮商學研究所碩士論文。

撒種（2006）。**基督教的幸福觀**。http://blog.sina.com.cn/s/blog 49f6c52c010005ed.html。上網日期2011年11月10日。

歐用生（1983）。課程發展模式探討。高雄市：復文。

歐用生（1998）。學校情意課程與兒童人格建構。**國民教育**，**38(4)**，2-10。

蔡元培（1997）。**蔡元培全集**。浙江：教育出版社。

蔡貴恆、葉萬壽、黎汝佳（2000）。**靈程答客問**。香港：基道。

鄭志明（1998）。**儒學的現世性與宗教性**。嘉義市：南華管理學院。

鄭聖敏（2001）。資優學生的情意教育—培養幽默感。**資優教育學刊**，**79**，26-36。

錢永鎮（1999）。**中等學校的倫理教育—以曉明女中為例**。輔仁大學哲學系倫理教育學術研討會會議論文集，頁25-26，新北市：輔仁大學。

龍應臺（1984）。中國人你為何不生氣。**中國時報**，1984.11.20. 人間副刊。

龍應臺（1999）。**百年思索**。臺北市：時報。

龍應臺（2009）。**大江大海一九四九**。臺北市：天下文化。

鍾聖校（1989）藝術創作的規準：**國立臺北師院國民教育月刊**，**30(1、2)**，

2-7。

鍾聖校（1990a）。對創造思考教學法的省思。**資優教育季刊，34**，121-174。

鍾聖校（1990b）。**認知心理學**。臺北市：心理。

鍾聖校（1993）：美育原理初探。**國北師院博雅教育文集，3**，67-85。

鍾聖校（1996）：**澳洲小學環境保育課程教育之考察研究**。臺北市：教育部人文及社會科教育指導委員會。

鍾聖校（2000）：**情意溝通教學理論：從建構到實踐**。臺北市：五南。

鍾聖校（2002）。**自然與科技課程教材教法**。臺北市：五南。

鍾聖校（2003）：歐洲五國情意教育實施概況與評議。發表於慈濟大學2003年12月17日主辦之情意教育研討會手冊（頁4-14）。花蓮市：慈濟大學教育學院出版。

鍾聖校（2004a）。結合計算、禁忌、感恩三種模式的道德教學理念。**道德教育論文集刊，第2集**。南京市：南京師範大學道德教育研究所。

鍾聖校（2004b）。論情意教育中幽默態度之位置—兼述「好玩」之外促成幽默的關鍵成分。**研習資訊，21(5)**，6-16。

鍾聖校（2004）。質性研究資料處理的舊曲與新調—巢狀方格分析。**國立臺北師院學報**，16(1)，頁273-296。

鍾聖校、張芳蘭（2007）。意志教學的概念發展與落實。**教育研究月刊，157**，42-53。

雙魚（2006）。我們終於分手。**基督教論壇報，1573**，第11版。

羅智成（2000）。**擲地無聲書**。臺北市：天下遠見。

蘇盈瑩（1995）。感懷國小資優教育。刊於陳長譯主編，**資優的故事**，頁33-35。臺北市：臺北市立師範學院特教中心。

蘇國勛（1987）。**理性化及其限制：韋伯思想引論**。臺北市：桂冠。

龔立人（2008）。**野蠻與文明**。香港：基道。

龔立人（2010）：**是與非以外**。香港：基道。

龔天民（1998）。**答佛教人士十問**。臺北市：橄欖。

中譯部分

Ackerman, D（1993）。**感官之旅**（莊安祺譯）。臺北市：時報文化。

Admin（2009）。我是個快樂的小神偷。http//www.happy007.cn/waigua/2009/0806/13.html。上網日期2009年8月6日。

Atkins, R.（2000）。**藝術開講**。（黃麗娟譯）。臺北市：藝術家。

Aurelius, M.（2011）。**沉思錄：羅馬哲學家皇帝省思經典**。（**盛世教育**譯）。臺北市：笛藤。

Bonhoeffer, D.（2006）。**團契生活**（鄧肇明譯）。香港：基督教文藝出版社。

Bradshaw, J.（1998）。**家庭會傷人**（鄭玉英、趙家玉譯）。臺北市：張老師文化。

Buber, M.（1991）。**我與你**（陳維綱譯）。臺北市：久大文化。

Carter, R.（2002）。**大腦的祕密檔案**（洪蘭譯）。臺北市：遠流。

Dawkins, C. R.（2000）。**自私的基因**（趙淑妙譯）。臺北市：天下文化。

Dreikurs, R.（2002）。**班級經營與兒童輔導**（曾端眞、曾玲珉譯）。臺北市：天馬文化。

Egenter, R.（1985）。**蒙塵的基督**（劉河北譯）。臺北市：光啓。

Frankl, V. E.（1995）。**活出意義來**（趙可式、沈錦惠譯）。臺北市：光啓。

Fromm, E.（1969）。**愛的藝術**（孟祥森譯）。臺北市：志文。

Fromm, E.（1982）。**自我的追尋**（孫石譯）。臺北市：志文。

Galbraith, J. K.（1986）。**不確定的年代**（徐淑眞譯）。臺北市：自華書店。

Glynn, P.（2003）。**上帝科學的證據——理性社會的信仰復興**（郭和杰譯）。臺北市：智庫。

Goleman, D.（1996）。**EQ**（張美惠譯）。臺北市：時報文化。

Gribbin, M., & Gribbin, J.（1996）。**生而爲人**（陳瑞清譯）。臺北市：天下文化。

Grün, A.（2009）。**遇見心靈365**（吳信如彙編）。臺北市：南與北文化。

Hargrave T.（2011）。**換我照顧你**（游紫玲、游紫萍譯）。臺北市：宇宙光。

Humphreys, T.（2000）。**教師與班級經營**（曾端眞、曾玲珉譯）。臺北市：揚智。

Imber-Black, E., & Roberts, J.（1995）。**生命中的戒指與蠟燭**（林淑貞譯）。臺北市：張老師文化。

Kant, I.（1983）。**判斷力批判**（宗白華譯）。北京市：商務印書館。

Kennedy, J. & Newcombe J.（2000）。**如果沒有聖經**（甘燿嘉譯）。臺北市：橄欖。

Kennedy, J. & Newcombe J.（2001）。**如果沒有耶穌**（林怡俐、王小玲譯）。臺北市：橄欖。

Klein, S.（2004）。**不斷幸福論**（陳素幸譯）。臺北市：大塊。

LeDoux, J.（2001）。**腦中有情—奧妙的理性與感性**（洪蘭譯）。臺北市：遠流。

Lewis, C. S.（1989）。**四種愛**（林為正譯）。臺北市：雅歌。

Niebuhr, R.（1982）。**道德的人與不道德的社會**（楊繽譯）。臺北市：永望文化。

Nivison, D. S. 等（1980）。**儒家思想的實踐**（孫隆基譯）。臺北市：臺灣商務。

Pascal, B.（1985）。**巴斯噶冥想錄**（劉大悲譯）。臺北市：志文。

Perkins, D.（2001）。**阿基米德的浴缸：突破性思考的藝術與邏輯。**（林志懋譯）。臺北市：究竟。

Peter Yao Blog (2010)。Cesar Vallejo, (2010.1.27)。http://hk.myblog.yahoo.com/cky879/article?mid=1312&fid=-1&action=prev。上網日期2011年8月20日。

Peterson, E.（1996）。**全備關懷的牧養之道**（何偉祺譯）。臺北市：以琳。

Peterson, E. H.（1999）。**反璞歸真的牧養藝術**（游紫雲譯）。臺北市：以琳。

Peterson, E. H.（2000a）。**建造生命的牧養真諦**（郭梅瑛譯）。臺北市：以琳。

Peterson, E. H.（2000b）。**詩情禱語**（張玫珊譯）。臺北市：校園。

Peterson, E. H.（2001a）。**俗世聖徒—平凡人的靈性生活**（匯思譯）。香港：天道。

Peterson, E. H.（2001b）。**重拾無私的禱告祭壇**（何偉祺譯）。臺北市：以琳。

Quentin Van Meter（2011）。兒童與青少年的性別認同問題（林雅庭譯）。**路加**，第273期（頁9-12）。臺北市：中華基督教路加傳道會。

Reber, A. S.（2002）。**心理學辭典**（李伯黍等譯）。臺北市：五南。

Rorty, R.（1998）。**偶然‧反諷與團結**（徐文瑞譯）。臺北市：麥田。

Russell, B.（1970）。**幸福之路**（水牛出版社編輯部譯）。臺北市：水牛。

Schaeffer, F. A.（1997）。**前車可鑒——西方文化思想的興衰**（梁祖永、梁壽華、劉灝明、姚錦縈譯）。香港：宣道。

Schiller, F.（1987）。**美育書簡**（徐恆醇譯）。臺北市：丹青。

Schoeck, H.（1995）。**嫉妒與社會**（王祖望、張田英譯）。臺北市：時報。

Schwartz, B.（1980）。儒家思想中的一些兩極性。（載於D. S. Nivison等著，孫隆基譯）。**儒家思想的實踐**（頁57-70）。臺北市：臺灣商務。

Sproul, R. C.（1992）。**基督徒的人生觀**（廖金源譯）。臺北市：橄欖。

Strongman, K. T.（1993）。**情緒心理學**（游恆山譯）。臺北市：五南。

Tinder, G. 著（1994）。**永恆的政治問題**（張保民譯）。臺北市：國立編譯館。

Trueblood, E. 著（2000）。**耶穌的幽默**（徐亞蘭、王小玲譯）。臺北市：橄欖。

Verderber, R. F., & Verderber, K. S.（1996）。**人際關係與溝通**（曾端眞、曾玲珉譯）。臺北市：揚智。

Washington, B.（2009）。**沒有時間怨恨**（李懷湘譯）。臺北市：宇宙光。

Waugh, A.（1998）。**古典音樂欣賞入門**（王欣怡譯）。臺北市：知書房。

Weber, A. L.（1995）。**社會心理學**（趙居蓮譯）。臺北市：桂冠。

White, J. 著（1997）。**內在革命—內在深層的蛻變**（盧家定譯）。臺北市：學生福音團契。

Wilson, E. O.（1984）。**人性是甚麼—人類本性**（宋文里譯）。臺北市：心理。

Yancey, P.（1999）。**恩典多奇異**（徐成德譯）。臺北市：校園。

Zink, J.（2009）。**辛克深度靈修之路**（鄭玉英、范瑞薇譯）。臺北市：南與北文化。

英文部分

Ainsworth-Land, V. (1982). Imagine and creativity: An intergrating perspective. *The Journal of Creative Behavior*, 16, 5-128.

Apple, M. W. (1996). *Cultural politics and education.* New York: Teachers College.

Arnold, M. B. (1960). *Emotion and personality. Vol. I and II.* New York: Columbia Univ. Press.

Arnold, M. B. (1968). The nature of Emotion: Selected readings. London:Penguin Books.

Arnstine, D.(1971). The aesthetic as a context for general education. In R.A.Smith (Ed.), Aesthetics and problems of education. (pp.402-413). Urbana, Chicage: Univ. of Illinois Press.

Averill, J. R. (1980). On the paucity of positive emotions. In K. R. Blankstein, P. Pliner, & J. Polivy (Eds.), *Assessment and modification of emotion behavior.* (pp.7-45). New York: Plenum.

Averill, J. R. (2005). Emotional creativity-Toward "Spiritualizing the passion" In C. R. Snyder & S. J. Lopez (Eds.), *Handbook of Positive Psychology* (pp.172-185). New York: Oxford University Press.

Barrett, P. (2008). Fun friends- a Facilitator's guide. http//:www.ourfunfriends.com.

Baumeister, R. F. (1991). Meaning of life. New York: Guilford.

Beane, J. (1990). *Affect in the curriculum: Towards democracy, dignity, and diversity.* New York: Teachers College Press.

Bennett, W. (1988). *The De-valuing of America.* New York: Summit.

Berscheid , E., & Walster, E. (1978). Interpersonal attraction. (2nd ed.). Reading, MA: Addison-Wesley.

Bertalanffy, L. V. (1973). *General system theory: Foundations, development, applications.* New York: George Braziller, Inc.

Best, R. (1998). The development of affective education in England. In P. Lang, Y. Katz, & I. Menezes (Eds.), *Affective education: A comparative view.* London: Cassell. 72-84.

Beyer, L. E., & Liston, D. P. (1996). *Curriculum in conflict-social visions, education agendas, and progressive reform.* New York: Teachers College.

Birthnell, J. (2003). The two of me: The rational outer me and the emotional inner me. New York: Routledge.

Bonaventure, Cardinal Manning (1986). The life of St. Francis of Assisi. Rockford, Illinois: Tan Books & Pub.

Bowlby, J. (1969). *Attachment and loss: Vol.1 Attachment.* New York: Basic Books.

Broudy, H. S.(1971). *Enlightened preference and justification.* In R.A.Smith (Ed.), Aesthetics and problems of education.(pp.305-320). Urbana, Chicago: Univ. of Illinois Press.

Brown , J. D., & Taylor, S. E. (l987). Affect and the processing of personal information: Evidence for mood-activated self-schemata. *Journal of Experimental Social Psychology, 22,* 446-452.

Bruce, S. (1988). All the saints adore thee. Grand Rapids, USA: Zondervan.

Calhoun, C. (1984). Cognitive emotions? In C. Calhoun & R. C. Solomon (Eds.), What is an emotion (pp.327-342). Oxford: Oxford University Press.

Carlson, J. G., & Hatfield, E. (1991). Psychology of emotion. Fort Worth: Harcourt Brace Jovanovich College Publishers.

Carver, C. S., & Scheier, M. F. (2005). Optimism. In C.R. Snyder & S.J. Lopez (Eds.), *Handbook of Positive Psychology.* (pp. 231-243). New York: Oxford University Press.

Cassell, E. J. (2005). Compassion. In C.R. Snyder & S.J. Lopez (Eds.), *Handbook of Positive Psychology.* (pp. 434-445). New York: Oxford University Press.

Clark, W. H. Jr. (1970): "Seeing as" and "Knowing that" in aesthetic education. In R. A. Smith (Ed.), *Aesthetic concepts and education.* Urbana, Chicago: Univ. of Illinois Press.

Compton, W. C. (2005). An introduction to positive psychology. Behmont, CA: Thomson Wadsworth.

Corno, L. (1989). Self-regulated learning: A volitional analysis. In B. J. Zimmerman & D.H. Shunk (Eds.), *Self-regulated learning and academic achievement*: *Theory, research, and practice (pp. 111-141).* New York: Spring-Verlag.

Corno, L. (2001). Volitional aspects of self-regulated learning. In B. J. Zimmerman & D. H. Schunk (Eds.), *Self-regulated learning and academic achievement: Theoretical perspectives(pp.191-225).* Mahwah, NJ：Lawrence Erlbaum Associates.

Corno, L. (2004). Introduction to the special issue work habits and work styles: *Volition in education. Teacher College Record, 106(9),* 1669-1694.

Crowell, S. (1989). A new way of thinking: The challenge of the future. *Educational*

Leadership,47(1), pp.60-64.

Csikszenmihalyi, M. (1990). Flow. New York: Harper and Row.

Csikszenmihalyi, M. (1997). Finding flow. New York: Basic Books.

Dalal, A. K., & Pande, N. (1988). Psychological recovery of accident victims with temporary and permanent disability. *International Journal of Psychology, 23,* 25-40.

Dawkins, R. (1976). *The selfish gene.* New York: Oxford University Press.

Dearden, R.F.(1970). The aesthetic form of understanding. In R.A.Smith (Ed.), Aesthetics and problems of education.(pp. 285-304). Urbana, Chicago: Univ. of Illinois Press.

Dewey (1934). *Art as experience.* New York: G. P. Putnam's Sons.

Diener, E., Oishi, S., & Lucas, R. (2003). Personality, culture, and subjective well-being: Emotional and cognitive evaluations of life. *Annual Review of Psychology,54,* 403-425.

Eisenberg, N., Guthrie, I. K., Murphy, B., Shepard, S. A., & Carlo, G. (1999). Consistency and development of prosocial dispositions: A longitudinal study. *Child Development, 70,* 1360-1372.

Ericsson, K. A., & Chaness, N. (1994). Expert performance. *American Psychologist, 49(8),* 725-747.

Erikson, E. H. (1968). *Identity, youth, and crisis.* New York: Norton.

Esler, W. (1989). *Teaching elementary science.* Belmont, CA: Wadsworth Publishing Co.

Feshbach, N. D., & Feshbach, S. (1969). The relationship between empathy and aggression in two age groups. *Devepmental Psychology, 1,* 102-107.

Feuerverge, G. (1997). An education program for peace: Jewish-Arab conflict resolution in Israel. *Theory into Practice, 36(1),* pp.17-25.

Ford, J. D. (1987). Whither volition. *American Psychologist, 42,* 1033-1034.

Frank, R. (1988). *Passions within reason.* New York: W.W. Norton.

Fredrickson, B. L., & Levenson, R. W. (1998). Positive emotions speed up the recovery from the cardiovascular. sequelae of negative emotions. *Cognition and Emotion, 12,* 191-220.

Fredrickson, B. L. (2001). The role of positive emotions in positive psychology: The broaden- and –build theory of positive emotions. *American Psychologist, 56*, 218-226.

Frickson, E. H. (1963). *Child and society.* (2nd ed.). New York: Norton.

Frijda, N. H. (1987). Emotion, cognitive structure, and action tendency. *Emotion, structure cognition and action tendency, 1(2),* 115-143.

Goleman, D. (1975). Mental health in classical Buddhist psychology. *Journal of Transpersonal Psychology, 7(2)*, 176-181.

Hargreaves, A. (1994). *Changing teachers, changing times: Teachers' work and culture in the postmodern age.* London: Cassell.

Harter, S. (1998). The development of self-representation. In W. Damon & N. Eisenberg (Eds.), *Handbook of child psychology Vol. 3: Social, emotional, and personality development* (5th ed, pp. 553-617). New York: Wiley.

Heckhausen, H., & Kuhl, J. (1985). From wishes to action: the dead ends and short cuts on the long wayto action. In M. Frese & J. Sabini (Eds.), *Goal directed behavior: The concept of action in psychology* (pp. 134-160). Hillsdale, NJ: Erlbaum.

Hendrick, S. S., & Hendrick. C. (1992). *Romantic love.* Newbury Park, CA: Sage.

Hoffman, M. L. (1977). Empathy, its development and prosocial implications. In C. B. Keasey (Ed.), *Nebraska Symposium on Motivation (Vol. 25)*, pp.169-218. London: the Univ. of Nebraska Press.

Hochschild, A. R. (1983). *Commercialization of human feelings.* Berkeley, CA: University of California Press.

Izard, C. (1977). *Human emotions.* New York: Plenum.

Jaycox, L. H., Reiovitch, K. J., Gillham, J., & Seligman, M.E.P. (1994). Prevention of depressive symptoms in school children. *Behavioral Research Therapy, 32*, 801-816.

Kekes, J. (1988). *The examined life.* Lewisburg, PA: Bucknell University Press.

Keltner, D., & Haidt, J. (2003). Approaching awe, a moral, aesthetic, and spiritual emotion, *Cognition and Emotion, 17*, 297-314.

King, A. M., & Davison, G. C. (2009). *Abnormal psychology* (11th ed.). New York: Wiley Press.

Kissinger, H. (2011). 10 Questions. *Time (June 6).* p.56.

Kohlberg, L. (1984). *Essays on moral development.* San Francisco: Harper & Row.

Koole, S. L. (2009). The psychology of emotion regulation: An integrative review. *Cognition and emotion, 23 (1)*, pp.4-41.

Kovach, F. J. (1974). *Philosophy of beauty. Norman*, Oklahoma: Univ. of Oklahoma Press.

Krathwohlt, D. R., Bloom, B. S. & Masia, B. B. (1964). *Taxonomy of educational objetivess-handbook 2: Affective domain.* New York: Mckay.

Kuhl, J. (1985). Volitional mediators of congnitive-behavior consistency: Self-regulatory processes and versus state orientation. In J. Kuhl & J. Beckmann (Eds.), *Action control: From cognition to behavior* (pp. 101-128). New York: Springer-Verlag.

Kuhl, J. (1987). Action control: The maintenance of motivational states. In H. Heckhausen, F. Halisch, & J. Kuhl (Eds.), *Motivation, intention, and volition* (pp. 279-291). New York: Springer-Verlag.

Kuhl, J.(2000). The volitional basis of personality systems interaction theory: Applications in learning and treatment contexts. *International Journal of Educational Research, 33*, 665-704.

Kuiper, N. A., Grimnshaw, M., Leite, G., & Kirsh, G. (2004). Humor is not always the best medicine: Specific components of sense of humor and psychological wellbeing. *Humor, 17(1/2),* 135-168.

Lang, P. (2001). Teacher and student attitudes to affective education: A European collaborative research project. *Compare Education, 31(2)*, 165-186.

Lang, P., Katz, Y., & Menezes, I. (Eds.). (1998). *Affective education: A comparative view.* London: Cassell.

Lazarus, R. S. (1991). *Emotion and adaption.* New York: Oxford University Press.

Lazarus, R. S., & Lazarus, B. N. (1994). *Passion and reason: Making sense of our emotions.* New York: Oxford University Press.

Lazarus, R. S., Speisman, J. C., Mordkoff, A. M., & Davison, L. A. (1962). A laboratory study of psychological stress produced by a motion picture film. *Psychology Monograph, 76* (34, Whole No. 553).

LeDoux, J. (1998). Cognitive-emotional interactions in brain. *Cognition and Emotion, 3*, 267-289.

Lee, J. A. (1973). *The colors of love: An exploration of the ways of loving.* Don Mills, Ontario: New Press.

Lewin, K. (1948). *Resolving social conflicts: Selected papers on group dynamics.* New York: Harper.

Little, M. A. (1995). Seeing and caring: The role of affect in feminist moral epistemology, *Hypatia, 10(3)*, 117-137

Long, D. L. & Graesser, A. C. (1988). Wit and humor in discourse processing. *Discourse processes*, 11, 35-60.

MacIntyre, A. (1985). *After virtue: A study in moral theory* (2nd ed.). London: Duckworth.

Mahoney, A., Pargament, K. I., Jewell, T., Swank, A. B., Scott, E., Emery, E., & Rye, M. (1999).Marriage and the spiritual realm: The role of proximal and distal religious constructs in marital functioning. *Journal of Family Psychology, 13*, 321-338.

Martin, R. A. (2001). Humor, laughter, and physical health: Methodological issues and research findings. *Psychological Bulletin, 127(4)*, 502-519.

Maslow, A. (1954). *Motivation and personality.* New York: Harper & Row.

Masten, A., & Reed, M. (2005). Resilience in development. In C. R. Snyder & S. J. Lopez (Eds.), *Handbook of Positive Psychology (pp.74-88).* New York: Oxford University Press.

McAdams, D. F. (1996). Personality, modernity, and the storied self: A contemporary framework for studying persons. *Psychology Inquiry, 7*, 295-321.

McCann, E. J., & Turner, J. E. (2004). Increasing Student Learning Through Volitional Control. *Teacher College Record, 106(9)*, 1695-1714.

McCraty R., & Rees R. A. (2009). The central role of the heart in generating and sustaining positive emotions. In C. R. Snyder & S. J. Lopez (Eds.), *Oxford Handbook of Positive Psychology (pp.527-536).* New York: Oxford University Press.

Menon, U. (2003). Morality and Context: A Study of Hindu Understanding. In Valsiner J., & Connolly K.(Eds.), *Handbook of Developmental Psychology* (pp.431-449). London: Sage.

Meredith, J. E. (1993). *The process of affective education.* Unpublished Doctoral

Dissertation. The Ohio State University, Columbus.

MLA Style(2011). "*The Prize in Economics 1976 - Presentation Speech*". Nobelprize. Org. 23 Aug 2011 http://www.nobelprize.org/nobel_prizes/economics/laureates/1976/presentation-speech.html。上網日期2011年8月23日。

Molnor, T. (1982). *National Review*.

Nakamura, J., & Csikszentmihalyi, M. (2005). The concept of folw. In C.R. Snyder & S. J. Lopez (Eds.), *Handbook of Positive Psychology* (pp.89-119). New York: Oxford University Press.

Niebuhr, R. (1960). *Moral man and immoral society: A study in ethics and politics*. New York: Charles Scribner's Sons.

Otto, R. (1977). *The idea of holy*. London: Oxford University Press.

Packard, V. (1957). *The hidden persuaders*. New York: D. M. McKay.

Paloutzian, R. F., & Ellison, C. W. (1982). Loneliness, spirituality Well-being, and quality of life. In L. A. Peplau & D. Perlman (Eds.), *Loneliness: A sourcebook of current theory, research, and therapy* (pp. 224-237). New York: Wiley.

Papez J. W. (1938). A proposed mechanism of emotion. In *Archives of Neurology and Psychiatry*, pp.725-743.

Pargament, K. I. (1999). The psychology of religion and spirituality? Yes and no. *International Journal for the Psycholoty of Relion, 9*, 3-16.

Pargament, K. I. & Mahoney, A. (2005).Spirituality: Discovering and Conserving the Sacred. In. Snyder, C.R. & Lopez, S.J. (Eds.), *Handbook of Positive Psychology* (pp.646-659). New York: Oxford University Press.

Park, C. L., & Folkman, S. (1997). Meaning in the context of stress and coping. *Review of General Psychology, 1,* 115-144.

Park, N., & Peterson, C. (2009). Strength of character in school. *In R. Gilman, E. S. Huebner*, & M. J. Furlong (Eds.), *Handbook of positive psychology in schools*. (pp.67-76). New York: Routledge.

Parker, DeWitt. H. (1931). *Human values*. New York: Harper.

Parsons, M., Johnson, M., and Durham, R. (1978). Developmental stages in children's aesthetic responses. *Journal of Aesthetic Education, 12*, 83-104.

Pennebaker, J. W. (1989). Confession, inhibition, and disease. In L. Berkowitz (Ed.), *Advances in experimental social psychology*. (Vol.22, pp.211-244). New York:

Academic Press.

Pennebaker, J. W. (1993). Putting stress into words: Health, linguistic and therapeutic implications. *Behavioral Research and Therapy, 31,* 539-548.

Peters, R. S. (1972), The education of the emotions, In R. Dearden, P. Hirst and R. S. Peters (Eds.), *Education and the development of reason* (pp.466-483). London: Routledge & Kegan Paul.

Peters, R. S. (1973). Reason, passion and levels of life. In R. S. Peters (Ed.), *Reason and compassion (pp.73-102)*. London: Routledge & Kegan Paul.

Peterson, E. (2002). *The message: The Bible in the contemporary languag*e. Canada: Nav Press.

Peterson, C., & Bossio, L. M. (1991). *Health and Optimism.* New York: Free Press.

Peterson, C., & de Avila, M. E. (1995). Optimistic explanatory style and the perception of health problems. *Journal of clinical Psychology, 51*, 128-132.

Peterson, C., & Seligman, M. E. P. (2004). *Character strengths and virtues: A handbook and classification.* New York: Oxford Univ. Press.

Peterson, C., & Steen, T. A. (2005). Optimistic explanatory style. In C. R. Snyder & S. J. Lopez (Eds.), *Oxford Handbook of Positive Psychology (pp.244-256).* New York: Oxford University Press.

Pintrich, P. R. & Schunk, D. H. (2002). *Motivation in education: Theory, research,* and applications (2*nd ed.*). USA：Pearson Education.

Plutchik, R. (1977). Theories of emotion. In B. B. Wolman, (Ed.), *International Encyclopedia of Psychiatry, Psychology, Psychoanslysis & Neurology.* (pp.288-289). New York: Aesculapius Publishers, Inc.

Plutchik, R. (1980). *A structural model of emotion , inemotion: A psycho evolutionary synthesis.* New York: Harper & Row.

Powell, R. A., Symbaluk, D. G., MacDonald,S. E. (2002). *Introduction to learning and behavior.* Australia: Wadsworth.

Pruyser, P. W. (1976). *The minister as a diagnostician: Personal problems in pastoral perspective.* Philadelphia: Westminster Press.

Rand, K. L., & Cheavens, J. S. (2009). Hope theory. In C. R. Snyder & S. J. Lopez (Eds.), *Oxford Handbook of Positive Psychology.* (pp.323-333). New York: Oxford University Press.

Rapaport, D. (1961). *Emotions and memory.* (2*ed.*). New York: Science Editions, Inc.

Razdevsek-Pucko, C., & Polak, A. (1998). The Slovenian context. In J. Stephenson, L. Ling, E. Burman, and M. Cooper (Eds). *Values in education.* (pp. 115-152) New York: Routledge.

Reber, A. S., & Reber, E. (2001). *The Penquin dictionary of Psychology (3rd ed.).* London: Penquin Books.

Riskind, J. H., Sarampote, C. S., & Mercier, M. A. (1996). For every malady a sovereign cure: Optimism training. *Journal of Cognitive Psychotherapy: An International Quarterly, 10,* 105-117.

Roberts,W., & Strayer, J. (1996). Empathy, emotional expressiveness, and prosocial behavior. *Child Development, 67,* 449-470.

Robinson, V. M. (1977). *Humor and the health professions.* Thorofare, NJ: Charles B. Slack.

Roffey, S. (2006). *Circle time for emotional literacy.* London: Sage.

Rush, J.C.(1987). Interlocking images: The conceptual core of a discipline based art lesson. *Studies in Art Education, 28(4),* 206-22.

Ryff, C. D., & Keyes, C. L. M. (1995). The structure of psychology well-being revisited. *Journal of Personality and Social Psychology, 69,* 719-727.

Saarni, C. (1999). *Developing emotional competence.* New York: Guilford.

Sagiv, L., & Schwartz, S. H. (2000). Value priorities and subjective wellbeing: Direct relations and congruity effects. *European Journal of Social Psychology, 30,* 177-198.

Sagiv, L., Roccas, S., & Hazan, O. (2004). Value pathways to well-being: Healthy values, valued goal attainment and environmental congruence. In P. A. Linley & S. Joseph (Eds.), *Positive psychology in practice.* New Jersey: John Wiley and Sons.

Salovey, P., & Mayer, J. D. (1997). What is emotional intelligence. In P. Salovey, & D. Sluyter (Eds.), *Emotional development and emotional intelligence: Educational implications* (pp.3-31) New York: Basic Books.

Sanders, M. R., & Dadds, M. R. (1982). The effects of planned activities and child management procedures in parent training: An analysis of setting generality. *Behavior Therapy, 13,* 452-461.

Santrock, J. W. (2001). *Adolescence*. New York: Mcgraw-Hill Higher Education.

Scheffler, I. (1991). *The language of education*. Springfield, Ill.: Charles C. Thomas.

Schiller, F.(1965). *On the aesthetic education of man in a series of letters,* transtated with an introduction by Reginald Snell. New York: Frederick Ungar Publishing.

Schulman, M. (2005). How we become moral: The sources of moral motivation. In C. R. Snyder & S. J. Lopez (Eds.), *Handbook of Positive Psychology.* (pp.172-185). New York: Oxford University Press.

Sears,.R. R., Macobby, E. E., & Levin, H. (1957). *Patterns of child rearing*. New York: Row Peterson.

Seligman, M. E. P. (1991). *Learned optimism.* New York: Knopf.

Selye, H. (1974). *Stress without disease.* New York: The New American Library, Inc.

Shapiro, S. L., & Walsh, R. N. (Eds.), (1984). *Meditation: Classic and contemporary perspectives*. New York: Aldine.

Shapiro, S. L., Schwartz, G. E. R., & Santerre, C. (2005). Meditation and *Positive Psychology.* In C. R. Snyder & S. J. Lopez (Eds.), *Handbook of Positive Psychology.* (pp.632-645). New York: Oxford University Press.

Sheldon, K. M., Ryan, R. M., Rawsthorne, L. J., & Ilardi, B. (1997). Trait self and true self: Cross-role variation in the big-five personality traits and its relations with psychological authenticity and subjective well-being. *Journal of Personality and Social Psychology*,73, 1380-1393.

Smith, R. E. (1993). *Psychology.* New York: West Publishing Company.

Snow, R. E., Corno, L., & Jackson, D. (1996). Individual differences in affective and conative functions. In D. C. Berliner & R. C. Calfee (Eds.), *Handbook of educational psychology* (pp. 243-310). New York: Simon & Schuster Macmillan.

Snyder, C. R. (1994). *The psychology of hope: You can get there from here.* New York: Free Press.

Snyder, C. R. (1996). To hope, to lose, and hope again. *Journal of personal and interpersonal Loss, 1,* 3-16.

Snyder, C. R., & Lopez, S. J. (Eds.), (2005). *Handbook of Positive Psychology.* New York: Oxford University Press.

Snyder, C. R., & Lopez, S. J. (2007). *Positive psychology.* London: Sage.

Snyder, C. R., Rand, K. L., & Sigmon, D. R. (2005). Hope theory. In C. R. Snyder & S. J. Lopez (Eds.), *Handbook of Positive Psychology*. (pp.257-276). New York: Oxford University Press.

Staats, A. W.(1987). Humanistic Volition Versus Behavioristic Determinism： Disunified Psychology's Schism Problem and Its Solution. *American Psychologist, 42*, 1030-1033.

Sternberg, R. J. (1986). A triangular theory of love. *Psychological Review, 93*, 119-135.

Sternberg, R. J. (1996). *Successful intelligence*. New York: Simon & Schuster.

Taylor, S. E. (1989). *Positive illusion: Creative self-deception and the healthy mind*. New York: Basic Books.

Tomaka,. J., Blascovich, J., Kibler, J., Ernst, J. M. (1997). Cognitive and physiological antecedents of threat and challenge appraisal. *Journal of Personality and Social Psychology, 73*, 63-72.

Turiel, E. (1983). *The development of social knowledge*. New York: Cambridge University Press.

UNESCO (1992). *Education for affective development*. Bangkok: UNESCO.

Watson, J. B. (1930). *Behaviorism*. New York: Norton.

Wegner, D. M. (2002). *The illusion of conscious will*. Cambridge, MA: MIT Press.

Wegner, D. M., & Wheatley, T. (1999). Apparent mental causation-Sources of the experience of will. *American Psychologist, 54(7)*, pp.480-492.

Wilson, E. (1975). *Sociobiology: The new synthesis*. Cambridge, MA: Belknap Press of Harvard University.

Wiseman, R. (2009). *59 Seconds: Think a little, change a lot*. London, UK: Pan Macmillan.

Wynne, E. (1987). Students and schools. In K. Ryan, & G. Mclean (Eds.), *Character Development in schools and beyond*. New York: Preger.

Young, S. K., Fox, N. A., & Zahn-Waxler, C. (1999). The relations of temperament and empathy in 2-year-olds. *Developmental Psychology, 35,* 1189-1197.

Zhu, J. (2004). Understanding volition. *Philosophical Psychology, 17(2),* 247-269.

重要名詞索引

我們的粉絲專頁終於成立囉！

2015年5月，我們新成立了【五南圖書　教育／傳播網】粉絲專頁，期待您按讚加入，成為我們的一分子。在粉絲專頁這裡，我們提供新書出書資訊，以及出版消息您可閱讀、可訂購、可留言。

當然我們也會提供不定時的小驚喜或書籍折扣給您。

期待更好，有您的加入，我們會更加努力。

【五南圖書　教育／傳播網】臉書粉絲專頁

五南文化事業機構其他相關粉絲專頁

五南圖書 法律／政治／公共行政

五南財經異想世界

五南圖書中等教育處編輯室

五南圖書 史哲／藝術／社會類

五南圖書 科學總部

台灣書房

富野由悠季《影像的原則》台灣版　10月上市！！

魔法青春旅程－4到9年級學生性教育的第一本書

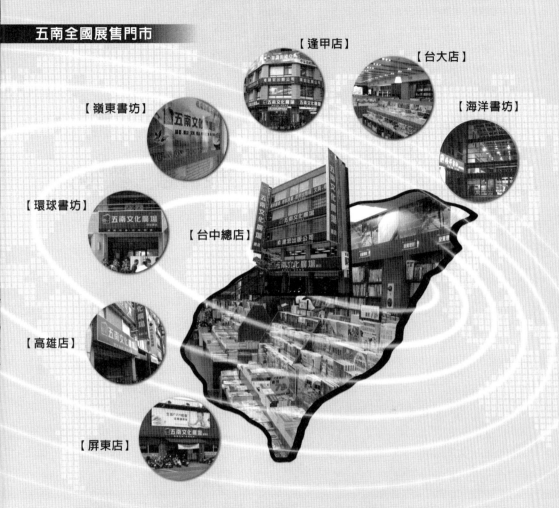

國家圖書館出版品預行編目資料

正向心理情意：教與學／鍾聖校著. －－二
版. －－臺北市：五南, 2015.12
　面；　公分
ISBN 978-957-11-8399-2 (平裝)
1.教育心理學　2.教學活動設計
521　　　　　　　　　104024060

1IVX

正向心理情意：教與學

作　　　者 ― 鍾聖校(402)

發 行 人 ― 楊榮川

總 編 輯 ― 王翠華

主　　編 ― 陳念祖

責任編輯 ― 謝麗恩、李敏華

封面設計 ― 崔晉元、童安安

出 版 者 ― 五南圖書出版股份有限公司

地　　　址：106台北市大安區和平東路二段339號4樓

電　　　話：(02)2705-5066　　傳　　真：(02)2706-6100

網　　　址：http://www.wunan.com.tw

電子郵件：wunan@wunan.com.tw

劃撥帳號：01068953

戶　　　名：五南圖書出版股份有限公司

法律顧問　林勝安律師事務所　林勝安律師

出版日期　2012年 1 月初版一刷
　　　　　2015年12月二版一刷

定　　　價　新臺幣650元